NUT EXPLORATION

견과 탐험

| 정대일 · 송주현 · 정일수 · 조종현 지음 |

머리말

Preface

우리는 전례 없는 호흡기 감염질환인 코로나바이러스감염증-19의 창궐로 의해 KF94 마스크를 쓴 채 2년 이상을 거리두기와 인원 제한 등 거의 혼자가 된 듯 생활하였다. 이제 독감처럼 한 해에 한 번 Covid-19 (Coronavirus disease 2019) 주사를 맞아야 한다. 이 세계적으로 전염병이 대유행하는 상태인 팬데믹 속에 저자들은 견과와 단맛을 찾아 다양한 참고문헌들을 기웃거린 지 햇수로 3년 남짓, 드디어 견과와 단맛을 음미하고자 하는 학생들에게 자그마한 교양강의 책을 내놓을 수 있어 무척 행복하다.

우리를 자연스럽게 이끌리게 하는 달콤한 단맛은 동양과 서양, 옛날과 지금, 즉 사람이 살아온 모든 시대와 모든 장소를 아울러 정신적으로 스스로의 본성을 잊을 정도로 이끌리는 바로 그 맛이다. 견과는 고대 그리스 로마 신화뿐만 아니라 생명이나 불멸의 심볼로 또는 결혼식이나 크리스마스에 풍요의 심벌로 다양하게 표현되고 있다. 근래에는 웰빙열풍 속에 웰빙 먹거리에 대한 관심도 높아지며 건강과 다이어트에도 좋은 것으로 알려진 다양한 견과류의 섭취가 꾸준히 증가하고 있다. 이 '견과 탐험'을 쓰면서, 우리 주변에 널리 존재하는 견과 및 단맛에 관련된 실생활 속의 화학 그리고 그 이야기들이 현재를 살아가는 우리에게 구수하며 달콤한 선물로 주어져 모든 살아 숨 쉬는 것들의 행복을 자극하고 있다는 것을 알았다.

특히 다양한 모양과 구수한 맛을 지닌 견과들과 천연 단맛, 인공(합성) 단맛, 기능성 단맛으로 분류되는 여러 가지 감미료를 정확하게 앎과 동시에 이해할 수 있었으며, 견과들의 생존 역사와 단맛을 나타내는 감미료들의 감미도를 비교 분석해 우리 주변에 적재적소에 활용되고 있는 건강 식단인 채소와 견과류 그리고 감미료의 현주소를 확인할 수 있었다. 또한 구수한 견과들의 주요한 영양성분들과 다양한 감미료들의 생합성법 중에서, 저자가 선택한 화학적 합성법과 대사 생합성 과정을 통해 이루어진 반응들을 예를 들어 제시함으로써 책의 구성을 조금 더 다채롭게 꾸밀 수 있었다.

이 〈견과 탐험〉을 집필하면서 고려했던 많은 주제들이 있었다. 그중에서 일반 교양도서의 형식에 맞게 일반적으로 우리에게 가장 밀접하며 쉽게 다룰 수 있는 주제를 선택한 뒤 체계화 및 구체화하여 엮었다. 추후 강의 및 연구를 통해 끊임없이 수정하고 보완할 것을 정중히 말씀드리며, 출간 후 나올 수 있는 수정사항 등은 사이플러스 홈페이지를 통해 제공할 예정이니 참고하기를 바란다. 〈견과 탐험〉이 완성되기까지 따뜻한 위로로 격려해 주신 연세대학교, 경성대학교, 부경대학교, 동아대학교 화학과 및 생화학과 그리고 식품과

학과의 모든 교수님들께도 깊은 감사의 말씀을 드린다. 끝으로, 집필 중에 전 지구적인 바이러스 Covid-19 팬데믹의 아픔을 겪으며, 소망하던 아름다운 일들도 제대로 이루어지지 않아 몸과 마음이 안정치 못한 시기였지만, 저자들의 치열한 토론과 열정과 정성에 의해 집필되었으며, 사랑하는 이들에게 이렇게 단꿀 같은 완성본이 주어진 큰 축복이 내려 모든 것에 감사할 따름이다. 특히 '견과 탐험'의 추진과 완성될 때까지 물심양면으로 도와주신 사이플러스의 박종성 대표님께 진심으로 감사의 말씀을 드린다.

2024년 7월 1일

지은이 대표 정대일

차례
Contents

NUT EXPLORATION

제 1 장

단맛 나는 생소한 과일 루쿠마

1.1 잉카의 황금으로 불리우는 루쿠마가 뭐야?

우리나라에서 루쿠마(lucuma)는 생소한 과일이며 주로 페루, 칠레, 브라질, 에콰도르에서도 생산되고 있다. 현대인들은 비만과 밀접하게 관련이 있는 설탕의 섭취 대신 설탕 대체물들에 지대한 관심을 가지고 있다. 그 중 단풍나무의 수액으로부터 만드는 천연 감미료의 하나인 메이플 시럽이 세계적으로 가장 인기가 높지만 최근에 '새로운 단맛'으로 각광받고 있는 과일이 루쿠마이다.

노란색에서 갈색으로 변하는 껍질과 노란색 과육이 있는 루쿠마 열매는 안데스 산맥의 계곡이 원산지인 푸테리아 루쿠마 나무에서 생산된다. 천연 감미료인 이 달콤한 과일은 남아메리카에서 인기가 높은 반면에, 생과일 유통이 매우 어려운 미국에선 건조된 분말 형태로 판매되어 요거트, 스무디, 쿠키, 케이크 등을 만들 때 설탕 대신으로 활용되고 있다. 달콤함뿐만 아니라 건강에 유익한 점들이 존재하며 실제 연구결과 분석에 의해서도 칼로리가 낮아 건강기능 식품으로 식이요법 식품이나 당뇨가 심한 환자를 위한 과일로 젊은이들에게 널리 알려져 있다. 과육에 포함된 산화 방지제인 천연 항산화제로 이것은 음식이 분해되는 동안 생성되는 활성 산소로부터 몸의 세포를 보호하며, 섬유질이 풍부한 식이섬유는 소화 기능을 활성화시켜주며, 베타카로틴과 비타민 B가 풍부하여 생체조직 재생능력을 향상시켜 상처를 빠르게 회복시킨다. 이와 같이 루쿠마는 특이한 생체효능으로 현대생활의 활력과 신체 건강을 소중히 하는 현대인들에게 충분히 눈길을 끌 수 있는 과일이며, 기존에 존재하는 달콤한 맛을 대체할 수 있는 슈퍼푸드가 될 수 있다.

1.2 현대인의 차세대 슈퍼푸드

열대과일 루쿠마는 기존의 슈퍼푸드와는 많이 색다른 단맛을 지니고 있다. 루쿠마는 단풍나무의 수액으로부터 만드는 감미료의 하나인 메이플 시럽이나 코코아 분말, 초콜릿의 원료로 사용하는 독특한 향기를 가진 카카오처럼 가공에 의해 단맛이 가득할 뿐만 아니라 칼로리는 매우 낮아 현대인의 다이어트 식품이나 당뇨를 지닌 환자를 위한 과일로 각광받고 있다. 한국농수산식품유통공사(aT, Korea Agro-Fisheries and Food Distribution Corporation)의 홍보자료에 의하면 인체의 산화반응을 억제하는 항산화 효과 외에도 아연, 철, 베타-카로틴, 칼륨과 칼슘 그리고 주로 육류에서 섭취할 수 있는 영양소인 나이아신 혹은 니코틴아마이드인 비타민 B_3가 풍부한 것으로 알려져 있다. 비타민 B_3는 니코틴의 산화물로, 비타민 B 복합체의 하나이며, 중년과 노년에 걱정하는 혈관과 뇌로 인한 건강에 있어 예방과 도움이 된다.

피리딘 고리

O

OH

카복실산

N

니아신

O

NH_2

N

니코틴아마이드

1.3 루쿠마의 생과육과 분말

루쿠마의 식품활용법도 다양한데 잘 익혀서 생과육을 먹을 수 있고, 아사이베리와 카카오처럼 분말로도 섭취 및 활용 가능하다. 상큼하고 달콤한 맛을 지녔기 때문에 페루와 같은 남아메리카에서는 아이스크림 재료로 인기를 끌고 있다. 식품 향신료, 조미료 및 풍미 분야의 글로벌 회사인 McCormick & Company (MKC)의 계열사인 포나인터내셔널(Fona International)의 조사 분석에 따르면, 세계적으로 루쿠마를 활용해 출시된 제품 수는 총 62개이며, 62개 중 냉동식품이 21%로 가장 많이 활용되고, 초콜릿이 16%, 과자류인 쿠키와 비스킷이 14%, 빵류인 케이크가 11%, 요거트스무디, 요거트아이스크림, 요거트라떼 등 떠먹거나 마시는 요거트가 7%로 각각 다양하게 활용되고 있다. 루쿠마 분말을 활용해 만든 식품들이 속속 등장하고 있으며, 최근에 출시된 신제품 중에는 프로틴 스무디와 믹서기 있다. 건강을 추구하는 현대인들에게 루쿠마는 눈길을 끌 수 있는 좋은 식재료인데, 특히

분말 형태의 가공식품에 활용도가 높고, 단맛이 강하지만 비만과 당뇨를 야기하는 설탕을 대신할 수 있다는 점이 신제품 개발을 촉발시키는 요인이 되어 식품업계, 특히 스낵 제조업체에 좋은 기회가 되고 있다.

1.4 식생활을 통한 루쿠마의 대사

루쿠마는 비타민 B_3인 니아신(니코틴산)을 많이 함유하고 있다. 비타민 B_3인 니아신 거의 모든 식물과 동물에 존재하며 보통 기름기가 없는 고기에 많이 포함되어 있다. 사람의 경우 하루에 10~20 mg 정도만이 필요하다. 포유류 중에는 장(腸) 내의 세균이 아미노산의 일종인 트립토판을 니아신으로 전환시켜주기 때문에 필요한 일부를 스스로 해결할 수 있다. 신선한 질 좋은 단백질을 잘 섭취하면 트립토판의 양이 많아져 니아신을 따로 음식을 통해 얻어야 할 필요는 없다. 이러한 이유 때문에 니아신이 별로 없는 달걀이나 우유 같은 음식에서 존재하는 단백질 중 아미노산의 일종인 트립토판이 니아신으로 전환시켜주기에 사람의 펠라그라병(피부질환과 소화계 및 신경계 장애로 피부염, 설사, 치매를 야기하는 질환)을 방지하거나 치료할 수 있는 것이다.

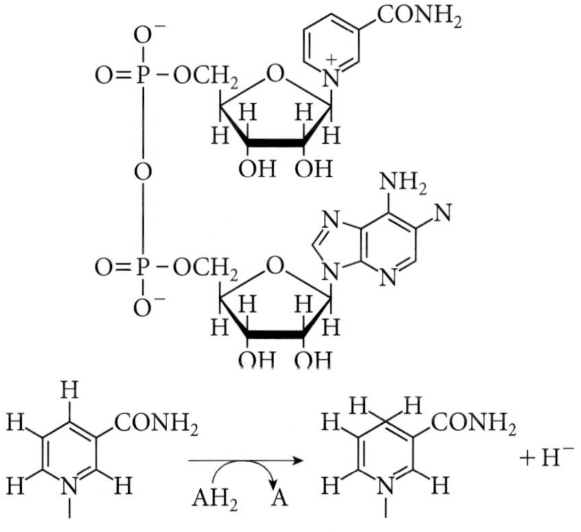

산화형(NAF^+) $\xrightarrow{AH_2 \rightarrow A}$ 환형형(NADH) $+ H^-$

NAD(nicotine adenine dinucleotide)

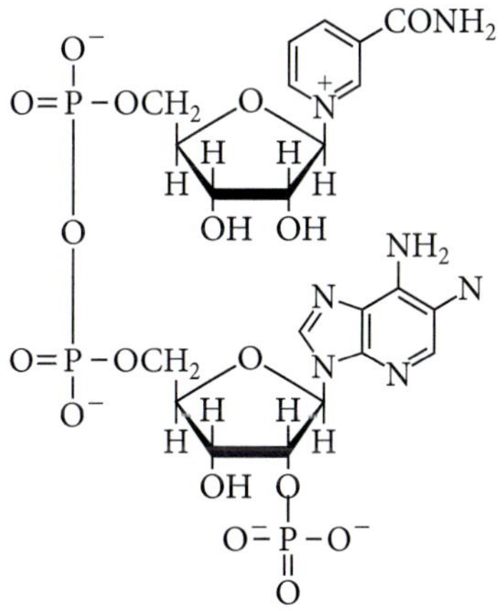

NADP(nicotinamide adenine dinucleotide phosphate)

비타민 B_3를 많이 함유하고 있는 루쿠마를 식생활을 통해 섭취하면 바로 위장과 소장에서 체내로 흡수된다. 비타민 B_3의 흡수율이 매우 높으면 혈액 내에서 비타민 B_3는 특별히 단백질 등과 공유결합하지 않고 유리형(free form: 따로 떨어진 형태)으로 운반되어 간을 거쳐 체내 기관과 조직에 공급되고, 조직 내에서의 비타민 B_3는 NAD(nicotine adenine dinucleotide, 세포에서 발견되는 중요한 조효소이며 많은 기질과 탈수소효소로부터 수소를 받아 $NADH_2$를 형성하는 수소수용체), NADP(nicotinamide adenine dinucleotide phosphate, 많은 탈수소효소의 조효소로서 산화, 환원반응에서 전자매체가 되며, 생체 내에서는 NAD와 거의 같은 작용을 하는데 조효소 II라고도 함)로 전환된다. 과량의 비타민 B_3는 간에 일시적으로 저장되거나 간에서 메틸화반응(methylation; 유기화합물의 탄소 · 질소 · 산소 · 황 원자 등과 결합한 수소 원자를 메틸기로 치환하는 반응)을 거쳐 소변으로 배출된다. (*조효소: 어떤 효소와 결합해서 그 효소의 생화학 작용에 절대적이며 필수적인 역할을 하는 비단백성 유기 화합물)

1.5 루쿠마의 비타민 B_3 결핍과 과다 복용

루쿠마에는 니아신인 비타민 B_3가 꽤 풍부하게 존재한다. 비타민 B_3가 인체 내에서 장기간 부족하면 피부, 소화기관, 신경계 등에 문제가 생기고, 앞서 언급했듯이 피부질환과 소화계 및 신경계 장애에 의해 펠라그라(pellagra)라 불리는 피부 병변증이 발생한다. 색소 침착과 화상과 유사한 형태의 홍반이 나타나고 피부 각화(오래된 피부세포가 정상적으로 탈락하지 못하고 표피 내로 들어가 모공의 출구를 막아 모공이 커져서 오톨도톨하게 보이는 질환)와 함께 혀의 색깔 변화와 구강 병변이 뚜렷이 볼 수 있다. 펠라그라는 설사와 우울증을 동반하며 기억 상실에서 치매로 악화되어 정신분열병이나 하트넙병(Hartnup's disease, 아미노산의 한 종류인 트립토판이 관련된 선천적 대사장애) 등의 신경계 장애를 유발한다. 이런 경우 니아신인 비타민 B_3의 고용량 투여요법이 효과가 있다. 식생활을 통해 섭취한 니아신인 비타민 B_3의 과다 복용에 따른 독성 보고는 아직 알려진 바가 없으나 영양보충제를 통한 비타민 B_3의 과다 복용을 통한 부작용의 사례가 알려져 있는데, 장기간 과다 복용(하루에 3 g 이상) 시 간세포에 심각하게 유해하다는 부작용의 사례가 보고된 바 있다. 제시된 부작용 외에도 안과 부작용, 위장장애, 피부 가려움도 알려져 있다.

1.6 L-Tryptophan으로부터 Niacin의 생화학 합성

니아신인 비타민 B_3는 수용성인 비타민 B군의 하나로, 체내에서 필수 아미노산인 트립토판으로부터 합성된다. 위에서 제시한 것처럼 L-트립토판으로부터 비타민 B_3인 니아신(niacin)의 생합성은 여러 단계를 거쳐 진행되며 상당히 고급스런 chemistry가 내재된 생분해 과정이 포함되어 있다. 어려운 과정이지만 niacin 생합성 과정을 간단하게 살펴보면, 먼저 L-트립토판을 효소인 indoleamine 2,3-dioxygenase 사용하여 오원환 고리를 깨 N′-formyl kynurenine을 합성한다. 두 번째 단계에서 효소인 formamidase를 사용하여 amide 기를 amine 기로 변형시켜 kynurenine을 합성한다.

CO_2H NH_2 N H — Biosynthesis → O OH N

L-Tryptophan　　Vitamin B_3

합성된 kynurenine을 여러 단계 반응을 통해 벤젠 고리가 깨어진 2-amino-3-(3-oxoprop-1-enyl)-fumaric acid을 합성한다. 다음 단계 반응은 합성된 2-amino-3-(3-oxo-prop-1-enyl)-fumaric acid를 non-enzymatic cyclization을 사용하여 pyridine 고리가 형성된 quinolinate을 합성한다. 이제 niacin에 존재하는 pyridine 고리를 만들었기에 niacin 합성이 거의 완성 단계에 다다랐다. 다음 여러 어려운 생화학반응 단계를 거쳐 니아신 혹은 니코틴산인 비타민 B_3를 합성할 수 있다.

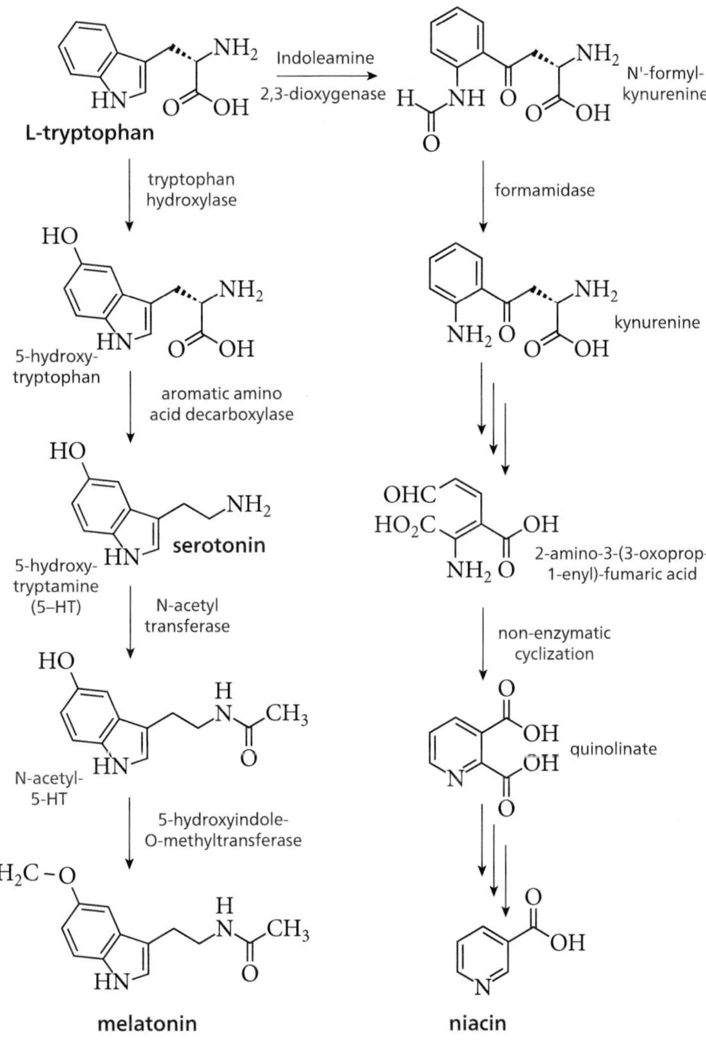

트립토판으로부터 비타민 B_3인 니아신(niacin)의 생합성

1.7 루쿠마의 영양성분

루쿠마에는 아미노산의 중합체 혹은 다량체인 단백질과 자연계에 존재하는 500여 종류의 카로티노이드(carotenoid: 식물, 조류, 박테리아 및 균류가 지방과 기본 유기대사 물질로 합성하는 유기색소) 중의 하나인 베타카로틴이 풍부하며 니아신과 철, 마그네슘, 칼슘, 아연 등의 미네랄이 포함되어 있어 내인성 피부 노화와 중년남성 돌연사의 주범인 심혈관계 질환을 예방하는 데 도움을 준다. 또한, 우울감 해소에 도움을 주는 니아신인 비타민 B_3와 사람의 소화효소로는 소화되지 않고 몸 밖으로 배출되는 고분자 탄수화물인 식이섬유가 풍부하여 천연 항산화제로 쓰인다. 국내 스타벅스의 메뉴에는 없지만 페루를 포함한 몇 남아메리카의 스타벅스에는 루쿠마 음료를 활용한 메뉴가 있을 정도로 인기가 높은 과일이다. 열대과일인 루쿠마는 음식을 섭취한 뒤 혈당이 상승하는 속도를 0~100으로 나타낸 수치인 G.I 지수가 25 정도로 낮아 저칼로리 식품이며, 페루 및 남 아메리카에서는 생과육을 말려 분말로 만들어 현대인의 비만과 각종 성인병을 야기하는 설탕의 대체제로 사용하고 있다.

100 g (3.5 oz)당 영양가		
에너지	414.5 kJ (99.1 kcal)	
탄수화물	1.5%	
식이 섬유	1.3%	
지방	0.5%	
단백질	1.5%	
비타민	**함량**	**%DV**†
티아민(B1)	0.1 mg	1%
리보플라빈(B2)	0.14 mg	12%
나이아신(B_3)	1.96 mg	13%
비타민 C	2.2 mg	3%
무기질	**함량**	**%DV**†
칼슘	16 mg	2%
철분	0.4 mg	3%
인	26 mg	4%
칼륨	470 mg	10%
나트륨	6 mg	0%
기타 성분	**함량**	
수분	64.8 ~ 72.3%	
단위 μg = 마이크로그램 · mg = 킬로그램 IU = 국제 단위		
†백분율은 대략적으로 성인 기준 권고안을 사용한 추정치임		

루쿠마의 영양성분

베타카로틴이 풍부한 루쿠마는 세포 손상을 억제하여 노화방지에 효과와 피부 건강 유지에 좋으며, 섭취 후 면역력 증가와 눈 건강에 도움을 주는 비타민 A로 전환되는 생화학 특성이 있어 눈의 피로를 감소시켜 시력 보호에 도움을 준다. 루쿠마에는 불포화 지방산인 오메가-3,6,9와 비타민 B, 비타민 E, 필수 아미노산, 아연, 철, 칼슘이 포함되어 활성산소들을 제거하고 체내에서 필요로 하는 영양소를 많이 함유하고 있는 웰빙식품인 슈퍼푸드로서 손색이 없으며 현대인의 중년이후에 나타나는 성인병에 매우 효과적이다. 루쿠마는 천연변비제로 불리울 정도로 우리 몸의 소화효소로는 분해되지 않는 섬유질과 식이섬유가 풍부하여 여성들의 변비예방과 변비해소에 도움을 준다. 루쿠마는 수용성인 비타민 B군의 하나인 니아신 혹은 니코틴산인 비타민 B_3가 풍부하게 함유되어 피부와 소화기관 및 근육에 도움 및 좋은 효과를 주며 성 호르몬 및 스트레스 조절에도 도움을 준다.

Quiz

1. 천연 감미료의 하나인 메이플 시럽처럼 '새로운 단맛'을 지닌 맛있는 과일은 무엇인가?

2. 간에 일시적으로 저장되거나 간에서 메틸화 반응(methylation)을 거쳐 소변으로 배출되는 물질은 무엇인가?

견과 탐험

NUT EXPLORATION

제2장

스트레스 상황에서 생존을 위해 생성되는 트레할로스

식물이나 곤충, 효모 세균, 버섯류 등에서 나오는 천연 당질 성분인 트레할로스(trehalose)는 흰색 파우더의 형태로 방부 효과와 동시에 수분을 보유하는 능력이 뛰어나다. 겨울 사막과 같은 열악한 기후나 조건에서도 수분을 지켜주는 역할을 하여 생물이 살아남을 수 있게 한다. '선인장'은 트레할로스가 풍부하게 들어 있는 대표적인 식물로, 극한의 땅인 사막에서 선인장이 생존할 수 있는 이유가 바로 여기에 있다. 또한 트레할로스는 식품의 부패와 변질을 막고 음식의 질감을 보존하는 천연보존제로도 매우 다양하게 쓰이고 있다.

2.1 곤충의 주요 혈당인 트레할로스

특수한 환경의 스트레스 상황에서 생존을 위해 생성되고, 곤충의 주요 혈당으로 널리 알려져 있다. 트레할로스는 2개의 α포도당 단위 사이의 1,1-글리코사이드 결합으로 형성된 이당류이다. 3개의 이성질체(구성 단당류의 아노머에 의해서 $\alpha\alpha$, $\alpha\beta$, $\beta\beta$의 3가지 이성질체) 중에서 자연에는 α,α-트레할로스만이 존재하며, 다른 2개의 이성질체는 자연에서 발견되지 않는다. 분자식은 $C_{12}H_{22}O_{11}$이고, 분자량은 342이다. 트레할로스 한 분자는 22개의 수소(H) 원자, 12개의 탄소(C) 원자, 11개의 산소(O) 원자로 구성되어, 총 45개의 원자로 형성되어 있다. 그리고 총 46개의 화학 결합으로 이루어지는데, 그중 24개의 비(非)수소 결합, 4개의 단일 결합, 2개의 6원자고리(ring), 8개의 수산기(−OH), 2개의 1차 알코올, 6개의 2차 알코올, 3개의 에테르(지방족 −O−)로 구성되어 있다.

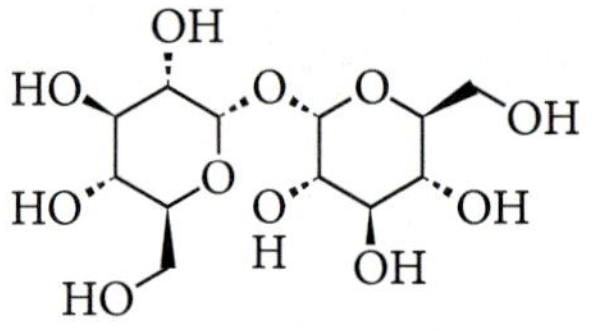

트레할로스의 구조

트레할로스는 흰색 결정(結晶)의 성상을 가진 이당류의 하나이다. 분자 구조를 살펴보면 D글루코스 두 분자가 각각의 환원성 기와 결합하여 형성된다. 앞서 언급했듯이 그 결합 양식이 α 결합 또는 β 결합인지에 따라서 3개(α,α, α,β, β,β)의 구조이성질체가 있으며, 그중 α,α 이성질체만 자연에 존재한다. 이 글리코사이드 결합(glycosidic bond)에 의해 트레할로스는 산(酸) 가수분해에 매우 강하며, 고온에서 산성 조건 아래의 용액 상태일 때도 안정된다.

트레할로스는 자당(蔗糖)보다 덜 녹지만 80°C 이상의 고온에서는 예외이다. 트레할로스의 무수(無水)물은 즉각 수분을 되찾아 이수화물이 되고, 이는 사방정계 결정의 형태가 되어 자당의 열량 함량의 90%가 된다. 트레할로스 무수물은 열처리하면 흥미로운 물리적 특성을 나타낸다. 또한 핵산과 직접 상호 작용하며, 이중 가닥 DNA의 용해를 촉진하고 단일 가닥 핵산을 안정화한다.

1832년 H. A. L. Wiggers는 호밀의 맥각에서 트레할로스를 발견했으며, 1859년에 프랑스 화학자 Marcellin Berthelot은 바구미(weevils) 벌레가 만드는 물질인 Trehala manna에서 트레할로스를 분리하여 명명하였다. 맥각은 맥각균(麥角菌)이 호밀과 같은 화본과 식물의 이삭에 기생하여 균핵(菌核)이 형성된 것을 말하는데, 한방에서는 이삭이 떨어지기 전에 채취하여 지혈제(止血劑)로 사용한다.

2.2 덩어리 혹은 무리의 응집체를 형성할 수 있는 트레할로스

무수물 형태의 트레할로스는 분자 구조상 많은 −OH 기를 가지고 있기에 즉각 수분과 결합하여 이수화물을 형성한다. 트레할로스를 물에 용해시킨 수용액은 농도-의존성 덩어리 혹은 무리를 이루는 경향을 나타낸다. 그리고 수소 결합을 할 수 있어서 물에서 스스로 자가 결합하여 다양한 크기의 덩어리 혹은 무리를 형성하고, 시간이 지나면 커다란 연속 응집체를 형성할 수도 있다. 모든 원자, 분자 역학 시뮬레이션에서 트레할로스를 물에 용해시킨 수용액은 1.5~2.2 몰농도의 트레할로스 분자 덩어리 혹은 무리의 커다란 연속 응집체를 형성할 수 있음을 보여주었다.

이와 같이 흥미로운 물리적 특성을 가진 트레할로스는 사막의 식물과 균류(菌類)들이 지속적인 가뭄 등의 극단적인 조건에서 생체 활동을 거의 중단한 상태인 크립토바이

오시스(cryptobiosis, 저온 극한 상태에서의 휴면 생활)를 어떻게 극복하고 부활하는지 그 생물학적 역할에 대하여 조명을 받았다. 사막의 악조건을 견디려면 길게는 몇 년 동안 몸의 표면적을 최소화하여 생명을 유지해야 하는데, 여기에 기여하는 트레할로스의 생물학적 역할에 대한 두 가지 유력한 이론이 존재한다. 하나는 물의 응결(凝結)로 인하여 생길 수 있는 얼음 형성을 방지하는 현상인 유리화 이론과 다른 하나는 물 치환(water displacement) 이론이다.

생식 냉동 보존 분야에서는 물 분자끼리의 결합을 통한 응결(凝結)로 인하여 생길 수 있는 얼음 형성 없이 세포의 손상을 일으키지 않고 동결 보존하는 해결점을 제공하는 점에 착안했다. 높은 세포 생존 능력과 기능 그리고 생체 구조물의 완전성 및 생체 재료의 구조를 보존하기 위한 생체 조직 공학 측면의 연구물 치환 이론이 어렵지만 왕성하게 이루어지고 있다. 또 하나의 중요한 이론인 물 치환 이론은 생명체가 유지하고 있는 물을 대부분 분자 구조상 많은 −OH 기를 가지고 있는 트레할로스로 대체한다는 이론이다.

이와 같은 흥미롭고 오묘한 트레할로스의 물리적 특성이 극한 조건에 처한 생명체를 유지하고 부활하게 하여 아름다운 지구의 보존을 가능하게 해준다는 점이 정말 경이롭다.

2.3 삶과 생명의 신기로움과 깊은 관계가 있는 트레할로스

트레할로스의 맛은 조금 달면서 뒷맛이 좋은 편이다. 의료적으로는 자궁수축제와 분만 촉진제 그리고 지혈제로 쓰이며 자궁출혈과 월경과다 등의 자궁질환 치료에도 사용된다. 예전부터 삶과 생명의 놀라운 신기로움과 깊은 관계가 있다고 여겨진 트레할로스는 식물이나 미생물 등 자연계에 널리 존재하고 있는 당질이며 오랜 세월 인간이 식품으로 섭취해 온 당질 중 하나이다.

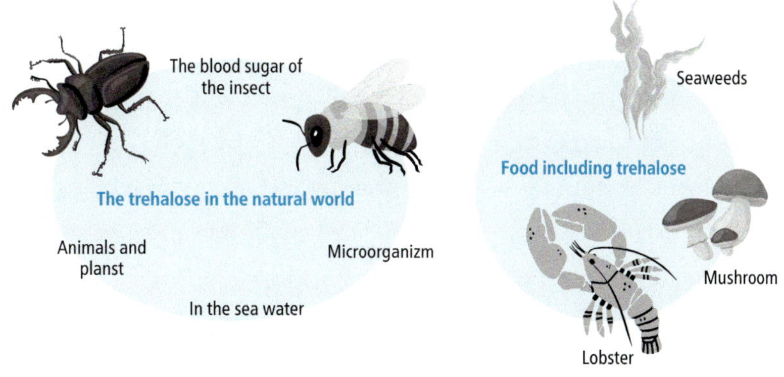

두 당질이 결합되어 만들어진 천연 당질 성분인 트레할로스는 맥각과 효모 그리고 해조류와 버섯류 등 자연계에 함유된 포도당 2분자가 α,α-1,1 결합한 비환원성 이당류이다. 분자 구조상 –OH 기가 공기 중의 많은 물 분자와 결합할 수 있어 사막에서 선인장의 수분을 안전하게 유지해주는 기능을 하며, 부활초에도 많이 들어 있다.

트레할로스의 감미도는 일반 가정에서 가장 널리 쓰이는 설탕의 38%이며 뒷맛에 달콤함이 어우러져 고급스런 맛을 연출한다. 보습 작용과 전분 노화 억제 그리고 단백질 변성 억제와 빙(氷)결정 성장 억제 등 식감 조정, 맛과 냄새의 개선 등 다양한 기능으로 과자와 가공식품에 널리 이용되고 있다.

2.4 트레할로스의 화학적인 합성법과 효소적인 합성법

▸2.4.1 효소적 합성

트레할로스의 합성에는 화학적인 합성법과 효소적인 합성법이 있는데 여기서는 Maltose로부터 trehalose를 합성하는 효소적 합성법을 제시한다.

$$\text{maltose} + \text{Pi} \underset{}{\overset{\text{maltose phosphorylase}}{\rightleftarrows}} \text{glucose} + \beta\text{-glucose-1-phosphate} \quad (1)$$

$$\text{glucose} + \beta\text{-glucose-1-phosphate} \underset{}{\overset{\text{trehalose phosphorylase}}{\rightleftarrows}} \text{trehalose} + \text{Pi} \quad (2)$$

Maltose로부터 Trehalose의 효소적 합성

첫 단계를 보면 이당류인 maltose(D-글루코스가 α-1,4 결합한 환원성 이당류)가 maltose phosphorylase의 효소작용으로 단당류인 glucose와 β-D-glucose-1-phosphate로 가수분해된다. 이어진 단계에서 glucose와 β-D-glucose-1-phosphate는 trehalose phosphorylase의 효소작용으로 감미료인 trehalose로 전환된다. 이 두 반응의 좋은 점은 UDP-glucose와 같은 고(高)에너지 물질이 사용되지 않는다는 것이다. 고에너지 전달 물질이 사용되지 않고 이루어진 경제적이며 반응과정이 단순화된 효소 반응이다.

▸2.4.2 화학적 합성

간단한 화학적 합성은 자당(蔗糖)과 같은 반응에서 볼 수 있다. 반응 시 많은 OH– 작용기를 보호와 탈(脫)보호 반응을 이용하여 원하는 생성물을 중간체로 합성하며 자당과 같은 방법으로 1954년 캐나다의 R.U. Lemieux가 합성하였다.

마지막 단계의 반응은 2,3,4,6-테트라아세틸-D-글루코스와 3,4,6-트리아세틸-1,2-안히드로-D-글루코스를 100°C로 가열하고 아세틸을 제거한 후 크로마토그래피를 하여 트레할로스의 생성을 확인할 수 있다(α, β체도 생성됨).

화학적 합성법의 과정을 살펴보면 유기화학 등의 상당한 지식을 필요로 하는 것을 알 수 있다.

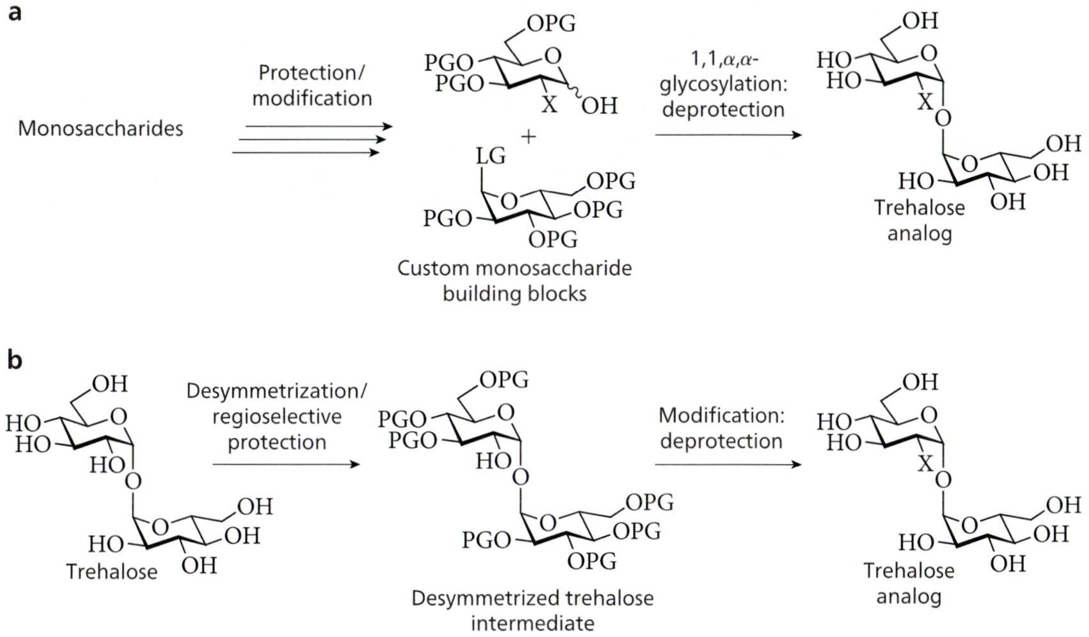

a

Monosaccharides → Protection/ modification → PGO, PGO, OPG, X, OH + LG, OPG, PGO, OPG, OPG — Custom monosaccharide building blocks → 1,1,α,α-glycosylation: deprotection → Trehalose analog

b

Trehalose → Desymmetrization/ regioselective protection → Desymmetrized trehalose intermediate → Modification: deprotection → Trehalose analog

2.5 엄청난 생명력을 부여하는 성분으로 생물의 에너지원(原)인 트레할로스

박테리아, 효모, 곰팡이, 곤충, 무척추동물 및 저급 식물과 고등 식물에 이르는 생물체까지 트레할로스를 만들 수 있는 효소를 가지고 있다. 트레할로스는 자연에 존재하는 식물과 미생물에서 발견되며, 동물에서는 새우와 메뚜기, 나비, 벌 등의 트레할로스를 혈당으로 사용하는 곤충에서 흔히 볼 수 있다.

트레할로스는 미생물, 식물, 곤충 등의 자연계 곳곳에 존재하는 이당류이며 매우 황량하고 삭막한 기후 조건에서도 생물들이 생존할 수 있도록 해주는 중요한 성분이다. 특히 사막 같은 가혹한 환경 속에서도 꽃이 피고 생명이 버틸 수 있게 도와주는 역할을 한다. 또한 세포와 단백질을 극한의 환경으로부터 보호하는 작용을 하고, 곤충 등이 비행할 수 있는 에너지원으로 사용되는 탄수화물이다.

곤충의 비행(飛行) 에너지로 이용되는 기전은 트레할로스가 효소인 트레할레이스(trehalase)로 글리코사이드 결합이 분해되어 두 분자의 포도당을 방출하게 되고, 이 두 분자의 포도당이 에너지 공급원이 되어 곤충의 비행을 가능하도록 하는 것이다. 그만큼 엄청난 생명력을 부여하는 성분이라고 할 수 있다.

분자 구조적으로는 −OH 기를 많이 가지고 있어서 자체적으로 수분과 결합(수소 결합)할 수 있다. 그 결과 수분 손실을 방지하는 기능을 해서 촉촉한 피부로 가꿔주거나 모발의 자연구조를 유지할 수 있도록 도와주는 보습 화장품 제조에도 사용된다. 일명 미코스(mycose)라고도 부른다. 트레할로스는 물과의 결합력이 높아 식품의 건조를 방지하므로 전분의 노화를 억제해 밥이 딱딱해지거나 퍼석거리는 현상을 지연시킨다. 그리고 단백질

변성을 억제하는 효과도 있어 열을 가하거나 pH 변화로 육류가 경화되는 것을 막아 부드러운 식감을 보존하게 한다. 또한 물에 용해된 상태에서 얼음 결정 생성 속도를 늦추어 아이스크림과 같은 냉동식품의 얼음 결정 생성에 의한 손상을 상당히 감소시켜 품질을 향상한다.

생물 생존에 중요한 성분인 트레할로스는 식품의 건조나 동결에 대한 보호 작용은 물론 지방의 산패 방지와 식품 조직의 안정화 그리고 맛과 향의 개선 등에 대해 뛰어난 기능을 갖췄다. 식품 산업뿐만 아니라 화장품과 의약품 등 각 분야에서 아주 폭넓게 사용되고 있다. 곤충과 식물 그리고 균(菌)과 효모 등에 다량 존재하며 특히 곤충의 체액과 난(卵, egg)의 구성성분 인자로 관찰되며 곤충류의 에너지원이나 저장 탄수화물로서 아주 중요한 역할을 담당한다. 의학적으로는 인공눈물의 구성성분으로 안구건조증이나 건성 각결막염을 치료한다. 인공눈물을 구성하는 성분 중 하나로 히알루론산이 있는데 이것 역시 동물 등의 피부에 많이 존재하는 생체 합성 천연물질이면서 역시 트레할로스처럼 수산화기(−OH)가 많은 친수성 물질로 피부 보습 작용을 한다. 최근에는 트레할로스의 활용 범위가 훨씬 넓어져 골다공증과 치주염 예방 작용 등의 새로운 생리 기능 및 인슐린 저(低) 분비성이 규명되어서 대사증후군 예방에 적합한 소재로 많은 주목을 받고 있다.

Quiz

1. 합성 인공 감미료인 사카린이 인체에 좋지 않은 유해물질이라는 평가분석 후 세상의 시선을 끌게 된 천연 감미료는 무엇인가?

2. 당류의 환원기와 알코올이나 페놀 등 수산기를 가진 유기화합물이 결합한 화합물을 총칭하여 무엇이라 하는가?

NUT EXPLORATION

제 3 장

보약으로 취급되던 사카린

우리는 건강을 위해 마음 내킬 때마다 음료수를 마셔야 한다. 이때 인공 감미료가 들어간 달콤한 음료수라도 좋은가? 인공 감미료가 몸에 안 좋을 것 같다는 생각에 우리의 마음 한 구석에는 꺼림칙함이 존재한다. 실제로는 어떨까? 과하게 먹는 것은 좋지 않지만, 무조건 두려워하는 것도 좋지 않다.

사카린은 정말 몸에 해로울까? 사카린(saccharin)은 세계에서 가장 오래된 최초의 인공감미료이다. 콜타르에 포함된 화학물질의 산화 반응을 연구하던 화학자가 실험 후 손을 씻지 않고 빵을 먹다가 단맛을 느꼈고, 이 단맛의 정체가 바로 사카린이었다.

사카린은 발암물질인가? 실제는 사카린을 지나치게 고농도로 투여한 비현실적인 조건에서 얻어진 연구결과라는 사실이 밝혀졌으며, 그 이후 광범위한 실험이 진행되어 정상적인 사용 농도와 사용 방법이라면 인체에 해가 없다는 새로운 결론이 내려져, 현재는 전 세계적으로 사용 중이다.

3.1 설탕이 귀했던 시절 최고의 달콤함을 준 사카린

귀했던 꿀 이외에는 달콤함을 얻을 수 없었던 시절에 설탕은 요즘의 금보다 가치가 있었다. 이처럼 설탕이 귀했던 시절에는 겨울철에 달콤한 온수나 여름철에 차가운 막걸리 생각이 나면 인공 감미료인 사카린을 적당히 타서 마시곤 했다. 사카린은 요즘에도 많이 활용되고 있지만 그 당시에는 그야말로 최고의 달콤함을 주는 감미료였다.

합성 인공 감미료인 사카린은 물에 잘 용해되도록 나트륨(Na) 염인 사카린나트륨(sodium saccharin)으로 제조하여 사용되고 있다. 열에도 안정한 사카린은 열량이 거의 없는 합성 감미료의 최초 물질이다. 미국 유학생인 독일인에 의해 순수하게 진행된 대학의 연구결과를 상업화하여 많은 돈을 벌어들인 하나의 예이기도 하다. 합성 사카린이 꽤 오랫동안 발암물질이라는 의심과 함께 인체 건강에 끼치는 나쁜 영향에 관한 연구가 꾸준하게 진행

되었지만 2001년에 미국은 사카린을 발암물질 명단에서 완전히 제외했다. 우리나라는 2011년 식품안정처에서 사카린의 규정과 규제를 완화하여 일반 가정에서의 사용 범위를 확대하였다.

미 환경보호청(EPA)은 2010년에 미국의 저열량 식품 업체 모임인 열량 통제협회(CCC, Calorie Control Council)의 청원에 따라 사카린을 인간 유해 우려 물질 목록에서 완전히 삭제한다고 밝혔다. 최근 플로리다 의대의 로버트 메켄너 교수 연구팀의 연구에 따르면 사카린이 선별적으로 항암 효과가 있어 선도물질의 변형에 따라 여러 암에 특이하게 작용하는 항암제 개발의 여지가 있다고 밝혔다.

그러나 많은 소비자들 사이에서 발암물질이라는 불신 때문인지 최근까지지도 사카린을 인체 건강에 유해한 것으로 오해하는 분위기가 있었다. 최근에는 신문과 방송의 홍보 덕분으로 점점 사카린에 대한 불신이 완화되어 다양한 용도로 과자나 식품의 첨가물로 사용되고 있다.

O, NH, S, O, O

사카린의 구조

3.2 톨루엔을 출발물질로 합성된 사카린의 구조

사카린은 톨루엔(toluene)을 출발물질로 합성된 인공 감미료이며, 화학식은 $C_7H_5NO_3S$, 분자량은 183, 녹는점은 229°C이다. 사카린 분자의 화학적 구조는 원자의 배열과 각 해당 원자들 간의 화학 결합으로 이루어지며, 5개의 수소 원자, 7개의 탄소 원자, 1개의 실소 원자, 3개의 산소 원자, 1개의 황 원자로 구성되어, 총 17개의 원자로 형성된다. 사카린 분자를 좀 더 자세하게 분석하면 총 18개의 화학 결합이 있다. 이는 13개의 비(非) 수소 결합, 9개의 다중 결합, 3개의 이중 결합, 6개의 방향족 결합, 1개의 5원자고리, 1개의 6원자고리, 1개의 9원자고리, 1개의 설폰아마이드로 구성되어 있다.

3.3 간단한 화학적 변화를 통해 합성되는 사카린

▶ 3.3.1 Toluene을 출발물질로 사카린을 합성

인공 감미료인 사카린의 합성법은 다양하다. 합성 분야는 유기합성을 전공으로 하면서 많은 합성 경험을 가진 연구자들조차 어렵게 생각하는 연구 분야인 탓에 인공 감미료인 사카린이 간단한 화학적 변화를 통해 합성되는 걸 보며 감탄의 박수를 보낸다.

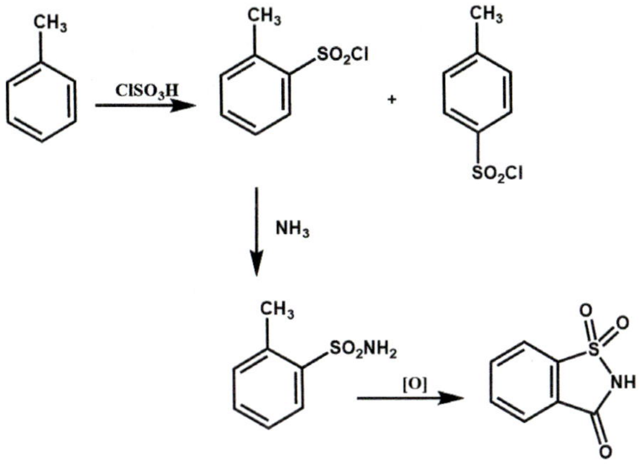

Toluene을 출발물질로 사카린 합성

이 방법은 아이라 램슨(Ira Remsen, 1846~1927)과 그의 제자인 콘스탄틴 팔베르크(Constantin Fahlberg, 1850~1910)에 의해 처음으로 합성된 방법인데, toluene을 출발물질로 한다. 첫 단계는 chlorosulfonic acid에 의한 toluene의 sulfonation (설폰화 반응)으로 벤젠의 ortho와 para 위치에 sulfonyl chloride가 치환된 이성질체인 2-toluenesulfonyl chloride와 4-toluenesulfonyl chloride를 얻을 수 있다. 얻어진 2-toluenesulfonyl chloride와 4-toluenesulfonyl chloride를 분리하여 얻어진 2-toluenesulfonyl chloride를 ammonia (NH_3)와 반응시켜 sulfonamide인 toluenesulfonamide로 전환시킨다. 최종 단계로 메틸(CH_3) 기를 산화시켜 carboxylic acid로 전환시킨 후 고리화 반응으로 사카린을 생산하는 방법이다.

▶ 3.3.2 Methyl anthranilate을 출발물질로 사카린을 합성

다른 합성법은 1950년 Maumee Chemical 사에서 개발한 방법으로, methyl anthranilate에 연속적으로 nitrous acid (sodium nitrite와 hydrochloric acid), sulfur dioxide, chlorine (Cl_2), ammonia (NH_3)를 단계별로 반응시켜 인공 감미료인 사카린을 생산하였다.

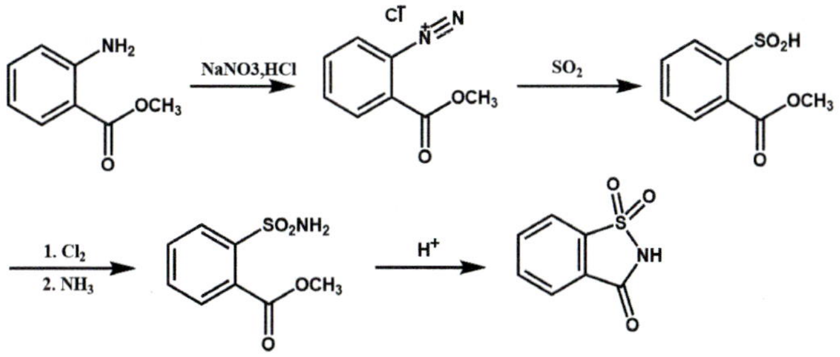

Methyl anthranilate을 출발물질로 사카린 합성

앞서 언급했듯이 사카린이 물에 잘 용해할 수 있도록 염을 만들어 사용하는데, 이렇게 합성된 사카린의 나트륨염(Na salt)은 수용성 사카린으로서 달콤한 맛을 내는 감미료로 사용된다. 설탕의 약 500배의 감미가 있으며 냄새는 거의 없다. 사카린은 에탄올(ethanol)에는 잘 녹지만 물에는 거의 녹지 않기 때문에 쓴맛이 비교적 적다. 물에도 잘 녹는 나트륨염($C_7H_4NO_3SNa_2 \cdot H_2O$, 수용성 사카린)으로 합성하여 과자나 가공식품의 감미료로 쓰이는데 이것의 단맛은 1만 배의 물로 묽혀도 전혀 없어지지 않고 남는다.

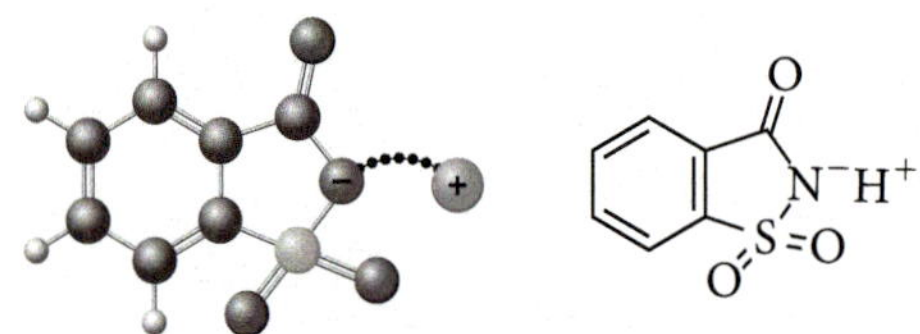

사카린의 나트륨염

▸ 3.3.4 사카린의 뜻밖의 발견과 단독 특허 출원

사카린은 라틴어로 설탕이라는 뜻을 지니고 있으며 1879년 미국 존스 홉킨스 대학의 화학 교수였던 아이라 램슨(Ira Remsen, 1846~1927)과 미국 유학생으로 독일인인 제자 콘스탄틴 팔베르크(Constantin Fahlberg, 1850~1910)에 의하여 처음으로 발견되었다. Coal Tar에 포함된 화학물질들의 산화 반응을 연구하던 중, 연구와 관련된 실험을 마친 후 손을 씻지 않고 그대로 빵을 먹다가 아주 강한 단맛을 느꼈다고 한다.

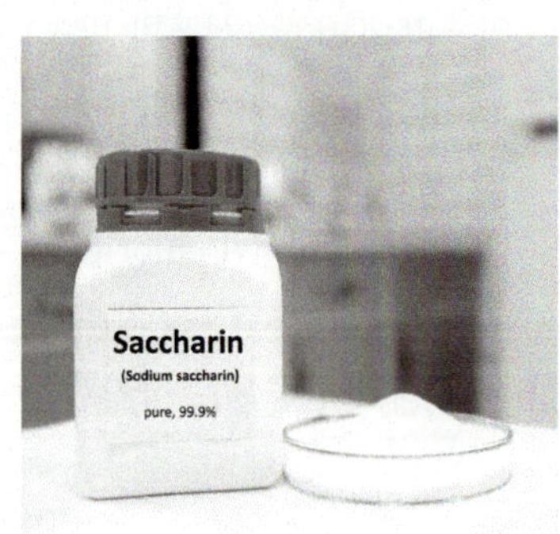

바로 그 단맛을 내는 물질이 사카린이라는 것을 분석을 통해 밝혀내 지도교수와 공동으로 연구 논문으로 발표했다. 그러나 사카린이 단맛의 효능으로 설탕을 대체할 아주 준수한 물질임을 감지한 팔베르크는 지도교수에게 알리지 않고 혼자 특허로 출원하여 상상도 못 할 많은 돈을 벌었다고 한다.

▸ 3.3.5 매우 달콤하지만 약간 쓴맛이 있는 사카린의 대반전

사카린은 백색의 결정 또는 분말이며 그 맛이 매우 달콤해서 만 배의 수용액에서도 단맛을 느낄 수 있으나 약간의 쓴맛이 난다는 단점이 있다. 독성으로는 소화 장애와 신장 장애를 유발할 수 있으며 대사 경로는 생체 내에서 분해되어 소변으로 배설된다. 사카린의 인체 안정성을 분석하기 위해 실시한 실험에서 토끼에게 경구 투여 시 LD50(lethal dose, 50% 치사량)는 5~8 g/kg, 쥐에서는 17.5 g/kg 정도로 알려져 있다.

사카린이 발암물질이라는 오명을 얻게 된 이유는 1977년 캐나다 국립보건연구소에서 실시한 연구 발표에서 '사카린을 투여한 실험쥐의 방광에서 종양이 발견되었다'고 언급하면서부터이다. 그러자 세계 각국에서는 사용을 제한하는 등 먹는 물질에서 퇴출시키며 발암물질이라는 오명을 얻게 된다. 그러나 1993년 국제 식품첨가물 전문가위원회와 1995년 유럽식품안전청의 재평가 연구 분석을 통해 캐나다의 사카린 실험은 오류이며 '사카린은 인체에서 암을 유발하지 않는다'고 발표하였다. 이 이후로부터 최근까지 다양한 용도로 가정이나 식품 가공업에서 활용되고 있다. 심지어 최근 사카린 연구 발표 자료에 의하면 '사카린은 암을 유발하는 발암제가 아니라 오히려 암세포 증식을 억제하는 항암제 역할을 한다'고 언급하고 있다.

특히 인공 감미료인 사카린은 열량이 전혀 없는 감미료이기 때문에 합병증이 걱정되는 당뇨병 환자나 비만인 사람에게 설탕 대신 사용할 수 있다는 장점이 있다. 또한 설탕보다 단맛이 300배 이상이 되니 결과적으로 가격이 저렴하고, 과자나 음식이 갈색으로 변하는 현상이 적게 발생한다. 그리고 열에 비교적 안정적이라 물성의 변화도 적게 발생하는 장점들 때문에 오늘날에는 천연 감미료인 설탕과 합성 감미료인 아스파탐에 이어 세 번째로 많이 사용되는 감미료가 되었다.

우리나라의 식품의약품안전처에서는 사카린나트륨(수용성 사카린)을 어육 가공품, 청량음료, 뻥튀기 등 한정된 가공식품 품목에만 허용하다가, 최근에는 건강기능식품, 케첩, 탁주, 소주, 빵, 아이스크림 등 다양한 종류의 식품 품목으로 사용 범위를 확대하였으며 식품마다 허용량은 각기 다르게 규정하여 실시하고 있다.

오늘날, 건강을 염려하는 현명한 소비자는 당뇨와 비만을 유발하는 설탕 대신 열량이 전혀 없는 사카린을 사용할 수 있는 선택권을 가지게 되었다. 향후 연구를 통해 만약 합성 사카린의 쓴맛을 완벽하게 제거하는 기술을 개발하는 사람이 이 나온다면, 당장 세계적인 과학 부호이자 노벨상까지 쟁취할 수 있을 것이다.

Quiz

1. 톨루엔(toluene)을 출발물질로 합성된 달콤한 인공 감미료는 무엇인가?

2. 설탕보다 단맛이 300배 이상이며, 과자나 음식이 갈색으로 변하는 현상이 적게 발생하고, 당뇨병 환자나 비만인 사람에게 설탕 대신 사용할 수 있는 인공 감미료는 무엇인가?

NUT EXPLORATION

제 4 장

잉카의 보석인 사차인치

4.1 불가사리같이 생긴 사차인치

3000년 전 잉카 시대부터 재배해 온 견과류 사차인치(sacha-inchi)는 에콰도르, 페루, 볼리비아, 베네수엘라 등 열대 남아메리카가 원산지이며, 별 모양과 같은 생김새 때문에 '땅 위의 별'이라는 별명도 가지고 있다. 잉카의 보석인 사차인치의 씨앗은 견과류처럼 식용으로 사용하며, 각종 유용 성분이 풍부하다. 특히 사차인치는 혈당 낮춰 주고 체내 인슐린 조절에도 관여하여 당뇨에도 도움을 줄 수 있다.

사차인치의 씨앗은 오래전부터 남아메리카 원주민들이 견과로 식용하거나, 혹은 압착하여 사차인치 오일을 생산하여 식용하였으며, 특히 잉카인들은 사차인치 오일을 요리에 다양하게 활용하여 식용하였다. 실생활에 활용 범위도 넓을 뿐만 아니라 원주민들에 의해 전달이 되는 행동 양식인 하나의 문화로 도자기에도 사차인치 모양을 그려 넣었다. 현재는 동남아시아의 태국과 라오스는 물론 동아시아의 중국에서도 사차인치가 재배되고 있고, 우리나라에서도 견과 및 건강식품으로 유통되고 있다. 사차인치는 기존의 무난하고도 기름진 고소한 견과류와는 달리, 씹었을 때 으스러지면서 뿜어져 나오는 약간의 휘발유 냄새 같은 톡 쏘는 야릇한 맛이 있다. 물론 사차인치는 견과 특유의 기름기가 있어 쫀득한 식감이 있지만, 특이하게도 푸석푸석하게 부스러지는 성질도 있는 독특한 맛의 견과이자 건강식품으로 알려져 있다.

사차인치에는 우리 몸에 꼭 필요한 필수지방산인 오메가 3, 6가 풍부하게 들어 있어 현대병인 심혈관 질환, 비만과 당뇨와 같은 질병을 완화시키는 것은 물론, 현대인에게 쉽게 나타나는 우울증과 여성의 피부 건강에 도움을 준다. 조리법은 주로 볶아서 다른 견과들과 혼합해서 섭취하거나, 스무디와 오트밀, 샐러드 등에 첨가하여 식용한다. 씨앗에서 추출한 사차인치 오일은 요리용 혹은 여러 가지 화장품의 한 조성물로 쓰인다. 열매에서 씨앗을 제외하고 남은 생과육도 빵과 과자, 비누와 화장품, 의약크림 등 우리의 실생활에 활용되고 있다.

4.2 고소한 맛을 가진 사차인치

앞서 간단하게 언급했지만 백세 넘어 건강하게 살기 위한 인간들의 욕망은 변함없기에 건강식품에 대한 관심이 높아져 슈퍼푸드이며 최근 각광을 받고 있는 별을 닮은 잉카 제국 땅콩인 사차인치에 대하여 알아보도록 하겠다.

사차인치는 남아메리카에서 임산부의 좋은 영양원으로 식용할 정도로 영양가가 풍부하여 원산지에서 오랫동안 사랑받아 왔다. 특히 15세기부터 16세기 초까지 남아메리카의 중앙 안데스 지방을 지배한 잉카 제국에선 땅 위의 별로 일컬어지며 물물교환의 수단으로 사용되던 고급 작물이다. 손톱만한 크기로 생과육이나 견과로 먹거나 견과로부터 추출된 오일을 이용하고, 그대로 먹으면 특유의 씹는 맛이 있으며 씹으면 씹을수록 고소한 맛이 나온다.

4.3 사차인치의 생화학적인 효능

정상적인 성장과 건강을 위한 필수 지방산을 가지고 있으며, 오메가 3 지방산과 비타민 E가 포함되어 있다. 오메가 3 지방산은 이상지질혈증 치료 또는 지방질 공급에 사용되는 불포화지방산의 일종이다. 비타민 E는 근육 기능 유지와 항산화 기능에 관여하며 세포 노화를 막고 세포막을 유지하는 항산화 물질로 활성 산소를 무력화한다. 특히 오메가 3 지방산은 몸에서 만들어 낼 수 없는 필수 지방산인 불포화 지방산으로 두뇌 작용을 활발하게 한다. 혈중 콜레스테롤 수치를 낮추어주는 DHA, 뇌기능 촉진 및 뇌세포의 발달에 관여하는 EPA, 리놀레산과 α 리놀렌산이 대표적인 오메가 3 지방산이다. 사차인치에는 100 g당 오메가 3 지방산 함유량이 23000 mg인데, 이에 비해 정어리 1870 mg, 고등어 1200 mg, 아몬드 300 mg으로 사차인치가 가장 많이 함유하고 있다. 특히 오메가 3 지방산 중에서도 리놀레산(linoleic acid)과 α-리놀렌산(linolenic acid)이 포함되어 있다.

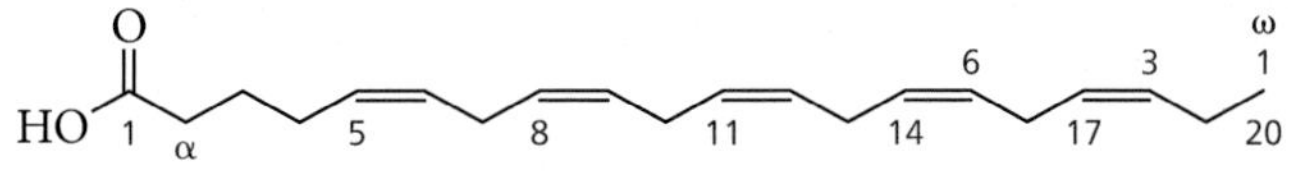

Eicosapentaenoic acid(20:5, n-3; EPA)

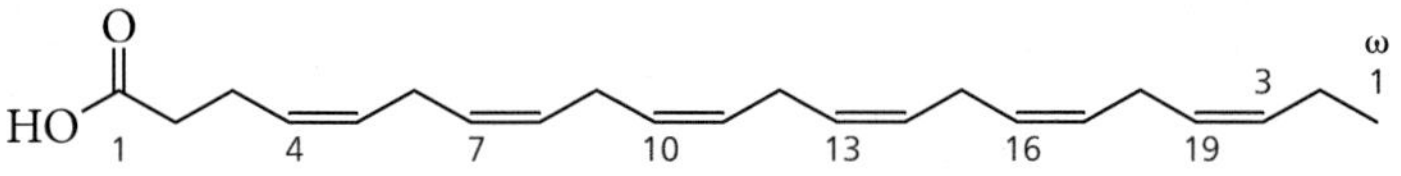

Docosahexaenoic acid(22:6, n-3; DHA)

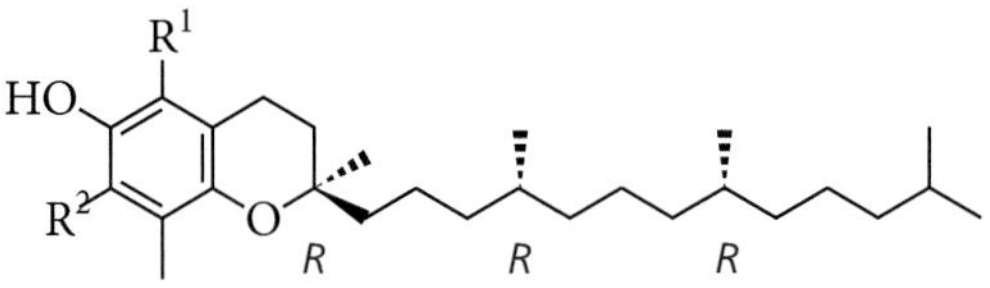

tocopherols

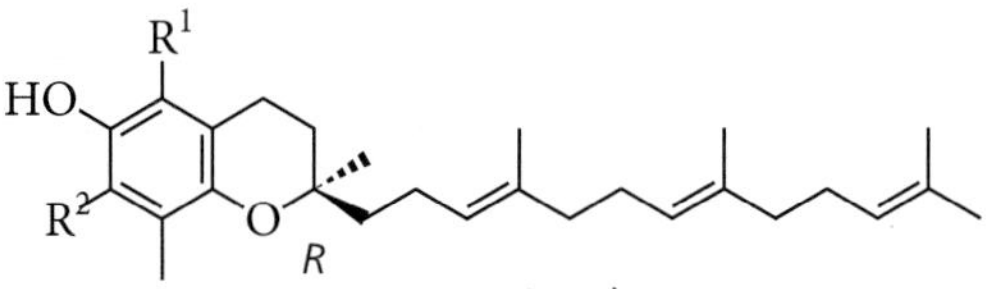

tocotrienols

alpha: R^1, R^2 = Me

beta: R^1 = Me, R^2 = H

gamma: R^1 = H, R^2 = Me

delta: R^1, R^2 = H

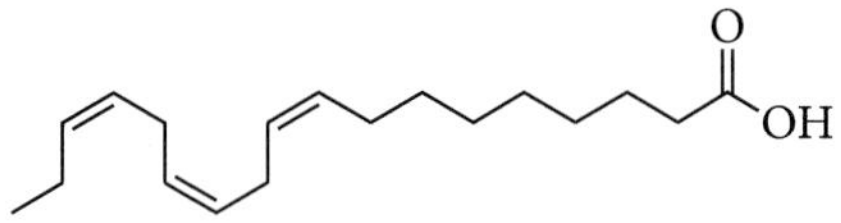

Linolenic Acid(Omega-3)

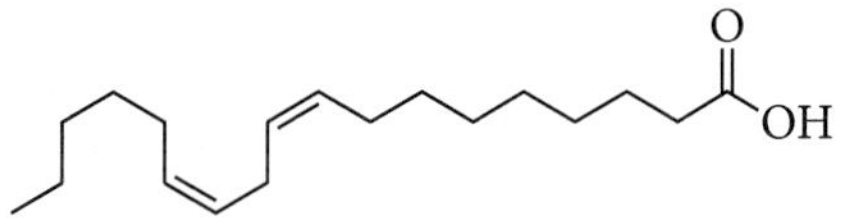

Linolenic Acid(Omega-6)

조금 더 자세히 오메가 3 지방산의 중요한 역할을 살펴보면 첫째, 혈관 벽이 딱딱해지는 원인을 제거해 혈관 벽을 탄력 있게 하여 심근경색, 뇌경색과 같은 심혈관 및 뇌혈관 질환을 방지한다. 둘째, 외래성 물질과 접촉한 생체가 그 물질에 대하여 정상과는 다른 과민반응을 나타내는 현상인 알러지와 같은 생체의 방어적 반응인 염증을 완화해주고 면역력을 좋게 해준다. 셋째, PMS [premenstrual syndrome (생리전 증후군), 월경 주기에 따라 여러 증세가 반복적 혹은 주기적으로 나타나는 현상], 관절염, 두통 등 여러 가지 통증을 완화하고 비염, 아토피, 천식과 같은 자가면역질환(autoimmune disease, 자기의 장기 조직이나 그 성분에 대한 항체가 생산되는 알러지 질환)에도 도움이 된다. 이렇듯 우리 몸에 유익한 오메가 3이기에 종종 치료제로 오인하기도 하지만, 어디까지나 건강 유지에 도움을 주는 보조식품일 뿐이라는 점을 알아두자. 덧붙인다면 사차인치의 오메가 3 지방산의 함유량이 많은 다른 견과들과 비교하면 압도적으로 많다.

4.4 사차인치의 항산화 효과와 작용기전

사차인치에는 항산화 물질로 활성 산소를 무력화하는 지용성인 비타민 E가 많이 존재하는데, 비타민 E는 조직이나 세포의 라디칼 생산을 억제하는 짝짓지 않은 전자를 가지는 원자단인 라디칼 포착제(scavenger) 역할을 한다. 비타민 E의 작용기전(action mechanism, 약이 어떤 반응 과정을 거쳐서 약리효과를 나타내는지를 설명하는 과정)을 보면 항산화 효과의 기본적인 메커니즘으로 토코페롤의 구성 분자의 크로마놀 구조의 알코올(−OH) 작용기에 있는 수소가 지질 라디칼(radical)이나 생체 조직을 공격하고, 세포를 손상시키는 산화력이 강한 산소인 활성 산소와 반응하는 것으로 알려져 있다.

2-chromanol

4-chromanol

알파-토코페롤
α-tocopherol

LOO• 리피드 라디칼

LOOH

토코페롤-라디칼
tocopherol radical

LOO• 리피드 라디칼

OOL

토코페롤-리피드 중간체

H_2O

LOOH 리피드 과산화물

토코페롤 퀴논
tocopherol quinone

비타민 E의 라디칼 반응 작용기전

라디칼 반응의 작용기전을 살펴보면, 첫 번째 단계에서 토코페롤(크로마놀 고리와 긴 피틸 사슬로 구성된 구조)의 하이드록시기(–OH)에서 발생한 수소 라디칼이 지질(리피드, lipid) 라디칼과 반응하여 안정한 지질 과산화물(LOOH)이 생성된다. 두 번째 단계에서는 생성된 토코페롤 라디칼이 지질 라디칼과 반응하여 토코페롤-지질 중간체(tocopherol-lipid intermediate)를 형성하고, 셋째 단계에서 이 토코페롤-지질 중간체가 물과 반응하여 지질 과산화물(LOOH)과 토코페롤 퀴논(tocopherol quinone)이 형성되어 결국 모든 반응성이 매우 큰 짝짓지 않은 전자를 가지는 원자단인 라디칼이 소멸된다. 이와 같이 3단계의 라디칼 반응을 통해 생체 조직을 공격하고 세포를 손상시키는 산화력이 강한 산소인 활성 산소와 반응하는 지용성인 비타민 E의 우리 몸에서의 지혜로운 역할을 설명할 수 있다.

4.5 잉카의 땅콩 사차인치

아마존 주변에서 생산된 잉카의 땅콩 사차인치는 앞에서 자세히 언급했듯 좋은 영양원으로 남아메리카에선 임산부뿐만 아니라 건강에 관심이 많은 현대인들에게 큰 사랑을 받고 있다. 최근 어유와 물범유 등으로부터 추출된 동물성 오메가 3가 중금속과 환경오염에 노출되어 식용에 다소 어려움을 겪고 있는데, 사차인치는 이런 문제에서 훨씬 자유로운 식물성 오메가 3 제품으로 각광을 받고 있다. 야채와 함께 식용하는 견과로 어우러져 색다른 식감을 주며 식이섬유 함유량도 많아 포만감을 주고, 혈액 속 중성지방을 녹여 내장지방을 줄여줌으로써 체중 감량이나 미용, 건강을 위한 식이 요법에 도움을 줄 수 있다. 우리나라에도 기능성 식품에 관심이 높아지면서 사차인치와 같은 견과류의 씨앗을 직접 발아시키고 재배에 도전하는 농가들도 생겨나고 있으나 대량 재배까지는 아직 멀어 보인다. 사차인치 생산에 관심 있는 농가들에 따르면 열대 지방의 식물인 만큼 재배의 적정 온도와 습도를 맞춰야 하는 재배의 어려움을 극복한다면 충분히 재배 생산할 수 있다고 자신한다.

4.6 차세대 슈퍼푸드인 사차인치

사차인치가 가장 주목받는 이유는 식물성 불포화지방산인 오메가 3, 6, 9의 함유량이 95%

가 넘는다. 특히 오메가 성분은 중요 필수 성분이지만 인체 안에서 생성이 되지 않기에 반드시 식생활에서 섭취해야 한다. 남아메리카 안데스 지방의 잉카인들이 청어, 정어리, 전갱이, 꽁치, 고등어와 같은 등푸른 생선을 먹지 않아도 되었던 이유가 잉카의 땅콩인 사차인치에 함유된 높은 오메가 3, 6, 9와 비타민 E, 단백질 때문이라는 이야기도 있다.

함유량도 높은 비타민 E, 단백질 등은 현대인에게 필수적인 당뇨 예방과 고혈압, 혈관 건강 등에도 효과적이다. 하지만 과하게 섭취하면 복통과 설사를 유발할 수 있고, 칼로리가 매우 높기 때문에 체중 조절에 실패할 수 있다. 사차인치의 섭취 분량은 일반적으로 하루 5~15개 정도 먹는 것이 적당하다.

사차인치 과육은 주로 볶아서 먹거나 잘게 부수어 요리에 활용하고, 과육에서 추출한 사차인치 오일 역시 각종 요리에 많이 쓰인다. 압력밥솥으로 밥을 할 때 사차인치의 과육을 잘게 부순 후 첨가하여 사차인치 영양밥으로 먹을 수도 있고, 요리하는 이의 취향에 따라 기존 요리에 사차인치를 가미하여 풍미를 올릴 수도 있다. 이외에도 요거트 또는 셰이크에 사차인치의 분말을 첨가하면 아침식사 혹은 간식 대용으로 그만이다.

Quiz

1. 3000년 전 잉카시대부터 재배해 온 불가사리 모양의 견과는 무엇인가?

2. 근 기능 유지와 항산화 기능에 관여하며 세포 노화를 막고 세포막 유지하는 항산화 물질로 활성산소를 무력화하는 비타민은 무엇인가?

NUT EXPLORATION

제 5 장

합성 기능성 감미료인 아세설팜 칼륨

아세설팜 칼륨(acesulfame potassium)은 실제 고칼로리로 건강에 부담을 주는 설탕 및 기타 천연 감미료를 대체하는 저칼로리 식품으로 사용된다. 앞서 다룬 사카린과 마찬가지로 아세설팜 칼륨을 다량으로 사용하면 뒷맛이 약간 쓴데, 페룰산 나트륨(sodium ferulate, 심혈관 및 뇌혈관 질환의 치료 및 혈전증 예방에 유용하여 전통 한의학에 사용되는 화합물)과 함께 사용하면 아세설팜 칼륨의 쓴맛을 조절하여 가릴 수 있다. 아세설팜 칼륨은 열에 매우 안정하여 저장 기간 중에 불안정해질 가능성이 매우 적기에 유통기한이 긴 제품에도 사용할 수 있다. 의약의 유효 성분에 좀 더 깔끔하고 쾌적한 향을 부여하기 때문에, 씹거나 마시는 형태로 섭취해야 하는 의약품의 첨가제로 매우 유용하다.

5.1 냄새가 전혀 없고 강한 단맛이 있는 아세설팜 칼륨

아세설팜 칼륨은 백색의 결정성 분말로 냄새가 전혀 없고, 강한 단맛이 있으며 설탕이나 소르비톨 또는 과당 등의 다른 감미료와 같이 사용하면 감미의 상승 효과가 있다.

아세설팜 칼륨의 분자식은 $C_4H_4KNO_4S$이고, 분자량은 201이다. K(칼륨) 화합물로 물에 매우 잘 녹고 알코올에는 약간 녹는다. 무(無)열량 감미료인 아세설팜 칼륨의 감미도는 설탕의 약 200배 정도이며 앞서 언급했듯이 설탕이나 소르비톨 또는 과당과 같은 다른 천연감미료와 섞어 사용하면 단맛의 상승 효과를 직접적으로 경험할 수 있다. 이 단맛의 상승 효과 때문에 견과류나 앙금, 음료류, 가공유류, 발효유류 및 설탕 대체식품이나 영양 보충용 식품, 잼류나 절임류 등에 혼용하여 다양하게 사용된다.

고체 상태가 매우 안정하며, 저온 건조된 상태로 수년간 방치해도 분해되지 않고, pH 3 이상의 강한 산성 조건에서도 이온화하여 분해되지 않는다. 강한 단맛은 낮은 농도에서 나타내는데, 높은 농도에서는 어색한 느낌의 뒷맛이 느껴진다. 그러나 중간 농도 정도의 감미에서는 높은 농도에서 느껴지던 다소 어색한 뒷맛과 기분이 좋지 않은 불쾌한 맛이 별로 느껴지지는 않는다.

5.2 독일 Hoechst에서 합성한 아세설팜 칼륨

아세설팜 칼륨은 독일 훽스트(Hoechst) 사에서 Clauss와 Jensen에 의해 1967년에 합성된 화합물이다. 그 과정은 여러 가지 치환기를 바꾸어가며 설탕 4% 용액에 대한 감미도가 20~200배되는 화합물을 합성하였다. 그중에 당도가 200배인 것을 선택하여 '아세설팜'이라 이름 지었고, 1978년 세계보건기구(World Health Organization, WHO)는 이 화합물의 칼륨염을 '아세설팜 칼륨'이라고 하였다. 미국, 독일, 영국, 스위스, 벨기에, 덴마크 등의 선진국들과 여러 국가에서도 사용이 승인된 합성 인공 감미료다.

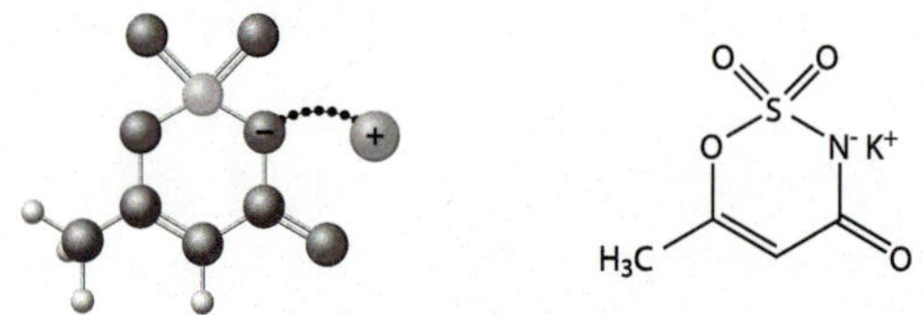

아세설팜 칼륨의 구조

설탕보다 매우 강한 감미도를 보이며 대부분 체내에서 분해와 흡수되지 않는 저 칼로리라는 감미료의 특징이 있는 아세설팜 칼륨의 합성법은 다양하다. 그중에서 sodium 4-chlorophenolate으로부터 4단계를 거쳐 합성하는 방법은 다음과 같다.

Sodium 4-chlorophenolate으로부터 아세설팜 칼륨 합성

첫 단계는 sodium 4-chlorophenolate를 sulfuryl chloride와 반응시켜 4-chlorophenylsulfurochloridate를 합성한다. 두 번째 단계는 ammonia와 반응시켜 4-chlorophenyl sulfamate를 얻을 수 있다. 세 번째 단계는 합성된 4-chlorophenyl sulfamate 에 4-methyleneoxetan-2-one을 반응시켜 phenyl(3-oxobutanoyl) sulfamate 를 합성한다. 마지막 단계로 합성된 phenyl(3-oxobutanoyl)sulfamate를 potassium hydroxide와 반응하여 인공 감미료인 '아세설팜 칼륨'을 얻을 수 있다.

5.3 박테리아나 효소에 의해 소화와 분해되지 않는 기능성 감미료

아세설팜 칼륨의 1일 허용섭취량(acceptable daily intake, ADI)은 0.0~15.0 mg/kg이며, 높은 온도에서도 안정하여 각종 음료와 잼류 그리고 발효유 등에 첨가된다. 부피와 양적인 면에서 설탕을 적게 사용하는 효과를 보기 위해 과일이나 채소, 그리고 어육 조림 등에 함께 첨가되며, 분자 구조상으로 박테리아나 효소에 의해 소화되거나 분해되지 않는 물질이므로 간장과 된장이나 소스와 식초 등에도 사용된다. 아세설팜은 과자나 케이크 또는 빵 같은 제과에는 단맛을 가진 소르비톨이나 폴리 덱스트린 등과 혼합하여 사용되며 높은 온도에서도 안정하기 때문에 빵을 굽는 온도가 높더라도 감미에 전혀 영향을 주지 않는다.

5.4 아세설팜 칼륨 섭취를 굳이 피할 필요는 없다

발암성 여부 또는 인슐린 분비에 대한 내분비계에 미치는 영향들에 대한 우려가 있기는 하지만, 아직 연구가 덜 진행된 상태이며 뚜렷하게 악영향을 주는 현상은 발견되지 않고 있다.

그러나 최근 한 연구의 동물 실험 결과에 의하면, 아세설팜 칼륨을 실험쥐에게 주입한 결과 인슐린 분비량이 증가하는 것을 관찰했지만 저혈당 증세는 일어나지 않았다고 한다. 실험쥐를 대상으로 종양이나 암에 대한 실험을 진행하였지만 아직 연관성 있는 결과는 얻지 못했으며, 어미 쥐의 젖이나 양수를 통해 새끼 쥐에게 흡수되는 현상은 있다고 보고되었다.

이러한 연구결과가 있음에도 불구하고 미국과 유럽에서는 인체에 안전하다고 보고 있고 FDA는 하루 15 mg의 섭취는 무해하다고 보고 있다. 만약 이 용량을 초과하려면 엄청나게 많은 양을 섭취해야 하는데, 12온스의 코카콜라 제로를 20캔 정도 매일 마셔야 하는 정도이다.

Quiz

1. 백색의 결정성 분말로 냄새가 전혀 없고 강한 단맛이 있으며 설탕이나 소르비톨 또는 과당 등의 다른 감미료와 같이 사용하면 감미의 상승 효과가 나는 물질은 무엇인가?

2. 고체 상태가 매우 안정하며 저온 건조한 상태로 수년간 방치해도 분해되지 않으며 pH 3 이상의 강한 산성조건에서도 전혀 이온화하여 분해되지 않는 물질은 무엇인가?

제 6 장

금지된 감미료 아세트산 납

음악의 성자라고 불릴 정도로 음악 역사상 불멸의 거장인 베토벤에 대해 잘 아는가? 우리가 많이 들어본 수 없이 많은 명곡을 탄생시켰으나, 그는 중금속 중독으로 목숨을 잃었다. 베토벤의 머리카락을 '싱크로트론(synchrotron) 입자가속기'를 이용하여 정밀 성분 분석한 결과, 오랫동안 베토벤을 괴롭힌 병증과 사망의 원인은 '납 중독'임이 밝혀졌다. 그 당시 아세트산 납($Pb(CH_3COO)_2$)은 피부염 치료에 처방되었다. 이외에도 다양한 납 화합물이 결핵이나 천식, 종기나 피부 감염증 치료제로 활용되었으며 건강을 위해 중금속을 섭취했다가 병을 얻어 사망에 이르게 된 것이다.

6.1 인체에 치명적인 납 중독을 야기하는 아세트산 납

납(lead), 염(salt)은 달달한 단맛을 내어 과거에는 설탕 대신 사용되었다. 거대한 로마제국을 건설한 로마인들은 납으로 만든 그릇이나 솥에 포도즙과 함께 식초를 넣고 끓여 아세트산 납(lead acetate)을 만들었으며, 이 걸쭉한 물질을 '사파(sapa)'라고 불렀다. 걸쭉한 물질인 시럽은 성숙되지 않은 포도주가 단맛을 내기 위해 숙성해야 하는 시간을 줄여주고 풋과일의 단맛을 높여주는 등 인기 있는 감미료로 사용되었다. 하지만 걸쭉한 시럽 속에 함유되어 있는 아세트산 납으로 인해 인체에 치명적인 납중독을 야기했으며 지금은 아예 감미료로서의 사용이 금지되었다.

연당으로 불리는 아세트산 납의 화학식은 $Pb(CH_3COO)_2$이며 분자량이 325인 무색 결정이다. 물이 전혀 포함되지 않은 무수염(無水鹽) 외에도 3수화염(분자량 379)과 10수화염이 알려져 있고, 일반적인 사용은 3수화염 $Pb(CH_3COO)_2 \cdot 3H_2O$의 형태로 시판되며 연당이라 한다. 이것의 제법은 PbO인 산화납(II)을 따뜻한 묽은 아세트산(초산, acetic acid)에 용해한 다음 물을 증발시키면 큰 결정으로서 3수화염인 $Pb(CH_3COO)_2 \cdot 3H_2O$이 석출된다. 다시 이 결

정을 서서히 가열하면 물이 전혀 포함되지 않은 백색 혹은 무색 결정의 무수염이 되며 물과 글리세린에 잘 녹는다.

$$Pb^{2+}\left({}^{-}O-C(=O)-CH_3\right)_2 \qquad CH_3-C(=O)-O-Pb-O-C(=O)-CH_3$$

아세트산 납의 구조식

무수크롬산 CrO_3를 물에 녹이면 물과 반응($CrO_3 + H_2O \rightarrow H_2CrO_4$)하여 크롬산($H_2CrO_4$)이 되며, 이 무수크롬산은 납(Pb), 염(salt)의 조제나 폴리에스테르(polyester)의 제조에 단위체 또는 모노머(monomer)가 화학 반응을 통해 2개 이상 결합하여 물성에 큰 영향을 준다. 그리고 아세트산 납은 분자량이 큰 화합물을 생성하는 반응을 일으키는 중합 촉매(polymerization catalyst)로 사용된다. 인체의 점막이나 피부의 한 부분에 작용해 단백질을 딱딱하게 굳어지게 해서 단백질 활성을 제거하여 염증을 제거한다. 그리고는 막을 만들어 보호하는 약제수렴제로도 사용된다. 그러나 아세트산 납은 치명적인 납중독을 야기하기 쉬우므로 장기간에 걸친 사용은 극히 삼가야 한다.

6.2 연금술사에 의해 토성의 소금으로 알려진 아세트산 납

앞서 언급했듯이 아세트산 납(lead acetate)을 몸속으로 빨아들일 때 신경독성과 암을 유발하는 납중독의 위험이 크며, 실제로 생리활성 검색을 통해 얻은 분석치는 마우스에 경구투여 시 LD50(lethal dose, 50% 치사량)는 400 mg/kg이다.

오래 전, 존재하는 물질을 조합하여 새로운 물질을 만들기 위해 시도하던 연금술사들은 납(lead)을 토성(土星)으로도 비유했기 때문에 아세트산 납(lead acetate)은 토성의 소금(salt of Saturn)으로 알려져 있다. 공업적 · 산업적으로는 황화수소 화합물(황과 수소로 이루어진 화합물로 무색이며, 달걀 썩는 냄새와 같은 악취가 풍기는 독성 기체)을 검출하기 위해 사용한다.

6.3 아세트산 납의 간단한 합성법

아세트산 납의 합성법은 다양하다. 그중 하나는 버려진 납-산 배터리로부터 분리돼서 탈황(脫黃, desulfurized)된 납 반죽(paste)에 아세트산(CH_3COOH)이나 과산화수소(H_2O_2)를 혼합하여 반응시켜 얻는 것이다.

$$PbO + 2CH_3COOH \longrightarrow Pb(CH_3COO)_2 + H_2O \qquad (1)$$

$$PbO_2 + 2CH_3COOH + H_2O_2 \longrightarrow Pb(CH_3COO)_2 + 2H_2O + O_2 \qquad (2)$$

$$PbCO_3 + 2CH_3COOH \longrightarrow Pb(CH_3COO)_2 + H_2O + CO_2 \qquad (3)$$

반응 (1)은 산화납과 아세트산의 반응으로 물과 함께 아세트산 납을 얻을 수 있다. 반응 (2)는 PbO_2 (lead dioxide)와 아세트산, H_2O_2의 반응으로 아세트산 납, 물과 O_2(산소)를 생산한다. 반응 (3)은 $PbCO_3$ (탄산납, lead carbonate)와 아세트산의 반응으로 아세트산 납과 물, CO_2(이산화탄소)를 얻을 수 있다.

6.4 인체에 계속 축적되는 독성 중금속인 납

푸르스름한 잿빛의 금속 원소인 납[lead (Pb), 원자 번호 82]은 성경의 출애굽기에 표현될 정도로 오래전부터 알려졌고, BC 2000년경부터 인류가 적극적으로 사용해 왔다. 연금술사들은 앞서 언급했듯이 납이 가장 오래된 원소이며 토성과 관련이 있는 것으로 믿었으며, 반짝반짝 빛나는 금을 사랑한 나머지 납을 금(Au)으로 바꾸기 위해 원시적 화학기술인 연금술에 많은 시간을 쏟았다.

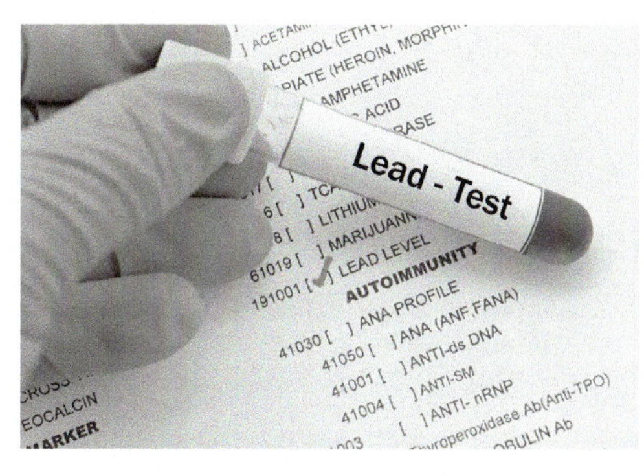

납은 음식물과 공기 등을 통해 체내로 흡수되어 일반적으로 인체에는 약 120 mg의 납이 존재한다. 우리 몸 여러 곳에 녹아 있으며 특히 혈액에 0.2 ppm, 뼈에 3~30 ppm, 조직에 0.2~3 ppm 농도로 존재한다. 이와 같이 납은 인체의 거의 모든 조직과 시스템에 납의 존재를 알리듯 영향을 미치고 있다. 아동의 경우 혈중 납의 농도가 높을수록 행동 및 인지 기능에 장애를 일으킬 위험이 있다. 실제로 인체에 계속 축적되는 독성 중금속이지만 일부 미생물은 높은 농도의 납으로 오염된 아주 열악한 환경 속에서도 살아가고 있다.

우리 몸에서 납은 여러 가지 생리 활동에 참여하는데, 효소의 옥소기(oxo group: =O 기)에 결합하여 헴(heme) 합성과 포르피린(porphyrin) 대사의 거의 모든 과정에 영향을 주며, 여러 효소의 활동과 단백질 합성을 저해한다. Pb^{2+}는 비록 카드뮴 이온(Cd^{2+})이나 수은 이온(Hg^{2+})보다는 결합력이 약하지만 단백질의 −SH 기와 결합하여 효소의 활동을 저해한다.

행동 및 인지 기능의 장애를 주는 납중독의 전형적인 증상은 두통, 구토, 빈혈, 경련, 혼수상태, 만성 신장염, 중추신경계 장애 등이다. 특히 높은 농도의 납에 중독되면 성인이나 어린이 모두 뇌와 신장이 손상되어 사망할 수도 있다. 특히 임산부는 유산 위험이 있어 더 조심해야 하며 남성의 생식 기능도 저하될 수 있다.

6.5 방사성 붕괴의 마지막 금속물질인 납

납(lead)은 인간이 옛날부터 사용한 금속 원소 중 하나로서, 무르고 다른 금속에 비해 녹는점이 비교적 낮아 가공하기가 쉬운 편이다. 납의 원소 기호도 무른 금속을 의미하는 라틴어 'plumbum'에서 왔다. 중금속 원소 중에서 지각에 가장 많이 존재하며, 가장 안전하기에 방사성 붕괴 시에 생성되는 최종 금속 물질이다.

원석에서 원소 상태로 분리, 석출이 비교적 쉬워서 이미 2500여 년 전 고대 최대의 국가인 로마제국에서는 연간 최고 약 6~7만여 톤의 납이 제련되어 사용되었다. 단면적이며 모방적인 로마인들은 납으로 각 도시의 수도시설과 배관공사에 주로 사용하였다. 로마 문명이 꽃을 피웠던 시기의 유해에서 매우 높은 농도의 납이 검출되는데 그 당시 사람들 대부분 심각한 언어 장애와 운동 마비 등의 증상을 동반하는 납중독(lead poisoning)에 걸렸으리라고 짐작할 수 있다. 그 이유는 얼핏 생각하면 상수도관을 납으로 만들었기 때문이라고 생각할 수 있으나, 실제 가장 큰 원인은 음식과 포도주에 단맛을 더하기 위해 감미 첨가제로 사용한 '사파(sapa)' 때문이었다.

앞서 언급했듯이 사파는 납으로 만든 그릇과 솥에 약간의 식초와 포도즙을 넣고 끓이면 만들어지는데, 낭만적이며 단편적인 로마인들은 이 단맛이 나는 납 화합물이 든 사파를 포도주에 넣어서 마셨으니 그야말로 독한 술이 아닌 진짜 독약을 탄 독주를 마셨던 것이다. 당시 로마 음식의 요리 및 조리법의 약 20%는 납 화합물, 즉 사파가 첨가제로 사용되었다고 한다.

6.6 중금속 납의 독성으로 인한 대기와 수질의 환경오염

현재 환경운동가와 환경 관련 공무원들은 중금속인 납의 독성으로 인한 대기와 수질의 오염을 막기 위해 여러 가지 정화 노력을 하고 있다. 이십여 년 전 납이 들어간 화합물 사에틸납(tetraethyl lead)을 섞은 휘발유인 유연(有鉛) 가솔린이 널리 사용되었던 시기에는 대기와 수질이 많은 양의 납으로 오염되어 있었다. 또한 납 성분이 첨가된 가공물질을 사용하던 페인트공, 배관공, 도공 등은 직업적으로 납중독의 위험에 완전히 노출될 수밖에 없었다. 일반인조차 납 수도관과 불량 도자기(특히 옹기) 등에서 납이 녹아 나오거나, 납 성분이 든 페인트로 칠한 외장, 장난감 등에서 떨어져 나온 부스러기들을 통해 납 오염에 노출되었다.

그러나 요즘은 유연 가솔린에 쓰였던 납 첨가제의 사용이 완전히 금지되었다. 소비재에서 납이 포함된 화합물의 사용을 제한하고 있고, 납 성분이 포함되어 있는 페인트는 새로운 친환경적인 페인트로 교체되고 있다. 우리 주변의 식물에도 약간의 납 성분은 들어있으며, 납 성분 가공 공장이나 관련 업체 인근에서 재배된 작물에서도 3 ppm(parts per million)까지의 납 성분이 발견되기도 하지만 심각한 언어 장애와 운동 마비 등의 위태로운 증상을 나타내는 납중독을 일으킬 정도의 농도는 아니다. 그렇지만 계속 축척되고 농축되면 당연히 인체에 해로운 영향을 미치는 중금속임에는 틀림없다.

일반적으로 대부분의 성인은 음식을 통해 하루 평균 약 1 mg의 납을 섭취하며, 그중의 약 0.1 mg 정도가 인체 내로 흡수되어 순환된다고 알려져 있다. 세계보건기구(WHO)는 식용으로 먹는 물의 납 성분 농도 상한치를 0.01 ppm로 권장하고 있다.

납 성분의 해독제로는 EDTA(ethylenediaminetetraacetic acid)가 쓰이는데, 이는 리간드 화합물과 결합하는 킬레이트제(착물형성제)여서 납과 착물을 형성하여 납을 체외로 완벽하게 배출시킨다.

EDTA(Ethylenediaminetetraacetic acid)의 구조

납은 유리 제조에도 사용되는데, 포타슘(K) 유리에서 산화칼슘(CaO)을 산화납(PbO)으로 대체한 유리를 납 유리라고 한다. 납 유리의 PbO 함량은 보통 12~40%이며, 특히 납 크리스탈 유리의 PbO 함량은 최소 24%이다.

고급스런 납 크리스탈 유리는 투명도나 광택을 더하기 위해 납이 첨가되어 있으며 최고급 양주 등에 쓰이고 있으나 이것이 양주 중에 용해될 위험이 있다. 이와 같이 납 크리스탈 유리는 굴절률이 높고 가공 온도가 낮아 가공하기 쉽고 일반 유리보다 밀도가 높아 장식용 유리로 널리 사용되며 전자파의 투과율이 적어서 전자제품에도 널리 애용된다.

자동차용 가솔린의 경우 옥탄값을 높여 품질을 향상시키기 위해 열이나 촉매를 사용하여 탄화수소의 구조를 변화시키는 개질(改質, reforming)을 한다. 개질에 의한 나프텐계 탄화수소의 방향족화는 곧은 사슬파라핀에 이성질화 등의 반응을 시켜서 이소파라핀으로 되면 옥탄값이 높은 탄화수소의 함유량이 높아지게 되므로, 가솔린의 성분비를 바꾸는 것이다.

이외에 앤티노크(antiknock)제인 사에틸납$(CH_3CH_2)_4Pb$을 휘발유에 소량 첨가하여 엔진과 같은 내연 기관에서 연료의 이상 폭발로 생기는 노킹을 막는 노킹 방지제로 개발하여 오랫동안 사용되었다. 하지만 그 배출가스에 납 성분이 포함되어 납중독을 유발하고 신경독성과 암을 유발할 수 있어서 현재는 전혀 사용하고 있지 않다. 배기가스를 통하여 독성이 강한 납이 인체 및 환경에 축적되어 왔다는 것이 밝혀지자 1980년대에는 자동

차 휘발유에 납 성분이 없는 무연으로 대체되기 시작하였다. 휘발유 성분 중에서 옥탄가가 낮은 헥산(hexane) 등을 빼고 벤젠과 톨루엔 등의 방향족 탄화수소를 늘려 옥탄가를 높여서 치명적인 환경오염물이나 사에틸납$(CH_3CH_2)_4Pb$의 첨가량을 되도록 적게 한 것을 무연 휘발유라고 한다. 하지만 무연휘발유로 촉매와 연료 등을 대체하는 것이 대기오염 방지의 근본 대책은 되지 못하고 있다. 그 이유는 농도가 증가한 방향족 탄화수소가 눈이나 호흡기에 장애를 일으키는 광화학 스모그의 원흉이 될 가능성이 높기 때문이다.

Quiz

1. 고대 로마인들이 납으로 만든 그릇이나 솥에 포도즙과 함께 식초를 넣고 끓여 만든 '사파'의 포함된 화합물은 무엇인가?

2. 신경독성과 암을 유발하며 납중독의 위험이 매우 커서 금지된 감미료는 무엇인가?

NUT EXPLORATION

제7장

질감과 섬세한 향미의 조화가 환상적인 캐슈너트

7.1 자신을 생산하는 견과인 캐슈너트

캐슈너트(cashew nut)는 세계에서 가장 인기 있는 견과류 중에 하나이다. 옻나무과에 속하는 캐슈나무의 식용 씨앗으로, 독특하게 구부러진 모양에 흰색을 띈다. 볶아서 소금을 치면 매끄러우면서도 자박자박한(건더기나 절이는 물건 따위가 겨우 잠길 정도로 물이 차 있는 상태) 질감과 섬세한 향미의 조화가 환상적이다. 노란색 또는 빨간색으로 익는 열매 캐슈애플의 한쪽 끝에 씨앗(캐슈너트)이 자란다.

'자신을 생산하는 견과'로 알려진 캐슈너트는 알러지를 유발하며, 독성이 가진 우루시올(페놀유도체의 하나, '옻오름'이라는 피부염을 일으키는 알레르기 유발 항원) 옻의 주성분과 강력하게 피부를 자극하는 페놀 수지를 포함하는 이중 껍질로 둘러싸여 있다.

앞서 언급했듯이 헛열매인 캐슈애플의 밑 부분에 씨앗인 캐슈너트가 생기는데, 이 캐슈너트가 참열매이다. 숙성된 캐슈애플은 알코올, 음료뿐만 아니라 생으로 먹거나, 카레로 요리하거나, 식초로 발효시켜 식용하는 등 식생활에 다양하게 쓰인다. 인도와 브라질에서는 캐슈애플 잼과 처트니(chutney, 과일이나 채소에 향신료를 넣어 만든 인도의 소스)를 만드는 데 사용하기도 한다. 남아메리카의 많은 나라에서는 알코올과 무알코올 음료의 맛을 내기 위해 캐슈애플을 사용하고 있다.

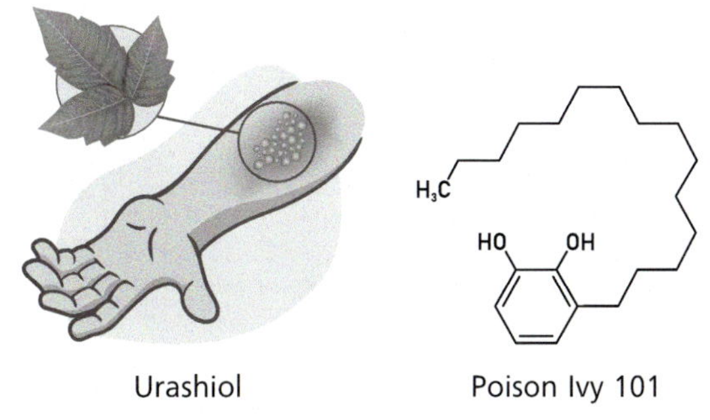

Urashiol Poison Ivy 101

일반적으로 캐슈애플이 캐슈너트보다 유통이 제한적인데, 견과와는 달리 상하거나 멍들기 쉽기 때문에 유통기한이 매우 제한적이기 때문이다. 캐슈애플의 떫은 맛을 제거하기 위해서는 5분 동안 찌거나, 끓는 소금물에 5분간 담근 후 세척하여 먹는다.

7.2 구부러진 모양이 독특한 캐슈너트의 효능

우리가 일반적으로 먹는 볶은 캐슈너트는 은근한 단맛과 부드럽고 담백한 식감을 가진 견과이다. 영양 성분의 농도가 다소 약하지만 성장기 어린이들에게 필요한 좋은 영양 간식으로 인기가 높다. 지금부터 캐슈너트의 다양한 효능을 알아보자.

첫째, 풍부한 섬유질을 가지고 있다. 섬유질은 소화가 되지 않는 물질이기 때문에 적은 양으로도 포만감을 느끼고 장운동을 도와 변비를 개선시켜 준다.

둘째, 피출혈을 멈추게 하는 지혈 작용을 한다. 외상으로 인해 피부가 파열된 외출혈의 경우 국소 부위 지혈을 통해 피를 쉽게 멈추게 하지만, 혈관 손상으로 혈액이 혈관 밖으로 나오는 내출혈의 경우 지혈 작용이 상당히 중요하다 할 수 있다. 캐슈너트에는 혈액응고에 필수적인 비타민인 비타민 K의 함량이 높아 혈액 응고를 도와주는 역할을 하며, 세포 안에서 여러 가지 아미노산이 단백질로 만들어지는 과정인 단백질 합성을 돕는다.

셋째, 캐슈너트에는 콜레스테롤이 없다. 실제 리놀레산과 셀레늄 등의 각종 성분과 미네랄이 모든 동물 세포의 세포막에서 발견되는 지질이며, 혈액을 통해 운반되는 콜레스테롤 수치를 낮춰주는 역할을 한다. 우리 몸을 유지하는 데 꼭 필요한 성분인 콜레스테롤은 현대인의 성인병을 일으키는 동맥 경화증의 원인 중 하나로 나쁜 의미로 많이 사용되고 있다. 대부분의 콜레스테롤은 음식으로 섭취되기보다는 신체 내에서 합성되며, 우리 몸의 콜레스테롤 수치가 낮아지면 동맥경화와 심근경색같은 혈관 질환과 성인병을 예방할 수 있다.

넷째, 클리세믹 성분의 함유량이 높아 혈당이 높아지는 걸 방지한다. 클리세믹 성분(GI 수지: glycemic Index, 탄수화물을 함유한 식품의 혈당치가 상승되는 속도를 수치로 나타냄)은 생물체의 구성 성분이며 에너지원으로 사용되는 당질의 함량이 낮으며, 높아진 혈당을 낮추는 작용을 하여 당뇨병 완화에도 도움을 준다. 이런 혈당 조절 효능으로 인해 비만이거나 당뇨가 있는 현대인에게 유익한 영양 간식이다.

다섯째, 식감이 부드러워 식용하는 데 불편함이 없다. 콜레스테롤은 신체 기본적인 기능을 유지하기 위해 반드시 필요한 성분이지만 나쁜 콜레스테롤이라 불리는 LDL 콜레스테롤(low density lipoprotein)은 혈관벽 안으로 들어가 동맥경화를 유발한다. 캐슈너트는 이런 콜레스테롤이 없으며 주로 동물체의 에너지원인 당질이 낮아 우리 신체에 거의 부담을 주지 않는다. 캐슈너트를 식용하면 소화의 불편함도 주지 않으면서 체력이 떨어졌을 때 각종 성분과 칼로리 보충으로 원기회복 효과를 가져다준다.

여섯째, 수용성 비타민인 엽산이 풍부하게 존재한다. 엽산은 비타민 B 복합체의 하나로 아미노산과 핵산을 합성하는 데 필요하며 세포 분열과 성장에 중요하다. 풍부한 엽산으로 인해 임산부와 태아에게 좋은 효능을 주며 태아의 기형도 예방함은 물론 양수막을 튼튼하게 해주므로, 임신 중이거나 계획 중이라면 캐슈너트를 영양 간식으로 추천한다.

일곱 번째, 철분이 풍부하여 빈혈 예방에 도움을 준다. 빈혈은 혈액 중에 적혈구의 수가 감소했거나 헤모글로빈 농도가 부족해 발생하는 저산소증으로, 흔한 증상으로는 어지러움, 호흡곤란, 두통, 피곤함, 수면장애, 심계항진, 집중력 감퇴, 기분 장애를 야기한다. 빈혈이 매우 심한 경우 일상생활을 유지하기 힘들 정도로 증세가 악화되기 때문에 예방이 중요하다.

이외에도 캐슈너트에는 베타카로틴이 풍부하여 눈을 건강하게 유지할 수 있게 도와주며, 암세포의 성장과 증식을 막는 항암 효과도 있다.

7.3 캐슈의 씨와 열매

캐슈(cashew, anacardium occidentale)는 열대와 아열대에서 자라는 옻나무과 나무로서, 캐슈애플 끝에 있는 꽃받침에 달려 있는 씨는 길이가 2.5 cm 정도의 모양이 크고 두꺼운 콩처럼 생겼으며 두 개의 껍질로 구성되어 있다. 이중 껍질로 되어 있는 씨의 바깥쪽은 표면이 매끈하고 유리 같으며 얇고 다소 유연하지만 단단하고, 안쪽 껍질은 바깥쪽 껍질보다 더 단단하다. 이중 껍질 사이의 갈색 기름은 주로 페놀 지질, 신체의 적절한 혈당 조절을 촉진할 수 있는 아나카드산(anacardic acid) 및 카르다놀(cardanol)에서 비롯되는 옻나무와 유사한 접촉 피부염을 유발할 수 있는 오일로 사람의 피부에 접촉되면 물집을 생기게 하며 윤활유나 살충제로 쓰거나 플라스틱 제조에도 쓰인다. 특히 옻나무과의 과실에서 기름상액(캐슈너트 껍질액)에 존재하며 변형된 에폭시 폴리올인 카르다놀은 생명공학 및 나노소재에 응용될 가능성이 있어 활발하게 연구되고 있다.

7.4 캐슈열매라고도 불리는 캐슈애플

캐슈열매라고도 불리는 캐슈애플은 나무줄기에 붙어 있으며, 캐슈애플의 살찐 줄기로 캐슈의 씨인 캐슈너트가 붙어 있다. 숙성된 캐슈애플은 알코올 음료와 잼, 과일이나 채소에 향신료를 넣어 만든 인도의 소스인 처트니(chutney)로 신선하게 먹거나, 카레로 요리하거나 식초로 발효시킬 수 있다. 일반적인 생과일과 같이 과일이 쉽게 멍들기 쉽고 유통기한이 매우 제한적이기에 유통기한이 매우 제한적이다. 캐슈애플을 먹을 때 찬물에 씻기 전에 5분 정도 쪄서 떫은 맛을 제거한 후 식용하며 떫은 맛을 줄이기 위해 과일을 끓는 소금물에 5분간 담근 후 찬물에 깨끗이 씻어 식용한다. 이 캐슈애플은 일반 생과일과는 다른 매우 특별히 좋은 맛을 나타내며 맛을 돋구는 소금을 첨가해 함께 식용한다.

7.5 캐슈애플의 알코올 음료

인도에서는 덜 익은 사과 맛이 나는 캐슈사과의 생과육을 익힌 후 으깨서 주스로 추출한 뒤 며칠 동안 발효해서 보관한 것을 '네로'라고 한다. 발효를 통해 만들어진 주스는 이중 증류 과정을 거쳐 그 결과로 나온 알코올 음료를 '페니'라고 부른다. '페니'는 알코올 도수가 약 40~42%(80~84도)의 알코올 음료(술)다. 첫 한 번만 증류된 알코올 음료를 '우르락'이라고 불리며, 약 15%의 알코올(30도)음료이다. 탄자니아에서는 캐슈애플(스와힐리어로 비보)를 건조시킨 후 물로 씻어 발효시킨다. 발효시킨 후 증류하여 '곤고'라는 아주 맛있는 고농도의 알코올 음료를 만든다.

7.6 알코올 음료인 페니

발효를 통해 만들어진 주스는 이중 증류 과정을 거쳐 그 결과로 나온 알코올 음료인 페니의 맛은 전적으로 캐슈애플과 발효 과정, 발효 정도 그리고 발효시키는 보관통에 전적으로 달려 있다. 전통적으로 최종 제품인 페니에는 향이나 착색제 등 두 번 증류되어 나온 알코올 용액 이외에는 그 어떤 것도 추가되지 않는다. 그러나 최근 그 지역의 젊은 증류업자들은 까다로운 유럽인 입맛에 맞추기 위해 유럽의 알코올 음료 숙성 방법을 채택해서 변화된 페니를 만들거나 알코올 음료에 향신료(spices)를 가미하여 전형적인 다양한 향미 페니를 제조하여 판매한다.

7.7 참열매와 헛열매

식물 기관의 하나인 열매는 수정된 씨방이 발달해서 생긴 것으로 씨방만으로 생긴 열매를 진과(참열매)라 하며, 캐슈너트가 이에 해당한다. 꽃받침 등과 함께 발달한 열매를 위과(헛열매)라 하며, 캐슈애플은 헛열매이다.

7.8 생 캐슈의 구성 성분

옻나무과에 속하는 나무인 생 캐슈의 구성 성분은 물 5%, 탄수화물 30%, 지방 44%, 단백질 18%이다. 특히 마그네슘, 망간, 인, 구리 등을 포함한 미네랄과 혈액응고제 역할과 뼈를 강하게 만들거나 심장질환을 예방하는 비타민 K, 탄수화물 대사를 조절하는 티아민(thiamin, 비타민 B1), 탄수화물과 단백질 대사 과정에 작용하고 신경 전달 물질을 만들며 헤모글로빈의 생성에 도움을 주는 비타민 B_6(pyridoxine)의 풍부한 공급원이다. 셀레늄, 철분, 아연, 칼륨 등의 미네랄이 유의한 함량으로 존재한다. 캐슈는 진핵생명체에 중요한 생리적 기능-전립선 비대증 개선, 잇몸질환 및 치주질환 개선, 충치예방효과, 콜레스테롤 수치 개선, 혈당조절 도움-등의 효능을 갖는 베타 시토스테롤(β-sitosterol)을 함유하고 있다.

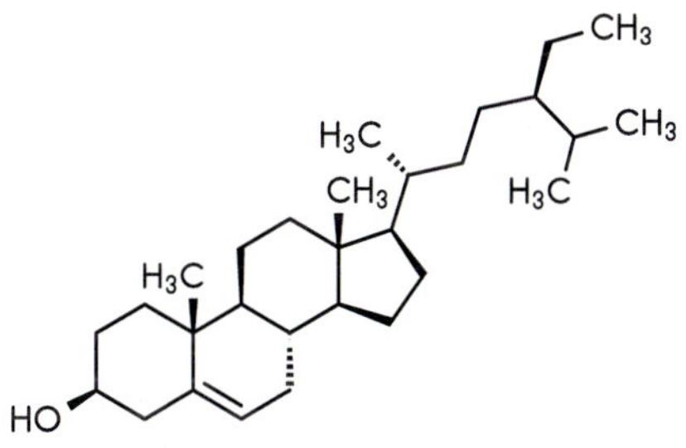

베타 시토스테롤(β-sitosterol)

7.9 캐슈 껍질 오일

캐슈너트 열매 가공 후 생산되는 생산품 비율은 캐슈너트 27%(whole nut 22%, 캐슈너트 조각 5%), 캐슈너트 오일 23%, 폐기물인 겉껍질이 50%이다. 이 폐기물인 겉껍질로부터 착유해서 나오는 기름이 캐슈 껍질 오일(cashew nuts shell liquid, CNSL)이다. 캐슈너트 겉껍질의 벌집 구조에서 발견되는 강한 자극성을 가진 노란색 광택을 띠는 오일로, 캐슈너트 가공의 부산물이며 식용 캐슈너트 오일과 확실하게 다르다. 최근 정부의 신재생에너지 정책으로 바이오 오일로 캐슈 껍질 오일이 가공 및 정제되어 화력 발전소 등에 대체연료로 사용되고 있다.

7.10 알러지를 유발하는 우루시올

옻나무 옻칠 액의 주성분인 우루시올(urushiol)은 알러지를 일으키는 성분이다. 식물이 주위로부터 타격을 당한 후나 늦가을 수액이 식물 표면으로 누출되어 특정 온도 및 습도 조건에서 산소와 접촉하여 산화되면 검은 색의 옻나무의 진에 착색제나 건조제 따위를 넣어 만든 도료인 옻칠이 된다. 이 검은 액체인 우루시올 옻칠은 매우 안정적이다.

7.11 우루시올의 알레르기성 피부염을 일으키는 반응 메커니즘

우루시올에 대한 알러지 반응의 가능성과 심각도는 탄화수소 사슬의 포화 정도에 달려 있으며 일반적으로 접촉된 사람의 절반 미만이 포화 우루시올만으로도 반응을 보이지만, 접촉된 사람의 90% 이상은 이중 결합이 2개 이상 존재할 경우 더 민감한 반응을 보인다. 또한 탄화수소의 탄소 수가 많은 긴 곁사슬을 가진 우루시올이 더 강한 알러지 반응을 나타내는 경향이 있다.

OH OH R, OH OH R —Oxidation→ O O R —Protein Nucleophile→ OH OH R Protein—Nuc

우루시올의 알레르기 성 피부염을 일으키는 반응 메커니즘

우루시올의 알러지성 피부염 반응을 일으키는 반응 과정을 간단하게 표현하면 먼저 우루시올의 두 −OH 기를 산화 반응을 통해 두 개의 이중 결합 산소인 C=O 기로 변환시킨다. 산화 반응을 통해 얻어진 산화물이 친핵성 단백질(protein nucleophile)과 반응하여 피부 내에서 알러지 반응을 유발하는 알러지 물질이 형성된다.

피부염은 앞서 언급했듯이 유도된 면역 반응 과정에 의해 조정되고 발생한다. 피부염을 일으키는 면역 반응을 직접 활성화하기에는 분자가 너무 작은 우루시올은 피부 면역 과민반응으로 이끌어 내는 합텐(hapten, 불완전항원; 특이 단백질을 함유하지 않은 물질로서 항체상 특정의 결합기와 반응하는) 역할을 하며 피부의 특정 단백질과 반응하여 피부염인 알러지 반응을 일으킨다.

7.12 항염증제인 하이드로코르티손

부신 피질에서 분비되는 호르몬으로 염증을 가라앉히는 항염작용과 생리적 기능을 상승시키는 역할을 하는 하이드로코르티손(hydrocortisone)은 항염증제로 피부염 반응을 유발하는 화학 물질의 방출을 중단함으로써 피부 면역 과민 반응 상태를 완화하는 데 효과적이다. 하이드로코르티손 자체는 피부염 반응을 유발을 억제하는 반응에서 어떤 방식으로든 우루시올과 반응하지 않는다.

7.13 지방은 지방일 뿐

무게의 대략 40%가 지방이기에 식용할 때는 주의하는 것이 좋다. 불포화 지방이기 때문에 포화 지방보다는 괜찮다지만, 그래도 지방은 지방이다. 캐슈너트에는 그나마 지질이며 혈액을 통해 운반되는 콜레스테롤이 전혀 없다는 것이 장점이다. 모든 견과가 다 그렇지만 캐슈너트도 수분이 거의 없기 때문에 영양소가 매우 농축되어 있다. 높은 농도의 영양소에 의해 과열량 혹은 과영양 상태에 이르기 때문에 한꺼번에 많은 양을 먹는 것을 권장하지 않는다. 물론 과학적인 근거는 어디에도 없지만, 호두가 두뇌 모양으로 생겨 머리에 활기를 준다는 사담(私談)이 있듯, 둥글게 구부러진 캐슈너트의 모양이 태아의 형태와 무척 닮아 특히 인체 건강에 좋다는 이야기가 널리 퍼져 있다.

7.14 잣 대신 캐슈너트

캐슈너트는 그냥 먹어도 좋지만 다양한 요리와 궁합이 잘 맞는다. 조림 음식에 아몬드 대용으로 캐슈너트를 넣어도 좋고, 콩국수에 캐슈너트를 첨가하면 고소해서 국물 맛이 한층 살아난다. 대충 캐슈너트를 잘게 부숴서 볶음밥이나 다양한 볶음 요리에 넣어도 좋다. 시판용 페스토 소스도 단가가 비싼 잣 대신 이 캐슈너트를 대체해 만든다.

Quiz

1. 세계에서 가장 인기 있는 견과 중의 하나로 구부러진 모양이 독특한 흰색의 견과류는 무엇인가?

2. 옻나무 옻칠 액의 주성분인 알러지를 유발하는 물질은 무엇인가?

견과 탐험

NUT EXPLORATION

제 8 장

설탕보다 더 달콤한 아스파탐

아스파탐은 막걸리나 각종 다이어트음료에 단맛을 내는 감미료로 첨가되고 있는 꽤 대중적인 첨가물이다. 특히 아스파탐은 인체의 위나 장에서 소화되지 않고 그대로 몸 밖으로 배출되는데 이것은 칼로리가 없다는 의미이다. 인체에서 분출되어 나오는 소화액으로 분해되지 않고 합성 인공 감미료인 아스파탐이 인체의 장기 곳곳을 탐색하듯 통과하는 모양새는 기분이 썩 좋지 않다. 또한 아스파탐은 알러지 유발이 가능해 사용된 제품에 반드시 그 위험성을 표기해야 한다. 현 시점에 아스파탐의 안전성 논란에 대한 진실이 무엇인지 밝힐 수 있을까?

8.1 아미노산으로 부터 합성된 쓴맛이 전혀 없는 아스파탐

분자식은 $C_{14}H_{18}N_2O_5$이며 '아스파르틸 페닐알라닌 메틸에스테르'의 상품명이다. 화학명은 N-(L-α-Aspartyl)-L-phenylalanine methyl ester이고 IUPAC명은 Methyl L-α-aspartyl-L-phenylalaninate이다. 간단한 화학식은 H-Asp-Phe-OMe, 설탕(수크로스)보다 약 200배 정도 더 달콤한 합성 인공 감미료이다.

당도가 아주 높은 합성 감미료로 칼로리가 전혀 없는 아스파탐은 페닐알라닌과 아스파르트산이라는 두 종류의 아미노산으로 이루어진 합성 인공 감미료이며 감미도는 설탕의 약 200배 정도이지만, 가공식품의 특성과 사용 농도에 따라 150~200배를 나타낸다. 당도가 아주 높은 감미료 중에서 설탕과 가장 비슷한 맛을 내며 일반적인 합성된 인공 감미료의 단점이라고 할 수 있는 쓴맛이 전혀 없다. 인체 내에서는 아미노산으로부터 합성된 것이기에 일반 단백질처럼 분해와 소화 흡수되며 물에 용해되었을 때 포도, 오렌지, 레몬 등 과일의 향을 배가시켜 주고, 일상생활에 쓰이는 의약품이나 다양한 커피 등의 쓴맛을 줄여주는 효과도 있다.

아스파탐의 성상은 흰색의 결정성 분말이며 냄새가 거의 없다. 아스파탐 1 g당 열량은 설탕과 같은 4 kcal이지만, 설탕의 200분의 1 용량만 사용해도 단맛이 충족되기 때문에 저칼로리 감미료로 엄청 많이 쓴다. 우리나라에서는 1985년에 제일제당에서 최초로 아스파탐을 합성 개발했으며, 뒤이어서 녹십자도 자체 생산하고 있다. 이후 보건복지부에 의해 식품첨가물로 지정받아 곡류 가공품과 껌 그리고 분말 청량음료와 탄산음료에 사용할 수 있었으며 1986년부터는 아이스크림과 빙과, 잼과 주류 그리고 분말수프에도 사용할 수 있게 되었다.

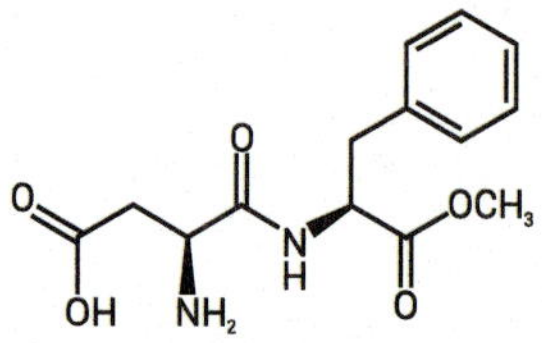

아스파탐의 구조

8.2 식품과 음료 그리고 제약 등의 첨가물로 가장 많이 쓰이고 있는 인공 감미료

아스파탐은 1965년 미국 화학자 J. M. 슐레터가 위액 분비를 촉진하는 호르몬인 가스트린(gastrin)을 연구하는 중 아미노산이 2개 이상 펩티드 결합으로 연결된 중간화합물인 펩티드의 재결정화(recrystalization; 용매나 온도에 따른 용해도 차이를 이용해 원하는 물질을 다시 결정화시키는 방법) 과정에서 우연히 발견되었다. 프로테아제(protease; 단백질을 분해하는 효소)를 반응 촉매로 사용하여 합성하는 등의 다양한 방법으로 합성할 수 있으며 특히 상업적 목적으로 개발되고 있다.

우연히 발견된 이후 수많은 생화학적이고 의약학적인 연구가 실시되었으며 시료의 안전성이 검토된 후에 지금부터 40년 전인 1981년 미 식약청(U.S. Food and Drug Administration)에서 합성 인공 감미료로 승인하였다. 현재는 인체에서 분해되어 존재할 수 있는 methanol 때문에 의학적인 다툼이 있지만 식품과 음료 그리고 제약 등의 첨가물로 여러 분야에 널리 사용되고 있다.

8.3 칼로리가 전혀 없는 아스파탐의 화학적 합성과 효소적 합성

아스파탐을 합성하는 방법에는 화학 합성법과 효소 합성법이 있다. 여러 화학적 합성법이 있지만 특허 등으로 묶여 있기 때문에 일반적으로는 흥분성 아미노산인 aspartic acid의 carboxyl기와 필수 아미노산인 phenylalanine의 amino기를 탈수 축합 반응(두 개의 분자가 결합하여 부산물로 물이 생성되는 단순한 화학 반응)시켜 합성하는 방법이 널리 알려져 있다. 효소를 이용한 합성법은 펩티드를 아미노산으로 분해하는 효소인 펩티다아제(peptidase)를 이용하여 합성할 수도 있다. 펩티드(peptide)는 pH 변화와 온도 변화에 약해 pH 6 이상 혹은 80°C 이상에서는 6 원자 헤테로 고리(six-membered heterocycle)가 형성된 diketopiperazine (5-benzol-3,6-dioxo-2-piperazine acetic acid)으로 분해된다.

▶ 8.3.1 아스파탐의 효소적 반응

아스파탐의 효소적 반응을 나타내면 아래 그림과 같다. 촉매로 사용되는 효소는 몇 가지 알려져 있으며 이 반응에서는 thermolysin을 사용하여 합성하였다.

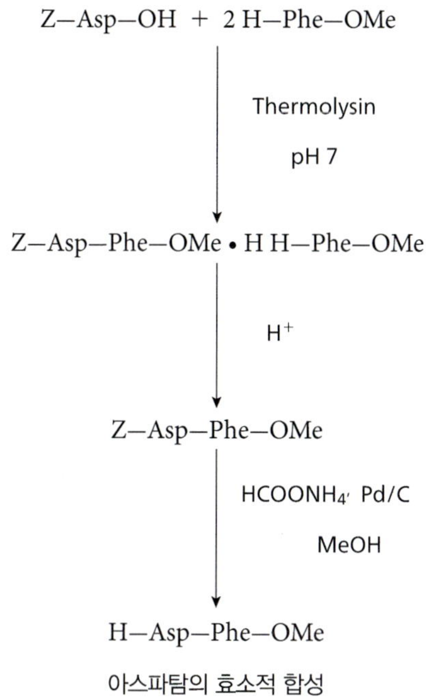

아스파탐의 효소적 합성

아스파탐의 효소를 이용한 합성은 어려운 work-up 과정과 생성물의 pH 변화와 온도에 의한 불안정함으로 인하여 다소 부산물이 생기는 과정이 있다. 한편 화학적 합성에도 다양한 합성법이 있으며 실제로 아스파탐의 화학적 합성 중에서 간단하지 않은 합성 하나를 아래에 제시한다.

먼저 부분 합성의 한 부분인 아미노산의 가장 간단한 분자식을 가진 glycine을 다음 반응을 위하여 아민 기와 carboxyl 기에 안정한 작용기로 보호한다. 그 후, benzaldehyde와 염기 반응(aldol reaction)시켜 첫 중간체를 합성한 후 두 단계를 더 거쳐서 새로운 중간체를 합성해 놓는다. 그다음에, 또 하나의 부분 합성인 aspartic acid의 아민 기와 곁사슬의 carboxyl 기를 안정한 보호기로 보호한 물질에 $SOCl_2$와 반응시켜 반응성이 좋은 acyl chloride를 합성한다. 위의 두 가지의 부분 합성에서 얻은 두 종류의 새로운 중간체를 두 단계 더 반응시켜 인공 감미료인 아스파탐을 합성한다.

▸ 8.3.2 유효한 반응 mechanism

이 반응의 가장 유효한 반응 mechanism은 다음과 같다.

'NtBoc'

base(e.g.NaOH)
(aldol reaction)

Asymmetric
hydrogenation

H^+
e.g.
CF_3CO_2H

$SOCl_2$

react

$SOCl_2$

base(e.g.NaOH)
(aldol reaction)

lost a gas

proton regenerated

8.4 열을 가하면 쉽게 분해되는 아스파탐

아스파탐은 설탕의 200배에 달하는 단맛을 내면서 사카린보다 맛이 좋다는 장점이 있지만 분자 구조상 열에 약해 열을 가하면 쉽게 분해되는 문제가 있다. 합성 인공 감미료가 분해되는 순간 단맛을 잃게 되는 것은 어떻게 보면 당연하며, 그 이유로 인해 아스파탐은 저온의 청량음료에 주로 이용되고 있다.

아스파탐은 아미노산 두 분자가 peptide 결합하여 이루어진 합성물질(aspartic acid와 phenylalanine의 methyl ester)이기 때문에 당과 마찬가지로 1 g당 4 kcal의 열량을 내지만 부피는 설탕의 1/200(아스파탐 1 g이 설탕 200 g의 단맛을 내는 수치)이라는 극히 적은 용량만 사용하기 때문에 적어도 열량은 무시해도 된다.

8.5 다이어트 음료에는 과당 대신에 아스파탐

우리가 피자나 맛있는 통닭을 먹을 때 마시는 일반 콜라는 주로 포도당(glucose)과 함께 과실 속에 들어 있는 당분(fructose)인 과당을 감미료로 쓴다. 그런데 다이어트 음료인 코카콜라 라이트나 펩시 다이어트 음료에는 과당 대신에 합성 인공 감미료인 아스파탐으로

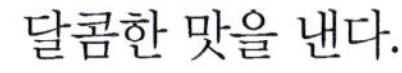

달콤한 맛을 낸다.

같은 달콤한 맛을 낼 때 아스파탐의 칼로리는 과당의 1/120 이하여서 거의 무시해도 될 정도이므로 영양가와 열량에 관한 고민을 하지 않고 마음껏 콜라를 즐길 수 있다. 그러나 앞서 간단히 언급했지만 분자 구조상 열에 다소 약해 잘 분해되어 우리 몸에 악영향을 줄 수 있는 methanol을 생성하므로 아스파탐 및 이를 함유하는 제제의 사용량

은 빵과 견과류 그리고 혼합된 제조용 믹스에서 0.5% 이상 사용하지 못하도록 철저히 제한을 하고 있다.

8.6 합성 인공 감미료가 인체에 미치는 영향

일반적으로 합성 인공 감미료는 지방 및 단백질과 같은 분자량이 큰 거대 분자의 분해를 담당하는 특정 유전자 변이에 의한 활성을 변화시킴으로써 신진대사 장애에 영향을 미친다. 이는 우리 몸에 인슐린이 정상적으로 작용하지 못하게 하는 인슐린 저항성을 통하여 신체의 혈관을 감싸는 세포를 손상해 심혈관 질환에 영향을 주는 현상으로 일반적인 설탕과는 완전히 다른 작용과 반응과정을 보여준다.

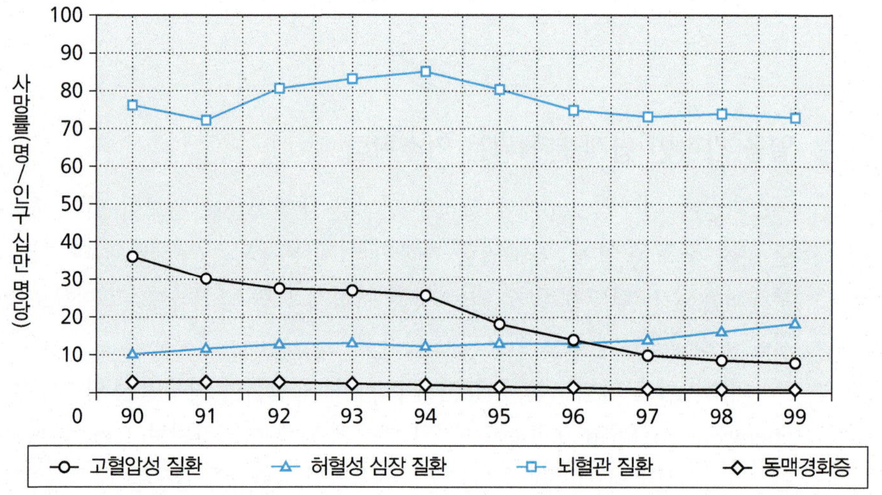

지극히 놀라운 점은 포도당과 과당 등 자연에서 추출된 당에서는 이러한 신진대사 변화가 일어나지 않는다는 것이다. 바로 이것은 합성 인공 감미료가 자연에서 생산된 천연 당들과 완전히 다른 반응과 작용 과정으로 당뇨병과 비만 등의 잘못된 신진대사로부터 발생한 질환에 지대한 영향을 끼친다는 것을 알려준다.

우리가 자주 접하는 내용인 과도한 설탕 섭취는 비만과 만성 염증 또는 이것들로 인해 진행되는 제2형 당뇨병, 심장병, 암 등 심각한 건강상의 문제들과 많은 관련이 있다. 이러한 과량의 설탕 섭취에 대한 문제점을 해결하는 대안으로 나온 것이 바로 합성 인공 감미료이지만, 건강과 영향에 관하여 다양하게 충돌되는 논쟁의 여지가 많다. 하지만 사회적으로 널리 사용되고 있는 만큼 지금부터라도 현실적으로 합성 인공 감미료가 인체에 어떠한 영향을 끼치며 그 영향을 최소화할 수 있는 현실적인 방안을 제시하는 꾸준한 노력이 필요하다.

8.7 합성 인공 감미료인 아스파탐의 생화학

자주 언급했듯이 합성 인공 감미료인 아스파탐은 우리가 즐겨 마시는 음료수뿐 아니라 소주에도 첨가되어 있다. 하지만 분자구조상으로 열에 약해서 높은 열을 가하면 달콤한 맛을 내는 분자구조가 깨어지는 물리적 성질 때문에 오븐 등 높은 열을 통해 만들어지는 과자나 빵을 만들 때는 넣지 않는다. 또한 일반 화학실험하는 중에 분자 구조상 발생한 광학 이성질체(물리적 · 화학적 성질은 같으나 광학 활성만 다른 두 물체 즉 거울상 관계인 분자)는 전혀 다른 화합물이라는 것에 대하여 설명할 때 자주 등장하는 내용이다. 합성과정으로부터 아스파탐의 광학 이성질체(4가지의 광학 이성질체가 있는데 L과 L-이성질체만 단맛이 나고, 그 외의 이성질체인 L과 D-, D와 L, D와 D-이성질체는 쓴맛이 남)는 4가지의 광학 이성질체가 모두 혼합되어 쓴맛을 내기 때문에 아스파탐 합성에 의한 분리가 더욱 쉽지 않다. 연구 경비가 많이 들어가지만 우리는 합성과정과 분리과정을 통해 단맛이 있는 L과 L-이성질체만을 분리해서 사용하고 있다.

어렵게 얻어지는 아스파탐은 아스파르트산과 페닐알라닌이라는 아미노산이 결합된 기본구조로 되어 있다. 유전적으로 선천성 정신질환인 페닐케톤뇨증(phenylketonuria, PKU)을 앓는 환자에게는 페닐알라닌 분해효소(dipeptidase)가 없어서 아스파탐 중 하나의 출발물질인 페닐알라닌이 축적되어 뇌에 치명적인 영향을 입힐 수 있어서 위험하다. 물론 정상적인 일반인은 분해가 잘 되어 아무런 문제가 없지만 합성 인공 감미료의 일반적인 부작용이 두통과 어지럼증 등이므로 복용 후 약간의 이상이라도 느껴지면 즉시 복용을 중단해야 한다. 그러나 당뇨병 환자에게는 이보다 더 좋은 물질이 없는데 아스파탐은 인슐린과의 관계성이 없어서 혈당을 전혀 올리지 않기 때문이다. 만약 여러분들이 제로 칼로리 콜라를 먹었는데 살이 찐다면, 그 이유는 감자튀김, 피자와 통닭 같은 것을 곁들여서 많이 섭취한 것이 문제라고 볼 수 있다. 즉 합성 인공 감미료인 아스파탐을 먹더라도 다른 음식의 분량을 통제하며 전과 같이 섭취한다면 건강에는 아무런 문제가 없다.

8.8 아스파탐의 인체 내의 유해 논란

앞서 언급했듯이 아스파탐의 사용상 유해 논란은 phenyalanine의 carboxyl 기(−COOH)에 에스터화된 부분의 가수분해를 통해 생성된 메탄올의 문제이다. 아스파탐은 대부분이 인체에서 분해되거나 흡수되지 않고 체외로 배출되나 이 과정에서 10% 정도는 소장에 남아 분해 과정을 통해 메탄올로 분해된다. 그리고 메탄올은 다시 산화되어 자극성 냄새를 갖는 가연성 무색기체인 폼알데하이드(formaldehyde)가 되어 체내에서 폐포의 파괴와 불규칙한 확장을 야기하는 폐기종을 일으킬 수도 있다.

그러나 아스파탐의 분해를 통해 발생하는 메탄올은 술을 마신 후에 발생하는 메탄올의 양에 비하여 극히 적으며 각종 규제에서 정한 아스파탐의 하루 섭취 한도 양은 메탄올의 생체 반응 과정을 통해 야기되는 위해가 발생할 양보다 훨씬 적다.

Quiz

1. 페닐 알라닌과 아스파르트 산이라는 두 종류의 아미노산으로 이루어진 당도가 아주 높은 합성 인공 감미료는 무엇인가?

2. 설탕의 200배에 달하는 단맛을 내며 사카린보다 맛은 좋지만 분자구조상 열에 약해 열을 가하면 쉽게 분해되기에 저온의 청량음료에 주로 사용되는 물질은 무엇인가?

NUT EXPLORATION

제 9 장

사용이 금지된 인공 감미료 둘신

둘신(dulcin)은 안전성 문제 즉 인체에 만성 독성을 유발하기에 WHO(World Health Organization, 세계 보건 기구)와 유엔식량농업기구에서 공식적으로 금지시켰다. 둘신의 분자구조식이 타이레놀의 분자구조식과 매우 비슷해 실제 타이레놀로부터 3단계 심오한 화학반응을 거쳐 금지된 감미료 둘신을 합성할 수 있다. 여러분은 절대 따라하면 안되는데 둘신의 맛은 설탕의 단맛보다 250배 이상 달기에 혀에 접촉되었을 때 정말 달고 오래 남아 있다. 둘신처럼 발암, 신경장애 등을 유발하는 다양한 합성 인공 감미료나 식품 첨가물이 수없이 존재하기에 안전성이 정확히 확보된 이후에 섭취해야 한다.

9.1 사카린 제조 시 부산물인 둘신

백색 또는 무색의 침상결정체인 인공 감미료 둘신의 화학식은 $C_9H_{12}N_2O_2$이며 분자량은 180이다. 화학적 구조는 12개의 수소 원자, 9개의 탄소 원자, 2개의 질소 원자, 2개의 산소 원자로 구성되어, 총 25개의 원자로 형성된다. 사카린 제조 과정에서 부수적으로 생기는 물질인 둘신 분자에는 총 25개의 화학 결합이 있다. 이는 13개의 비(非)수소 결합, 7개의 다중 결합, 3개의 단일 결합, 1개의 이중 결합, 6개의 방향족 결합, 1개의 6원자고리, 1개의 요소(티오) 유도체, 1개의 에터(방향족)로 구성되어 있다.

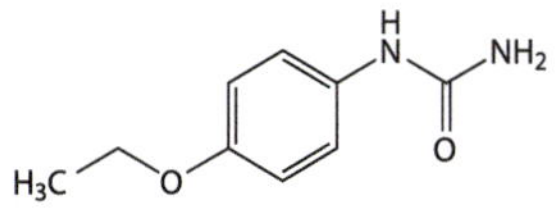

H
N
NH_2
O
H_3C
O

둘신의 구조

사카린 합성 과정에서 부수적으로 생기는 물질로 합성 인공 감미료인 둘신은 설탕보다 250배나 더 단맛을 내는 물질이다. 인공 감미료인 사카린 이후 새롭게 개발돼 활발히 사용되었지만 인체 활성실험을 통해 분석한 결과 간에서 종양이 발생하는 등의 여러 가지 인체 유해성 문제가 심각하게 언급되자 우리나라에서는 사용이 금지되었다. 백색 또는 무색의 침상결정체인 둘신은 설탕보다 훨씬 달지만 열량이 거의 없고 비만과 혈당에 관여되는 당(糖)이 함유되어 있지 않아 미용이나 건강 그리고 식이요법을 하는 사람과 비만과 당뇨병 환자에게 설탕 대체물질로 많이 이용되었다. 둘신의 감미도는 물에 용해되어 0.0001% 농도로 희석되어도 달콤한 단맛을 감지해낼 수 있을 정도였다.

IUPAC 이름이 *p*-에톡시페닐 우레아(*p*-ethoxyphenylurea)인 합성 인공 감미료였던 둘신은 온도가 낮은 물(100 mL에 0.125 g 녹음)에는 잘 녹지 않으나 뜨거운 온수(100 mL에 2.0 g 녹음)에는 더 잘 녹는다.

사카린 합성 시 부수적으로 생긴 물질인 둘신은 공기 중이나 열에 대해 비교적 안정한 편이지만 보존 기간이 경과되거나 높은 온도로 장시간 가열하면 복숭아 색으로 변색되며 분해된다. 인체에 도움을 주는 영양분은 전혀 없으며 복용하면 그 일부가 분해 흡수되어 소화 효소에 대한 억제 작용을 하여 소화력을 약화시키며 장시간 복용 시간에 종양이 발생하는 경향이 있다. 인체 내에서 소화 분해되어 생기는 *p*-아미노페놀(p-amino phenol)은 혈액 속에 들어가 적혈구를 파괴하는 혈액 독을 일으켜 중추신경계에 악영향을 준다.

9.2 타이레놀로부터 합성되거나 사카린 제조 시 부산물로 얻어지는 둘신

▸ 9.2.1 해열제인 acetaminophen을 출발물질로 합성

합성 인공 감미료인 둘신의 합성법 또한 여러 가지가 있지만 여기에서는 진통 해열제로 잘 알려진 acetaminophen (tylenol, paracetamol)을 출발물질로 하여 3단계를 거쳐서 *p*-ethoxyphenylurea인 둘신을 합성하는 방법을 제시한다.

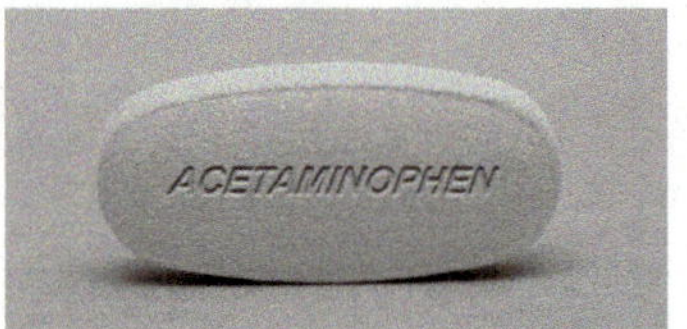

HO–C₆H₄–NH–C(=O)–CH₃ (I) → [1. ethanol/NaOH, 2. CH_3CH_2I/reflux] → CH_3CH_2CO–C₆H₄–NH–C(=O)–CH_3 (II)

(II) → [HCl/H_2O/reflux] → CH_3CH_2CO–C₆H₄–$NH_3^+Cl^-$ (III)

(III) → [1. solid $NaHCO_3$, 2. CH_3COOH/urea/reflux] → CH_3CH_2CO–C₆H₄–NH–C(=O)–NH_2 (IV)

NaOH가 들어 있는 ethanol 용액에 출발물질인 acetaminophen(I)과 ethyl iodide를 15분 정도 가온 환류시키면 phenacetin (II)을 얻을 수 있다. 얻어진 phenacetin(II)을 HCl 산성 용액 하에서 가수분해(hydrolysis)하면 *ρ*-phenetidine hydrochloride salt(III)을 합성할 수 있다. 3번째 단계는 고체 상태인 $NaHCO_3$를 *ρ*-phenetidine hydrochloride

용액에 넣어 pH를 조절한 후 acetic acid와 urea를 첨가하여 가온 환류시키면 인공 감미료인 둘신(IV)을 얻을 수 있다.

▶ 9.2.2 사카린 제조 시 부산물로 생성되는 둘신

이러한 둘신의 합성법은 단계마다 어려운 work-up 과정이 존재하며 난해한 chemistry를 요구하는 실험이기 때문에 과학도의 흥미를 충분히 자극할 것이라고 본다. 또한 둘신은 사카린을 제조할 때 그 부산물로 생성되어 β-ethoxyphenylurea라고도 불린다.

9.3 적혈구를 파괴하는 혈액독을 일으키는 둘신

우리나라에서는 1962년에 보건복지부에서 둘신을 식용물질로 허용해 사용했지만 미국과 일부 선진국에서는 1950년대부터 인체의 간에 선종을 유발하고 혈액과 중추신경에 장애를 주는 것으로 연구분석을 통해 알려져 악성 유해물질이라고 기피하는 인공 감미료였다.

몇몇 국내 식품과 의약학 전문가들도 외국 논문이나 연구를 통해 둘신이 유독하다는 사실을 이미 알고 있었으나, 1960년대 초 우리나라는 인공 감미료의 사용에 대한 합법과 불법 여부 그리고 유해와 무해 정도를 판단할 수 있는 기준이 거의 확립되어 있지 않아서 둘신을 많이 활용하는 실정이었다. 합성 인공 감미료는 앞서 언급했지만 대부분 비영양성 감미료(non-nutritive sweetener)이며 일반적으로 영양성 감미료와의 차이는 인체에서 열량(칼로리)이 존재하느냐 존재하지 않느냐에 달려 있다. 열량 칼로리가 없는 감미료는 마치 신이 내린 선물처럼 여겨져 비만이거나 당뇨가 있는 사람들보다 오히려 일반가정과 식이요법을 하는 사람들에게 더 인기가 좋았다. 몇몇 일부 합성 인공 감미료들은 비만과 당뇨를 유발하는 정제 설탕을 대신할 수 있는 좋은 대체품으로 각광을 받았지만 연구를 통하여 인체 부작용이 계속 밝혀지는 것이 가장 큰 문제였다. 둘신의 경우도 설탕보다 약 300배의 강한 단맛을 가지는 장점에도 불구하고 인체 부작용이 문제가 되었다. 앞서 다양하게 언급했듯이 합성 인공 감미료인 둘신의 인체 부작용은 두통을 비롯하여 이유를 알 수 없는 비만 유발과 심혈관질환 등이었다. 게다가 장기간 사용할 시 혈액에 들어가 적혈구를 파괴하는 혈액 독을 일으켜서 결국 합성 인공 감미료로 사용이 금지되었다.

Quiz

1. 사카린 합성 시 부수적으로 생기는 물질로 설탕보다 250배 단맛을 내지만 인체유해성 문제로 사용이 금지된 물질은 무엇인가?

2. 우리나라에서 식용물질로 허용해 사용했지만 인체의 간에 선종을 유발하고 혈액과 중추신경에 장애를 주어 기피하게 된 인공 감미료는 무엇인가?

견과 탐험

NUT EXPLORATION

제 10 장

항균 활성을 가진 락토페린

10.1 락토페린이란?

인체의 면역 체계의 구성 요소 중 하나인 락토페린(lactoferrin)은 항균 활성을 가지며, 주로 점막에서 절대적 방어의 다기능 단백질이다. 특히 유아에게 항균력을 제공하는 락토페린은 DNA, RNA, 다당류 등과 상호작용하며 이러한 리간드들과 복합체를 형성하여 생물학적 기능을 나타낸다. 락토페린의 이름은 "락토 = 우유", "페린 = 철과 결합하는 단백질"에서 유래했으며 사람과 젖소의 초유(임신 말부터 분만 5~7일 사이에 분비되는 끈끈하고 진한 모유)에 가장 많이 들어 있고 이외에도 우유, 눈물, 혈액, 침, 점액 분비물 등에 함유된 항바이러스와 항균성을 띤 단백질이다.

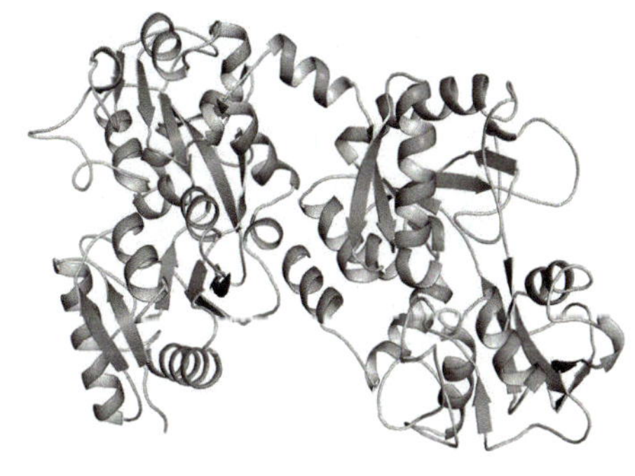

철(Fe)과 결합하고 유리(결합이 끊어져 분리되는 것)에 의해 생화학적으로 중요한 활성을 나타내는 락토페린은 철 이온과 결합하지 않았을 때는 무색이지만 철 이온과 결합하면 붉은색을 나타낸다. 철 이온과 결합된 락토페린이 처음 발견되었을 때 붉은색을 나타냈기에 붉은 단백질(red protein)이라고 표현했다. 항바이러스와 항균성을 띤 단백질로 훌륭한 생리적 기능을 가진 락토페린은 분만 후 약 5일간 분비되는 노르스름하고 묽은 젖인 초유(colostrums, beestings, bisnings or first milk)에 6~8 mg/L로 많은 양이 함유되어 있으며, 분만 후 수유 기간에 분비되는 모유에도 약 2 mg/L 정도 들어 있다. 우유의 초유에는 1.2 mg/L 함유되어 있으며, 일반 우유에도 0.1~0.2 mg/L의 양이 들어 있다.

10.2 초유의 효능

초유는 새끼를 낳은 어미에게서 분비되는 첫 번째 모유로서, 갓 태어난 송아지나 새끼 사슴들은 12시간 이내에 어미의 우유인 초유를 공급받지 못했을 경우 건강에 치명적인 악영향을 끼치며, 그 결과 사망에 직면할 가능성이 있다. 야생의 포유류도 필수적이지만 인간도 바이러스와 세균들로 부터방어 면역 체계를 구축키 위해 탄생 첫 주일 동안 어머니로부터 초유를 음용해야 한다. 초유는 인체 내 포함된 강력한 면역 지원 화합물에 의해 만성 질환을 극복하고 강력한 면역 체계를 구축하는 핵심이 될 수 있을까? 우리는 여기서 초유의 6가지 효능을 심도 있게 논의하고자 한다.

▶ 10.2.1 초유는 중요한 영양소 공급원

초유는 아기의 초기 면역 계통의 발달에 아주 중요하며, 모유 수유 또한 아기의 성장을 위한 조직과 장기의 발달에 꼭 필요한 필수 영양소를 공급하고 건강한 면역 체계를 발달시키는 데 없으면 안 될 생리 활성물질을 제공한다. 초유는 인간이 태어나 맨 처음 입으로 넘기게 되는 음식으로 출산 후 4~10일 동안 분비되며 양은 적지만 진하고 노르스름한 빛깔을 띤다. 이 안에는 새로운 세상과 접한 한 생명체에게 꼭 필요한 무기물과 유기물 등의 영양성분과 평생을 살아가는 데 꼭 필요한 면역 성분들이 다양하게 함유되어 있다.

초유에는 대변을 묽게 하는 성분이 함유되어 있다. 아기가 대변을 쉽게 볼 수 있도록 도와주며 탈수를 방지한다. 또한 아기의 식도부터 위, 소장과 대장을 거쳐 청소해주는 역할을 한다. 세상에 첫 나들이를 나선 아기가 온갖 바이러스로부터 자신을 지켜낼 중요한 면역 성분도 이 초유를 통해 전해준다. 아기에게 필요한 면역체와 면역체를 만드는 단백질을 비롯해 아기를 보호해주는 많은 물질들이 함유되어 있는 것이다.

▶ 10.2.2 초유는 면역 체계를 개발

앞서 언급했듯이 초유는 아기가 태어나기 전 태반을 통해 자가 항체와 같은 면역 조절 요인을 제공하며 출생 후도 아기에게 가장 중요하다. 출생 전후, 아기는 효과적인 면역 반응을 자극하기 위하여 모체의 혈액 혈청에서 항체의 다양한 모형을 수신한다. 엄마의 신생아에게 가장 중요한 선물은 줄기 세포의 증식과 유전자 기능을 포함한 유아가 성장하고 높은 단계로 진행하도록 설계된 다양한 항체를 포함하는 모유의 선물이다. 엄마의 젖(우유)은 신생아의 면역 계통의 단계 및 방어 시스템의 온전한 성장을 위한 중요한 첫 단계 음식이다.

혈액과 세포외액에 있는 주요 항체인 면역글로불린G(immunoglobulin G, lgG)라는 면역 물질은 몸속의 독성 물질과 낯선 침입자들을 중화시켜 주는데, 이는 초유에 가장 많이 함유된 물질이다. 인체의 해로운 것을 막아 낼 준비가 되어 있지 않은 상태의 아기에게 어떻게 대처해야 하며 무엇이 가장 필요한지 철저하게 예상하거나 잘 구성된 대자연의 선물이다.

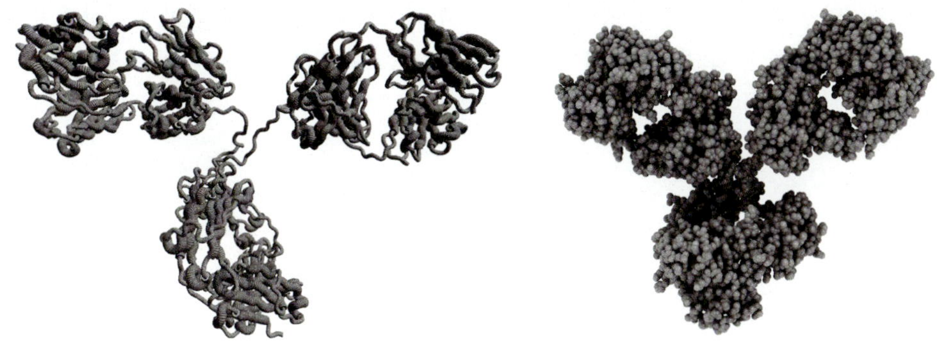

Immunoglobulin G

두뇌 활동을 자극에 대한 반응이나 감각을 예민하게 하는 성장 인자, 우리 몸으로 침투하는 세균을 막아주는 성분, 직간접으로 영향을 주는 낯선 자연적 조건에서 생길 수 있는 알러지의 방지 성분, 생물체에 기생하여 병을 일으키기도 하고 발효나 부패 작용을 하는 박테리아를 파괴하는 항체를 수년간 또는 평생 유지시키는 면역 성분 그리고 살아 있는 세포에 기생하며 세포 안에서만 증식하는 비세포성 병원체인 바이러스에 대항하여 싸우고 상처를 치료해주는 T 세포(T-cell: T lymphocyte; 항원 특이적인 적응 면역을 주관하는 림프구의 하나)의 생산을 촉진시키는 성분도 초유 속에 들어 있다.

T - Lymphocytes

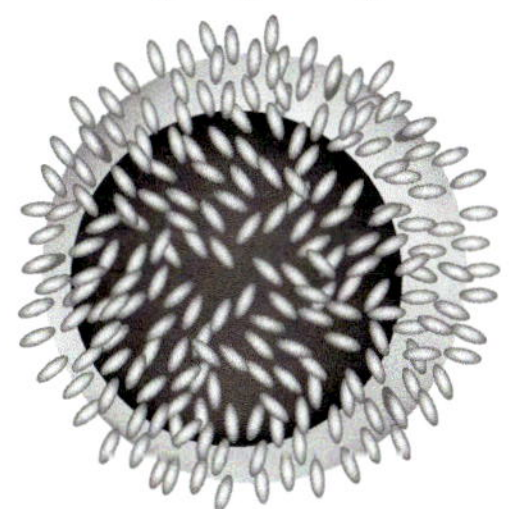

PARTICIPATE IN THE PROCESSES OF CELLULAR IMMUNITY

B - Lymphocytes

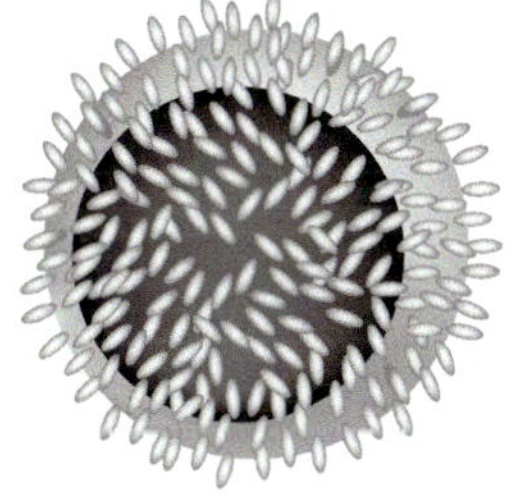

PARTICIPATE IN THE PROCESSES OF HUMORAL IMMUNITY

NK - Lymphocytes

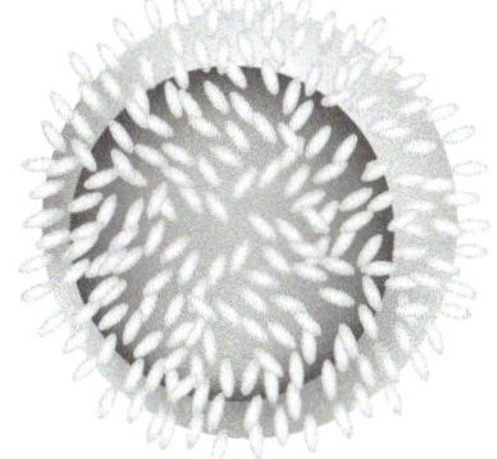

NATURAL CYTOTOXICITY AGAINST CANCER CELLS AND VIRUS INFECTED CELLS

▸ 10.2.3 초유는 염증 감소

락토페린은 섭취했을 때 인체 내의 철 이온과 결합하여 강력한 항산화 물질로 변화되어 인체 내에서 생화학 작용을 통해 세균의 증식 억제 및 항균 작용 등의 역할을 하는 물질이다. 락토페린은 자연에서는 추출하기 어려우며 아기 출산 직후 분비되는 엄마의 초유와 아기 젖소를 낳은 어미 젖소의 초유에 가장 많이 들어 있다. 염증성 질환을 유발하는 자가면역 반응을 억제하는 락토페린은 인체의 장기와 세포 등의 인체의 모든 곳에 존재한다.

락토페린은 또한 T 세포, 작용하는 효소의 능력 및 항원 반응 경로를 활성화하는 역할을 한다. 락토페린은 산화현상을 일으키는 자유 라디칼을 제거하며 해독 과정에서 독성 물질의 작용을 없애는 강력한 항산화제이다. 혈액 순환과정에서 락토페린의 농도가 감소하면 자가 면역 반응이 장애를 받아 암과 자가 면역 질환의 위험이 증가하게 된다. 락토페린은 또한 병원체나 이물질을 제거하는 면역 기능을 가진 림프계의 독성 부하를 줄임으로써 건강한 면역 자극 반응을 향상시킨다.

▸ 10.2.4 초유의 항생효과

염증에 의해 국부적으로 조절되며 피부 장벽 기능을 강화하는 효과가 있는 항생제인 인간 베타-디펜신-2(hBD-2: human β-defensin 2)이 초유와 모유에 존재한다. 항생제 펩티드인 인간 베타-디펜신-2는 병원균 및 감염으로부터 아기를 보호하는 항균 활성을 나타내며, 염증성 피부 병변과 관련된 각질 세포에서 국소적으로 발현된다.

항균성 펩타이드는 병원균의 검출 및 감시를 통해 살모넬라(장 감염과 관련된 박테리아), 대장균(육류 관련 전염병으로 가장 잘 알려진 박테리아), 슈도모나스 아에루기노사(녹농균; pseudomonas aeruginosa, 폐렴과 혈액 감염을 일으킬 수 있는 환경에서 풍부하게 발견), 아신토박터 바우파니(A. baumannii; 면역 체계가 약화된 사람들의 일반적인 감염) 등의 세균성 침략으로부터 장(대장, 소장)과 폐를 방어한다. 또한 약간의 T 세포도 항균 활성을 지니고 있다. 여러분들도 다 아시다시피 현대인이 가장 빈번하게 겪는 스트레스는 병원성 세균들의 과도한 성장을 야기하여 이렇게 유익한 T 세포를 악화시킨다. 그 결과, 우리 인체는 염증과 감염 및 건강에 해로운 자기 면역 반응에 영향을 받기 쉽다.

▸ 10.2.5 초유가 신진 대사를?

세월이 흐를수록 인간은 자연스럽게 성장인자들의 분비 부족으로 노화현상이 더욱 빨리 진행이 되는데 초유를 섭취하게 되면 면역체계 보충 및 대체가 일어나 신진대사를 촉진시켜주며 세포의 재생효과 및 콜라겐 형성이 재활되어 세포재생을 촉진시켜 피부 탄력과 주름 완화를 활성화하여 노화예방과 방지에 탁월한 효능이 준다. 초유는 당뇨병 환자를 비롯한 대사증후군 환자에게도 인슐린 증가, 간 손상 치유, 지방산 수준 조절, 혈당 수치 조절 등에 대한 확실한 효능에 의해 도움을 준다.

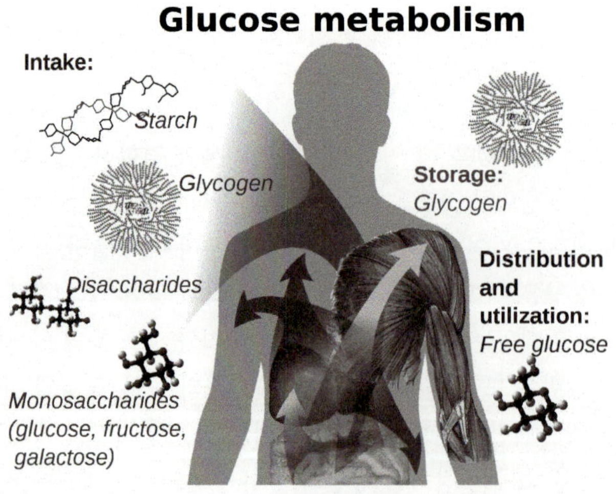

▸ 10.2.6 암의 초토화

GcMAF(대식세포 활성인자, Gc protein derived macrophage activating factor: 대식세포 활성화에 관여하는 단백질)는 암세포의 증식 억제(혈관 신생 억제 작용)와 대식세포(macrophage: 동물 체내 모든 조직에 분포하여 면역을 담당하는 세포)의 활성화 작용을 하며, 대식세포가 인체 내에서 활성화되면 세균이나 바이러스에 의한 감염성 질환뿐 아니라 암(뇌종양도 포함), 자폐증, 파킨슨병 등 난치병에도 치료 효과가 있다. 언급했듯이 면역 체계에서 중요한 역할을 담당하는 대식세포이지만, 인체 내에서 세균과 바이러스 그리고 암세포가 살포하는 나갈라제(nagalase, α-N-acetylgalactosaminidase: 신체의 대식세포 활성화 능력을 감소시킴)에 의하여 GcMAF를 생합성치 못해 활성인자의 농도 부족 현상으로 종양 등 만성질환 발병의 위험에 노출 방치된다.

최근 의약산업을 선도하는 제약회사 등에서 새로운 형태의 폴리펩타이드 발효성 GcMAF를 개발하여 대식세포의 왕성한 생체활성을 극대화시켜 질병으로부터 놀라운 치유 결과를 가져오는 연구에 몰두하고 있다. 따라서 초유는 당뇨병을 비롯한 다양한 질환과 암의 발생으로부터 방어 능력을 극대화시켜 인체를 절대적으로 지원하고 보호하여 전신 건강에 유익하고 노화 과정을 지연시킨다.

10.3 락토페린 기능

천연 항생물질 락토페린은 하나의 철과의 결합부위를 가져 그 결과 락토페린 1분자에 2개의 철(Fe) 이온이 결합되며, 트랜스페린(철분 수송 단백질, 혈액 속에 철분을 운반하는 혈장 단백질)보다 260배 정도 강력하게 철 이온과 결합하여 이러한 철 이온과의 가역적인 작용으로 인해 락토페린의 각종 생화학 기능의 중심점이 되고 다음과 같은 여러 기능을 한다.

▸ 10.3.1 천연 항생물질 락토페린

세균(박테리아)은 지구상의 어느 곳에서든지 공생 · 기생 또는 스스로 자립해서 생활하며, 다른 생물체나 그 중간생산물과 최종생산물에 의지하여 생활하는 경우에는 복잡하고 다양한 유기물 분해에 의해서 생존에 필요한 에너지를 얻으며 분해자(decomposer)로서 자연 생태계 내의 물질 순환을 유지하는 데 중요한 역할을 한다. 세균(박테리아)은 완전한 세포로서 존재하며 DNA(Deoxyribo Nucleic Acid, 데옥시리보 핵산)와 유전자 전사기능을 가지고 있어서 하나의 모세포가 분열하여 2개 또는 그 이상의 딸세포로 나뉘는 과정인 세포분열을 통하여 스스로 개체수를 늘릴 수 있다.

세균의 번식에는 철분이 필요하며 인체 내 흡수된 철분을 세균이 공급받기 전 철분과의 결합력이 강력한 락토페린이 먼저 철분을 차단해 세균의 증식을 억제하며 사멸시키는 기능을 한다. 염기성을 띠어 음(−)전하를 띄고 있는 세포의 표면전하를 중화하며 응집시켜 독특한 면역 작용기전과 조절기전을 지닌 점막 면역에 주요 역할을 하는 항체인 면역글로불린 등과 함께 세균(박테리아)을 정화하는 데 상승 효과를 나타내기도 한다. 락토페린은 인체에 유용한 세균인 비피더스(bifidobacterium bifidum)나 락토바실러스균(lactobasillus)에는 항균작용을 일으키지 않지만 곰팡이균, 식중독균 등 각종 유해 세균의 경우는 철분과의 결합력이 강해 철분의 흡수를 통한 성장억제뿐만 아니라 세포막까지 직접 뚫고 들어가 사멸시켜 버리는 살균작용의 기능을 한다.

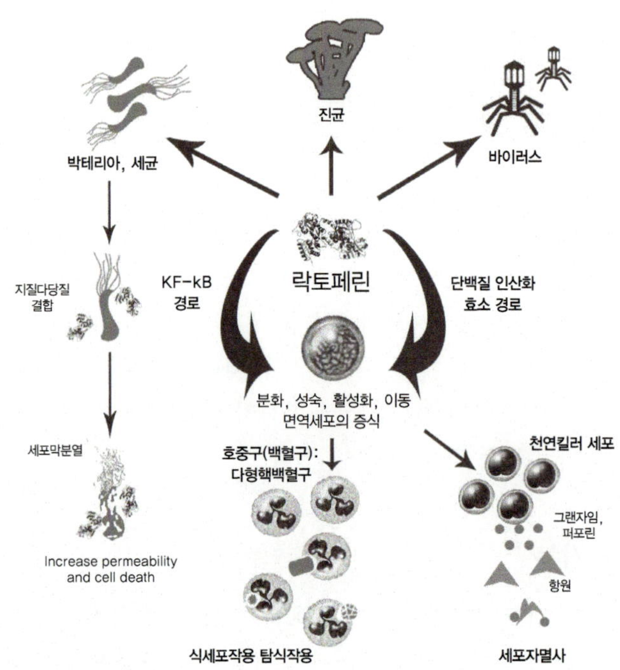

▸ 10.3.2 항상성 통제력

락토페린과 철 이온(철분)과의 결합과 유리를 통해 인체 내의 철 이온(철분)의 양을 조절해 빈혈을 예방한다. 인체 내 흡수된 철분 과다로 인한 문제를 락토페린이 강력한 결합력을 통해 해결하며 인체 내 철분 부족 현상이 일어나도 락토페린이 개선한다. 철분이 부족하거나 결핍된 임산부들을 대상으로 철분제와 락토페린이 함께 혼합된 제품과 단지 철분제만 존재하는 제품을 통해 비교 연구하여 락토페린을 제공한 제품에서 훨씬 빈혈 개선 효과가 좋게 나타나는 결과를 보였다. 과량의 농도의 철분(철 이온)을 먹어도 우리 몸에는 제일 처음에 말한 인체 체내의 항상성 통제 기전으로 인해 철분(철 이온) 흡수량이 통제되고 있다. 이러한 항상성 통제력을 발현하거나 해제하는 락토페린이 빈혈일 때에도 확실하게 필요하다. 앞서 강조했듯이 락토페린은 철분이 많을 때에는 낮추어주며 부족할 때에는 높여 주는 항상성 통제력의 양면성을 가진 기발한 생체물질이다.

▸ 10.3.3 다기능 철 결합 당단백질

다기능성 단백질인 락토페린은 에이즈(HIV: human immunodeficiency virus, 후천성 면역결핍 증후군(AIDS)을 일으키는 원인 바이러스) 바이러스와 C형 간염(HCV: hepatitis C virus, 간 염증과 손상을 특징으로 하는 간에 감염을 일으키는 바이러스), 허피스 바이러스(HHV: human herpes virus) 등의 항바이러스 성질을 띤다. 앞서 언급했듯이 인간이나 젖소의 초유에 함유된 순수 자연상태의 락토페린은 입술에 물집을 생기게 하는 단순포진 바이러스인 단순 헤르페스(HSV: herpes simplex virus) 바이러스의 퇴치와 에이즈 바이러스의 번식 억제 등의 기능을 가지고 있으며 진균을 죽이거나 성장을 억제할 수 있는 능력도 갖고 있다.

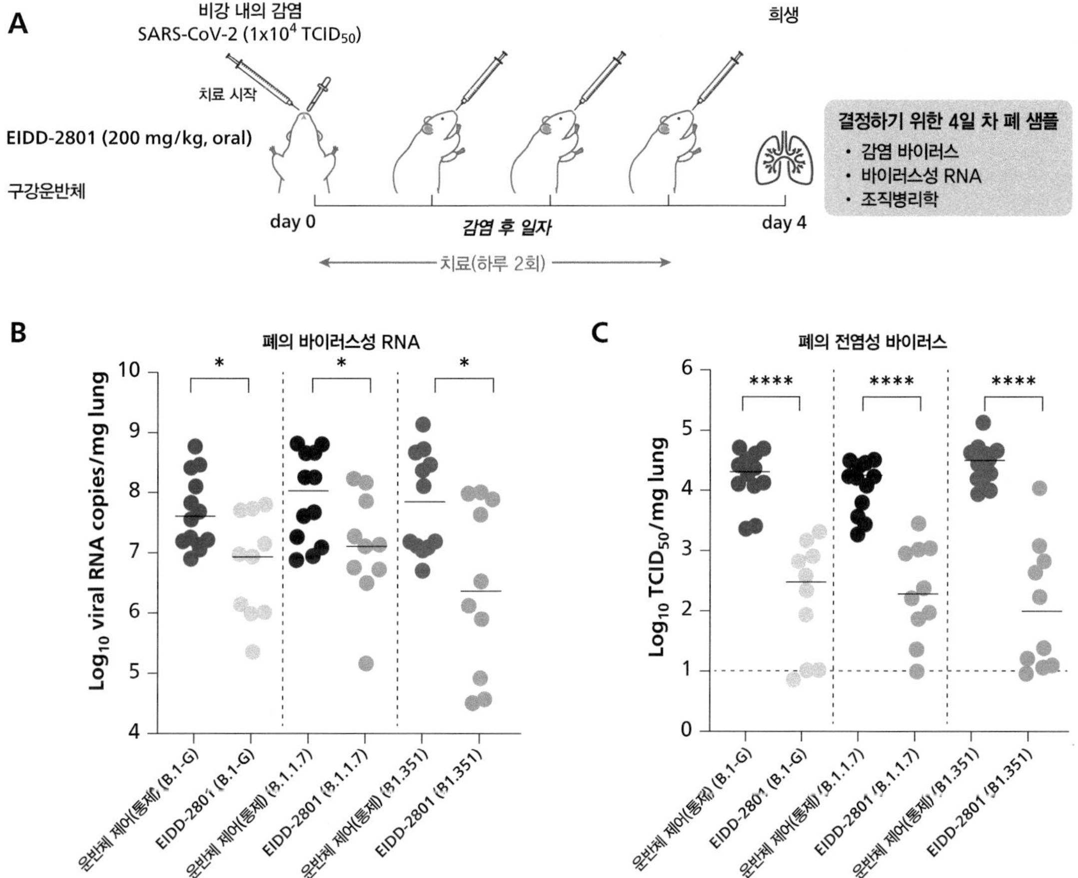

락토페린은 다기능 철 결합 당단백질로 박테리아, 곰팡이 및 박테리아에 대한 면역 방어와 조절 기작에 중요한 역할을 한다. 락토페린의 철분(철 이온) 보충 능력은 미생물 성장 억제뿐만 아니라 병원성 박테리아의 응집 및 생물막 형성 그리고 운동성 조절과도 깊은 관련이 있다. 철 이온 결합 능력과는 달리 독립적으로 락토페린은 미생물 및 바이러스의 세포 표면과 결합에 관한 화학적 상호작용하여 미생물 및 바이러스의 부착 및 숙주 세포로의 침입을 제어하고 억제한다. 또한 락토페린은 기도와 같은 대롱 모양 구조의 속 공간을 덮고 있는 부드럽고 끈끈한 막인 점막의 감염에 대한 주요 방어 다기능성 단백질이며, 바이러스 전염 과정에서 생화학적 결합으로 상호작용하는 다가 조절 인자로 간주된다.

▸ 10.3.4 대사 증후군의 근본

모유, 혈액누액, 누액, 점액, 타액 등의 분비액이나 면역을 담당하는 혈액 중 백혈구 무리인 호중구에 분포하며 감염 방어에 필요한 성분인 다기능성 철 결합성 당단백질인 락토페린(lactoferrin)은 지질 대사의 조절 효과를 나타낸다. 락토페린은 내장 지방 축적 억제로 인슐린 저항과 심장 혈관 질환의 위험성 증가와 연관된 대사 위험 질환인 대사 증후군의 근본 원인인 내장 지방이 있는 비만도 개선할 수 있다. 장 기능 개선과 장내 유익균 성장 촉진에도 락토페린 및 락토바실러스 브레비스(LB, lactobacilus brevis)를 함유하는 장 코팅된 정제가 활성능력을 나타낸다.

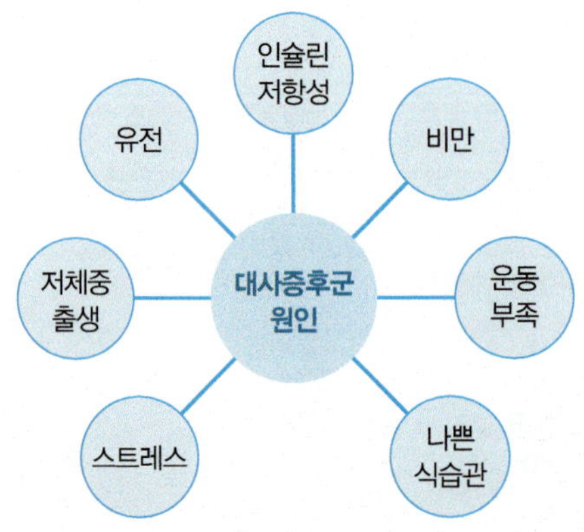

10.4 락토페린 섭취

신생아의 질병 감염을 막아 주는 락토페린은 모유(산모 초유)에 많기 때문에 신생아가 태어나자마자 5~6일 안에 섭취하고 있는 다기능 단백질 성분이다. 가장 높은 락토페린 농도는 인간 초유, 그 다음 젖소 우유(150 mg/L)이기에 아침 우유, 요거트와 치즈 등 다양한 유제품에도 들어 있어 우리에겐 안전하며 낯설지 않은 단백질이다. 많은 기능성 물질들과 마찬가지로 락토페린의 다기능성 단백질 효능을 확실히 얻기 위해서는 잠자리에 들기 전에 먹는 것이 좋다. 우리가 잠자리에 들기 전에 먹어야 하는 이유는 취침 전부터 취침 중 위장이 가장 편안한 상태에 있어 락토페린이 위장에 도착했을 때 가장 흡수율이 높기 때문이다.

우리의 하루 섭취량은 특별히 규칙은 없지만 하루에 150~300 mg 정도 섭취가 가장 적당하다. 또 기능성 단백질인 락토페린은 다른 음식이나 보조제 혹은 의약품 등과 복합 제조해 먹어도 복용 문제가 일어났다는 보고는 아직 없으며 매우 안전한 단백질임을 알 수 있다.

10.5 락토페린 부작용

아주 오래전 옛날부터 모유로 키우면 튼튼하고 건강한 아이로 성장한다고 이야기하듯 모유에는 많은 영양소와 면역력을 높이는 성분들이 들어 있다. 그중 하나가 지금까지 언급한 다기능성 단백질인 락토페린이다. 영국의 한 연구를 보면 남녀를 불문하고 모유수유와 IQ 간 아무런 함수관계가 없었으나, 성숙하지 않은 미숙아에게는 모유수유가 아이의 신경 발달과 인지에 매우 큰 영향을 준다고 분석했다. 이와 같이 저항력이 약한 아기가 건강하게 자라기 위해서 필요불가결한 모유에 풍부한 강한 항바이러스 · 항산화 물질인 락토페린은 부작용도 거의 없다. 락토페린은 미국에서 2001년에 GRAS 물질[Generally Recognized As Safe: 식품에 첨가하는 첨가물질의 심사 및 승인을 위한 체계로 미국 식품의약국(Food and Drug Administration, FDA]에서 지정한 '일반적으로 안전한 물질로 인정되는 것'을 의미)로서 안전성이 인정되고 있다.

FDA(미국 연방 식품 의약품국)의 보증 수표인 GRAS가 안정성을 인정한 첨가물 중에서도 특히 안전하며 부작용도 적고 안전성이 높지만 필요 이상으로 섭취하는 것은 되도록 삼가해야 한다. 개인에 따라 락토페린을 과다섭취하면 속이 불편할 수 있는데 우유와 같은 유제품에 알러지가 있는 사람은 특히 주의가 필요하다.

Quiz

1. 인체의 면역체계의 구성요소이며 항균 활성을 가지며 주로 점막에서 절대적 방어의 다기능 단백질은 무엇인가?

2. 항바이러스와 항균성을 띤 단백질로 훌륭한 생리적 기능을 가진 락토페린이 들어 있는 분만 후 약 5일간 분비되는 노르스름하고 묽은 젖을 무엇이라고 하는가?

NUT EXPLORATION

제 11 장

천연 감미료이며 풍미 증진제인 타우마틴

설탕의 3,000배 이상의 감미도를 가진 식물성 단백질인 타우마틴(thaumatin)의 단맛은 매우 천천히 지각되어 오래 지속되며 천연 과일 상태의 높은 섭취량에선 감초와 같은 뒷맛을 남긴다. 타우마틴은 수용성으로 열에 약하며 산성 조건에서는 안정적이다. 적은 양의 소금과 설탕의 맛을 향상시키는 탁월한 특성을 지녀 맛의 손실도 없다. 인체 건강에 부작용이 전혀 없는 자연 식물에서 추출된 세계에서 무척 인기가 있는 천연 감미료이다. 천연물로서 칼로리가 적어 당뇨병환자에게 효과적인 타우마틴은 스테비아의 쓴맛을 없애기 위해 스테비아와 함께 사용되기도 한다. 지금부터 식물단백질인 타우마틴의 실체와 우수한 장점을 살펴보자.

11.1 가열하면 변성되어 단맛이 없어지는 풍미 증진제인 타우마틴

타우마틴은 서아프리카의 열대우림에 자생하는 katemfe fruit [타우마토코쿠스 다닐엘리이(thaumatococcus daniellii bennett)]의 열매를 물로 추출한 후 정제하여 얻어지는 단백질 감미료이다. 단백질이기에 높은 온도로 가열하면 변성되어 단맛이 없어지는 타우마틴은 천연 감미료의 일종이며 분자량 약 21,000 정도이며 I, II, III의 3종이 알려져 있다. 열에 매우 약하기에 가열하면 변성되어 단맛이 사라지며 빙과와 청량음료 그리고 저에너지 감미료와 함께 사용한다.

미 황갈색이나 회갈색을 띠는 단백질인 타우마틴은 냄새와 쓴맛이 거의 없으나 강렬하고 청량하며 달콤한 감미가 있다. 물에 매우 잘 녹으며 산성 조건에서 다소 안정적이다. 헤모글로빈 속에 대량으로 존재하는 염기성 아미노산인 히스티딘을 제외한 대부분의 아미노산을 함유하고 있다. 감미도는 설탕의 5,000~8,000배 정도의 꽤 높은 감미료로 8% 설탕에 대하여 2,500~3,000배의 달콤함을 느끼며 향미 증강작용도 아주 강하며 물에 매우 잘 녹는다.

타우마틴은 약간의 합성 인공 감미료나 천연 감미료와 비교하여 뒷맛이 쓰거나 불쾌한 맛이 거의 없고 아주 개운한 감미를 가지며 천연 감미료인 설탕에 비해 무척 천천히 달콤한 맛을 느끼기 시작하지만 그 지속시간은 길다. 앞서 언급했지만 단백질 감미료이기에 열에 안정하지는 않지만 분자가 전해할 때 알짜 전하를 갖지 않는 용매의 pH인 등전점(isoelectric point)은 pH 11.5~12.5로 꽤 산성에서도 안정해 분리나 침전 혹은 뿌옇게 흐려지는 백탁 등이 일어나지 않는다. 하루 허용섭취량(ADI, acceptable daily intake)은 규정되어 있지 않으며 생쥐나 실험용으로 사용하는 흰쥐인 랫트에 경구 투여할 시 LD50(lethal dose for 50% kill)는 20 g/kg 이상이다.

타우마틴은 향료, 향신료, 조미료 등의 식품 소재 자체가 가진 자연 풍미를 증강 시키는 효과가 있어서 처음에는 풍미 증진 효과로 무척 주목받았다. 특히 타우마틴은 아미노산으로 이루어진 단백질 거대 분자로 분자구조 내에 양이온($-NH_3^+$)과 음이온($-COO^-$)을 모두 다 가지고 있다. 짠맛을 나타내는 음이온이 타우마틴 분자 내에 있는 양이온과 결합하여 짠맛을 경감시켜 주며 산미(酸味)를 내는 수소이온(H^+)도 분자 내의 음이온과 결합하여 상쇄된다. 이런 생화학적인 효과에 의해 타우마틴은 감미료와 풍미 증진제로 사용되어 커피나 홍차의 풍미 향상과 불쾌한 쓴맛이나 신맛 그리고 거세고 텁텁한 맛인 떫은 맛을 완화시켜준다. 또한, 타우마틴은 비타민이나 무기질의 다소 거북스러운 불쾌한 맛과 특유의 비릿함이 있는 콩의 비린 맛을 없애주는 데도 사용된다.

11.2 병원균에 대항하는 단백질 성분

타우마틴은 katemfe 열매가 바이러스성 병균의 공격에 대항할 때 발생되는 물질이며 타우마틴 단백질과 같은 단백질 계열에 속하는 다양한 내막이 여러 곰팡이와 균체 성장에 저항을 한다는 실험 결과도 있다. 타우마틴은 그 정확한 역할이 완전히 알려지지 않았지만 식물이 체계적으로 저항을 획득하고 스트레스를 극복하여 병원균에 대항하는 기전을 가지는 PR(pathogenesis-related, 병적 상태의 발전 혹은 병리학적 진행 과정) 단백질 성분으로 밝혀졌다. PR 단백질은 병원성 관련 단백질이며 병원균이 식물을 공격할 때 생산되는 단백질이다. 식물이 병원균에 감염되면 PR 단백질을 생산하는 유전자가 활성화되고, 그 단백질 중 일부는 박테리아 또는 곰팡이의 세포벽에 있는 분자를 공격하는 항생제 역할을 한다. 또한 병원균에 감염이 되었다는 소식을 인근 세포로 전파하는 신호를 보내는 기능도 한다.

바이러스의 공격으로 유도된 강렬한 단맛을 내는 단백질인 타우마틴 성분 중 타우마틴 단백질 I은 207개 잔기를 가진 1개의 단일 폴리펩티드 사슬로 구성되어 있다. 다른 병원성 단백질과 마찬가지로 타우마틴은 beta-turns를 많이 포함하면서 나선 구조는 별로 포함하지 않는 베타구조를 가질 것으로 예측된다. 타우마틴은 인간의 미각수용체인 TAS_1R_3과 상호작용하여 달콤한 맛을 느끼게 하며, 그 달콤한 단맛은 인간과 유인원(類人猿)과 성숙한 원숭이만 느낄 수 있다고 한다.

11.3 당과 맛 수용체와의 수소 또는 수소 결합

우리가 어떻게 단맛을 느낄 수 있는지 그 반응기전을 당과 맛 수용체와의 화학적인 결합으로 단순하게 표현하면 아래 그림과 같다. 단맛이 나는 물질의 부위 AH, B, X 각각은 맛 수용체의 B, AH, X 각 부위와 각각 수소 또는 수소 결합으로 결합하여 단맛을 느끼게 한다. 아래의 그림에서 살펴보면 아미노산인 경우 carboxyl group이 수소이온 공여체로 작용하며, amino group이 수소이온 수용체로 작용하고, X에 해당하는 ethyl group 이하의 residue를 가진 아미노산으로는 glycine과 alanine이 해당된다. sucrose, glucose, fructose의 경우는 −OH group이 수소이온 공여체 또는 수용체의 역할을 한다.

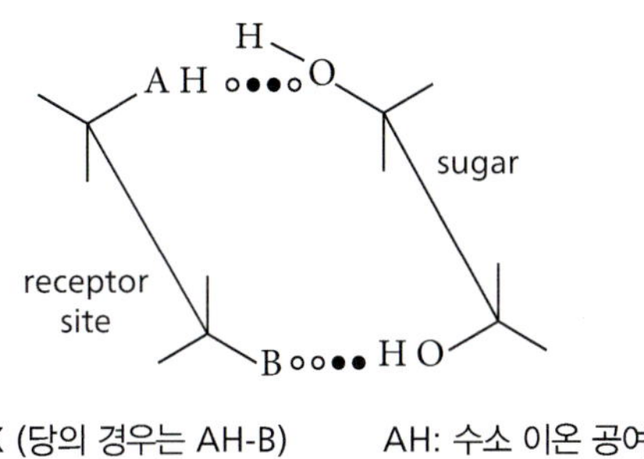

AH-B-X (당의 경우는 AH-B) AH: 수소 이온 공여체
B: 수소 이온 수용기 X: 소수기

11.4 천연 고감미 식물 당단백질

많은 업체가 혈당 상승과 비만에 대한 걱정에서 벗어날 수 있는 식품을 만들기 위하여 노력하고 있으며 당(糖) 걱정을 할 필요가 없는 건강한 식품을 만들기 위해서 설탕을 대체할 수 있는 소재의 개발에 전력을 다하고 있다. 특히 단맛의 정도가 설탕보다 매우 높은 감미도를 가진 고감미 천연 소재는 글로벌 식품 회사에게 중요한 관심사가 되고 있다. 천연 고감미 소재라고 하면 일반적으로 중남미 열대 산간지방의 식물인 스테비아 추출물이나 중국 구이린 지역의 다년생 식물인 나한과에서 추출한 추출물 등 허브 추출물을 많이 떠올리지만 가장 주목을 받는 건 바로 식물 당단백질이다. 그 감미도가 설탕의 수천 배에서 수십만 배까지 달하기 때문에 식물 당단백질은 가장 인기 있는 감미 연구 테마이고, 특히 타우마틴과 서부 아프리카 식물인 dioscoreophyllum cummisii 열매에서 추출된 모넬린 등이 대표적인 천연 고감미 단백질성 신소재로 주목을 받는다.

단백질성 감미료인 타우마틴은 처음에 현지에서 재배되어 음식과 음료의 맛을 내기 위해 사용되는 정도에만 그쳤으나 그 성분이 열대과일의 씨앗에 함유된 당단백질이고 설탕의 약 3천 배에 달하는 감미도를 가지는 식물 단백질임이 밝혀졌다. 특히 설탕과 거의 유사한 달콤한 맛을 지니고 있기 때문에 다른 단백질성 감미 소재보다 매우 우수한 장점을 가지고 있는 것도 밝혀졌다.

그러나 나무 열매에 함유된 타우마틴의 양은 비교적 적은 편이었고 아프리카의 대표적인 분쟁지역에서 주로 분포하는 탓에 열매의 수확과 유통이 매우 곤란하였다. 그 결과 katemfe 나무의 열매는 매우 귀한 원료가 되었고 여기에서 추출한 95% 타우마틴 추출물

은 위험수당까지 붙어서 kg당 1천만 원이 넘는 고가에 거래되어 부르는 게 값일 정도였으니 어지간한 귀금속이나 보석보다 귀한 물질이었다. 1970년대 후반에 식음료 글로벌 선두기업인 테이트와 라일(Tate & Lyle)은 가나와 아이보리코스트 그리고 라이베리아 등에 농장을 경영하면서 Talin이라는 브랜드로 최초 상업화를 시도하며 타우마틴을 추출하기 시작하였다. 그 이후 생산 공급과 미각마비, 단백질 고유의 용해도 저하 등의 문제 때문에 타우마틴의 발현유전자를 규명해 내어 유전자 삽입을 통한 재조합 생명공학으로 대량 생산할 수 있는 기술이 연구되었다.

산업적 이용에 대한 연구가 본격화된 것은 1980년대 중반 미국의 식품회사인 Beatrice Foods 사에서 타우마틴 생산 유전자를 효모에 삽입하여 발효를 통해 대량생산하는 기술을 개발한 이후부터다. 영국과 네덜란드 국적의 세계적인 생활용품 다국적 기업인 유니레버(Unilever) 사에서는 유전자 재조합기술을 이용하여 대량생산하는 기술 개발 연구를 시작하였으며 1990년대 유니레버(Unilever)의 연구자들은 타우마틴 I과 타우마틴 II라고 불리는 두 가지 주요 단백질을 분리하고 분자생물학과 유전학에서 가장 기초적인 자료를 제공하는 염기서열과 아미노산 서열을 보고하였으며, 또한 유전자 조작 박테리아에서 타우마틴을 발현할 수 있었다.

11.5 재조합 유전자를 통해 대량 생산된 당단백질의 상품화

세포에 다른 세포로부터 분리한 유전자 조각(DNA 조각)을 인위적으로 재조합하는 것을 재조합 DNA(DNA recombinant)라 한다. 이러한 재조합 유전자를 통하여 대량 생산에 성공한 생합성 타우마틴은 식품 안전성 승인의 벽을 통과하지 못하여 아직까지도 상품화가 되지 못하고 있는 실정이다. 단백질성 감미료인 타우마틴은 여러 국가, 즉 미국과 유럽 그리고 일본과 한국 등에서 식품첨가물로 사용 승인을 받았지만 천연에서 추출한 제품일 경우로만 한정됐다. 또한 미국에서는 일반 GRAS (Generally Recognized As Safe, 식품첨가물에 대한 FDA의 합격증)가 아닌 FEMA GRAS (Flavor and Extract Manufacturers Association Generally Recognized As Safe, 미국향료협회 FDA 합격증) 리스트에 등재되어 풍미 증진용으로만 사용하도록 허가하였다.

실제 유전자 재조합 방식으로 새롭게 생산하는 타우마틴과 모넬린을 산업 바이오 및 의약품용 단백질 생산에 사용되고 있는 효모 균주를 이용해서 대량 생산하는 방식이기 때문에 비교적 안전할 것으로 생각된다. 그러나 현재 이와 같은 유전자 재조합기술의 대량 생산연구는 중단하고 있으며 간간이 학술연구로만 진행되고 있는 실정이다.

11.6 곤충의 미각을 소실시키는 특성을 가진 타우마틴은 곤충기피제

타우마틴은 천연 감미료로 아프리카 서 · 중부의 나이지리아, 자이르, 콩고 등에서 나는 katemfe라는 식물의 씨앗에 존재하는 당단백질이다. 그런데 이 열매를 섭취한 곤충은 미각이 마비되는데, 그 이유는 타우마틴 성분이 곤충의 맛 감지 수용체와 수 시간 동안 결합해 있기 때문이라고 한다. 결국 이 물질을 한 번 맛본 곤충은 다시는 맛을 보지 않으려 해 나름 획기적인 곤충기피제로의 개발이 기대된다. 비록 천연 감미 단백질성 신소재로서의 대량 생산 연구와 상업화는 일시적으로 중단이 됐다. 하지만 타우마틴의 유사유전자가 쌀, 보리 등 각종 곡물에 존재하고 아그로박테리움(agrobacterium, 재조합 DNA를 식물세포에 주입할 때 사용하는 토양 박테리아)을 매개로 유전자 삽입이 비교적 수월하게 이루어진다는 점과 타우마틴이 곤충의 미각을 소실시키는 특성이 있다는 점을 이용해서 국내외에서 병충해 내성 종자 개발용으로 꾸준히 연구되고 있다.

Quiz

1. 열에 매우 약하며 가열하면 변성되어 단맛이 사라지며 빙과와 청량음료 등 저에너지 감미료와 함께 사용되는 물질은 무엇인가?

2. 커피나 홍차의 풍미 향상과 불쾌한 쓴맛이나 신맛 그리고 거세고 텁텁한 맛인 떫은 맛을 완화시켜주는 물질은 무엇인가?

견과 탐험

NUT EXPLORATION

제 12 장

1960년대 세계 감미료 시장을 석권한 시클라메이트

시클라메이트(사이클라메이트, cyclamate) 감미료는 식욕을 증가시켜 체중의 증가를 촉진하기에 건강과 면역 체계에 매우 해롭다. 실제 장에서 시클라메이트는 시클로헥실아민으로 변환되며 높은 농도의 경우 고혈압을 유발하여 생명을 위협할 수 있는 독극물이다. 시클라메이트는 남성의 정자와 고환도 손상시켜 발기부전을 유발할 수 있으며, 남성과 여성뿐만 아니라 동물에게도 암 촉진 효과가 있다. 이와 같이 인체에 매우 유해한 시클라메이트의 실체를 정확하게 살펴보자.

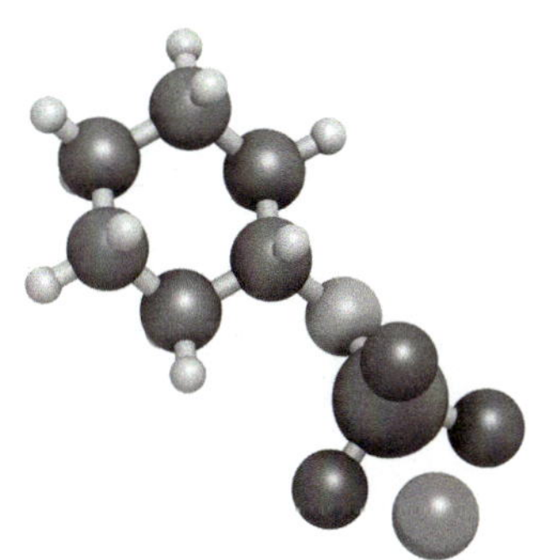

12.1 실험 중 담배 필터에서 느낀 단맛 시클라메이트

시클라메이트는 인공 감미료(sweetener)의 일종으로 분자식은 $C_6H_{12}NNaO_3S$이며 나트륨염($C_6H_{12}NNaO_3S$, sodium cyclamate)과 칼슘염($C_{12}H_{24}CaN_2O_6S_2$, calcium cyclamate)이 있다. 시클라메이트는 cyclamic acid (cyclohexanesulfamic acid)의 sodium (Na)과 calcium (Ca) 염인데 설탕의 30~40배의 단맛을 낸다. 1937년 미국 일리노이대 화학과 대학원생이었던 마이클 스베다(Michael Sveda, 1912~1999)가 해열제를 합성하던 중 잠시 실험대에 얹어 두었던 담배 필터에서 단맛을 느꼈다. 그리고 그 원인 물질이 사이클로헥실설파민산나트륨이라는 것을 발견하였고, 이후 사이클라메이트라는 상품명으로 1950년대 초부터 사용되었다.

1960년대 세계 감미료 시장을 석권한 시클라메이트는 1969년부터 발암물질이자 남성의 불임을 유발할 가능성이 있다는 논란에 휩싸이면서 결국 우리나라에서는 1970년부터 사용이 전면 금지되었다. 국내 혹은 미국에서는 식품첨가물로 허가되지 않고 있지만, 그 외의 나라 특히 중국과 동남아 등지에서는 합성 감미료로 사용되고 있기에 여행 중 과자류나 식품 등을 살 때 세심한 주의가 요구된다.

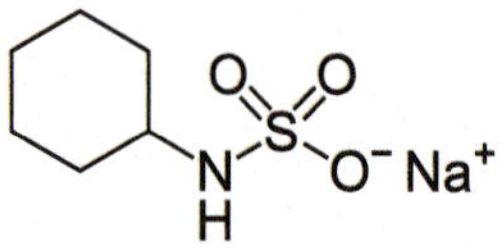

시클라메이트의 구조

12.2 비교적 단맛은 약하나 쓴맛이 나지 않기에 사카린과 혼합해 사용

인공 감미료 중에서는 비교적 감미도가 낮은 물질에 속하지만 고온에 안정하고 쓴맛이 나지 않기 때문에 다른 인공 감미료의 단점이 없다는 이유로 상업적으로는 사카린과 혼합하여 사용하는 방식으로 사용되었다. 20세기 중엽에 미국을 시작으로 전 세계에서 많이 사용됐으며 국내에서도 시클라메이트라는 이름으로 사용되기도 하였다.

12.3 생명을 위협할 수 있는 독극물인 시클라메이트의 간단한 합성

분자식이 $C_6H_{13}NO_3S$인 cyclamic acid의 간단한 합성을 나타내면 다음과 같다. Cyclohexylamine과 sulfamic acid 또는 sulfur trioxide와 반응시키면 cyclamic acid를 얻을 수 있다(이 과정을 설폰화 반응이라 함).

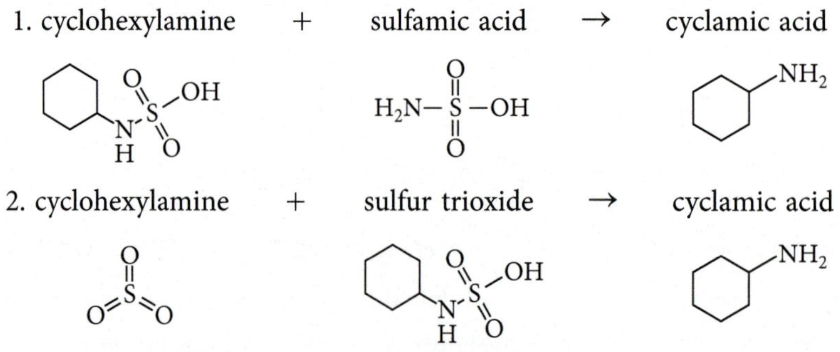

1. cyclohexylamine + sulfamic acid → cyclamic acid

2. cyclohexylamine + sulfur trioxide → cyclamic acid

Cyclohexylamine의 sulfonation: 1,2

비 영양성 감미료로서 설탕 대용품으로 널리 사용되었던 시클라메이트 나트륨은 cyclohexylamine과 sulfamic acid을 혼합한 후 NaOH를 부가하여 반응시키면 sodium cyclamate를 얻을 수 있다

cyclohexylamine + sulfamic acid $\xrightarrow{NaOH}$ → sodium cyclamate

Sodium cyclamate의 합성

12.4 국내 감미료 시장에서 퇴출당한 발암물질인 시클라메이트

도입부에 언급했듯이 인공 감미료 중에서 시클라메이트는 감미도가 낮은 물질에 속하지만 고온에 안정하고 쓴맛이 없는 등 다른 인공 감미료의 단점이라고 여겨지는 특성이 없어서 상업적으로 사카린과 혼합하여 사용되기도 하였다.

합성 인공 감미료인 시클라메이트는 1950년 이후 미국을 시작으로 전 세계적으로 어마어마하게 판매되어 대성공을 거두었으며 국내에도 시클라메이트라는 이름으로 들어와 수년간 날개가 돋친 듯이 판매되었지만 언론을 통해 발암물질로 자주 언급되었다. 이런 언급 속에 정부의 공식적인 연구 결과가 1966년 합성 인공 감미료인 시클라메이트는 체내에서 유기화합물이며 유해한 사이클로헥실아민(cyclohexylamine)으로 전환된다고 발표했다. 이는 동물실험에서 방광의 종양 생성과 관련이 있는 것이었다.

추후 관련 연구를 통하여 결국 합성 인공 감미료인 시클라메이트는 염색체 이상 등을 일으키는 발암물질인 것이 확인된 이후 국내 감미료 시장에서 퇴출당했고 1969년에는 식품첨가물의 지정에서 삭제됐다.

Quiz

1. 화학과 대학원생이 해열제를 연구 합성하던 중 실험대에 얹어 두었던 담배 필터에서 단맛을 느꼈던 인공 감미료는 무엇인가?

2. 합성 인공 감미료로 세계적으로 어마어마하게 판매되어 대성공을 이루었으나 염색체 이상 등을 일으키는 발암물질이기에 국내 감미료 시장에서 퇴출당한 물질은 무엇인가?

견과 탐험

NUT EXPLORATION

제 13 장

무화과와 건포도에 소량 존재하는 천연물질인 알룰로스

13.1 천연에 미량만이 존재하는 알룰로스

천연에 미량만이 존재하는 알룰로스(allulose)는 분자식은 $C_6H_{12}O_6$이며 분자량은 180, 녹는점은 58°C (136°F; 331 K)이다. 단당류 중 케토헥소스(케톤기 C=O 기를 갖는 헥소스의 총칭)의 하나이며 D-글루코스를 35°C에서 포화시킨 석회수($CaCl_2$)로 5일간 처리하면 점차 편광면이 회전되는 각도인 광회전도가 작아지는데, 반응 생성물은 63.5%의 D-글루코스, 31.0%의 D-프룩토스 그리고 2.5%의 D-만노스이며, 이외에도 소량이면서 중성인데 미생물의 작용으로 분해되어 다른 물질로 전화(설탕 수용액이 가수분해 되어 포도당과 과당이 생성될 때, 광학 활성이 우회전성에서 좌회전성으로 역전하는 일)되지 않는 물질인 비발효성 물질인 알룰로스가 생긴다.

α-D-glucose ⇌ β-D-glucose

D-fructose

α-D-fructofuranose

α-D-fructopyranose

	SUCROSE		RARE
	Glucose +	Fructose	Allulose
	CHO	CH_2OH	CH_2OH
	H-C-OH	C=O	C=O
	HO-C-H	HO-C-H	H-C-OH
	H-C-OH	H-C-OH	H-C-OH
	H-C-OH	H-C-OH	H-C-OH
	CH_2OH	CH_2OH	CH_2OH
Sweetness (sucrose relative)		100%	70%
Calories/g		100%	10%

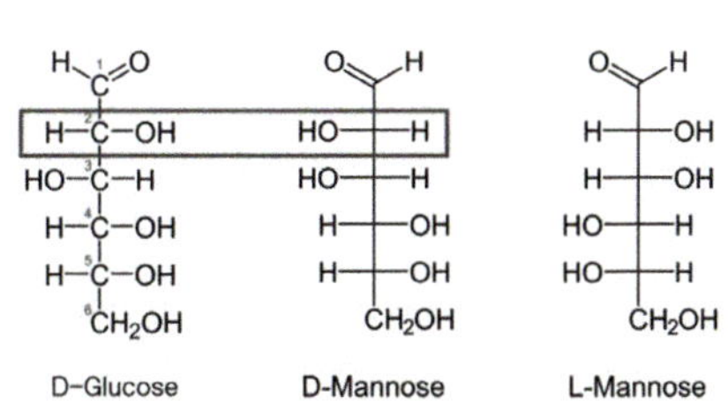

13.2 엔디올의 가역과정

이 반응 과정에서 형성되는 생성물들의 구조를 보면 아주 중요한 중간체로 엔디올(enediol)이 있다.

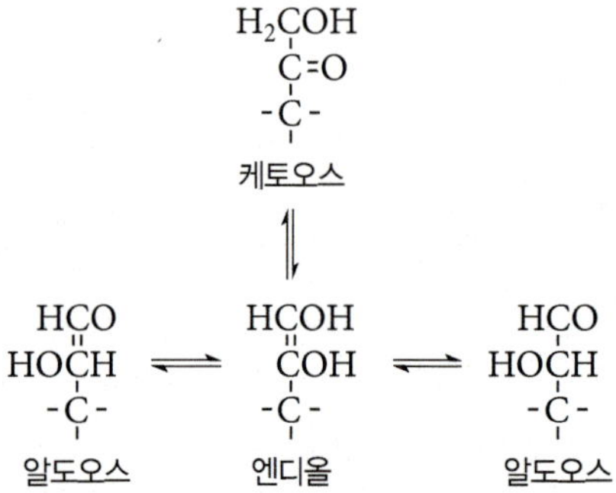

H_2COH
C=O
-C-
케토오스

HCO / HOCH / -C- 알도오스 ⇌ HCOH / COH / -C- 엔디올 ⇌ HCO / HOCH / -C- 알도오스

엔디올의 가역과정을 살펴보면, 엔디올의 첫 번째 탄소에 존재하는 수산 이온(알코올기, −OH)의 수소 이탈로 이중결합(C=C)과 결합하고 있는 알코올(−OH) 기가 붙어 있는 탄소에 수소가 전이되어 제2탄소 원자의 비대칭성을 잃고, 2개의 알도스(aldose, 분자 내에 하나의 알데하이드기(−CHO)를 가지고 있는 단당류)와 한 개의 케토스(ketose, 분자 내에 하나의 케톤기(C=O)를 가지고 있는 단당류)가 평형 상태로 서로 공존하게 된다. 특히 이 반응은 케토스의 제조에 실제로 응용된다.

말토스형의 이당류도 같은 물리적 · 화학적 변화로 하나의 이성질체가 다른 이성질체로 변하는 반응인 이성질화(isomerization)하여 케토스의 조제에 유용하며 이와 동시에 글루코시드 결합(glycosidic bond, 화학 및 생화학에서 탄수화물(당) 분자를 다른 탄수화물(당)의 기(group)나 다른 화합물의 기와 결합시키는 공유 결합의 한 형태)의 개열이 어느 정도는 일어난다.

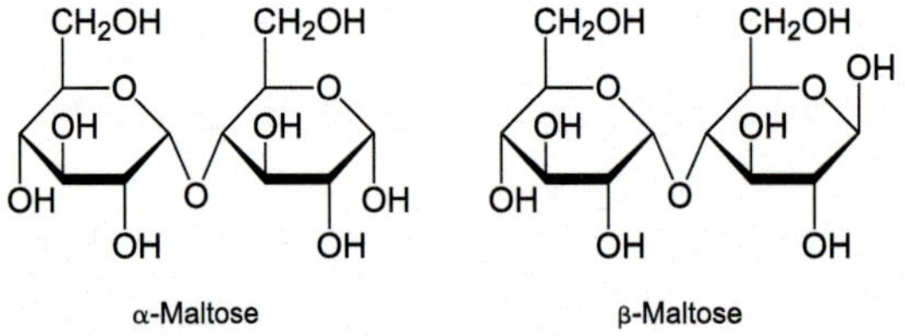

α-Maltose β-Maltose

Maltose의 고리 열림

13.3 로브리 드 브루인 반 에켄슈타인 변형은?

주로 탄수화물 화학에서 염기 촉매나 산 촉매 또는 중성 조건하에서 일어나는 로브리 드 브루인 반 에켄슈타인 변형(Lobry de Bruyn-Van Ekenstein transformation)을 통해 엔

디올(enediol)의 가역과정을 살펴보면,

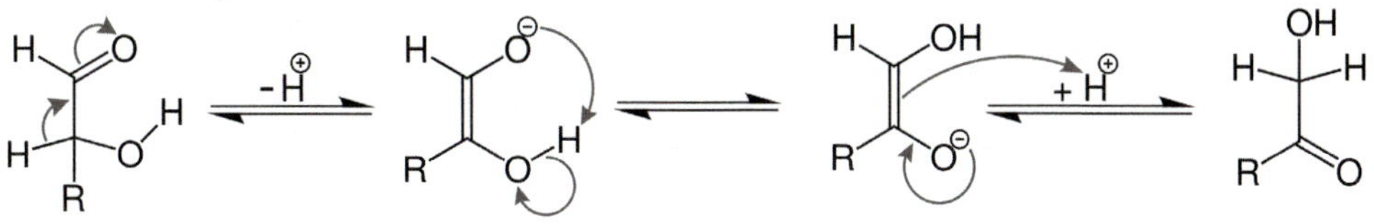

반응 중간체로 tautomeric (호변이성의, *互變異性*의) 엔디올(enediol)이 형성되며, 이 엔디올(enediol)은 알도스(aldose) 또는 케토스(ketose)의 토토메리화(tautomerization, 호변이성)를 위한 중간체이다.

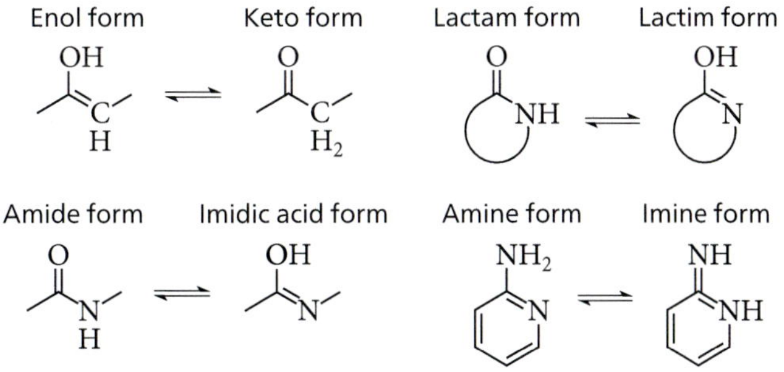

토토머의 4가지 예

13.4 알룰로스의 다이어트 효과

알룰로스(allulose)는 무화과와 건포도에 소량 있는 천연물질이며 대량 생산을 위해 효소 등을 사용해 과당으로부터 생산한다. 알룰로스의 당도는 설탕(sucrose)의 92% 정도이며 열량은 38%에 불과하다. 음식을 섭취한 뒤 혈당이 상승하는 속도를 0~100으로 나타낸 수치인 혈당지수(GI) 3으로 높지 않으며 포도당의 흡수를 방해하며 지방의 합성을 저해해 다이어트 효과가 있다는 실험 연구 논문이 있으나 아직 식품의약품안전처에서 공인된 연구분석이 이루어진 연구 성과는 없다.

설탕과 매우 비슷한 단맛을 내며 타가토스(tagatose)라는 물질로 시판되고 있다. 알룰로스(allulose)는 설탕의 대체감미료나 단맛을 주는 식품첨가물에 대해 찬반논의가 있었지만 엄격하게 정한 허가된 기준치 이하라면 무해하다는 것이 전문가들의 판단이며 섭취해도 인체 내 알룰로스(allulose)를 분해하는 효소가 존재하지 않기에 흡수되지 않고 소변으로 그대로 배출된다.

13.5 알룰로스의 생화학

앞서 언급했듯이 알룰로스의 단맛은 설탕(sucrose)의 단맛의 70% 정도이며 냉각 감각이나 쓴 맛은 없다. 단맛이 강한 aspartame과 saccharin과 같은 인공 감미료와는 다소 차별화가 된다. 일반적으로 탄수화물은 약 4 kcal/g인 데 비해 알룰로스의 칼로리 값은 약 0.2~0.4 kcal/g이다. 알룰로스는 인체에서 거의 분해대사가 이루어지지 않으며 그대로 배설되기에 알룰로스의 혈당 지수는 매우 낮아 거의 무시할 수 있다.

알룰로스는 효소 α-glucosidase(탄수화물을 체내에 흡수하기 위해 이를 포도당과 같은 단당류로 분해하는 효소의 하나), α-amylase(녹말을 가수분해하여 당으로의 분해를 촉매하는 효소), maltase(맥아당 혹은 엿당으로 불리우는 말토스를 두 분자의 포도당으로 가수분해하는 효소) 및 sucrase(수크로스를 가수분해해 포도당과 과당으로 분해하는 효소)의 약한 억제제(inhibitor)이다. 이로 인해 위장에서 단당류로의 전분의 분해한 듯 안한 듯한 신진 대사를 억제 할 수 있으며 잠재적인 항고혈당 효과를 주는 포도당의 흡수를 억제한다. 또한 알룰로스는 탄수화물의 불완전 흡수 유발과 장내 세균에 의한 탄수화물의 후속 발효로 인해 위가 불룩하게 느끼지며 가슴이 답답해짐과 복부 불편하며 설사와 같은 불쾌한 증상을 초래할 수 있다.

13.6 알룰로스의 화학

과당의 C3 에피머(epimer, 당의 여러 개의 비대칭 탄소 원자 가운데에서 하나의 입체 배치가 다른 부분 입체 이성질체)인 알룰로스는 체계적인 이름이 D-리보-2-헥술로스(D-ribo-2-hexulose)이며 D-psicose라는 이름으로 활용된다. 과당은 효소 D-tagatose 3-epimerase [D-타가토스 3-에피메라제, 케토스(ketose) 3번 탄소의 가역(정반응과 역반응이 동시에 일어남) 에피머화(epimerization) 반응을 촉매하는 효소]에 의해 알룰로스로 변환된다.

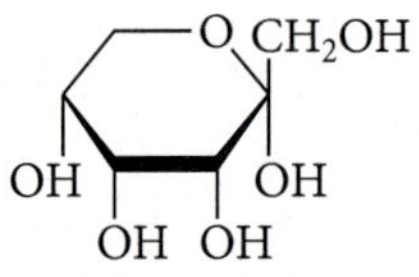

α-D-Psicopyranose 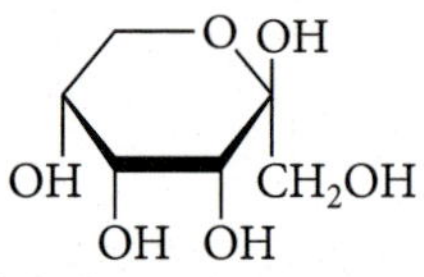 β-D-Psicopyranose

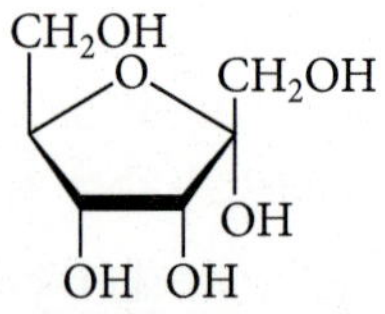

α-D-Psicofuranose 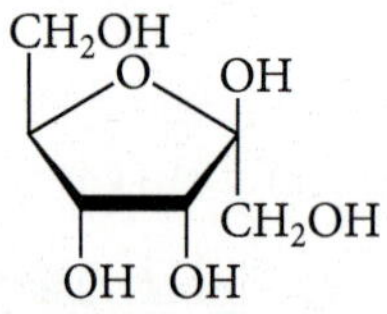 β-D-Psicofuranose

자연적으로 건포도와 메이플 시럽, 밀과 무화과 및 당밀에서 미량 존재한다. 앞서 표현되었듯 알룰로스는 일반 설탕과 매우 유사한 물리적 특성을 가지고 있으며 아이스크림을 포함한 다양한 식품에 설탕 대체품으로 사용한다.

13.7 알룰로스의 역사

알룰로스가 우리에게 친숙하게 다가오게 된 역사를 살펴보면 1940년대에 밀에서 처음 발견된 알룰로스는 건포도와 메이플 시럽, 밀과 무화과 및 당밀에 미량 존재하기에 식품에 적극적으로 활용하는 데 제외되었다. 1994년 일본에서 과당을 알룰로스로 변환하는 주요 효소인 D-tagatose 3-epimerase를 발견했을 때 비로소 알룰로스를 대량 생산 방법이 출원되었으며 이 반응 과정의 알룰로스 생성은 높은 수율을 가지지만, 생산 비용이 높은 것이 문제였다.

2012년 6월 미국 식품의약국(FDA, Food and Drug Administration)은 한국의 CJ제일제당에서 알룰로스의 식품 및 음료에 설탕 대용으로 사용할 수 있도록 해달라는 제안을 적극적으로 받아들여 알룰로스가 지금까지 다양한 식품 범주에서 설탕 대체물질로 인정받고 있다. 그러나 몇몇 면밀한 연구에 따르면 알룰로스 상용 제품은 일반적으로 인체에 흡수되지 않고 인슐린 수치를 올리지 않지만 다른 잠재적 부작용을 평가하기 위해 더 많은 검사와 정확한 분석이 필요한 것으로 언급한다.

Quiz

1. 무화과와 건포도등 천연에 미량만이 존재하는 천연물질은 무엇인가?

2. 설탕과 매우 비슷한 단맛을 내며 타가토스(tagatose)라는 물질로 시판되며 인체에 분해 효소가 존재하지 않기에 흡수되지 않고 소변으로 그대로 배출되는 물질은 무엇인가?

견과 탐험

NUT EXPLORATION

제 14 장

단맛 쓴맛 맛짱 인생

단맛 쓴맛 다 본 이야기는 현실에서 있을 만한 다양한 이야기들을 담고 있어서 더욱 재밌는 것 같다. 아무리 웃음이 우리에게 매력 있고 기쁘게 하는 것이라 할지라도, 인생의 단맛과 쓴맛에도 고유한 가치가 있으며 인생을 논할 수 있다.

14.1 비장(지라)의 기능을 활성화시키는 단맛

단맛은 비장(脾臟)의 기능을 돋우어 주는데, 비장(지라)은 왼쪽 신장과 횡격막 사이에 있는 장기로 혈액 속의 세균을 죽이며 노쇠한 적혈구를 파괴하는 기능을 한다. 반면에 쓴맛은 심장에 울체되어 있는 나쁜 열(熱)을 해소시켜주는 기능을 하며, 나쁜 열은 기혈(氣血)이나 수습(水濕) 등이 제대로 순환하지 못하고 한 곳에 몰려 있을 때 생기기 쉽다.

실제로 칭찬이나 달콤한 말을 들으면 힘이 솟구치고, 쓴 소리를 들으면 가슴이 서늘해지거나 쓰라려지는 것을 보면 맛이 오장(五臟) 육부(六腑)에 영향을 미치거나 인간의 감정과 정서까지도 좌우할 수 있다는 것을 알 수 있다. 오장은 간장 · 심장 · 비장 · 폐장 · 신장 등 다섯 가지 장기를 가리키고 육부는 대장 · 소장 · 쓸개 · 위 · 삼초(三焦) · 방광 등의 여섯 가지 장기에 해당한다.

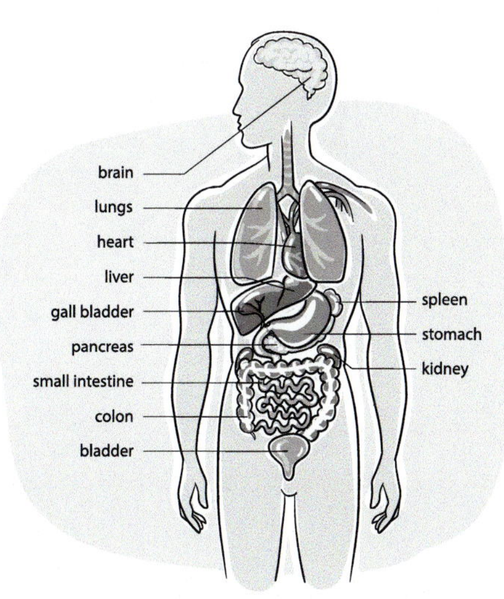

한방에서만 언급하는 육부 중의 하나인 삼초(三焦)는 인후(咽喉)에서부터 전음(前陰)과 후음(後陰)에까지 이르는 부위를 말하며 해부학 측면에서 실질적인 형태는 없다. 오직 기능만 존재하므로 한방의 가장 오래된 중국의 의학서인 내경(內經)에서는 수분 대사와 관련된 기능을 한다는 뜻으로 수록하고 있다. 이는 일상생활을 영위하는 데 있어서 음식물을 소화시키고 영양물질과 수분을 흡수하여 온몸에 운반하는 기능과 영양분을 공급할 목적으로 음식과 같은 영양분을 소비하는 과정을 이야기한다. 그리고 인체에서 대사작용으로 생긴 노폐물을 체외로 내보내는 작용도 통칭하여 일컫는다.

한방에서만 언급하는 육부 중의 하나인 삼초는 상초(上焦) · 중초(中焦) · 하초(下焦)로 나누며 상초는 목구멍에서 위(胃)의 음식물이 들어오면 스스로 닫혀 식도로 역류하지 않도록 하는 분문(噴門)까지를 가리키며 즉 횡격막 위의 가슴 부위에 해당한다. 여기에는 허파와 심장 그리고 심장 막과 경맥에서 갈라져 나온 기와 혈이 순환하는 통로인 낙맥을 통칭하는 심포락(心包絡) 등 3개의 장기가 여기에 속한다. 중초는 위의 분문에서 위와 십이지장의 경계 부분인 유문(幽門)까지, 즉 횡격막 아래에서 배꼽까지의 부위에 해당한다. 여기에는 간과 음식물을 소화하여 정상적인 생명 활동에 필요한 영양물질을 온몸에 공급하는 췌장 그리고 위가 여기에 속해 있다. 하초는 위(胃)의 유문에서 전음과 후음까지, 즉 배꼽 아래 하복부에 해당하는데 여기에는 간과 신장 그리고 방광, 소장과 대장 등 인체의 중요한 장기들이 속해 있다. 여러분에게 한방에서 언급하는 장기 이름과 접근하기 까다로운 한문으로 표현된 생리 작용 현상을 정확하게 이해하고 암기하라는 것은 절대 아니다. 다만 여러분들은 단맛과 관련된 장기와 생리현상만을 이해해서 '아 우리 몸에서 이렇게 복잡한 소화 분해 과정을 통해 단맛을 지닌 물질들이 표현되고 있구나'라고 고갯짓 한번 하면 될 것 같다.

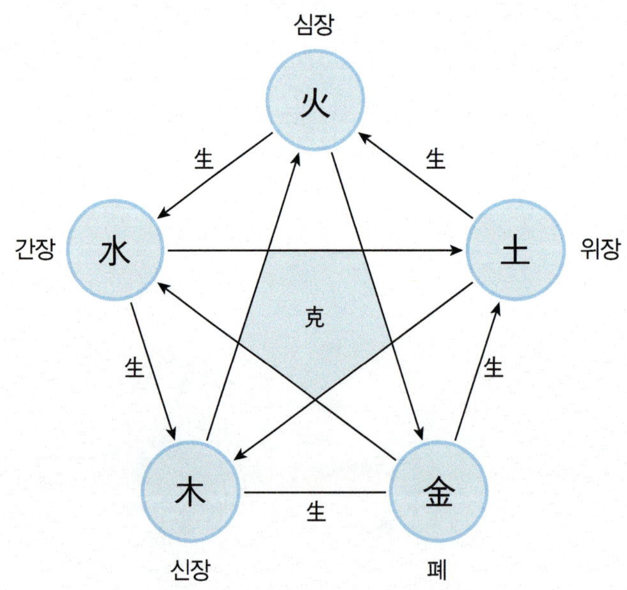

또한 한방에서는 한약의 선택 작용이 맛과 일정한 관계를 갖는다. 즉 신맛을 가진 한약은 간경(肝經)과 담경(膽經) 그리고 심포경(心包經)과 삼초경(三焦經)에, 쓴맛을 가진 한약은 심경(心經)과 소장경(小腸經) 그리고 심포경(心包經)과 삼초경(三焦經)에, 단맛을 가진 한약은 비경(脾經)과 위경(胃經)에, 매운맛을 가진 한약은 폐경(肺經)과 대장경(大腸經)에, 짠맛을 가진 한약은 신경(腎經)과 방광경(膀胱經)에 작용한다고 보았다. 여러분도 한글과 한문으로 표현된 장기를 하나씩 선택해 좀 더 명확하게 여러 맛을 이해했으면 좋겠다.

이와 같이 단맛은 비위의 기능을 돋우어 주고 에너지 대사를 왕성하게 하지만 아무리 좋은 것도 지나치면 부족한 것만 못하다고 하니 균형을 잘 잡아야 한다. 지나치게 칭찬을 받는 일도 오히려 사람을 망칠 수 있고 그런 칭찬에 스스로 도취되어 긴장을 늦추다 보면 교만해지기 쉬우며 일을 추진할 때 과욕을 부리다가 건강에 무리가 가기 쉬우니 말이다.

14.2 단맛을 탐닉하면 피부나 근육의 탄력이 떨어져 물렁물렁해짐

단맛을 탐닉하다 보면 우리 몸의 피부나 근육의 탄력이 떨어지고 물렁물렁해지는 것을 느끼게 된다. 단맛은 비장으로 달려가서 기(氣)를 돌려주는 모터와 같은 역할을 하며 비장의 에너지를 보강해 주지만, 기의 순환이 과다하면 근육에 저장되어 있던 글리코겐이 과도하게 소모되어 근육이 무력해지는 결과를 부르게 된다.

근육에서 빠져나간 포도당 대신에 영양가가 없는 수분이 자리를 잡게 되는데 이런 상태를 습(濕)이라고 한다. 단것을 많이 먹으면 근육이 상하고 습(濕)이 생긴다는 기전이 바로 이런 것이다. 흔히 보약을 복용하고 살이 쪘다는 이야기를 듣게 되는데 그런 경우는 보약 속에 기를 보호하는 약제가 필요 이상으로 많이 들어가서 비장의 기능을 지나치게 강화하여 습이 쌓인 경우라고 볼 수 있다. 뚱뚱한 사람이 의외로 힘을 쓰지 못하는 것은 근육에 습이 많아 힘을 효율적으로 내지 못하기 때문이다.

14.3 에너지원이 되며 항상 우리를 유혹하는 달콤한 맛

달콤한 것을 지나치게 즐기다 보면 살이 찐다는 사실에도 불구하고 단맛은 항상 우리를 유혹한다. 만약 단것을 탐닉한다면 그 이유는 우리 몸이 그것을 필요로 하고 있기 때문이다. 단것에는 포도당 등 에너지원이 많이 들어 있으며 비장(지라) 역시 신체의 기(氣)를 잘 순환시키기 위해서 끊임없이 에너지 공급을 해야 한다.

만약 단것을 즐기지 않는다면 그 경우는 비장이 허약하지 않기 때문이다. 비위가 강한 사람은 단맛을 멀리하는 편이고, 달콤한 말로 속삭이는 사람의 진정성에 대하여 경계심을 가지고 사탕발림이나 말의 성찬을 멀리 하려는 경향이 있다.

14.4 퍼지지 못하고 한 곳에 몰려 머물러 있는 나쁜 열을 해소 시켜주는 기능을 가진 쓴맛

이제 쓴맛에 대하여 생각해 보자. 쓴맛은 주로 심장과 간에 작용한다. 심장은 우리가 태어나서 죽을 때까지 한시도 쉬지 않고 계속 일을 한다. 심장은 매일 혈액을 펌프질하여 9만 6천 km에 달하는 혈관으로 보내는 활동을 하는데, 이것은 1만 5천 리터 용량의 탱크를 심장이 혼자 펌프질해서 채우는 것과 같은 활동량에 해당한다.

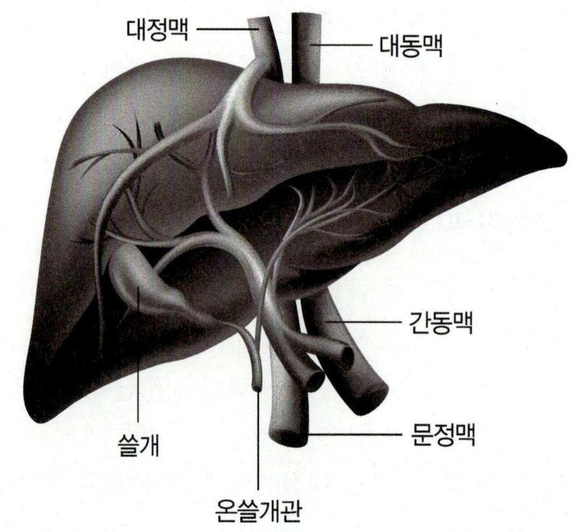

또한 간(肝)은 우리 몸 중에서 특히 훌륭한 기관이다. 간은 복잡한 기전으로 작동되기 때문에 심장과 폐의 복잡한 기능조차 간에 비하면 아무것도 아니라고 할 정도다. 간은 마치 거대한 화학 공장 단지와도 같다. 간은 인체를 위하여 5백여 가지의 일을 해내는 장기이고, 그중 단 한 가지만 실수를 하더라도 병원 신세를 지게 된다.

14.5 과다 섭취하면 뼈가 약해지는 쓴맛

심장과 간, 이 두 장기는 단 한 순간도 쉴 새 없이 우리를 보살피는 고마운 일꾼이다. 그 책임이 막중한 만큼 굉장히 튼튼하며 막강한 장기이기 때문에 여간해서 탈이 잘 나지 않는다. 그런 이유로 이들 장기에 도움을 주는 쓴맛을 여간해서 필요로 하지 않는 것이다.

만약 심장과 간이 건강한 사람인데도 쓴맛이 나는 음식을 많이 섭취한다면 이 장기들이 스스로 무시를 당했다고 생각하고 화(火)를 낼지도 모른다. 우리 조상들은 쓴 것을 많이 먹으면 "골로 간다"고 표현함으로써 쓴맛이 뼈(骨)를 상하게 할 수도 있다는 점을 파악하고 있었던 것 같다. 실제로 쓴맛을 과다 섭취하면 뼈가 약해질 수 있다는 점을 알고 있어야 한다.

Quiz

1. 이것을 탐닉하다 보면 우리 몸의 피부나 근육의 탄력이 떨어지고 물렁물렁해지는 것을 느낀다. 이것은 무엇인가?

2. 예부터 이것을 많이 먹으면 "골로 간다"라고 표현해 이것이 뼈를 상하게 할 수도 있다는 점을 파악하고 있었던 것 같다. 이것은 무엇을 말하는가?

NUT EXPLORATION 제 15 장

천연 감미료인 스테비오사이드

스테비오사이드(stevioside)는 국화과 식물 스테비아(Stevia rebaudiaua)에 함유되어 있는 배당체인 스테비오사이드는 설탕과 비교했을 때 200배에서 300배 정도 단맛이 강하다. 그래서 스테비아는 설탕초라고도 한다. 스테비오사이드는 혈당을 높이지 않으며 칼로리가 없기에 비만 걱정이 없다. 스테비오사이드는 건강개선 효과 등 생각보다 여러 가지의 효능이 있으나 과도하게 섭취하면 설사나 복통 등의 부작용을 유발할 수 있다. 스테비오사이드는 설탕의 엄청난 칼로리로 인한 비만, 당뇨, 충치, 여러 가지 생활습관 질환과 중독성으로부터 탈피를 위한 대체 감미료로 사용한다. 요즘은 웰빙을 추구하여 건강을 위해 설탕을 대체해 스테비오사이드를 사용하지만, 스테비오사이드의 사용법이나 부작용에 대해서도 미리 인지를 하고 사용하는 것이 좋다.

15.1 설탕의 약 300배에 달하는 단맛을 내는 천연감미료인 스테비오사이드

남아메리카인 브라질과 파라과이 등 남미가 원산지인 국화과 스테비아 속의 여러해살이 식물인 스테비아(학명: Stevia rebaudiana)에는 스테비오사이드 같은 테르페노이드(Terpenoid) 배당체(글리코사이드)들이 함유되어 있어 감미료로 사용했다. 일본과 중국 등 많은 나라에서도 오래전부터 스테비아의 마른 잎 또는 수용성 추출물을 감미료로 사용했다. 국화과의 다년생 식물 Stevia의 잎에는 단맛을 내는 스테비오사이드라는 물질이 6~7% 정도 들어 있으며 특히 파라과이에서는 아주 오래전부터 원주민들이 스테비아 잎을 감미료로 사용하였다. 스테비오사이드가 세상의 시선을 끌게 된 것은 식생활에 널리 활용된 합성 인공 감미료인 사카린이 인체에 좋지 않은 유해물질이라는 평가분석이 나타난 시기부터다.

천연 감미료인 스테비오사이드는 1931년 프랑스의 화학자에 의하여 발견되어 그에 의해 명명되었고 설탕의 약 300배 정도의 단맛이 나는 것으로 평가되었다. 장기간 섭취할 시에 체중 감소와 심장병의 위험이 있을 수 있다는 주장을 뒷받침할 병리학적인 증거는 아직 부족한 상태다. 국화과 식물에서 추출된 배당체인 스테비오사이드는 무색 결정으로 녹는점은 198~202°C이며 분자 구조상 alcohol기(−OH)가 많아 수소 결합을 통해 공기 중에서 습기를 빨아들이는 물리적 특성을 지니고 있다. 분자식은 $C_{38}H_{60}O_{18}$이며 최종 수분 함량은 공기 중의 습도에 따라 다소 다르다.

15.2 식물에서 추출한 순수 천연 감미료

1971년에 일본 오사카에 있는 Morita Chemical Co., Ltd이 세계 최초로 스테비오사이드를 상품화했으며 설탕의 300배에 이르는 단맛의 감미료가 탄생했다. 스테비오사이드의 당도가 사카린에 버금가고 아스파탐보다 훨씬 강하기 때문에 합성 인공화합물이라는 인상을 주지만 엄연히 스테비아(stevia)라는 식물에서 추출한 순수 천연 감미료다.

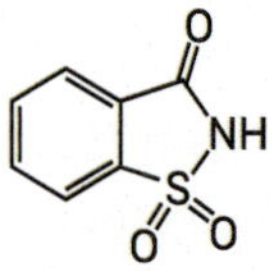

사카린 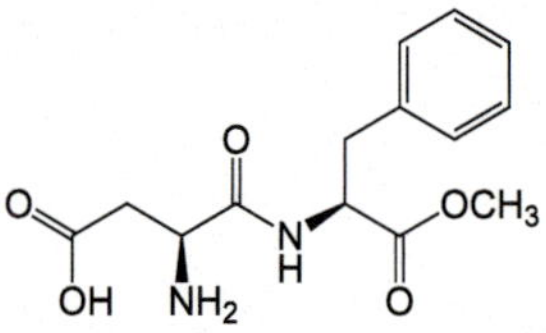 아스파탐

비교적 최근 2007년 6월에 미국의 코카콜라와 세계적인 최대 곡물, 축산의 판매와 운송 사업체인 Cargill이 특허 24건을 신청하며 스테비아를 천연 감미료로 판매한다고 발표하였다.

15.3 배당체로 존재하는 천연 감미료인 스테비오사이드

스테비오사이드는 국화과의 다년생 식물 Stevia의 잎에 함유된 감미 물질로 많은 동족체가 존재하는 배당체 성분이다. 화학적으로 배당체란 당류(糖類)가 고리 모양의 같은 탄소에 −OH, −OR이 붙은 형태인 헤미아세탈(hemiacetal) 구조를 취하며 그 히드록실기가 다른 알코올 혹은 페놀성 화합물의 히드록실기와 결합하는 과정에 물 분자가 떨어져 나가며 축합하여 생긴 화합물을 말한다. 히드록실기를 갖는 천연물이 당과 이런 형태의 글리코사이드 결합(탄수화물의 가장 기본 단위인 하나의 당 분자가 고리 모양의 헤미아세탈 구조를 이룬다. 그리고 히드록실기가 다른 알코올 분자 혹은 별개의 단당 분자와 반응하여 물 분자를 생성 후 떨어지며 축합 반응을 하여 배당체를 생성할 때에 생기는 화합 결합)을 이루어 배당체 형태로 존재하는 것이 많다. 탄수화물의 가장 기본 단위인 하나의 당 분자의 두 분자 이상이 글리코사이드 결합을 한 것은 이당류 기타 다당류이며, 다당류가 다시 다른 비(非)당 성분과 글리코사이드 결합하여 천연으로 배당체로 존재하고 있는 것들이 많다. 그 종류에 따라서 단맛의 정도와 질이 다른데, 당(糖)이 부가된 스테비아 잎에 있는 모든 천연 화합물 중 가장 단맛을 가진 rebaudioside 쪽이 설탕에 가까운 감미를 보인다. cyclodextrin gluconotransferase라는 효소(cyclodextrin gluconotransferase)를 촉매로 반응시켜 다시 당을 부가한 L-glucosylstevioside도 개발되어 있다.

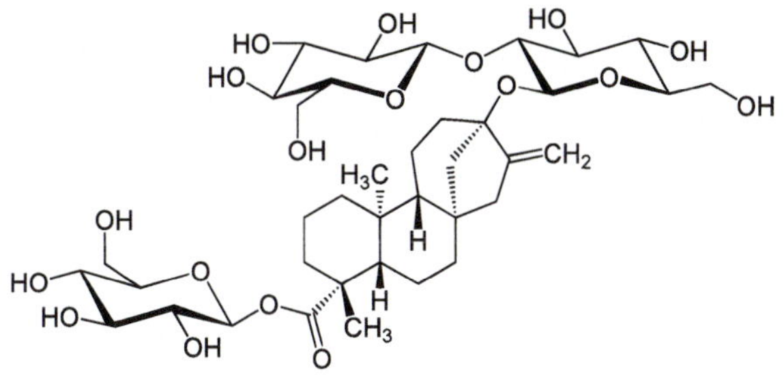

스테비오사이드의 구조식

15.4 만만치 않은 반응 단계들을 거친 스테비오사이드의 전합성

유기합성을 접해보지 못한 학생들에게는 다소 어렵게 느껴질 수도 있는 스테비오사이드의 생합성은 대단히 복잡하고 많은 단계를 거쳐서 이루어진다. 출발물질 acetyl-CoA로부터 6단계를 거치는 Mevalonate pathway, 그리고 pyruvate와 glyceraldehyde-3P (G3P)의 반응으로부터 시작하여 7단계를 거치는 MEP (Methylerythritol 4-phosphate) pathway 또는 non-Mevalonate pathway라고 불리는 두 단계의 반응으로부터 시작한다.

이 두 단계에서 얻어진 물질은 이성질체인 isopentenyl pyrophosphate(IPP)와 dimethylallyl pyrophosphate (DMAPP)이다. 다음 반응은 두 이성질체가 SN1 mechanism으로 머리-꼬리 부가 반응을 하여 geranyl pyrophosphate가 형성되며, 계속해서 같은 방법으로 farnesyl pyrophosphate (FPP), diterpene인 Geranylgeranyl pyrophosphate (GGPP)까지 진행된다. 이후에도 copalyl diphosphate synthase (CDPS) 효소에 의해 Geranylgeranyl pyrophosphate (GGPP)가 고리를 형성한다. 이 형성된 고리 화합물이 (-)-copalyl diphosphate이며 여기서 다시 6단계를 거쳐서 천연 감미료인 스테비오사이드(Stevioside)를 얻을 수 있다(Phytochemistry Volume 68, Issue 14, July 2007, Pages 1855-1863).

스테비오사이드의 전합성 참고문헌은 다음과 같다. Tomoya Ogawa, Michio nazaki, Masanao Matsui. Vol. 36, Issue 18, 1980, p2641-2648.

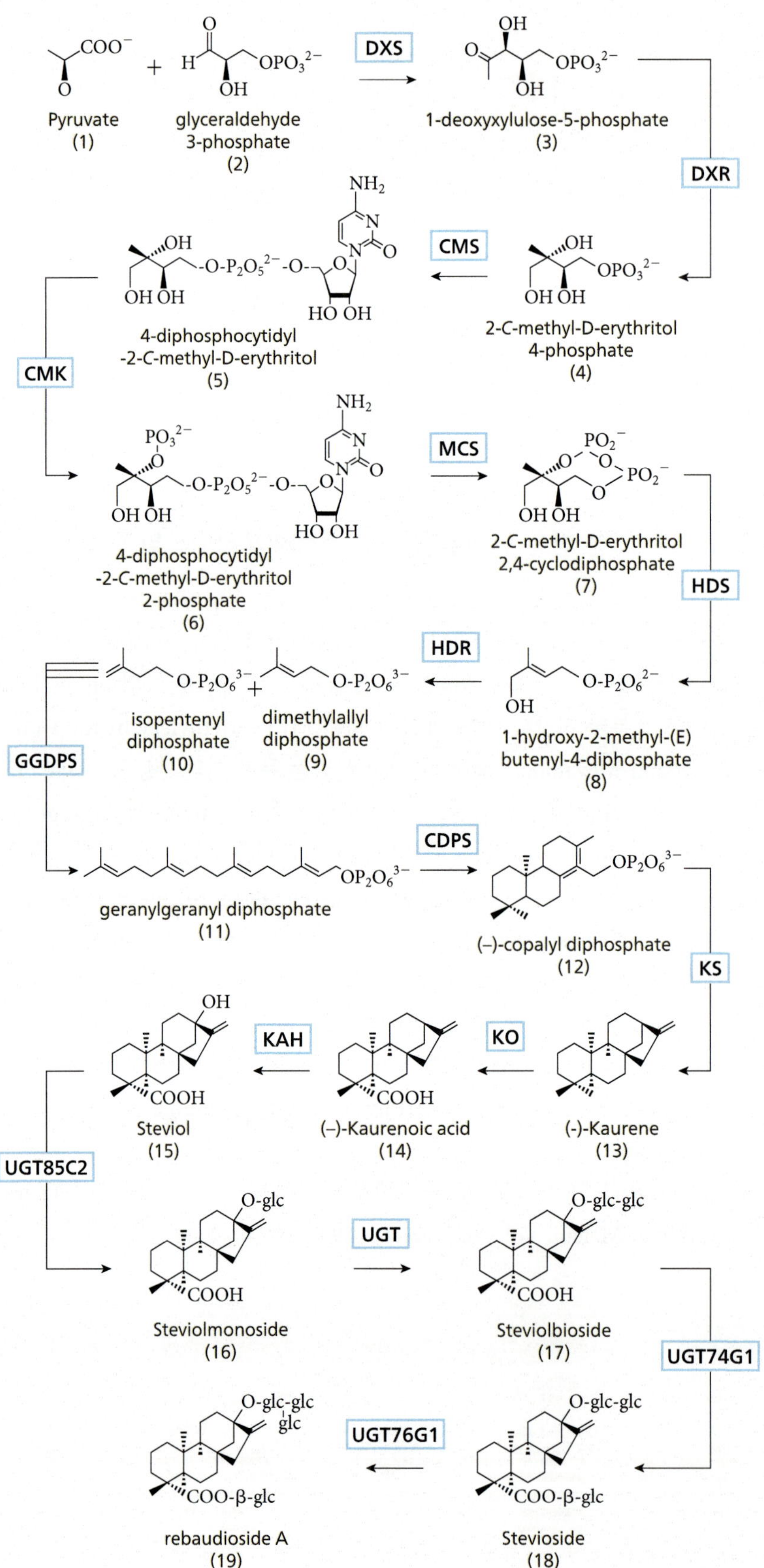
COO⁻
O
Pyruvate
(1)
H
OPO3 2−
OH
glyceraldehyde
3-phosphate
(2)
DXS
OH
O
OPO3 2−
OH
1-deoxyxylulose-5-phosphate
(3)
DXR
NH2
N
N
O
OH
-O-P2O5 2− -O-
O
OH OH
HO OH
4-diphosphocytidyl
-2-C-methyl-D-erythritol
(5)
CMS
OH
OPO3 2−
OH OH
2-C-methyl-D-erythritol
4-phosphate
(4)
CMK
NH2
N
N
O
PO3 2−
O
-O-P2O5 2− -O-
O
OH OH
HO OH
4-diphosphocytidyl
-2-C-methyl-D-erythritol
2-phosphate
(6)
MCS
PO2 −
O
O
PO2 −
O
OH OH
2-C-methyl-D-erythritol
2,4-cyclodiphosphate
(7)
HDS
O-P2O6 3−
+
O-P2O6 3−
isopentenyl
diphosphate
(10)
dimethylallyl
diphosphate
(9)
HDR
O-P2O6 2−
OH
1-hydroxy-2-methyl-(E)
butenyl-4-diphosphate
(8)
GGDPS
OP2O6 3−
geranylgeranyl diphosphate
(11)
CDPS
OP2O6 3−
(–)-copalyl diphosphate
(12)
KS
OH
COOH
Steviol
(15)
KAH
COOH
(–)-Kaurenoic acid
(14)
KO
(-)-Kaurene
(13)
UGT85C2
O-glc
COOH
Steviolmonoside
(16)
UGT
O-glc-glc
COOH
Steviolbioside
(17)
UGT74G1
O-glc-glc
glc
COO-β-glc
rebaudioside A
(19)
UGT76G1
O-glc-glc
COO-β-glc
Stevioside
(18)

각 반응단계에 작용하는 효소의 이름은 다음과 같다.

Deoxyxyulose-5-phosphate synthase (DXS), deoxyxyulose-5-phosphate reductoisomerase (DXR), 4-diphosphocytidyl-2-C-methyl-d-erythritol synthase (CMS), 4-diphosphocytidyl-2-C-methyl-d-erythritol kinase (CMK), 4-diphosphocytidyl-2-C-methyl-d-erythritol 2,4-cyclodiphosphate synthase (MCS), 1-hydroxy-2-methyl-2(E)-butenyl 4-diphosphate synthase (HDS) and 1-hydroxy-2-methyl-2(E)-butenyl 4-diphosphate reductase (HDR), geranylgeranyl diphosphate synthase (GGDPS), copalyl diphosphate synthase (CPS), kaurene synthase (KS), kaurene oxidase (KO), kaurenoic acid 13-hydroxylase (KAH). UDP-glycosyltransferases (UGTs): Uridine 5'-diphospho-glucuronosyltransferases

이와 같이 스테비오사이드가 복잡한 여러 단계를 거쳐서 생합성이 이루어지지만 스테비오사이드의 전합성이 만만하지 않은 반응 단계들을 거친다는 것을 알 수 있다. 전합성(全合成, total synthesis)이란 상업적으로 이용 가능한 단순한 전구물질로부터 복잡한 분자(종종 천연물)를 만드는 완전한 화학합성을 일컫는다.

이러한 복잡한 단계의 생합성을 들여다보면 화학자들의 노력과 집념에 전율마저 인다. 이와 같이 어려운 여러 반응단계를 정확하게 인지하는 것도 중요하겠지만, 이러한 생합성의 과정이 생체 속에서 얼마나 정교하며 특이하게 반응하는지 감탄하게 된다.

15.5 배당체인 스테비오사이드와 레바우디오사이드의 실체

스테비오사이드는 디테르펜(diterpene) 배당체다. 구조상 분자 내의 이소프렌(C_5H_8) 단위체의 수에 따라 분류를 하는데 모노테르펜($C_{10}H_{16}$)은 2개, 세스퀴테르펜($C_{15}H_{24}$)은 3개, 디테르펜($C_{20}H_{32}$)은 4개의 이소프렌 단위체를 각각 가지고 있다.

배당체는 당류의 환원기와 알코올이나 페놀 등 수산기를 가진 유기 화합물이 결합한 화합물을 총칭하며 그 종류에 따라 감미의 질도 다르지만 당(糖)이 부가된 레바우디오사이드(rebaudioside) 계통의 물질이 설탕의 350~450배 정도의 감미를 보인다. 그렇기 때문에 특별히 알려진 α-amylase 계열인 동일 계열에 속하는 세균성 효소인 cyclodextrin gluconotransferase를 사용하여 다시 당을 부가한 물질인 L-glucosylstevioside도 감미료로써 수용성이 좋아 식품이나 table sugar로 사용하거나 첨가할 수 있도록 개발되었다.

세균성 효소인 cyclodextrin gluconotransferase를 사용해 다시 당을 부가하여 스테비아에서 얻는 감미 물질인 stevioside를 stevioglycoside로 변형시키면 맛이 더욱 달콤하며 깨끗하게 순화된다. 이와 같이 발효기법을 변형해서 얻는 레바우디어사이드(rebaudioside) M이나 D는 설탕과 아주 유사해서 그 차이를 감별하기가 매우 어렵다. 이러한 특성 때문에 스테비오사이드는 음료나 젤리 그리고 간장과 절임 등에 폭넓게 사용되며, 설탕과 혼합하여 사용하는 경우에는 풍미 효과가 매우 커 더욱 광범위하게 활용을 할 수 있다. 특히 앞서 많은 활용되는 부분들을 언급했지만 소금 절임 식품에 혼용하면 더욱 효과적이며 물에 잘 녹는 성질을 가지기 때문에 음료에 첨가하거나 table sugar용으로 쓰인다. 달콤한 단맛은 정상적으로 느껴지면서 칼로리가 훨씬 낮아 사용하는 소비자의 거부반응이 적어 다양한 용도로 쓰임이 가능하다. 결론적으로 스테비오사이드 성분 중에서 Reb A는 다소 쓴맛이 있지만, Reb M이나 D는 쓴맛이 거의 없으며 훨씬 순한 맛을 갖고 있다. 육종이나 발효기법으로 변형시켰기 때문에 합성 인공 감미료에 대해 좋지 않은 선입견을 품은 소비자의 선호도도 상당히 높은 편이다.

Quiz

1. 특수한 환경의 스트레스 상황에서 생존을 위해 생성되는 물질은 무엇인가?

2. 예전부터 삶과 생명의 놀랍고 신기로움과 깊은 관계가 있는 이것은 식물이나 미생물 등 자연계에 널리 존재하고 있는 당질이며 오랜 세월 인간이 식품으로 섭취해 온 당질 중 하나이다. 이것은 무엇인가?

NUT EXPLORATION

제 16 장

땅속의 배인 야콘

16.1 야콘의 성분 분석

야콘(yacon)은 남아메리카 안데스 지역에서 땅속의 배 또는 안데스포테이토로 불리며, 돼지감자와 닮은 국화과의 다년생 식물로 볼리비아와 페루가 원산지다. 키는 1.5~3 m까지 성장하며 노란 꽃이 핀다. 땅속에서 한줄기에 200 g 정도의 고구마와 닮은 덩이뿌리가 여러 개 생성되며 식용감자의 하나다.

야콘은 칼슘, 탄수화물, 베타카로틴, 비타민 등 10가지 이상의 필수 영양소를 함유하고 있는 알칼리성 식품으로 소화촉진, 다이어트, 당뇨, 식이요법 등에 효과적이며 무기물 조성을 살펴보면 Ca, Na, Fe, Mg, K 등 알칼리성 원소들이 다른 과일류나 채소류보다 많이 함유되어 있으며, 탄수화물은 fructose, glucose, sucrose, fructooligosaccharide, inulin 등으로 일반 감자나 고구마와는 상당히 다른 양상을 보이고 있다.

안데스 원산의 덩이뿌리 작물인 야생 야콘은 강변, 토사지, 길가에 자생하며 불모지에도 잘 적응하여 군락을 이루고 있다. 현재는 남아메리카 대륙에서 주로 재배되며 미국, 일본, 뉴질랜드에서 연구되고 있으며 우리나라는 강화, 괴산, 상주에서 재배되고 있다.

16.2 야콘의 기능성

안데스포테이토인 야콘 성분에서 fructose를 비롯한 fructooligosaccharide류와 같은 탄

수화물류와 식이섬유들은 최근 들어 많은 관심과 연구의 대상이 되고 있는데 이들의 기능성을 살펴보면, 첫째, 야콘에 함유된 fructose나 자연발생적인 다당류의 그룹인 이눌린(inulin)과 과당중합체인 fructooligosaccharide은 중요한 기능성 천연 감미재료 성분으로 활용할 수 있다. Fructose는 주요 감미원인 sucrose(설탕)에 비해 1.5~2.0배 정도 당도가 더 높고 sucrose(설탕)보다 장내 흡수 속도가 느리며, fructooligosaccharide은 인체 내에서 흡수 및 소화 분해되지 않기 때문에 동맥경화, 비만증, 당뇨병 등에 매우 효과적인 천연 감미원이 될 수 있다.

Sucrose

Invertase / Inulinase

Wjole calls of Microbacterium paraoxydans

1-Keslose

Nystose

또한 fructose는 sucrose(설탕)보다 용해도가 커 식품공업 특히 제과와 제빵 산업에서 달콤한 감미료로 널리 사용되고 있는 매우 유용하고 안정한 sucrose (설탕)의 대용 감미재료로 활용될 수 있다. 둘째, fructooligosaccharide는 충치발생균인 streptococcus mutans (스트렙토코쿠스 무탄스, 입속에 있는 충치형성에 관련되는 균종인 충치균)가 이용할 수 없기에 기존의 감미료인 sucrose와 같은 당류를 발효시켜 산을 생성시켜 세균충치 발생을 효과적으로 억제할 수 있다.

셋째, 야콘에 함유된 알카리성 식이섬유와 과당 중합체인 fructooligosaccharide은 체내에서 소화되지 않아 에너지원으로 이용할 수 없는 저칼로리성 탄소화물 성분으로 동맥

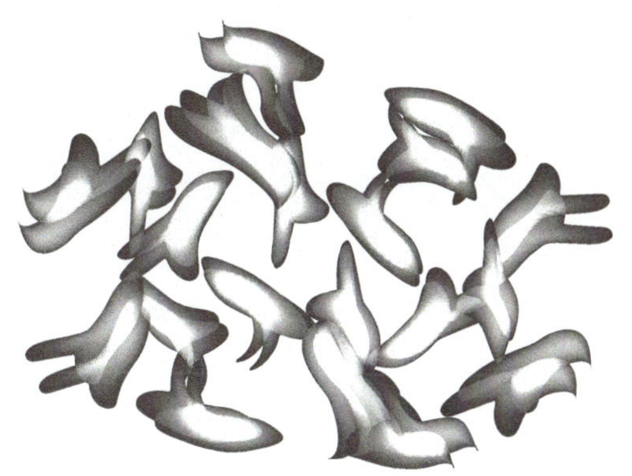

Bifidobacterium bifidum

경화, 당뇨병, 비만증 등의 식이요법 재료로 활용할 수 있다. 넷째, 인체의 장내에서 *E. coli*(대장균, *Escherichia coli*)나 *Clostridium perfrigens*(클로스트리듐 페르프린젠스, 클로스트리듐속의 혐기성 포자 내열성 고온균으로 대표적인 독소형 식중독균) 같은 부패균 및 식중독균에는 이용되지 못하는 반면에 장내 혐기성 유산균으로 유용 세균인 *Bifidobacterium sp.*(젖산균)에는 잘 이용되므로 장내 세균군을 개선시키고 장을 깨끗하고 튼튼하게 할 수 있는 정장작용 기능을 한다.

다섯째, fructooligosaccharide는 혈청 cholesterol의 저하로 동맥경화 예방 효과와 장내 유용한 유산균인 *Bifidobacterium sp.* (젖산균)의 증가로 인한 장 활성화로 변비 예방효과 등에 탁월한 기능을 발휘한다. 야콘을 먹고 난 후의 반응은 개인에 따라 약간의 차이가 있겠지만 야콘을 1~2개(100~200 g) 정도 먹고 나면 배가 부글부글 끓을 정도로 평소보다 가스가 많이 생성한다. 며칠을 계속 먹게 되면 변을 시원하게 보게 되고 변비가 치료된다.

16.3 약용 식물로서의 가치

야콘은 과당중합체인 이눌린(inulin)이 다량 함유되어 있어 당뇨병 환자의 혈당치 저하에 효과가 있으며 야콘의 감미성분은 물에 잘 녹아 자당(sucrose)과 비슷한 상쾌한 감미와 물성을 갖는 프락토올리고당(fructooligosaccharide)이 주성분이며 천연 프락토올리고당(fructooligosaccharide)은 건강을 유지 증진하는 작용이 있어 기능성 식품의 소재로서 널리 사용되고 있다.

일반적으로 단맛을 지닌 물질을 당(sugar)이라 하며 당의 개수에 따라 단당류, 이당류, 올리고당류, 다당류로 분류하며 단당류에는 포도당, 과당, 갈락토스가 있다. 이당류는 단당류가 2개 결합된 것으로 맥아당(포도당 2분자, maltose), 자당(설탕, 포도당과 과당, sucrose), 유당(젖당, 포도당과 갈락토스, lactose)이 있다.

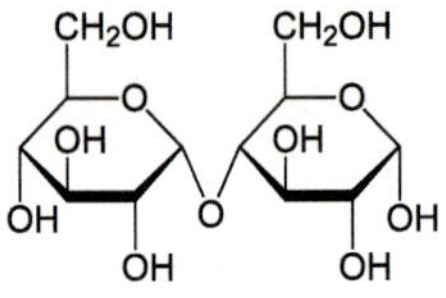

α-maltose　β-maltose 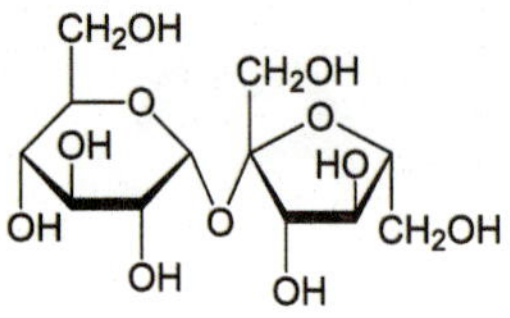　sucrose 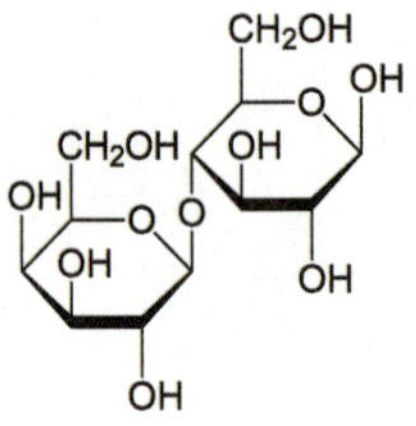　lactose

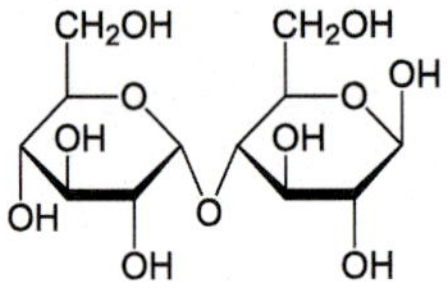

올리고당은 단당류가 3~10개 정도 결합되어 있는 것으로 라피노즈(raffinose)와 스타키오스(stachyose)가 있으며 녹말(starch)이나 셀룰로스(cellulose)는 다당류다. 이당류는 수크로스(sucrose)처럼 뛰어난 감미를 가지고 있으며 장내의 비피더스균(*Bifidobacterium sp.*, 젖산균)을 증가시켜 유해균을 감소시키고 비피더스균(*Bifidobacterium sp.*, 젖산균)의 증가에 의해 변비치료에 효과가 있다. 야콘의 다이어트 식품으로서의 가치는 알카리성 식이섬유의 함량이 높아 실질적인 열량이 54 kcal로 밖에 되지 않는 저열량으로 혈액 내 콜레스테롤 등을 저하시켜 비만증에 효과가 있는 것으로 알려지고 있다. 야콘이 다이어트 식품으로서의 가치가 매우 큰 것은 익히거나 굽지 않고 생식할 수 있는 점에 있다.

16.4 야콘은 저칼로리 천연감미료

야콘은 초롱꽃목 국화과의 다년생 식물이며 야콘의 학명은 *Polymnia sonchifolia*이다. 야콘은 대장 내 비피더스균 증식 촉진 작용, 미네랄 흡수 촉진 작용, 변비, 당뇨병, 노화방지, 비만증, 동맥경화, 고지혈증, 혈당치 억제, 결장암 예방 효과, 저칼로리 천연감미료로 충치를 예방하는 데 도움을 준다. 야콘을 생식하면 배와 같이 아삭아삭 씹히며 달콤한 맛이 있고 수분이 많으며 실제 배 맛처럼 시원함을 느낄 수 있다. 야콘은 열을 가하여 요리하면 연꽃의 땅속줄기인 연근과 같은 맛이 나며 당도가 꽤 높아 가정용 식재료로 인기가 높은 재배 식물이다.

야콘은 남아메리카 지역을 중심으로 자생 분포하며 최근에는 뉴질랜드, 일본, 우리나라 일부 지역 등 여러 지역에서 재배하고 있는 식물이다. 달콤한 맛을 야기하는 주된 성분은 프락토, 올리고당, 이눌린, 폴리페놀 등이며 알칼리성 식이섬유 등도 많이 들어 있어 샐러드 등에 넣어 생식으로 먹고 삶거나 구워먹어도 좋으며, 새로 나온 연한 잎은 샐러드용으로 이용하고, 우리거나 달여 식용차로도 이용하기도 한다. 야콘을 이용한 다양한 식품이 출품되고 있으며 대표적인 식품으로는 야콘국수, 야콘냉면, 야콘호떡, 야콘즙, 야콘가루 등이 있다.

16.5 프락토올리고당을 대량으로 함유한 야콘

야콘은 장내 세균의 균형을 조정하고 콜레스테롤을 저하시키는 저칼로리 식품이다. 야콘의 최대 특징은 1~3개의 과당(프락토스)이 결합한 올리고당의 일종인 프락토올리고당

(fructooligosaccharide, FOS)의 함유량이 놀랄 만큼 많다(건조물에서 67%). 또 돼지감자와 같이 체내에 산화 분해되는 일 없는 과당중합체(fructan) 계통의 천연 다당류인 이눌린이 함유되어 있다.

감자와 고구마처럼 많은 전분을 함유하고 있지 않기에 저칼로리식품이기도 하다. 프락토올리고당(fructooligosaccharide, FOS)은 야콘 이외에 마늘, 우엉, 아스파라거스 등 야채류에 함유되어 있으며, 거의 대부분이 줄기에 목재를 형성하지 않는 식물인 초본식물(herbaceous plants)로부터 만든 설탕(sucrose, 자당, 서당)은 단맛이 나는 식물의 액즙의 수분을 증발시켜 농축시킨 천연 감미료다. 초본식물(herbaceous plant)로부터 만든 설탕인 서당(薯糖)에 프럭토실전달효소[fructosyltransferase, 프럭토실기를 여러 기질, 일반적으로는 수크로스(sucrose)에 전달하는 반응을 촉매함]를 정촉매로 반응시켜 공업적으로 생산되고 있다.

프락토올리고당은 대장의 비피더스균에 의해 발효되어 이들 균의 증식을 활성화하여 대장을 자극하고 활성화시켜 변비를 예방하는 등 장 기능을 개선하며 혈당치의 억제와 고지혈증의 개선 등의 효과가 있다. 그래서 충치 걱정이 없으며 비만이나 동맥경화의 예방에 연계되는 저칼로리 감미료인 천연 감미료로 널리 식용되고 있다.

16.6 야콘 시럽

야콘 시럽은 페루와 볼리비아의 다습한 산림지역으로부터 안데스산맥의 다습한 경사지에 생육되고 있는 토착된 야콘의 덩이뿌리에서 추출한 액즙으로 천연감미제이다. 야콘 시럽에는 2~5개의 과당(프락토스, fructose)이 결합한 올리고당의 일종인 프락토올리고당이 최대 50% 함유하며 약 35%의 유리된 과당이 포함되어 있다.

덩이뿌리에 있는 FOS와 유리된 과당 그리고 설탕(sucrose)의 비율은 성장하는 기술, 수확시간 및 저장 조건에 달려 있으며, 공식적인 작물 및 식품 연구로 야콘에서 FOS (프락토올리고당, fructooligosaccharide) 농도를 극대화시키고 있다. 일반적으로 시중에 판매되고 있는 야콘 농축 시럽의 혈당지수(GI, glycemic index) 값이 40±4이며, 낮은 GI(음식을 섭취한 뒤 혈당이 상승하는 속도를 0~100으로 나타낸 수치) 식품으로 분류된다. 일반적으로 메이플 시럽(maple syrup)을 만드는 데 사용되는 것과 같이 끓여서 수분을 없애고 당도를 높여 시럽을 만든다. 비만 전 폐경 여성에게 야콘 시럽의 일일 섭취량을 꾸준히 섭취시켰을 때 체중, 허리둘레 및 체질량 지수의 현저한 감소를 나타났다.

16.7 야콘의 식이섬유인 이눌린

야콘은 본래 잘 알려지지 않은 채소이나 웰빙 붐 덕에 많은 사람들에게 전격적으로 알려지게 되었는데, 돼지감자(뚱딴지), 마 등에 들어 있는 천연 저장 탄수화물이며 식이섬유 중 하나인 이눌린(inuline)이 고구마보다 풍부하다. 수확 후 실온에서 오래 시간과 더불어 완전히 성숙하면 이눌린(inuline)이 과당(fructose)으로 바뀌면서 더 달아진다.

하지만 영양성분 특성상 맛있다고 많이 먹으면 동네 소독을 위해 움직이는 소독차가 차 뒤꽁무니에서 하얀 연기를 잔뜩 뿜으며 두두두 소리를 내며 동네를 누비듯 여러분 항문으로부터 가스가 방출된다. 올리고당의 일종인 프룩토올리고사카라이드(fructooligo-saccharide)가 들어 있어 달콤한 맛이 가득함에도 불구하고 혈당 조절에 좋아 당뇨가 있거나 당뇨병 환자들에게 좋은 식재료이며 폴리페놀도 풍부해 동맥경화에도 좋다. 다만 프룩토스(fructose)도 약 35% 정도가 포함되어 있어 모든 음식이 그렇듯 달콤하다고 맹신해 마구 섭취해서는 안 된다. 야콘에는 폴리페놀의 일종인 카테킨(catechin), 식물에서 자연적으로 만들어지는 유기화합물로 피토케미컬(phytochemical)인 테르펜(terpene), 식물이나 균류의 이차대사산물인 플라보노이드(flavonoid), 비타민 A, B_1, B_2, C, 칼슘, 칼륨이 다량으로 포함되어 있다.

다이어트 효과와 더불어 피부를 아름답게 가꾸어 주는 효과가 있으며 덩이뿌리도 그렇지만 특히 야콘 잎을 먹으면 변비 증세에 단순히 효능의 뛰어남을 넘어서 엄청난 위력을 발휘한다. 여기서 야콘에 관련된 하나의 에피소드는 '야콘'과 '약혼'이 발음이 같아 생긴 재미있는 이야기다.

씨름 황제로 이름이 널리 알려진 강호동이 주인공인 1박 2일이라는 예능 프로그램에서 꽤 나이든 어르신들이 2인1조로 편성된 스피드 퀴즈 게임에서 야콘이 뭔지를 모르던 같은 조의 어르신에게 단어를 설명하는 어르신이 약혼에 대해 설명해 야콘을 맞췄다는 일화이다. 물론 단어를 설명하는 어르신의 특이한 꼼수인지라 당연히 진행자로부터 부정으로 제지를 당했으며 '야콘'과 '약혼'이 발음이 같아 생긴 재미있는 이야기다.

16.8 건강에 이로운 5대 천연 감미료

천연 감미료 중 가장 건강에 이로운 5가지 천연 감미료는 야콘, 자일리톨(xylitol, 추잉껌 · 제과 · 의약품 · 구강위생제 등에 사용되는 당알코올계 감미료), 스테비아(stevia, 국화과 식물로 잎과 줄기에 단맛을 내는 '스테비오사이드' 성분이 있음), 에리트리톨(erythritol, 감미도가 설탕의 70~80% 정도이며 청량한 감미를 가지고 있는 감미료), 나한과(monk fruit, 과당과 포도당 등을 포함하는 천연 당류 성분이 든 중국의 유명한 약재 중 하나이며 불로장생의 약, 신비의 과일이라고 부름)다.

앞서 많이 언급했지만 야콘 시럽은 독특한 천연감미료인데 남미 안데스산맥에서 자생하는 식물 야콘에서 얻는다. 야콘 천연감미료는 체중 감량 보충제로 인기를 많이 얻고 있으며 프럭토올리고당(fructooligosaccharide)이 많이 들어 있어 장에서 유익균(bifidobacterium)의 먹이가 된다. 변비를 예방하고 체중 감량에도 유익하다. 자일리톨은 설탕과 비슷한 단맛을 내는 당알코올이며 충치 발생 위험을 낮추는 등 치아와 소화기 건강을 돕고 동물연구에선 골밀도를 높이고 골다공증 위험을 낮추는 것으로도 나타났다. 자일리톨의 가장 큰 장점은 혈당이나 인슐린 수치를 높이지 않는 것이다. 스테비아도 가장 인기 있는 저열량 천연감미료다. 스테비아는 스테비아의 잎을 사용하기 위해 남미에서 수 세기 동안 달콤한 맛과 약재용을 위해 재배됐다. 스테비아 잎엔 스테비오사이드[stevioside, 스테비올 배당체(steviol glycosides)로 스테비아의 잎에 들어 있는 단맛이 나는 감미료] 등 달콤한 화합물이 들어 있다. 스테비아는 열량이 거의 없으며 설탕보다 수백 배 더 달다. 당뇨병 환자의 혈당 수치를 낮추는 것으로 나타났다. 많은 건강에 대한 장점과 이로운 점이 있으나 스테비아의 달콤한 맛을 싫어하는 사람도 많다는 것이 가장 큰 약점이다.

에리트리톨(erythritol)은 과일 및 발효식품에 함유되어 있는 천연의 당알코올이며 포도당을 발효해서 만들며 저열량 감미료다. 단맛은 설탕의 70% 정도이며 뒷맛이 약간 남는다. 에리트리톨은 혈관 기능을 개선하고 산화 스트레스로 인한 손상을 억제하며 매우 안전하지만 고용량으로 많이 섭취할 경우 소화 문제를 일으킬 수 있다. 나한과(monk fruit)는 동남아시아가 원산지인 과일이다. 나한과 추출물(액즙)은 천연 감미료를 만드는 데 사용된다. 열량과 탄수화물이 없어 혈당 관리를 도와주며 항염 · 항암 성분도 함유하고 있다.

16.9 야콘 고르기와 보관

야콘은 금방 캤을 때는 단맛이 거의 없으며, 약 2주간 실온에서 완전히 성숙시키면 단맛이 강해지나 영양은 금방 캤을 때가 가장 풍부하다. 따라서 되도록 성숙이 덜 진행된 신선한 제품을 구입해 조리 시에는 영양 성분이 풍부한 생 야콘을 이용하고, 간식으로 먹을 때는 달콤한 맛이 강화된 완전히 성숙한 야콘을 먹는 것이 좋다. 그리고 야콘 껍질은 자줏빛이 나고 생 과육은 연한 노란색을 띠는 것이 당도가 높은 것이고 원만한 타원형에 표면은 미끈하며 알이 통통하고 상처가 없는 야콘이 좋다.

생 야콘은 수분 함량이 높아 장시간 보관 시 수분을 유지하는 것이 매우 중요하다. 깨끗한 흐르는 물로 세척 후 물기를 제거한 후 랩으로 싸서 냉장 보관하거나 깨끗한 신문지로 싼 후 바람이 잘 통하는 곳에 보관하는 것을 권장하며, 많은 양을 장시간 보관할 경우 시원하고 바람이 잘 통하는 장소에서 흙에 묻어두거나 마른 모래로 덮어 저장한다. 야콘은 인체 내 신진대사(metabolism, 생물체 내에서 일어나는 물질의 분해와 합성과 같은 모든 물질적 변화)와 생체의 기능을 증진시키거나 혹은 억제시키는 생리활성을 증진시킬 수 있는 영양소들과 산화 작용을 막기 위한 항산화 효과를 나타내는 물질을 다소 함유하고 있어 향후 야콘의 기능성 식품으로서의 이용가치가 한층 더 높아질 것으로 기대한다.

Quiz

1. 볼리비아와 페루가 원산지이며 안데스 지역에서 땅 속의 배 또는 안데스포테이토로 불리며 돼지감자와 닮은 국화과의 다년생 식물은 무엇인가?

2. 본래 잘 알려지지 않은 채소이나 웰빙 붐 덕에 전격적으로 알려지게 되었으며 수확 후 성숙되면 이것이 가지고 있는 이눌린(inuline)이 과당으로 바뀌면서 더 달아진다. 이것은 무엇인가?

NUT EXPLORATION

제 17 장

무열량 고감미 인공 감미료인 수크랄로스

수크랄로스(sucralose)는 무엇이며, 우리에게 진짜 해로운가? 수크랄로스는 염소 처리된 수크로스 파생상품으로 칼로리가 없어 설탕 대용품으로 쓰인다. 수크랄로스는 스플렌다 외에도 껌, 사탕, 단백질 바, 아이스크림, 아이스팝, 다이어트 탄산음료, 아이스차, 요거트 등 수많은 음식과 음료에 사용된다. 그러나 최근 연구에 의하면 수크랄로스를 섭취하는 것은 당뇨병을 일으킬 가능성이 있으며 가열 시 독성 및 발암성 화합물을 생성하는 등의 여러 가지 부작용을 일으킬 수 있다고 한다. 원래 수크랄로스는 새로운 살충제 화합물 개발을 통해 발견되었으며 사람들은 그 물질이 실제로 독성이 있다는 것을 전혀 알지 못했다. 수크랄로스는 '설탕 프리'와 '설탕 없는' 제품에 쓰이는 인공 감미료이며 살을 빼는 데 도움을 줄 수 있는 무칼로리 감미료로 판매되고 있으나, 연구 결과 이것이 사실이 아니라고 밝혀졌다.

17.1 살충제 개발과정에서 발견된 수크랄로스

화학식은 $C_{12}H_{19}Cl_3O_8$이며 흰색 또는 엷은 회백색의 결정성 가루로 냄새는 없으나 강한 단맛을 가진 무열량 고감미 인공 감미료이다. 유럽연합에서는 E955로 알려진 물질이다.

수크로스(설탕)를 염소화하여 생산되며 설탕보다 320~1000배 달고 아세설팜류(類)보다 2~3배 달며 열량은 없다. 열(熱)에 안정하고 광범위한 pH에서 안정하기 때문에 빵이나 유통기한이 길어야 하는 제품에 사용된다. 다른 저 칼로리 감미료에 보다 맛과 안정성이 더 좋다. 상품명은 Splenda, Zerocal, Sukrana, SucraPlus, Candys, Cukren, Nevella 등으로 출시된다.

물이나 메탄올, 에탄올 등에 잘 녹으며 아세트산에틸에는 잘 녹지 않지만 저온의 물에서는 잘 녹는다. 합성 인공 감미료로 수크랄로스는 설탕보다 600배 정도의 단맛을 가진 열량이 없는 감미료이므로 견과류와 껌, 잼류와 음료류, 가공유류 및 발효유류 그리고 설탕 대체식품과 영양보충용 식품 등에 사용된다. 수크랄로스는 충치를 유발하지 않고 칼로리가 없으며 인슐린 수치에 영향을 주지 않는다. 그래서 비만과 당뇨병 환자 여부에 상관없이 사탕과 아침 대용식 바 그리고 음료수와 과일 통조림 등에 널리 사용되며 분자량은 적으나 칼로리가 높은 옥수수 시럽을 대체하는 용도로 사용된다.

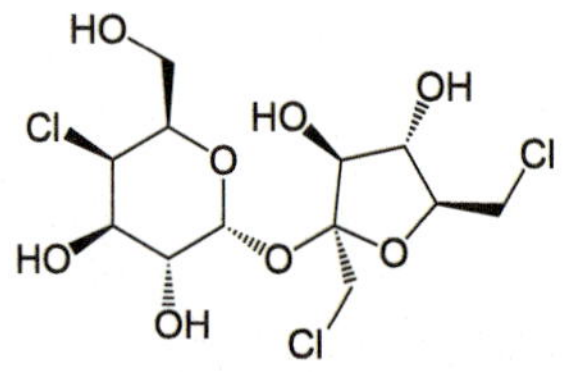

수크랄로스의 구조

또한 설탕으로부터 합성되므로 설탕과 유사한 감미를 가지고 있으며 단맛의 발현이 빠르고 단맛의 지속시간은 설탕과 유사하다. 그리고 다른 당류 또는 비(非) 당류 감미료와 혼용하면 다른 감미료의 단점을 보완하면서 단맛을 증가시킨다. 하루 허용섭취량(ADI acceptable daily intake)은 0.0~15.0 mg/kg 정도다. ADI는 평생 매일 먹는다고 하더라도 유해한 작용을 일으키지 않는 범위의 허용량을 말한다.

17.2 설탕을 출발물질로 합성된 수크랄로스

인공 감미료인 수크랄로스를 합성하는 방법은 다양하다. 여기에서는 설탕(sucrose)을 출발물질로 하여 3단계를 거쳐 이루어진 수크랄로스의 합성을 제시한다(J Biosci Bioeng. 2017 May;123(5):576-580). 먼저 Bacillus amyloliquefaciens WZSO1을 분리한 후 확

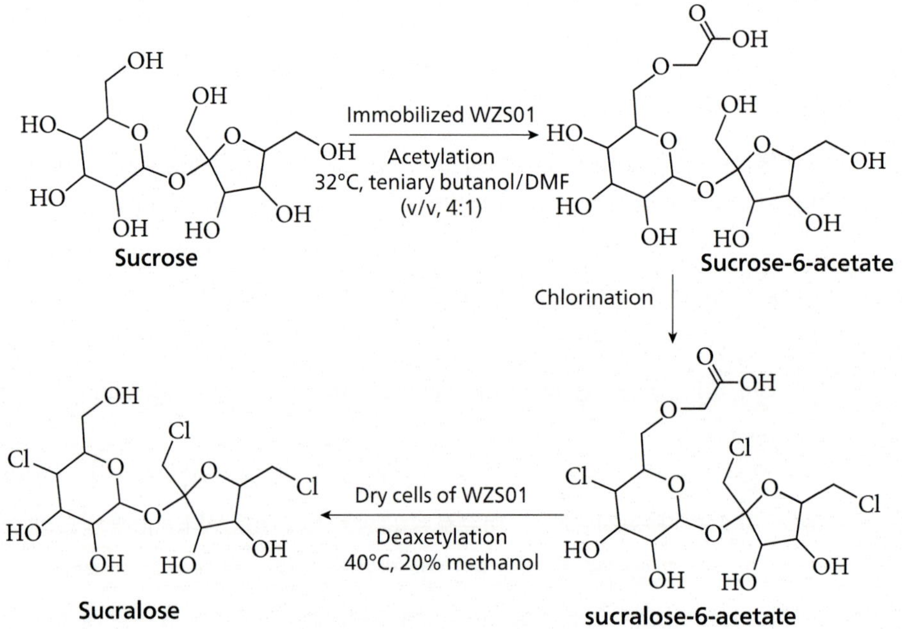

Sucrose → Immobilized WZS01, Acetylation, 32°C, teniary butanol/DMF (v/v, 4:1) → Sucrose-6-acetate

Sucrose-6-acetate → Chlorination → sucralose-6-acetate

sucralose-6-acetate → Dry cells of WZS01, Deaxetylation, 40°C, 20% methanol → Sucralose

인하였다. 효소 Bacillus amyloliquefaciens WZSO1을 이용하여 acetylation 시켜서 sucrose-6-acetate를 합성한다. Sucrose-6-acetate는 sucralose-6-acetate 합성의 가장 중요한 중간체이다. 이 단계에서 반응조건은 대단히 복잡하다. 수크랄로스의 합성은 다음과 같다. Sucrose-6-acetate를 chlorination시켜 sucralose-6-acetate를 합성한다. 합성된 sucralose-6-acetate에서 6-acetyl group을 제거(deacetylation)하여 인공 감미료인 수크랄로스를 합성한다. 이 단계에서도 다양한 반응조건을 적용할 수 있지만 여기서는 효소를 사용하여 합성하였다.

17.3 제로 칼로리라고 기재된 음료수에 함유된 수크랄로스

앞서 언급했듯이 영국에서 개발된 수크랄로스는 설탕보다 분자량이 약간 많지만 약 600배 정도의 높은 감미도를 갖는 고감미 무칼로리 감미료이면서 높은 안정성을 갖고 있다. 비교적 빨리 단맛을 느낄 수 있으며, 단맛의 지속시간 역시 설탕과 유사하고 특히 분자 구조상 −OH기를 많이 가지고 있어 낮은 온도의 물에서도 매우 잘 용해된다.

저온(低溫)의 물에서도 매우 잘 녹기 때문에 우리나라 희석식 소주에 수크랄로스를 포함하여 여러 가지 감미료를 많이 넣는 추세다. 설탕보다 소량을 첨가해도 단맛이 나고 칼로리가 없다는 특징 때문에 제로 칼로리라고 기재된 음료수에 많이 들어간다. 칼로리가 없는 감미료는 입안에서 단맛을 느끼게 한 후 목으로 넘어간 다음 체내에 흡수가 되지 않은 채 밖으로 배출된다. 즉, 장에서 흡수되지 않은 채 배출된다는 것인데 이 부분에 대해서는 아직도 의견이 분분하다.

우리나라에서 과자(1.8 g/kg 이하), 추잉 껌(2.6 g/kg 이하), 잼류(0.4 g/kg 이하) 등의 식품에 수크랄로스를 많이 사용하고 있다. 자연에서 추출된 천연 감미료도 많이 먹으면 인체에 문제가 발생하기에 합성 인공 감미료 역시 매일 섭취한다는 가정 아래 인체에 해를 끼치지 않을 정도로 식품 첨가량을 제한하고 있다.

Quiz

1. 설탕보다 600배 정도의 단맛을 가진 열량이 없으며 설탕 대체식품과 영양보충용 식품 등에 사용되는 합성 인공 감미료는 무엇인가?

2. 저온의 물에서도 잘 녹으며 희석식 소주에 감미료로 들어가며 칼로리가 없어 '제로 칼로리'라고 기재된 음료수에 들어가는 합성 인공 감미료는 무엇인가?

NUT EXPLORATION

제 18 장

산성 아미노산인 글루탐산

무엇을 어떻게 먹을 것인가? 많은 물질 중에 글루탐산(glutamic acid)을 감칠맛으로 느끼는 이유는 무엇일까? 우리는 생명과 관련된 세분화되고 전문화된 소중한 현상에 대해서 얼마나 알고 있는가? 실제 자연계에 존재하는 주요 신호전달 물질 중의 하나인 글루탐산의 역할과 기능은 정말 다양하고 많다. 생명 현상 중에 글루탐산만큼 매력적인 분자도 없으며 글루탐산과 연결되지 않는 대사과정이 거의 드물다. 가장 평범하면서 비범한 산성 아미노산인 글루탐산을 통해 식품과 생명현상의 소중한 것들을 탐험해 보자.

18.1 흥분성 산성 아미노산인 글루탐산

글루탐산은 감초의 뿌리에 존재하는 감미 성분으로 당도(糖度)는 설탕의 약 50배인 흰색 결정형 고체이며 분자식은 $C_5H_9NO_4$이다. 분자량은 147이며 단백질을 구성하는 20가지의 아미노산 중의 하나로 산성 α-아미노산에 속한다. 흥분성 산성 아미노산인 글루탐산은 L-형태로 자연 발생하는 비(非) 필수아미노산이므로 체내에서 합성할 수 있고 중추신경계에서 가장 흔한 흥분성 신경 전달 물질이다. 지구상의 모든 생명체의 단백질 합성 시 사용되며 또한 신경흥분을 억제하는 GABA(gamma-aminobutyric acid)를 합성하는 전구물질이기도 하다.

우리 뇌에는 수많은 신경전달물질과 신경조절물질이 존재한다. 신경전달물질(neurotransmitter)은 대부분 화학물질인데 이는 인접한 신경세포들 사이에 빠른 소통과 정보 교환을 일으키는 기능을 담당한다. 이와는 대조적으로 신경조절물질은 신경 전달 물질보다 좀 더 느리게 활동하며 자신들의 영향력을 더 멀리 위치한 뇌 영역에까지 미치게 하는 화학물질을 말한다. 글루탐산염과 GABA(gamma-amino butyric acid)가 가장 널리 퍼져 있는 신경전달물질이다.

글루탐산을 염기로 중화 · 정제하여 얻은 글루타민산염은 대체로 자극적인 신호를 중재하는 역할을 하고, GABA는 뉴런 사이의 억제하는 신호를 중재한다. 이 두 가지 신경전달물질은 서로 협력해서 작용하며, 그 둘 사이의 균형은 뇌의 건강과 적절한 정보처리에 있어 매우 중요하다. 이 균형이 깨지면 신경쇠약과 심한 두통과 구토 증상 그리고 어지럼증을 동반하는 뇌졸중을 일으키는 원인으로 작용할 수 있다.

식물 단백질 속에 함유된 글루탐산은 밀의 글루텐의 가수분해물에서 처음 발견되었으며 단백질을 구성하는 아미노산으로서는 가장 다량으로 존재하는 것 중의 하나이다. 특히, 밀의 글리아딘에는 글루탐산이 43.7% 함유되어 있다.

소맥 단백질의 주성분인 글루텐은 보리, 밀 등의 곡류에 존재하는 불용성 식물성 단순단백질이어서 당과 지질까지 함유된 성분을 말하며 이 글루텐의 함량이 밀가루의 종류를 결정한다. 밀가루에 소량의 물을 가해 반죽하여 덩어리를 만든 후 이것을 다량의 물속에서 주무르면 물속에 녹말의 미립자가 분산되는 현상인 현탁이 제거되고 점착성이 있는 덩어리만이 남는데 이 성분이 글루텐이다. 글루텐을 50~70%의 에틸알코올(ethyl alcohol)에 용해시켜 녹는 성분은 글리아딘(gliadin)이고 녹지 않는 성분은 글루테닌(glutenin)이라고 한다.

18.2 바다의 채소인 다시마의 맛 성분

바다의 채소인 다시마의 맛내기 성분의 본체가 L-글루탐산인 것을 발견하고 염기에 의해 중화 정제된 모노 L-글루탐산나트륨 염을 조미료로 개발하였다. 육류와 어류 그리고 채소 등에도 천연 상태로 존재하고 있으며, 유제품과 식품에 함유된 천연 상태의 글루탐산이라고 하면 대부분 L형을 가리킨다.

다음은 글루탐산과 모노나트륨 글루탐산염의 구조식이다.

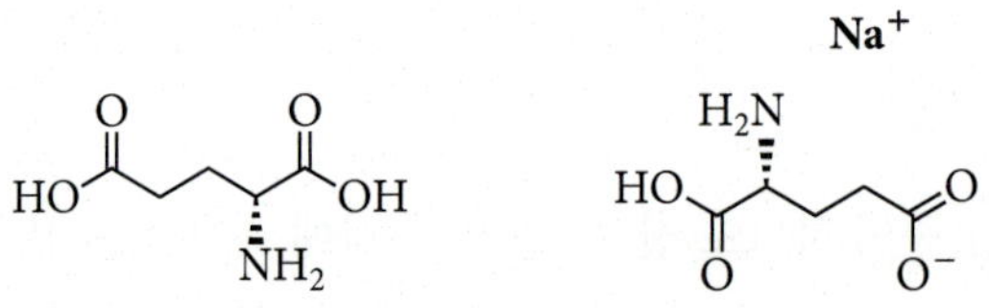

글루탐산의 구조

L-글루탐산 나트륨의 구조

글루탐산을 α-아미노 글루탐산이라고 하며 비(非) 필수아미노산의 일종이다. 1908년 일본의 '이케다 기쿠나에(池田菊苗)'에 의하여 다시마의 맛 성분이 L-글루탐산임이 밝혀졌으며 이로부터 인공 조미료인 글루탐산나트륨을 주성분으로 한 조미료인 아지노모토가 개발되었다.

18.3 자연계에 존재하는 신경전달 물질 글루탐산의 화학적 합성과 생화학적 합성

▶ 18.3.1 화학적 합성

요리할 때 즐겨 사용되는 글루탐산이라는 아미노산의 실체를 탐구해 보기로 하자. 글루탐산의 합성법은 다양하다. β-포르밀 프로피온산을 출발물질로 하는 아미노산의 합성, 아크릴산 에스테르 또는 아크롤레인과 아세트아미도 말론산 에스테르 등과의 축합 반응, 2-케토글루타르산의 환원적 아미노화 반응, β-프로피오 락톤과 아세트아미도 말론산 에스테르 화의 축합 반응 등의 합성법들이 있다.

생화학적으로는 콩이나 밀 등의 가수분해 또는 미생물을 이용하는 발효법으로 합성되어 왔으나 지금은 석유화학 공업에서 다량으로 공급되는 아크릴로 나이트릴(acrylonitrile)을 원료로 하여 합성한다.

▶ 18.3.2 생화학적 합성

글루탐산은 생체 내에서는 암모니아로부터 생성되는 아미노산으로, 동물 또는 일부 미생물에서는 α-케토 글루타르산으로부터 글루탐산 탈수소효소에 의하여 생성된다. 식물 또는 대부분의 미생물은 α-케토 글루타르산으로부터 글루탐산 합성 효소에 의하여 생성된다. 또한 글루탐산은 아미노기 전이 반응계의 매체로서 일반 아미노산의 동화와 이화에 중요하다. 외부에서 섭취한 에너지원을 필요한 성분으로 변화시키는 일인 동화(assimilation and anabolism)는 외부로부터 받아들인 저분자 유기물이나 무기물을 이용하여 자신에게 필요한 고분자 화합물을 합성하는 작용을 말한다. 생물의 조직 내에 들어온 물질을 분해하여 에너지원으로 사용하는 일인 이화(catabolism)는 생물이 체내에서 고분자 유기물을 더 간단한 저분자 유기물이나 무기물로 분해하는 과정을 말한다.

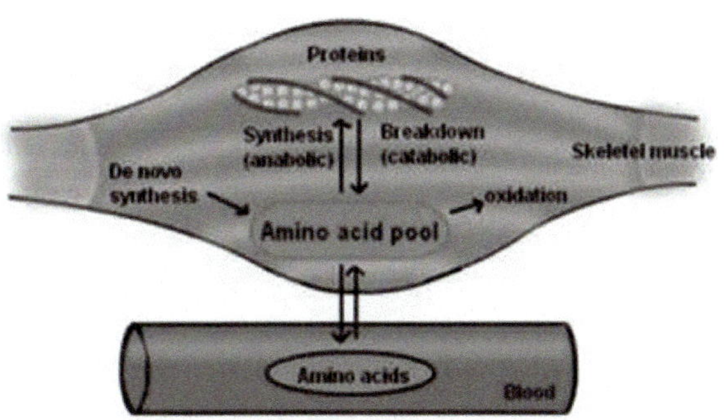

그리고 글루탐산의 생체 내 농도는 꽤 높은 편이다. 글루탐산이 오르니틴, 아르기닌, 프롤린 등을 생합성하는 출발물질이기도 하고, N-아세틸 글루탐산의 형태로 카르바모일

인산 합성 효소의 촉진물질로서 요소회로를 촉진하기 때문이다.

동물에서는 뇌의 회백질 등에 유리아미노산으로서는 가장 많이 분포하고 흥분성 신경 전도 물질로서 정보의 중개를 한다. γ-아미노부티르산(GABA)과 대치하는 D-글루탐산은 단백질에 존재하지 않는 것으로 생각되지만 *Bacillus anthracis, B. mesentericus, B. subtilis* 등의 세균의 협막에 D-글루탐산폴리펩티드로 존재하고, 또한 세균 세포벽의 펩티드글리칸 속에 존재한다.

다양한 합성법이 화학적 또는 생화학적으로 존재하지만 여기서는 질소대사를 통하여 글루탐산을 생합성하는 과정을 언급한다. 생합성에 사용되는 질소원은 대기 중의 질소(N_2)가 고정되거나 질산염(NO_3^-)이 환원되어 생성된 암모늄이온(NH_4^+)이다. 암모늄이온에서 양성자가 떨어져 나가면 암모니아(NH_3)가 되어서 공기 중으로 쉽게 날아가 버릴 수 있다. 하지만 높은 농도의 암모늄이온은 독성이 강하기 때문에 세포들은 높은 농도의 암모늄이온을 직접 저장하는 대신에 암모늄이온을 유기물에 동화하여 세포 내에 저장한다.

18.4 질소대사를 통해 생성된 글루타민으로부터 글루탐산의 생합성

질소대사를 통하여 글루탐산을 생합성하는 과정에서 글루타민 합성 효소(glutamine synthetase)에 의하여 암모늄이온이 글루탐산에 결합되어 글루타민이 만들어지는 과정을 먼저 살펴본다.

$$\text{Glutamate} + NH_4^+ + \text{ATP} \rightarrow \text{glutamine} + \text{ADP} + \text{Pi} + H^+$$

이 과정을 통해서 만들어진 글루타민과, TCA 회로의 중간생성물인 2-oxoglutarate(α-ketoglutarate)는 글루탐산 합성 효소에 의해서 2개의 글루탐산으로 변환된다.

$$\text{glutamine} + \text{2-oxoglutarate} + 2H^+ \ (\text{NADPH} + H^+) \rightarrow \text{2 glutamate} + (\text{NADP}^+)$$

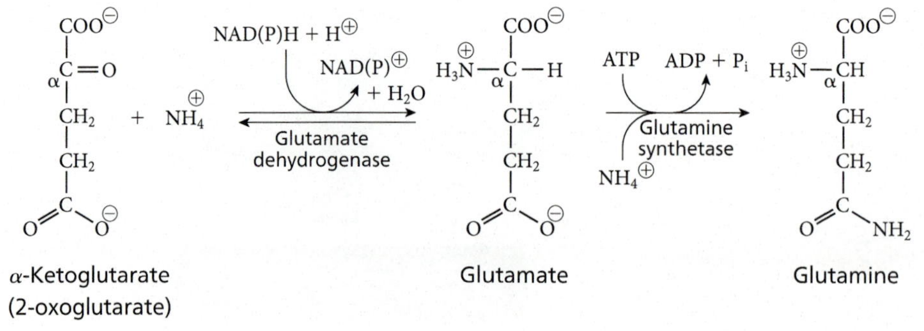

NAD(P)H + $H^{\oplus}$ / NAD(P)$^{\oplus}$ + H_2O — Glutamate dehydrogenase; ATP / ADP + P_i / $NH_4^{\oplus}$ — Glutamine synthetase

α-Ketoglutarate (2-oxoglutarate) + $NH_4^{\oplus}$ ⇌ Glutamate → Glutamine

따라서 글루타민 합성 효소와 글루탐산 합성 효소에 의한 순 반응을 통해 NADPH와 ATP가 각각 1분자씩 사용되어 2-oxoglutarate(α-ketoglutarate)와 NH_4^+로부터 1분자의 글루탐산이 생성된다.

질소대사를 통해 글루탐산을 생합성하는 과정 중 글루탐산 탈수소효소(glutamate dehydrogenase)에 의한 글루탐산의 생성을 살펴보면 다음과 같다. 글루탐산은 2-oxoglutarate(α-ketoglutarate)에 암모늄이온이 바로 결합되어 생성될 수도 있는데, 이 반응은 글루탐산 탈수소효소에 의한 1단계의 반응이다.

$$\text{2-oxoglutarate} + NH_4^+ + \text{NADPH} + H^+ \rightleftharpoons \text{glutamate} + \text{NADP}^+ + H_2O$$

18.5 글루탐산 탈수소효소의 촉매 가역반응으로부터 글루탐산 합성

글루탐산 탈수소효소는 대부분의 세균과 진핵생물의 미토콘드리아에 널리 존재하는 효소이며 주로 촉매 반응은 글루탐산으로부터 2-oxoglutarate(α-ketoglutarate)를 생성하는 것이다. 하지만 이 효소 반응은 가역반응이어서 NH_4^+와 2-oxoglutarate(α-ketoglutarate)로부터 글루탐산이 합성될 수 있다.

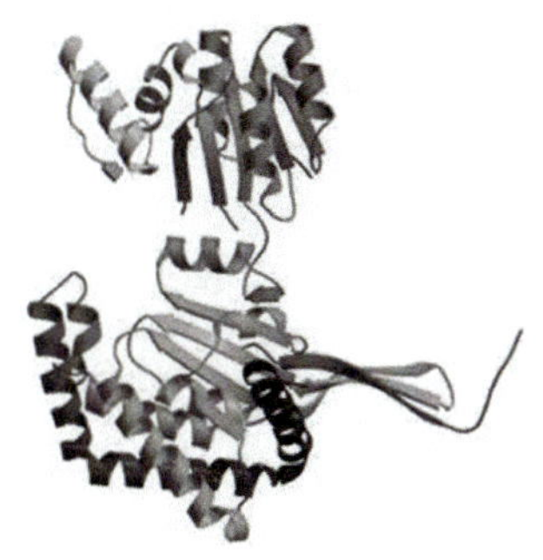

NH4+에 대한 글루탐산 탈수소효소의 Km[미하엘리스 정수(Michaelis' constant, 미하엘리스 定數). 효소 반응속도가 최대속도의 반이 될 때의 기질농도(基質濃度)를 표시하는 정수] 값은 약 1 mM 정도로 높아서 NH4+와 2-oxoglutarate(α-ketoglutarate)로부터 글루탐산이 직접 합성되기 위해서는 세포 내 독성이 나타날 정도로 높은 농도의 NH4+가 필요하다. 이런 이유로 포유동물의 세포에서는 글루탐산 탈수소효소에 의한 NH4+ 동화는 거의 일어나지 않으며, 토양 세균에서도 아주 많은 양의 NH4+가 존재할 때만 이 효소를 통한 NH4+의 동화가 일어난다.

18.6 Insulin 분비를 자극하는 Glutamate의 다양한 생화학 반응들

소화 효소와 호르몬을 분비하는 장기인 췌장(이자)의 내분비 세포들의 덩어리로 랑게르한스섬의 β세포에서 분비되는 호르몬으로 혈액 속의 포도당의 양을 일정하게 유지시키는 것이 인슐린(insulin)이다. 인간의 인슐린은 21개의 아미노산으로 된 disulfide 결합(S−S 결합)을 한 개 가진 A 사슬과 30개의 아미노산으로 된 B 사슬이 두 개의 disulfide 결합(S−S

결합)으로 연결된 구조를 가진 분자량 5,734인 폴리펩티드 호르몬이다.

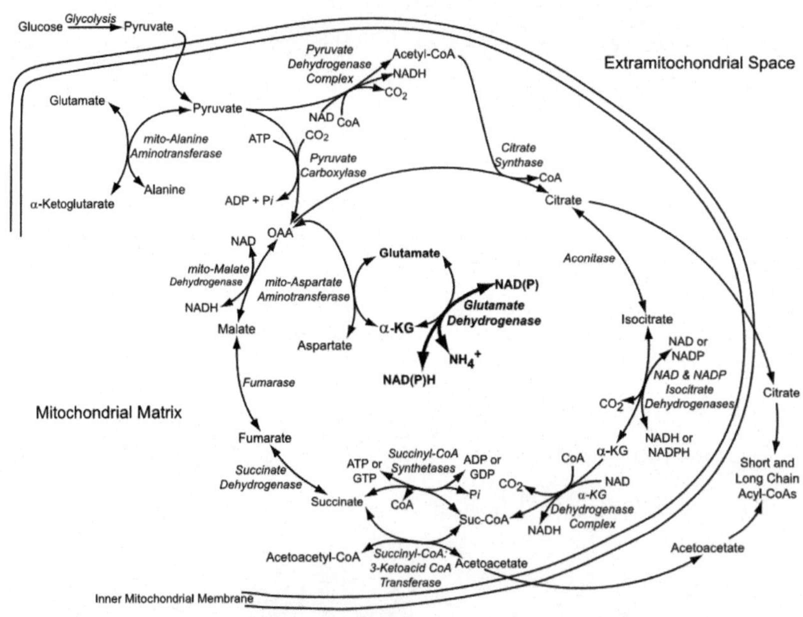

Insulin 분비를 자극하기 위해 glutamate dehydrogenase에 의한 glutamate의 산화적 탈아미노 이탈반응이 관련된 반응들

미토콘드리아 기질(mitochondrial matrix, 사립체 바탕질) 세포질 속에 있는 과립 모양의 물질인 미토콘드리아 내막에 둘러싸여 내막의 주름진 구조인 크리스타 사이를 메우고 있는 부분, 기질 부분은 외막 및 내막의 크리스타 막에 의해 세포질과는 2중으로 사이를 두고 있다. 여기에 시트르산 회로와 지방산의 β 산화계 그리고 아미노산 대사에 관여하는 여러 효소가 존재하고 있다. 수소수용체인 NAD(nicotinamide adenine dinucleotide)나 에너지 전달물질인 ATP(adenosine triphosphate) 등의 보조효소나 각종 중간대사물도 여기에 존재한다. 장수에 매우 필수적인 역할을 하는 미토콘드리아에 고유의 유전계(DNA, rRNA, tRNA)도 이 구획에 존재한다.

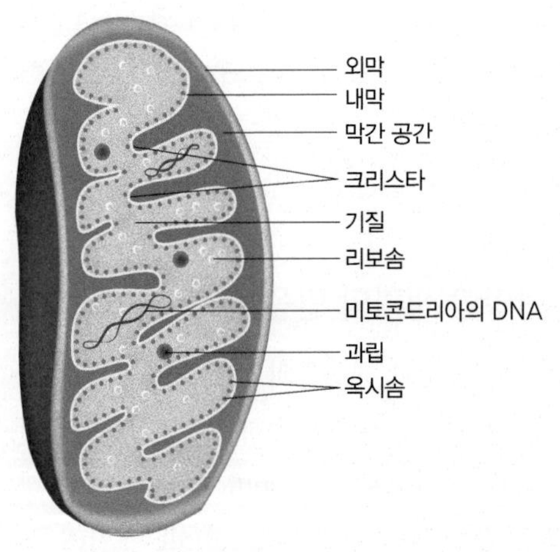

미토콘드리아

기질과 결합하여 반응에 관여하는 여러 가지 효소의 양이나 종류는 미토콘드리아의 종류에 따라 크게 달라진다. 인체의 모든 일에 관여하여 인체의 화학 공장이라고 불리는 간과 같이 화학 변환 기능이 중요한 생리적 의의가 있는 것에서는 크리스타의 발달은 불량하다. 그렇지만 섬유계 및 미세소관이 불규칙하게 얽혀 있는 기질부는 상대적으로 커다란 역할을 차지하며 효소의 종류도 풍부하다.

이자에서 분비되며 탄수화물 대사를 조절하는 호르몬 단백질로 몸 안의 혈당량을 적게 하는 인슐린은 많은 조직과 기관에서 여러 대사에 직접적 또는 간접적으로 작용하며 다른 호르몬과도 밀접한 관계를 유지하면서 대사 조절에 중요한 역할을 하는 호르몬이다. 이와 같이 다양한 역할을 하는 인슐린이 결핍되는 경우에 많은 조직에서 포도당의 섭취가 저하되므로 간(肝)의 포도당 방출량이 증가하여 고혈당 상태인 해로운 당뇨병이 된다.

인슐린의 분비를 자극하기 위해 glutamate dehydrogenase에 의한 glutamate의 산화적 탈아미노 이탈반응이 관련된 반응들은 매우 복잡하고 여기에는 다양한 생화학 반응들이 존재한다. 이러한 다수의 복잡하고 중요한 효소 반응 단계는 미토콘드리아에서 이루어지고 있다.

18.7 글루탐산이 맛을 내는 원리는?

글루탐산이 맛을 내는 원리는 글루탐산에 나트륨을 치환시켜서 물에 잘 녹게 한다. 그리고 이온의 해리가 잘 되게 함으로써 감칠맛 수용체와 잘 결합하도록 하는 것이다. 맛을 증폭시킨다거나 미각수용체에 경쟁적 억제제나 촉진제로 작용하기보다는 맛의 원인 물질의 농도를 높이는 원리다.

음식에 감칠맛을 더해 주기 위하여 최초로 대량 생산된 맛소금(MSG와 소금을 조합한 제품)은 L-글루탐산 나트륨[Monosodium L-Glutamate]이 포함된 것이다. 광학이성질체 특이성에서 L이 의미하는 것은 Levorotatory(왼쪽)로 선회하는 것을 말하고, D는 Dextrorotatory(오른쪽)로 선회하는 것을 의미한다. 사람을 비롯한 대부분의 생물에서는 아미노산의 D/L 이성질체 중 L 이성질체가 주로 분포하여 다양하고 의미가 있는 생체 반응을 주도하고 있다.

맛을 내는 일은 간단한 것 같지만 상당히 까다로운 작업이다. 단맛, 짠맛, 신맛이 적절하게 조화돼야 맛있는 것이라서 맛있다고 느끼게 만들기가 쉽지 않다. 그런데 L-글루탐산 나트륨을 조금 넣으면 마술처럼 근사한 맛이 나오며 신맛과 쓴맛을 완화시키고 단맛에 감칠맛을 더하며 자연 풍미를 이끄는 기능을 한다.

L-글루탐산 나트륨은 국제적으로는 향미증진제로 분류되지만 과량 첨가하면 상당히 느끼한 맛이 나면서 짠맛도 느껴져서 오히려 음식을 망치게 된다. 그 맛은 라면에 물을 많이 부어서 끓이면 짜고 매운 맛은 거의 느껴지지 않으면서 끝 맛에서만 느껴지는 오묘한 맛이라고 보면 된다. 또한 나트륨을 함유하고 있어서 다량 섭취하면 나트륨 과다 섭취의 위험이 있다. 나트륨의 질량 비율이 소금보다 약 1/3이기에 소금을 적게 넣으면서 L-글루탐산 나트륨을 많이 넣는다면 맛을 확 바꿀 수 있다. 이런 방식으로 나트륨 섭취량을 20~40% 정도 감소시킬 수 있다는 연구 결과가 있으며 나트륨 섭취 감소에 유용하다는 주장으로 재조명을 받고 있다.

18.8 감칠맛을 격증시키는 L-글루탐산 나트륨

L-글루탐산 나트륨(sodium monoglutamate 또는 monosodium glutamate)을 흔히 화학조미료라고 부르지만 화학 하면 떠올리는 석유류 같은 것으로부터 합성해 낸다는 의미는 아니다. 사카린, 아스파탐 등과 달리 L-글루탐산 나트륨 분자는 화학적으로 합성하거나 변형시키지 않으며 단지 미생물과 동식물 등에서 추출하고 정제해서 농축을 한다. 화학적으로 합성을 한다는 뜻의 화학조미료가 아니라 화학이란 학문에 의하여 연구되고 탄생한 조미료이기 때문에 화학조미료라고 불리는 것이다.

L-글루탐산 나트륨이 과거에 화학조미료라고 불렸던 이유는 L-글루탐산 나트륨의 첫 상품인 '아지노모토'에서 제품명과 함께 화학적 광고를 했기 때문이다. 당시에는 화학이라는 단어를 병행하면 뭔가 새로운 것을 마술처럼 만들어 낸다는 사회적 인식이 있어서 지금과는 달리 화학조미료라는 명칭이 그 상품을 돋보이게 해주는 역할을 했고 아무런 거부감이 없이 사용되었다.

국물 요리가 많은 한국에서는 특히 감칠맛을 획기적으로 더해 주는 L-글루탐산 나트륨의 인기가 엄청났다. 한때 MSG(monosodium glutamate)는 평양의 냉면집을 중심으로 인기를 얻기 시작했으며 장사가 너무 잘되자 일본 아지노모토 본사에서 직접 냉면집을 경영하기도 했다.

18.9 글루탐산 나트륨의 유해성은?

L-글루탐산 나트륨의 유해성은 글루탐산이 아니라 결합돼 있는 나트륨 이온에서 오는 것이다. LD_{50}은 16600 mg/kg(oral, rat) 정도라서 소금보다 안전한 편이다. 70 kg 정도 사람의 LD_{50}는 소금이 약 300 g이고 MSG는 1.2 kg 정도라고 하니 상당히 안전한 편에 속한다고 보면된다.

18.10 진짜 조미료가 마술처럼 음식의 맛을 황홀하게 만들어 주나?

MSG에 대한 거부감이 있는 사람도 많지만 오히려 익숙해져 있는 경우가 더 많은 것 같다. 그런 에피소드들이 몇 가지 있다. 조미료에 알레르기 증상이 있으니 절대 넣지 말라고 요청한 고객이 조미료를 조금 첨가한 음식을 맛본 후 극찬을 하더라는 이야기가 있다.

어느 신혼인 남편은 저녁 식사를 하면서 아내에게 '우리 엄마가 해주던 음식보다 맛이 없다'고 투정을 했다. '그럼 당신 어머니께서 해주시던 것과 똑같이 해볼게요'하며 아내가 다시 요리해 준 음식을 맛본 남편은 '엄마가 해줬던 맛과 정말 똑같아'라며 감탄하면서 그 비결을 물었다. 그랬더니 아내가 '조미료를 듬뿍 넣었어요'라고 웃으면서 말했다는 이야기도 있다.

마지막은 가업으로 음식점을 물려받은 아들이 '아버지가 운영할 때보다 맛이 못하다'는 고객들의 평가를 받고 고민에 빠져서 '어떻게 하면 아버지처럼 저도 그런 맛을 낼 수 있습니까'하고 여쭤봤다. 그의 아버지께서는 자랑스러운 표정으로 '주방에 있는 삽으로 네가 요리하는 음식에 조미료를 퍼 넣어 보려무나'하고 빙그레 웃으셨다는 이야기가 있다. 이런 이야기들의 사실 여부를 떠나서 조미료가 마술처럼 음식의 맛을 황홀하게 만들어 준다는 것을 알 수 있다.

18.11 갈변해 특별한 풍미를 야기하는 마이야르 반응

당을 함유한 식품에 L-글루탐산 나트륨을 첨가하면 갈색을 띠게 되는 이유가 무엇일까? 그 현상은 마이야르 반응(Maillard reaction) 때문이다.

음식의 조리 과정 중 색이 갈색으로 변하며 특별한 풍미가 존재하는 일련의 화학 반응을 마이야르 반응이라고 한다. 환원당을 함유하는 물질에 L-글루탐산 나트륨(MSG, monosodium glutamate)을 첨가해 온도를 높여 주면 갈색을 띠게 되는 반응으로 생화학자인 루이스 카밀 마이야르(Louis Camille Maillard, 프랑스)에 의해 1912년에 처음 발표되었다.

당류가 아미노산류, 펩타이드류, 단백질 등과 함께 있을 때 쉽게 상호 반응하여 여러 단계의 중간 과정을 거쳐 갈색 색소인 멜라노이딘(melanoidin)을 생성하는 것이다. 멜라노이딘은 amino-carbonyl 반응에 의한 갈변현상에서 반응의 최종 생성물인 갈색 색소인데 그 화학구조는 미상이지만 CP-MAS, NMR에서 질소 부근의 구조는 공역 enamine 구조와 amide 형태로 추정되고 있다.

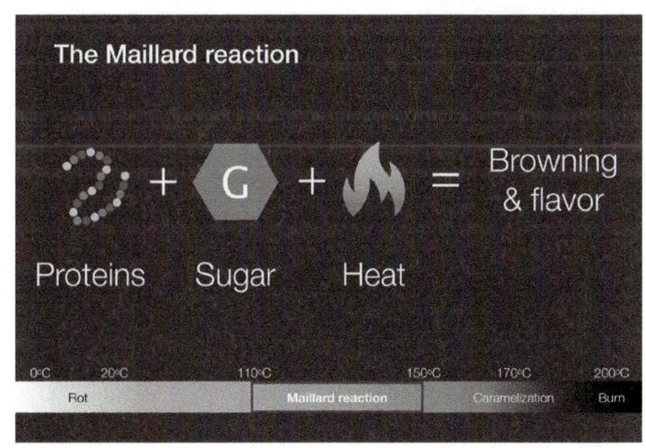

일반적으로 과일이나 식품들의 주성분으로 당류 등 카보닐 화합물과 단백질 등의 아미노기를 가진 질소화합물을 다소 함유하고 있어서 가열하거나 조리 또는 가열 없이 천천히 일어나는 간장이나 된장을 만드는 숙성 과정도 해당된다. 오래 묵힐수록 장맛이 깊어지는 이유도 마이야르 반응 때문이며, 저장하는 과정 중에 갈색으로 변하거나 냄새의 생성 등에 관여하는 갈변 반응도 바로 마이야르 반응의 화학 현상이다.

이 반응의 특징은 간장이나 된장을 만드는 숙성 과정처럼 자연발생적으로 일어날 수 있다는 것이며 가정이나 캠핑 지역에서 스테이크를 구울 때 나는 맛있는 냄새 역시 이 반응과 직접적인 연관성이 있다. 특히 부드러운 소고기나 돼지고기 등의 육류의 맛과 냄새는 대부분이 마이야르 반응을 통해서 결정되므로 우리들의 미각과 후각에 깊은 연관이 있다.

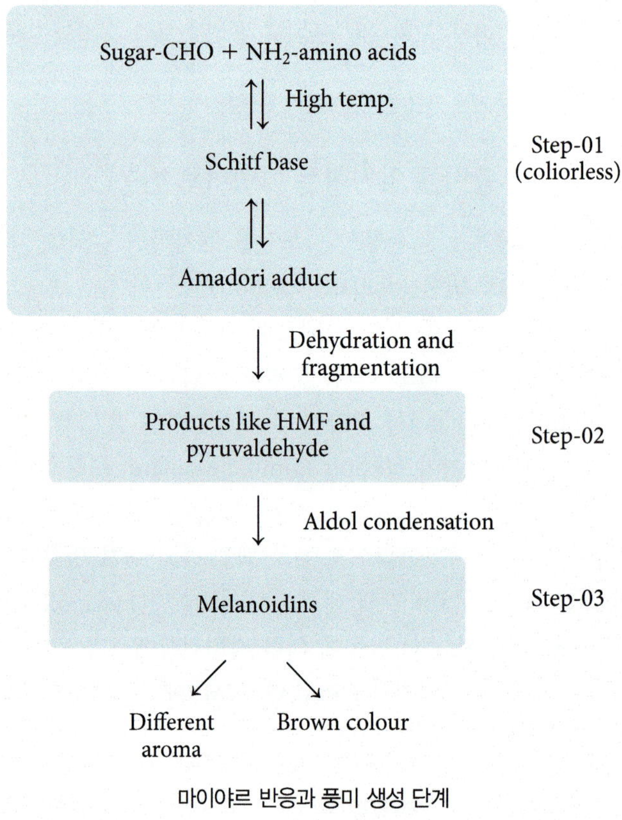

마이야르 반응과 풍미 생성 단계

Quiz

1. 당도는 설탕의 약 50배이며 흥분성 산성 아미노산으로 인체 내에서 합성할 수 있으며, 중추신경계에 가장 흔한 흥분성 신경전달물질은 무엇인가?

2. 가업으로 음식점을 물려받은 아들이 '아버지가 운영할 때보다 맛이 못하다'는 고객들의 평가에 대해 아버지께 그 이유를 여쭤봤는데 아버지께서 '이것을 주방에 있는 삽으로 요리하는 음식에 퍼 넣어 보렴'하고 빙그레 웃으셨다는 이야기가 있다. 이것은 무엇일까?

제 19 장

세계적으로 인기 있는 블루베리

19.1 블루베리의 성분 분석

블루베리(blueberry, vaccinium corymbosum L.)는 세계적으로 인기 있는 중요한 과일이며 당 및 유기산을 비롯하여 비타민, 무기질 및 식이섬유가 풍부하며 안토시아닌이 다른 과일과 비교하여 상대적 함량이 높으며, phenolic acid, polyphenol, tannin 등이 함유되어 있어 항산화, 항염증, 항암, 심혈관계 질환 예방 등에 효과가 있다.

이러한 영양과 저장성 따위를 고려하여 생과일로 혹은 주스 및 여러 가공식품의 식품첨가 원료로 소비될 뿐만 아니라 향수, 화장품, 세제, 정유등 다양한 분야의 원료로 폭넓게 이용되고 있다. 베리류(Berry fruits)는 생물학적 분류에 따라 블루베리와 크랜베리는 진달래과(Ericaceae), 오디는 뽕나무과(Moraceae), 양딸기, 라즈베리, 블랙베리, 아로니아(chokeberry)는 장미과(Rosaceae)에 속한다.

세계적으로 하이부시 블루베리(V. corymbosum), 낮은부시 블루베리(V. angustifolium), 래빗아이 블루베리(V. ashei) 등 3품종이 주로 생산되고 있으며, 국내에는 하이부시 블루베리가 주로 재배되고 있다. 블루베리는 수확 즉시 생과육으로 소비되며 장기 냉동과일 형태로도 저장 · 유통되어 전체 냉동과일 중 67%의 높은 소비 비중을 나타낸다. 최근 블루베리는 시력 향상 작용과 항산화 활성이 우수하며 다양한 생리활성 기능이 알려지면서 소비자로 하여금 관심이 고조되고 소비도 증가하고 있다.

19.2 블루베리의 영양소

북아메리카가 원산지로 블루베리는 포도와 유사한 미국 타임지가 선정한 10대 슈퍼푸드 중 하나이며 쌍떡잎식물 진달래목 진달래과의 식물이다. 산성 토양에서 매우 잘 자라며, 염기성 토양과 중성 토양에서는 썩 잘 자라지 않는다. 열매는 둥글고 1개가 1~1.5 g 정도이며 짙은 하늘색, 붉은 빛을 띤 갈색, 검은색이 혼합된 아주 먹음직스런 색을 띠고 있으며, 열매 겉에 흰 가루가 묻어 있다.

블루베리 영양성분은 수분 10.47%, 조단백질(crude protein, 순 단백질과 아마이드가 들어 있는 물질로 가공하지 않은 순수한 단백질) 2.66%, 조지방(crude fat, 에테르 추출물의 총칭으로 지방 이외에도 지방산, 인지질, 색소, 정유, 납, 수지, 유기산스테로이드, 지용성 비타민 등이 포함) 2.04%, 가용 무질소물(nitrogen free extracts, 1.25%의 끓는 황산 및 1.25%의 끓는 수산화나트륨에 녹는 물질에서 질소 화합물, 지질, 무기물 등을 제거한 것) 81.36%, 조섬유(crude fiber, 셀룰로스 외에 리그닌, 헤미셀룰로스, 펜토산 등 불용성, 난용성의 세포막 성분을 함유한 것) 1.48% 및 회분(ash content, 500~600°C 정도의 강열로 연소시켜 회화한 다음에 남은 불연성의 잔류물이며 동식물성 물질 중에 함유되는 무기성분의 총량) 1.99%으로 존재하며 총 페놀화합물 함량은 9.028 mg/g로 높게 나타났다. 블루베리의 주요 무기성분은 Ca(451.34 mg/100 g), K(355.40 mg/100 g), P(321.10 mg/100 g), Na(137.58 mg/100 g)이다. 블루베리의 총 아미노산 함량은 2,011.44 mg/100 g이며, 주요 아미노산으로는 glutamic acid, aspartic acid, leucine이다. 블루베리 추출물의 환원력을 이용한 항산화 활성은 매우 높으나 농도의존적인 경향을 보인다.

블루베리에 함유된 생리활성을 나타내는 중요한 역할을 하는 분자들을 살펴보면 먼저 다양한 종류의 안토시아닌[안토시아닌을 가수분해하여 얻는 색소의 본체인 안토시아니딘, 색소배당체인 안토시아닌을 가수분해하여 얻는 색소의 본체인 phenolic aglycone, 당과 결합], 카페인산과 퀸산의 에스테르 결합으로 구성된 천연 화합물인 클로로겐산(chlorogenic acid), 식품에 널리 분포하는 노란색 계통의 색소인 플라보노이드(flavonoid), α-linolenic acid, ALA 오메가-3 지방산이며 필수 지방산인 알파 리놀렌산(α-linolenic acid, ALA), 레스베라트롤의 유사한 메커니즘을 가지며 흡수에 더 효과적인 메틸화 유도체인 판테로스틸베인(pterostilbene), 파이토알렉신으로서 폴리페놀계 물질인 레스베라트롤(resveratrol) 및 에너지를 내지는 않지만 신체기능 조절에 있어서 필수적인 영양소인 비타민(vitamin) 등이다.

안토시아닌은 구강 투여 후 혈액 뇌 장벽을 통과하여 다양한 장기와 뇌에 나타나며 시각적인 광 변환에 관여하는 빛에 민감한 수용체 단백질인 로돕신(rhodopsin) 재생 및 안구 건강을 증가하여 시각적 기능을 향상시킨다. 블루베리 안토시아닌의 다양한 최근 연구는 아포토시스(apoptosis, 세포자살 또는 세포자멸사), 항산화, 항염증(antiinflammation) 및 항혈관신생 효과(anti-angiogenic effect)를 통해 암, 당뇨병, 고지혈증, 고혈압, 신경변성, 비만 및 골다공증과 같은 노화와 관련된 만성 질환을 예방하는 생리활성 능력을 분석하였다.

19.3 낮은부시 블루베리와 하이부시 블루베리

북아메리카가 원산지이며 진달래과의 관목 또는 식용 열매로 산성이 강하고 배수가 잘되면서도 촉촉한 흙에서 자란다. 달콤한 식용열매는 비타민 C와 철(Fe)이 풍부하다. 생식하거나 크림과 함께 후식으로 먹으며 과자반죽에 넣어 구워 먹기도 한다. 블루베리의 상업적 생산에서 보면 두 종류가 있으며, 땅에 가까운 덤불에서 성장하는 작은 완두콩 크기의 열매가 있는 종을 낮은부시 블루베리(lowbush blueberry)라 하며, 보다 큰 열매를 가지며 키가 큰 덤불에서 자라는 하이부시 블루베리(highbush blueberry)가 있다. 미국은 전 세계 하이부시 블루베리(highbush blueberry) 공급량의 약 40%를 생산하고 있으며 캐나다는 낮은부시 블루베리(lowbush blueberry)의 선두 주자이다.

19.4 블루베리의 다양한 변화

블루베리는 신선하게 판매되거나 개별적으로 빠른 냉동(IQF, individual quick-freezing, 개별급속냉동법) 과일, 퓌레(puree, 요리에 기본적인 맛을 내는 육류나 채소류를 갈아 체로 걸러 농축시킨 재료), 주스 또는 건조 또는 주입된 블루베리로 가공된다. 다음 단계에서 젤리, 잼, 파이, 머핀, 간식용의 가벼운 식품 또는 아침 시리얼(건조해서 만든 곡물)에 첨가제와 같은 다양한 소비재로 사용된다.

블루베리 잼은 블루베리, 설탕, 물, 과일 펙틴(pectin, 감귤류 또는 사과즙의 찌꺼기를 묽은 산으로 추출하여 얻어지는 정제된 탄수화물의 중합체로 식품에 응고제, 증점제, 안정제, 고화방지제, 유화제 등으로 사용)으로 만든다. 블루베리 소스는 블루베리를 사용하여 제조한 달콤한 소스이며 블루베리 와인은 일반적으로 낮은부시 블루베리를 발효시킨 후 숙성된 열매의 과육과 겉을 싸고 있는 외피로 만들어진다.

19.5 블루베리의 응용

아메리칸 인디언들은 수세기 동안 숲과 습지에서 블루베리를 채집하여 신선한 생과육 상태에서 바로 먹거나 저장해 두었다가 먹었다. 아메리칸 인디언들이 블루베리를 숭배했고, 그로 인해 블루베리와 관련된 설화 혹은 신화가 꽤 많이 만들어졌다. 블루베리의 꽃받침은 완벽한 별 모양으로 되어 있는데, 이 별 모양으로 인해 아메리칸 인디언 부족의 연장자들은 '위대한 영혼이 "별 모양 베리"를 보내주셔서 기근이 든 동안 어린이들의 배고픔을 달래주었다'고 말하곤 했다.

산성이 강하고 물이 잘 빠지면서도 촉촉한 흙에서만 자라는 블루베리는 잎과 뿌리 등 모든 부분이 약용으로도 사용되며 잎으로 만든 차를 마시면 피를 맑게 하고 그 과즙은 기침에 효험이 있으며 블루베리 과즙은 천연색소로 훌륭한 염료로써 바구니와 천을 염색하는 데 사용된다. 말린 블루베리를 수프, 육류에 첨가하여 요리의 맛을 내는데 사용하며 향을 내기 위해 으깨어 가루로 만들어 육류 요리에 집어넣기도 한다. 우리나라에서는 주로 하이부시계 블루베리종을 재배하며 달고 신맛이 약간 있어 생과육으로 먹거나 잼 · 주스 · 통조림 등으로 가공해 먹는다.

19.6 블루베리의 항산화 효능

블루베리에는 다양한 미네랄과 식이섬유, 안토시아닌, 폴리페놀이 함유되어 있는데, 특히 안토시아닌의 함량이 높아 시각 기능 개선, 눈의 피로 완화, 노인성 백내장의 진행 억제 등

눈 건강에 매우 좋다. 또한 안토시아닌을 비롯한 식품에 널리 분포하는 노란색 계통의 색소인 플라보노이드 화합물(flavonoids)과 페놀릭산(phenolic acid)이 다량 함유되어 있어 뛰어난 항산화 효능을 지닌다.

블루베리 생과육은 여러 가지 과실과 씨를 식용으로 하는 과채류 중에서도 높은 항산화 효능을 지닌다. 블루베리는 수분과 열에 약하기 때문에 물에 담가 씻는 것을 가급적 피하고 냉장 보관을 원칙으로 하며, 구입 후 빨리 소비하거나 긴 시간 보관 시 영하 20°C 이하로 급속 냉동시켜 보관하는 것이 좋다. 안토시아닌은 다른 가공에 의해서는 크게 파괴되지는 않지만 가열과 강산성 조건에서는 쉽게 분해되는 특성을 지니고 있어 가열이 필요한 경우 40~60°C의 저온에서 짧은 시간 가열하는 것이 안토시아닌의 분해를 막을 수 있다.

19.7 블루베리의 탄수화물과 무기질

블루베리의 기본적인 성분은 탄수화물과 무기질이며 무기질로는 아연, 구리, 칼슘 및 망간을 많이 함유하고 있다. 칼슘 함량의 경우 하이부쉬(highbush) 블루베리가 높으며 비타민 A 함유량은 사과보다 5배 많고 비타민 C의 함유량은 사과의 4배에 가깝다. 블루베리 성분의 가장 큰 특징은 식용섬유를 다량 함유하고 있다는 점이며 섬유의 총량은 3.3~4.13%로 사과나 배보다 3배 이상 많아 생과육에 있어서는 섬유질이 가장 많은 과실이라고 할 수 있다. 블루베리에는 안토시아닌(anthocyanin, 꽃이나 과실 등에 포함되어 있는 안토시아니딘의 색소배당체), 클로로겐산(chlorogenic acid, 커피 속에 다량 포함되어 있는 폴리페놀 화합물의 일종), 프로안토시아니딘(proanthocyanidins, 많은 채소, 식물 껍질, 씨앗, 꽃, 과일 및 견과류에 풍부한 자연 발생 폴리페놀 화합물), 플라보노 배당체(거의 모든 식물에 포함되어 있는 인간의 식이에서 가장 흔한 폴리페놀 화합물), 폴리페놀의 일종인 카테킨(catechin) 등 다양한 폴리페놀이 함유되어 있다.

이 폴리페놀은 항산화작용이 있어 생활 습관병을 예방하는 성분으로 알려져 있다. 기억력과 관련된 뇌 부위의 신경전달 세포인 히포카푸스(해마, hippocampus; 대뇌변연계의 양쪽 측두엽에 존재하며 기억을 담당)와 세레브랄 코텍스(cerebral cortex, 대뇌 피질)의 손상으로 기억력 손상, 건망증, 노인의 치매현상인 알츠하이머병이 발생하는데 블루베리는 노화, 파킨슨병, 알츠하이머병 예방에 효과가 있다.

19.8 블루베리 효능과 주의사항

블루베리는 타임지가 선정한 10대 슈퍼 푸드 중 하나이며 그만큼 효능이 뛰어나다는 것을 말하기에 지금부터 확실하게 알아보도록 하자.

노화를 방지한다. 우리가 살아가는 동안 매 순간 일어나는 일이지만 산화로 인한 DNA 손상은 성장한다는 것과 늙어간다는 것 바로 우리 삶 자체다. 늙어간다는 것은 결국 질병을 일으킨다는 것을 의미하며 우리 몸에서 세포는 매 순간 이러한 과정에 있다. 이 과정은 우리 인간뿐만이 아니라 살아 있는 모든 것이 마찬가지이며 식물에도 적용된다. 식물은 자신의 세포가 손상되는 것을 막기 위해 어떤 성분을 갖고 있는데, 그것이 바로 항산화제이다. 항산화제는 한정된 시간 동안 독성과 활성 산소로 인해 손상된 세포를 복구하고, 우리 몸을 위험한 병원균으로부터 지키는 효능이 있다. 블루베리에는 플라보노이드의 일종인 안토시아닌이 풍부할 뿐만 아니라, 노화 방지 효능이 있는 프로안토시아닌도 풍부하다. 프로안토시아닌은 염증을 완화하는 매우 중요한 효능이 있으며 실제로 염증은 심장 질환, 당뇨병, 암 등 만성적인 질병뿐만 아니라 우리가 아는 거의 모든 질병의 원인이기 때문이다.

뇌기능을 향상시키고 치매를 예방한다. 블루베리에 풍부하게 들어 있는 갈산(gallic acid, 천연 식물에 풍부히 함유되어 있는 페놀계 화합물)은 항산화 성분의 일종으로 뇌 세포를 보호하고 뇌 기능을 좋게 하며 '신경보호제' 효능이 있다. 뇌에 좋은 갈산이 풍부한 음식으로는 블랙베리, 캐슈너트, 헤이즐넛, 망고, 자두, 딸기, 녹차, 적포도주 등이 있다. 블루베리에 인지력 감퇴를 늦추고 기억과 운동 기능을 증진하는 효능이 있는데 이것이 바로 우리 몸을 산화 스트레스로부터 보호하고 염증을 줄여주는 항산화제 덕분이다. 실제 평소에 항산화 성분이 풍부한 음식을 많이 섭취하면 치매를 일으키는 가장 흔한 퇴행성 뇌질환인 알츠하이머나 치매 같은 노화성 뇌 질환 발병 위험도 낮아진다.

혈압을 낮춘다. 블루베리는 심각한 위험 요인 중의 하나로 심장에도 악영향을 미치는 고혈압을 완화하는 효능이 있으며 혈관이 높아진 혈류의 압력을 견디지 못해 터지는 뇌출혈도 고혈압 때문이다. 혈액을 인체의 전역으로 보내기 위해 심장은 심장박동 운동을 하는데, 혈류의 압력이 높아지면 심장박동 운동이 그만큼 힘들어지고, 이런 부하가 커지면 심근경색 같은 무섭고 치명적인 상황으로 이어질 수 있다. 블루베리를 꾸준히 섭취하면 자연스럽게 혈압이 낮아진다.

콜레스테롤을 안정시킨다. 산화 스트레스도 단지 세포에 국한된 문제가 아니며 저밀도 지질단백질(LDL; low-density lipoprotein)의 산화 과정에서도 문제를 야기시키는데, 저밀도 지질단백질은 콜레스테롤을 간에서 몸의 다른 부분 전체로 옮기는데, 이때 혈액 속에 LDL 콜레스테롤(low-density lipoprotein cholesterol)의 농도가 너무 진하면 이 조각들이 혈관에 쌓이게 되고 혈관이 막혀 그로 인해 정상적인 혈액의 흐름을 방해해 고혈압과 심근경색 같은 심혈관 질환으로 이어진다.

암을 예방한다. 활성 산소는 인체의 정상 세포를 손상시켜 악성 종양과 같은 변종 세포를 만든다. 블루베리에 있는 안토시아닌(anthocyanin)과 갈산(gallic acid)이 악성 종양이나 암을 예방하는 중요한 역할을 하며 레스베라트롤(resveratrol) 역시 이런 효과가 있다. 항암 방사능 치료나 화학 치료와는 달리 블루베리에 풍부하게 존재하는 안토시아닌(anthocyanin)과 갈산(gallic acid)처럼 암을 예방하는 풍부한 항산화제들이 정상 세포에는 영향을 주지 않고 암세포만을 제거한다. 정상 세포에는 영향을 주지 않고 암세포만을 제거한다고 해서 블루베리가 암을 치료하는 최고의 특효약이라는 말은 아니다. 일반적으로 블로베리처럼 항산화 성분이 풍부한 과일이나 음식을 많이 먹는 것만으로도 악성 종양이나 암을 예방하는 효과가 있다는 것을 우리들은 너무도 잘 알고 있다.

소화를 증진시킨다. 블루베리에는 식이 섬유질(dietary fibre)이 풍부하게 들어 있어 하루 한 작은 사발 정도 먹는 것으로 소화를 조절할 수 있으며 또한 프로바이오틱(probiotics; 활생균) 성분이 있어 대장에서 좋은 박테리아가 만들어지는 것을 돕고 소화를 증진하여 건강을 좋게 한다. 몸에 좋은 것을 아무리 많이 먹어도 우리에게 소화 능력이 없다면, 그것은 득보다는 해가 더 많다.

다이어트 및 체중 감량 효과가 있다. 블루베리는 칼로리가 낮고, 글리세믹 지수(GI: glycemic index, 탄수화물 식품 섭취 후 얼마나 빠르게 혈당이 상승하는지를 반영하는 척도)도 낮고, 식이 섬유(dietary fibre, 식품 중에서 채소 · 과일 · 해조류 등에 많이 들어 있는 섬유질 또는 셀룰로스)가 높아서 체중 감량에 좋은 과일 중 하나이다. 글리세믹 지수(GI: glycemic index)가 낮은 음식은 더 천천히 흡수되기 때문에 소화관에 더 오래 머물러 포만감이 오래 지속되어 다른 음식 섭취 욕구도 그만큼 줄어들게 된다.

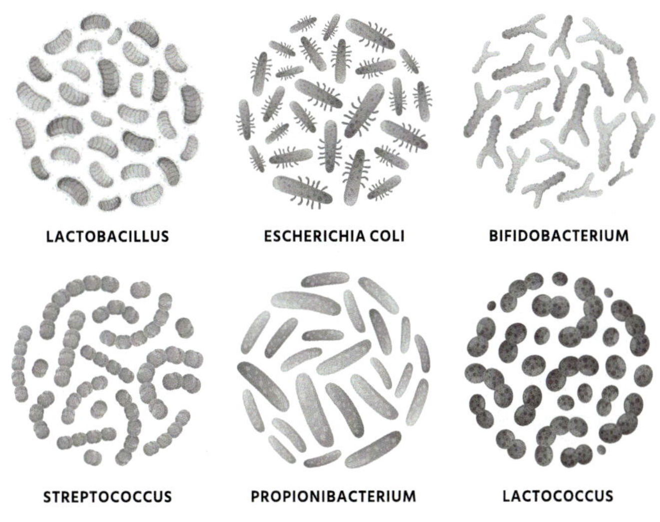

피부 건강에 도움을 준다. 블루베리 추출물로 만든 피부관리 제품이 세계적으로 널리 애용되며 풍부한 비타민과 미네랄이 호르몬 밸런스를 적절하게 조절해서 뾰루지나 여드름에 효과를 보이며 항산화성 효능이 있는 레스베라트롤(resveratrol)이라는 성분이 들어 있어 과도한 태양 노출로 인한 피부 손상을 완화한다. 이 외에도 다양한 효능이 있지만 우선 항산화 성분이 활성 산소가 세포의 노화에 대응하기에 노화로 인한 시력 감퇴를 개선하는 효능도 보이며 소염 성분이 각종 세균으로부터 몸을 보호하기에 거기서 오는 효능도 막대하다 할 것이다. 하지만, 블루베리가 어느 특정 질병에 대한 특효약이 아니라, 안토시아닌, 항산화질, 식이섬유 함유, 눈 건강, 젊음 유지에 도움을 주는 평소 건강을 위해 먹는 항산화 건강과일식품이라는 것을 기억해야 할 것이다.

심장 건강에 도움을 준다. 블루베리는 안토시아닌, 칼륨, 엽산, 식이섬유, 비타민 B6 등이 포함되어 있어 심장마비나 협심증을 일으킬 수 있는 죽상동맥경화증[혈관의 가장 안쪽을 덮고 있는 내막(endothelium)에 콜레스테롤이 침착하고 내피세포의 증식이 일어난 결과 죽종(atheroma)이 형성되는 혈관질환]을 예방하는 데 도움이 된다.

이러한 항산화와 영양 성분들은 콜레스테롤을 감소시키고, 혈액내의 지방을 감소 개선하며 동맥의 막힘을 방지한다. 또한 호모시스테인(homocystein, 메티오닌의 탈메틸기화 반응에 의해서 생성되는 천연 함황아미노산) 축적을 억제하여 혈관 손상을 방지하고 심장 근육의 작용을 조절한다.

블루베리는 특별히 보고된 부작용이 없는 안전한 식품으로 알려져 있으며 효능이 드시는 분의 상황에 따라 다르듯 부작용도 드시는 분의 상황에 따라 다를 수 있어 임신이나 모유 수유 같은 특별한 상황에 있다면, 의사와 부드러운 상담이 필요할 것이다.

또한 혈액 희석제를 먹고 있다면, 블루베리에 풍부하게 들어 있는 비타민 K가 방해나 간섭 작용을 일으킬 수도 있다. 이 외에도 먹고 있는 처방약이 있다면, 그 처방약과 드시는 블루베리와의 안전한 섭취를 위해 의사와 꼼꼼하게 상담해야 할 것이다. 블루베리 하루 섭취량은 25~30알 정도이며 너무 많이 섭취할 경우 복통 혹은 설사 등의 부작용이 있을 수 있다. 또한, 블루베리는 당분이 높은 열매이므로 과다 섭취 시 현대인이 가장 싫어하는 체중이 증가할 수 있다.

19.9 블루베리 내의 안토시아닌

블루베리내의 안토시아닌은 cyanidin, petunidin, malvidin, delphinidin, peonidin 등의 안토시아닌 화합물에 galactose, arabinose, glucose 등의 당류가 결합된 13종 이상의 배당체(glycoside, 히드록실기가 다른 알코올 혹은 페놀성 화합물의 히드록실기 사이에서 물을 상실하고 축합하여 생긴 화합물) 형태의 안토시아닌 개별 성분으로 존재하며 항산화 효과에 많은 연구의 비중을 두고 있다.

그리스어로 꽃을 의미하는 anthos와 파란색의 kyanos가 결합된 단어로 꽃의 푸른 색소라 해서 안토시아닌이라 명명되어졌다. 안토시아닌은 일반적으로 식물세포 내에 배당체(glucoside, 히드록실기가 다른 알코올 혹은 페놀성 화합물의 히드록실기 사이에서 물을 상실하고 축합하여 생긴 화합물) 형태로 존재하며 이들 배당체는 물에 잘 녹는다. 이 배당체들은 산, 알칼리 또는 효소에 의해 쉽게 가수분해되어 비당체(aglycon, 배당체 분자 중의 비당질 즉 비탄수화물 부분)인 안토시아니딘(anthocyanidin, 안토시아닌을 가수분해하여 얻는 색소의 본체)와 당류(sugars)로 분리된다.

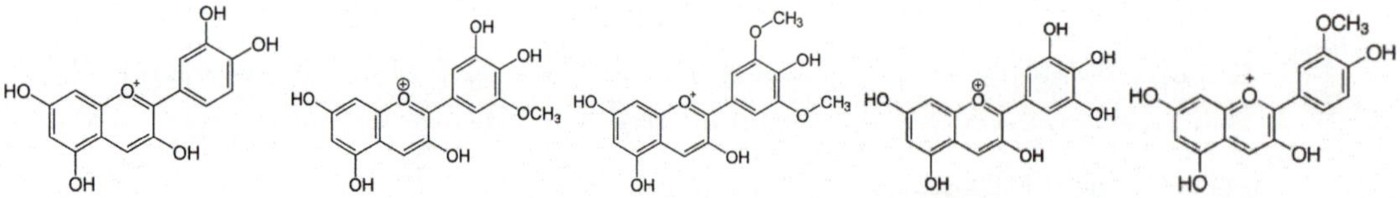

cyanidin petunidin malvidin delphinidin peonidin

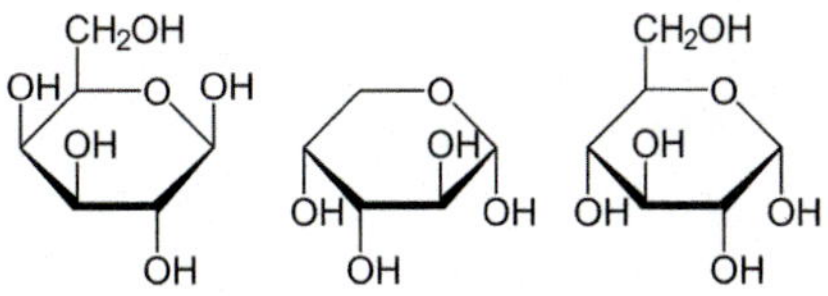

galactose arabinose glucose

안토시아닌을 형성하는 당류로는 galactose(단맛이 나는 알데하이드기를 가지는 육탄당의 하나), rhamnose(단맛이 나는 6탄당의 한 종류) 그리고 pentoses(오탄당, 탄소 원자 5개로 이루어진 단당류)가 주류를 이루며 주로 3, 5, 7 탄소 위치에 결합하여 monoglucoside(포도당으로부터 유도된 글리코사이드), diglucoside(두 개의 포도당 분자로부터 유도된 글리코사이드), bioside(당이 글리코사이드 결합을 통해 한 분자내 두 개의 다른 작용기에 결합하는 분자), trioside(당이 글리코사이드 결합을 통해 한 분자내 세 개의 다른 작용기에 결합하는 분자) 등으로 구성되어 있다.

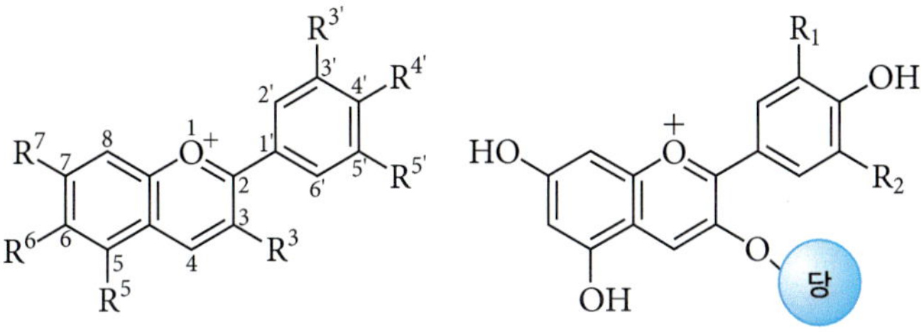

또한 경우에 따라 당 고리에 방향족 또는 coumaric, caffeic, ferulic, sinapic, malonic, malic, succinic 또는 acetic acid 등의 유기산이 결합되기도 하고 안토시아닌은 구성 당의 결합 위치, 개수 그리고 결합된 hydroxyl groups(−OH)와 methoxy group(−OCH_3)의 위치와 수에 따라 여러 종류의 안토시아닌이 생성된다.

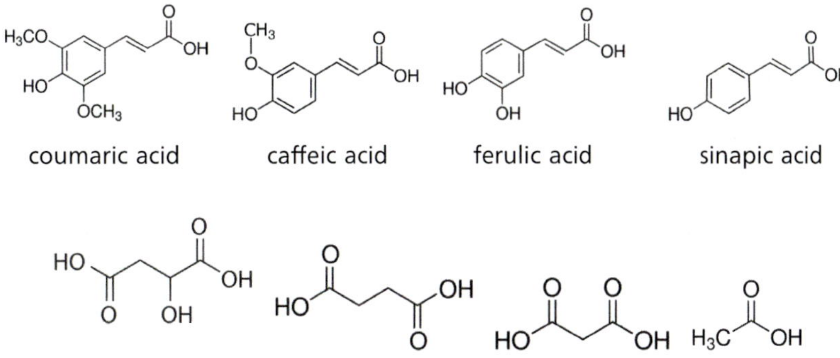

coumaric acid caffeic acid ferulic acid sinapic acid

malonic acid malic acid succinic acid acetic acid

안토시아닌의 비당질인 안토시아니딘은 크게 6종을 구분되는데 그 기본 구조에서 2 탄소 위치에 결합하고 있는 phenyl group에 hydroxyl groups가 한 개인 경우 pelargonidins(안토사이아닌 색소의 하나), 두 개의 경우 cyanidins(플라보노이드 계열의 색소인 안토시안이 가수분해되어서 생기는 안토시아니딘 가운데 하나), 세 개가 있는 경우 delphinidins(안토시 아니딘 하나로 식물의 주요 색소이자 항산화제)으로 분류되고 phenyl group의 hydroxyl groups가 methoxy group으로 치환된 위치와 수에 따라 peonidins(시아니딘으로부터 유도된 O-메틸화 안토시아니딘 및 1차 식물 안료), petunidins(델피니딘으로부터 유래되고 3-하이드록시 유형의 O-메틸화 안토시아니딘), malvidins(델피니딘의 3′,5′-메톡시 유도체인 O-메틸화 안토시아니딘)으로 나뉜다. 델피니딘은 안토시아니딘이며 식물의 주요 색소이자 항산화제이다.

안토시아닌의 분자구조를 분석해 보면 phenyl group에 hydroxyl group(−OH)이 증가하면 청색이 강해지고 methoxy group($-OCH_3$)가 증가하면 붉은색이 강해지는데 다양한 색다른 화학 결합에 따라 그 색깔 또한 달라지며 화학적 구조를 결정하는 비당체(비당 부분, aglycoside)과 당(glycoside, 당의 환원기와 당이나 화합물의 하이드록시기가 탈수 축합하여 생긴 물질)의 형태 및 유기산(organic acid)의 조합에 따라 550여 종에 달하는 안토시아닌이 자연계에 존재한다.

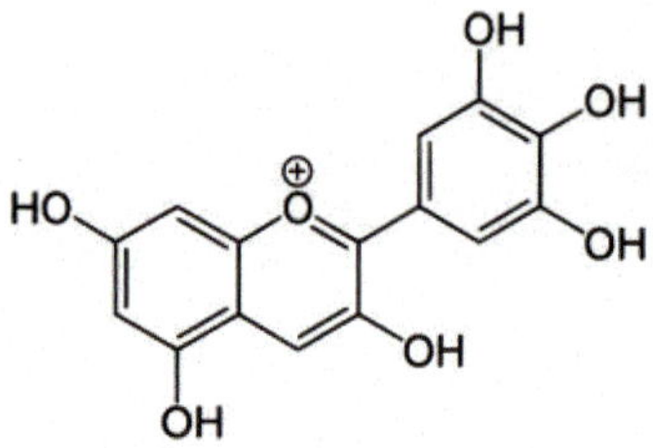

델피니딘(delphinidin)

Quiz

1. 포도와 유사하며 미국 타임지가 선정한 10대 슈퍼푸드 중 하나로 다양한 생리활성 기능을 가진 세계적으로 인기 있는 과일은 무엇인가?

2. 이것의 꽃받침은 완벽한 별 모양이며 이 별 모양으로 인해 아메리칸 인디언 부족의 연장자들은 '위대한 영혼이 별 모양 베리를 보내주셔서 기근이 든 동안 어린이들의 배고픔을 달래주었다'라고 말하곤 했다는 이것은 무슨 과일인가?

천연으로 존재하며 설탕과 유사한 단맛을 지닌 소르비톨

사과 과육의 투명한 성분인 꿀심은 생리장애로 생긴 과당 덩어리인 소르비톨(sorbitol) 성분이다. 정상적인 생육과정에선 소르비톨이 분해되어 과육으로 퍼져 자연스럽게 없어지나 성장과정에서 칼슘이 부족한 경우 과당 덩어리인 소르비톨이 분해되지 못해 꿀심으로 뭉쳐진다. 이렇게 덩어리로 섭취한다면 더 달고 맛있게 느껴져 꿀심이 많은 사과를 맛있는 사과로 인지할 수 있지만 실제 사과의 성장과정에서 흔히 생길 수 있는 생리장애 현상이다.

20.1 −OH기를 6개나 가지고 있는 설탕과 유사한 단맛

천연으로 존재하는 소르비톨(D-sorbitol)은 포도당과 같은 육탄당을 환원하여 얻는 6가 알코올의 일종으로 설탕과 유사한 단맛을 내며 화학식은 $C_6H_{14}O_6$이고 분자량은 182이다. 천연 감미료로 허가된 성분이며 분자 구조상 물과 수소 결합을 할 수 있는 −OH기를 6개나 가지고 있어 흡습성을 지닌 흰색의 결정으로 단맛이 나고 물이나 알코올에 잘 녹는다.

사과와 복숭아 등의 과일에 함유되어 있으며 화장용 로션과 크림, 치약과 식품 첨가제, ascorbic acid(vitamin C)의 합성 원료와 당뇨병 환자의 감미료 그리고 이뇨제 등의 필수 가정용품에 널리 사용된다.

HO, OH, OH, OH, OH, OH

소르비톨의 구조

해조류와 장미과 식물에도 많이 함유된 D-소르비톨은 세균에서 활발하게 대사작용에 참여하지만 동물에서는 생리학적 역할이 상당히 제한되어 있다. 저정낭(성숙한 정자를 사정(射精) 때까지 저장하는 주머니) 속에서 소르비톨은 환원효소인 NADPH(Nicotinamide Adenine Dinucleotide Phospate, 니코틴아미드 아데닌 디뉴클레오티드 인산의 환원형)에 의한 포도당의 효소적 환원으로 생성되며, 다시 재산화(reoxidation)되어 과당이 된다.

정액에서 정자를 제외한 부분인 정장(精漿) 속에 높은 농도로 존재하는 과당은 이러한 특수한 신진대사 반응으로 만들어진다. 섭취된 영양소를 소화한 후에 최종적으로 생성된 포도당이 충분한 경우, 이를 저장하기 위해 간에서 글리코겐을 합성하는 과정으로 혈액 내 포도당의 비율을 일정하게 유지하는 역할을 한다. 생체에 필요한 많은 영양소가 결핍된 상태인 기아 상태의 동물에게 포도당을 전달한 경우에도 적은 양만 소화 분해되며 대부분의 양은 글리코겐 합성의 재료가 된다.

20.2 효소 합성법을 이용한 소르비톨의 생합성

소르비톨의 합성법은 다양하다. 여기서는 효소 합성법을 이용하여 생합성 하는 방법을 소개한다. 먼저 글루코스(glucose)를 보조효소인 니코틴아마이드 아데닌 다이뉴클레오타이드(Nicotinamide Adenine Dinucleotide, NAD)와 함께 aldehyde reductase 효소에 의하여 소르비톨을 얻을 수 있다.

$$\underset{\text{glucese}}{C_2H_{12}O_6} + NADH + H^+ \xrightarrow{\text{aldehyde reductase}} \underset{\text{sorbitol}}{C_2H_{14}O_6} + NAD^+$$

아래 그림은 소르비톨 생합성에서 효소(aldehyde reductase)와 보조효소인 NAD의 글루코스와의 반응과정을 전자 흐름으로 표현하였다.

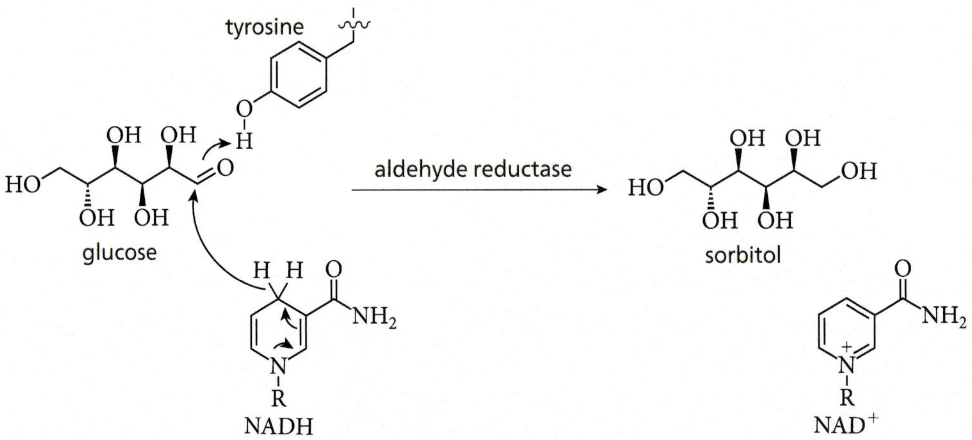

20.3 포도당을 환원시켜 소르비톨 합성

천연으로 존재하는 소르비톨의 또 다른 합성법으로는 전분과 덱스트린 그리고 맥아당 등의 분해반응에 의한 환원, 설탕 수용액의 가수분해에 의한 분리와 환원 그리고 과당의 환원 등이 있다. 그중 포도당을 환원시키는 방법이 가장 경제적이고 순수한 높은 석출량의 소르비톨을 얻을 수 있어 현재는 모두 이 방법을 쓴다.

천연 감미료인 소르비톨을 활용하는 한 방법은 황산 및 유기물을 촉매로 하여 가열하면 분자 내 1분자의 물 분자 탈수가 일어나서 헤테로원자 5원환 화합물(heteroatom 5-membered cyclic compound)인 솔비탄이 된다. 2분자를 탈수하면 관상동맥뿐만 아니라 모든 혈관 확장에 작용하는 솔바이드가 형성된다. 그 반응식은 아래와 같다.

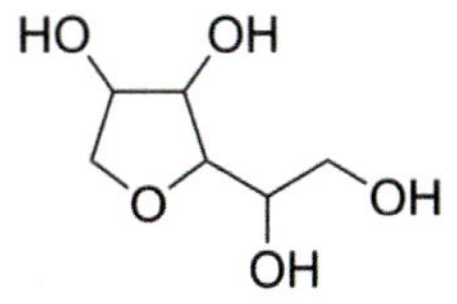

솔비탄의 구조

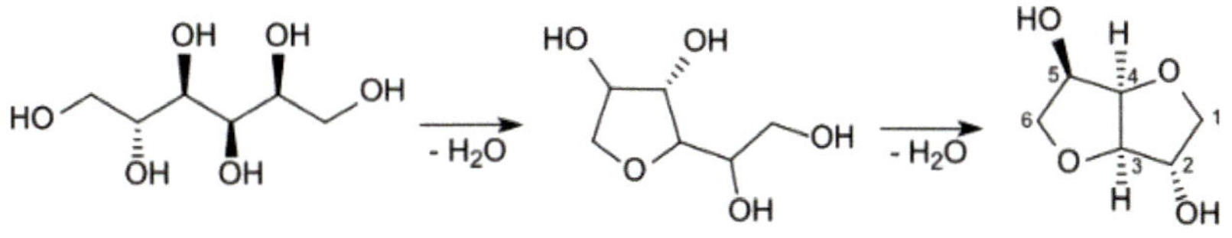

D-Sorbitol $\xrightarrow{-H_2O}$ 1,4-Sorbitan $\xrightarrow{-H_2O}$ Isosorbid

소르비톨에 촉매를 사용하여 지방산을 반응시키면 에스테르화되어 친유성(親油性)의 비이온성 계면활성제인 Span계(Sorbitan esters)가 얻어지고, 또 산화에틸렌을 부가하면 친수성(親水性)의 계면활성제인 Tween계(Ethoxylated sorbitan esters)가 얻어진다. 계면활성제는 표면활성제라고도 하며 물에 대하여 강한 표면활성을 나타내고 용액 표면에서 임계미셀농도 이상으로 미셀과 같은 회합체(會合體)를 형성하는 물질을 말한다.

20.4 물에 이온화되지 않고 용해되는 계면활성제

친수기(親水基)로 산화에틸렌을 가지며 물에 녹아도 이온이 안 되는 계면활성제를 말하며 비(非)이온 계면활성제는 일반적으로 고급 알코올류에 에틸렌옥사이드를 부가시켜 만든 물질이며 친수성기가 이온화되어 있지 않기 때문에 비이온 계면활성제라고 한다. 섬유 정련제와 액체세탁제 등의 주성분은 여기에 속하며 화장품 유화제, 제약용 유화제, 아이스크림 유화제 등에 이용하는 SPAN류(Sorbitan esters)와 TWEEN류(polysorbates) 등이 있다. 또 커피 프림의 주성분인 Monoglyceride도 여기에 속한다.

20.5 천연에 존재하며 피부 보습에 탁월한 효능

소르비톨은 해조류와 식물 특히 장미과 식물 중 마가목에 많이 함유되어 있다. 마가목은 널리 알려진 약재로 《동의보감》에서 정공등(丁公藤)이라 하여 "풍증과 어혈을 낫게 하고 노인의 기력을 보강하고 쇠약한 상태를 보(補)하고 성 기능을 높이며 허릿심과 다리 맥을 강하게 하고 뼈마디가 아리고 아픈 증상을 낫게 한다. 흰머리를 검게 하고 풍사(風邪)를 물리치기도 한다"라고 언급되어 있다. 이와 같이 천연에 존재하며 피부 보습에 탁월한 효능이 있는 소르비톨은 마가목의 열매와 건조 자두에는 15~20% 함유되어 있고, 양(羊)의 정낭과 혈액에도 약 10% 이상 존재한다.

한 분자당 −OH기를 6개나 가지고 있는 소르비톨은 간(肝)에서 sorbitol 탈수소효소 등의 작용을 받아 과당(fructose)으로 변환되어 에너지 생산에 도움을 주나 에너지의 원료인 포도당(glucose)과는 달리 혈당치와 insulin의 증가에는 전혀 관계가 없다. 소르비톨의 감미도는 자당의 55~65%이며 물과 수소 결합을 하여 많은 물 분자를 간직할 수 있어 식품의 보습과 품질개량제로 이용된다. 또한 비타민 C, 계면활성제의 원료 그리고 화장품, 고(高)칼로리 수액제 등의 의약품에도 사용되고 있다. 요즘 감미료로 새롭게 주목을 받는 자일리톨처럼 단맛을 내는 점은 같지만, 세균은 소르비톨을 분해하여 에너지로 사용할 수가 없다. 그래서 치약 등에 사용되며 가역 효과가 있어서 크림표면에 생기는 갈라짐을 방지하고, 갈라짐에 따른 수분 손실을 방지하는 동적 흡습도를 억제한다. '동적 흡습도'란 바람에 쐬어 말린 토양을 수증기로 포화 된 공기 중에 방치하여 흡착된 수분량을 바람에 쐬어 말린 토양의 중량 백분율로 환산한 값을 말한다.

20.6 소르비톨의 대량생산의 문제점

가공식품에 단맛을 주기 위하여 설탕 대신 D-소르비톨을 화학첨가제로 사용한다. 비록 설탕보다 덜 달지만 칼로리가 낮기 때문에 무설탕제품, 저칼로리 제품, 어린이용 건강식품 등에 쓰이고 있다. 실제로 사과와 같은 장미과의 과실에서 자연적으로 발견되는 천연성분이지만 원료의 단가를 낮추고 대량 생산하기 위하여 유전자 조작식물인 GMO 옥수수 또는 감자 등에서 포도당 성분을 추출한 다음 D-소르비톨을 추출한다. 그러나 이런 과정에서 니켈과 같은 촉매를 사용해 대량으로 추출하기 때문에 독성이 생길 수 있다.

과자, 비타민, 음료, 화장품, 변비 치료제, 특히 어묵과 게맛살, 젓갈 등에 소르비톨이 함유되어 있다. 과량 섭취하면 소화가 되지 않고 곧바로 장으로 내려가서 몸속의 수분을 흡수해 설사 및 복통까지 유발할 수 있어서 완하제(緩下劑)나 관장약의 성분으로 쓴다. 이는 장(腸)에 들어간 소르비톨이 물을 빨아들여 팽창하면서 장을 자극하여 배변을 유도하기 때문이다.

20.7 생활 속의 소르비톨의 역할

냄새가 없고 청량하며 단맛이 있으면서 수분을 저장하는 능력이 있는 대표적인 피부 보습 성분인 소르비톨은 무설탕 껌의 원료로 사용된다.

소르비톨은 공기로부터 수분을 흡수하여 피부 건조를 막고 피부가 부드럽게 느껴지게 한다. 히알루론산과 글리세린과 함께 대표적인 보습 성분으로 알려져 있으며 수분을 공급하는 능력이 탁월하다.

히알루론산은 아미노산과 우론산으로 이루어지는 복잡한 다당류의 하나로 N-아세틸글루코사민과 글루쿠론산으로 이루어진 고분자 화합물이며 눈의 초자체 또는 탯줄 등에 존재하는데 세균의 침입이나 독물의 침투를 막는 역할을 한다. 보습 효과가 좋은 소르비톨 역시 피부 유연제와 잘 어울려서 보습력이 높은 세럼과 크림, 연고 등에 사용되며 수용성 성분은 화장품에 쉽게 용해되도록 해주므로 클렌징이나 헤어 팩에도 첨가된다.

또한 소르비톨은 당뇨병 환자를 위한 감미료로도 사용된다. 소르비톨은 1 g당 2.6 kcal를 내는 에너지원이어서 1 g당 4 kcal를 내는 설탕보다 열량이 낮고 소화도 느리게 되기 때문에 설탕처럼 인슐린 수치를 급격히 상승시키지 않는다.

20.8 소르비톨의 안전성과 섭취량

단맛을 내기 위해 설탕 대신 사용하는 소르비톨의 하루 섭취량에 제한을 둬야 한다는 전문가의 의견이 있다. 식품첨가물의 일종인 소르비톨은 다량 섭취하면 설사 · 복통 · 구토 · 탈수 등을 일으킬 수 있는 것으로 알려져 있어서 천연물에서 유래한 것과 대량 합성된 것을 구분해야 한다는 주장이다. 유럽식품안전청(EFSA)은 소르비톨을 하루 20 g 이상 섭취하면 설사 등의 부작용이 나타날 수 있다고 경고했다. 일부 연구에서는 소르비톨 섭취량이 하루 5~10 g만 넘어도 문제가 될 수 있다는 결론이 나오기도 했다. 껌이나 사탕을 많이 섭취하면 소르비톨을 과량 섭취하기가 쉽다. 참고로 무설탕 껌에는 1 g당 5~10%의 소르비톨이 들어 있다. 한편 우리나라 식품의약품안전처에서는 소르비톨이 안전한 물질이므로 섭취 제한을 따로 할 필요가 없다는 입장이다.

Quiz

1. 천연으로 존재하며 포도당과 같은 육탄당의 알코올로 설탕과 유사한 단맛을 지닌 물질은 무엇인가?

2. 냄새가 없고 청량하며 단맛이 있으면서 히알루론산과 글리세린처럼 수분을 저장하는 능력이 탁월한 대표적인 피부 보습 성분 물질은 무엇인가?

NUT EXPLORATION

제 21 장

충치 예방에 적합한 천연 감미료인 자일리톨

충치의 원인이 되는 산을 형성하지 않는 천연 감미료인 자일리톨(xylitol)은 비타민 D, 칼슘과 함께 과학적으로 질병 예방 효과가 입증된 건강 기능식품이며 그중에서도 최상위 등급인 질병발생 위험감소 등급이다. 옥수수 대를 빨면 나오는 단맛이 바로 자일리톨 맛이며 자일리톨은 당류(단당류, 다당류) 함량이 0%다. 하지만 탄수화물의 일종이라 분해되면 당이 생기며, 설탕의 약 6분의 1 정도의 혈당지수(혈당 상승 정도)를 지니고 있다. 열량 또한 설탕의 절반 정도이기에 다른 설탕 대체제와 비교해 그리 열량이 낮은 편은 아니다. 자일리톨도 당알코올 특성상 조금만 많이 먹으면 장의 수분을 빼앗고 가스가 차기 때문에 폭풍 설사를 할 가능성이 높다. 즉 당뇨에 영향을 줄 만큼 많이 섭취(50 g)하면 이미 설사 문제로 고생할 것이기 때문에 자일리톨을 과다 섭취하는 것 자체가 쉽지 않다.

21.1 치의학 분야인 충치 예방에 적합한 천연 감미료인 자일리톨

자일리톨의 분자식은 $C_5H_{12}O_5$[화학식은 $CH_2OH(CHOH)_3CH_2OH$]이고 분자량은 152인 설탕의 대체감미료이다. 최근 감미료로 주목을 받고 있으며 추잉껌과 제과 그리고 의약품과 구강 위생제 등에 사용되는 당알코올계(系) 감미료인데 주로 자작나무와 떡갈나무, 옥수수와 벚나무 그리고 채소와 과일 등의 식물에 함유되어 있다. 1890년대에 처음으로 알려져서 제2차 세계 대전 이후 수요가 급격히 늘었고 당뇨병 환자용 감미료를 거쳐서 1970년대 초부터 치의학 분야인 충치 예방에 적합한 천연 감미료로 인정을 받았다.

인체 내에서 포도당 대사의 중간물질로 생성되는 자일리톨은 6개의 탄소로 만들어지는 6탄당인 포도당과는 달리 5개의 탄소와 5개의 $-OH$기가 존재하는 특유한 5탄당 구조를 되어 있다. 핀란드산(産) 자작나무에서 주로 추출돼서 일명 '자작나무 설탕'으로 불리며 그 당도는 설탕과 거의 비슷하다.

자일리톨의 구조

특히 충치의 원인은 치아가 당을 분해할 때 생기는 산(酸)에 의해 치아의 에나멜질이 녹는 현상 때문인데 자일리톨 분해 시 충치의 원인이 되는 산을 형성하지 않아 이런 작용을 억제한다. 그래서 더욱 관심이 커져 천연 감미료로 두각을 나타내고 있으며 주로 핀란드에서 생산되고 있다. 자작나무나 떡갈나무 등의 수목에서 채취되는 성분을 원료로 하여 치과용 혹은 다양한 형태의 껌(gum)으로 만들어져 사용하고 있다.

연쇄상구균의 일종으로 충치균인 뮤탄스균(충치균(蟲齒菌)은 학명이 스트렙토코쿠스 뮤탄스(streptococcus mutans)이며 글루코스 등 당류를 분해하여 젖산을 생성하는 세균인 락토바실루스와 함께 충치의 주 원인균이다. 우리의 구강 내에 서식하고 있는 균인 뮤탄스는 치아를 검게 썩게 만드는 반면에 락토바실루스는 치아를 검게 만들지는 않지만 치아를 삭게 만든다. 충치균들이 오탄당인 자일리톨을 발효 분해시키지 못해 당을 분해할 때 생기는 산의 생성이 불가능해져서 치아를 보호하거나 손상된 치아 표면을 복원할 수 있도록 도움을 주게 된다.

또한 인슐린 분비를 촉진하면서도 인슐린 작용에 관여하지 않고 세포에 들어가서 혈당에 전혀 영향을 미치지 않는 특성이 있어 의료용으로 비만 및 당뇨병 환자에 포도당 대체물질의 에너지를 보급해 주는 목적으로 사용한다.

21.2 포도당으로부터 자일리톨이 생성되는 생합성 경로

자일리톨의 합성법은 다양하지만 아래 그림에서는 포도당으로부터 자일리톨이 생성되는 생합성 경로를 보여준다. 포도당으로부터 자일리톨이 생성되는 생합성 경로는 pentose phosphate pathway(PPP, 5탄당 인산 경로)와 여러 단계를 거친다.

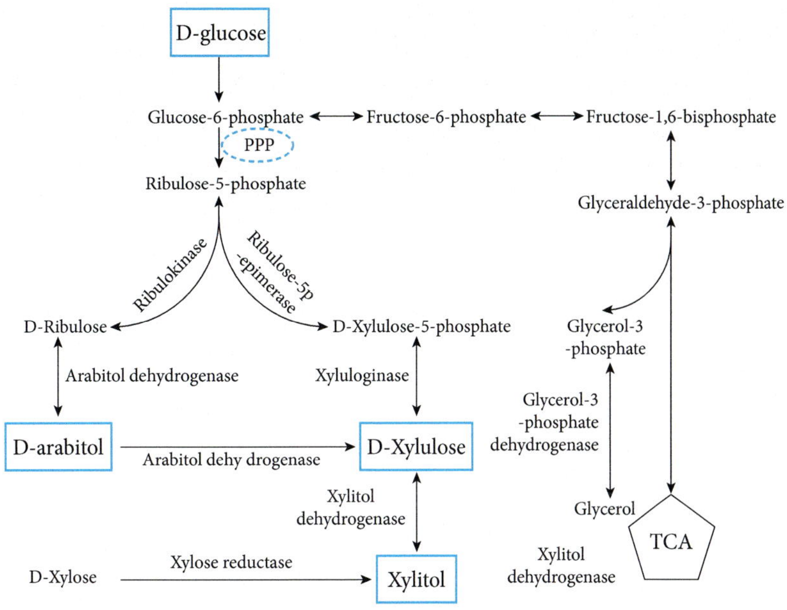

포도당으로부터 자일리톨이 생성되는 생합성 경로

그 다음 아래의 그림은 D-arabitol로부터 자일리톨이 합성되는 단계인데 첫 번째 단계는 D-arabitol을 보조효소인 산화형 $NADP^+$[니코틴아미드 아데닌 디뉴클레오티드 인산(Nicotinamide Adenine Dinucleotide Phospate)의 산화형]과 함께 효소인 D-arabitol dehydrogenase를 반응시키면 D-xylulose을 얻을 수 있다.

두 번째 단계는 D-xylulose을 보조효소인 NADH[니코틴아마이드 아데닌 다이뉴클레오 타이드(Nicotinamide Adenine Dinucleotide, NAD)의 환원형]과 효소인 xylitol dehydrogenase를 반응시키면 천연 감미료인 자일리톨을 얻을 수 있다.

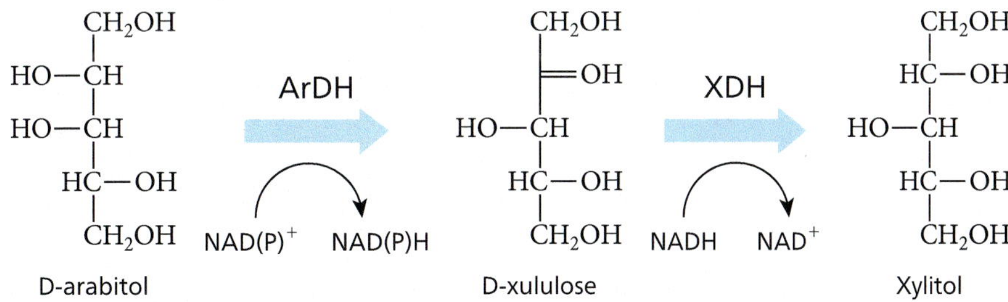

D-arabitol의 생체 내 변화에 의한 Xylitol 합성

- ArDH(D-arabitol dehydrogenase), XDH(xylitol dehydrogenase)
- NADPH [니코틴아미드 아데닌 디뉴클레오티드 인산(Nicotinamide Adenine Dinucleotide Phospate)의 환원형]
- NADH [니코틴아마이드 아데닌 다이뉴클레오타이드(Nicotinamide Adenine Dinucleotide, NAD)의 환원형]

21.3 자일리톨을 합성 생산하는 방법

줄기의 껍질이 종이처럼 하얗게 벗겨지고 얇은 자작나무를 잘게 쪼개서 물에 넣고 가열하면 다당체인 자일란(xylan)이 분해된다. 그리고 알데하이드기(−COH)를 가진 오탄당인 자일로스(xylose)로 바뀌고 여러 공정을 거치며 순도를 높인 뒤 환원시키면 5개의 −OH기를 가진 자일리톨이 된다. 자일리톨을 합성 생산하는 방법은 많으며 헤미셀룰로스를 원료로 하거나 옥수수 등을 발효시켜 만드는 방법도 있으며 최근까지는 핀란드에서 자작나무를 통해 추출해서 생산된 자일리톨이 주종을 이루고 있다.

콜리플라워

벌레가 서식하지 않을 정도로 방어력이 특출한 자일리톨은 자작나무뿐만 아니라 서양 자두나무, 딸기, 콜리플라워 등의 채소와 과일 등에 몇 mg/g 이하의 적은 양이 존재하는 천연성분이다. 하지만 감미료 등으로 사용하기 위하여 자일로스 상태에서 화학적인 공정을 통하여 추출하므로 식품위생법상 화학적 합성물로 분류되어 있다.

21.4 벌레가 서식하지 않을 정도로 방어력이 특출한 자일리톨의 충치 예방 효과

최근 감미료 분야에서 새롭게 주목받고 있는 자일리톨이 충치를 예방하는 원리는 자일리톨이 5탄당 구조로 되어 있는데 충치균들이 6탄당은 쉽게 분해해 치아의 에나멜층을 녹이는 산을 만들 수 있지만 5탄당인 자일리톨에 대해서는 전혀 분해하지 못한다. 충치는 충치균인 뮤탄스균이나 글루코스 등 당류를 분해하여 젖산을 생성하는 세균인 락토바실루스 그리고 다른 충치 유발 세균인 소르비누스균이 음식물에 들어 있는 포도당 혹은 과당 등을 먹고 배출하는 젖산이 치아의 표면을 부식시키는 현상을 말하는데 자일리톨이 충치를 예방할 수 있는 것은 충치의 원인인 젖산과 같은 산(酸)을 발생시키지 않으며 그 이유로 충치균이 영양소를 섭취하지 못하여 그대로 치아 표면에서 떨어져 나가기 때문이다.

또한 자일리톨은 입안을 개운하게 해 주는 청량 효과와 침 분비를 촉진하는 등의 역할을 하며 특히 충치 예방에 매우 적합하므로 충치를 예방하려는 목적의 식품첨가물로 널리 이용되고 있다.

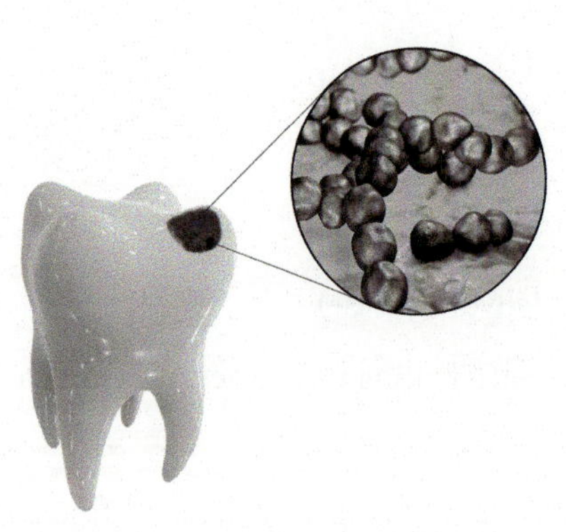
뮤탄스균

치아 유리질의 도료로 매끄러운 감촉과 광택을 나타내는 에나멜[수산화인회석, $Ca_5(PO_4)_3(OH)$, 혹은 $Ca_{10}(PO_4)_6(OH)_2$]은 음식을 씹거나 내부 조직을 보호하는 데 적합하지만 산(acid)에는 매우 무르고 약하다. 치태와 치석 속에 사는 뮤탄스균(Streptococcus mutans)은 음식물 찌꺼기 등을 먹고 소화 분해해서 젖산

(lactic acid)을 분비한다. 젖산과 생리적 조건 아래에서 열역학적으로 가장 안정한 수산화인회석[$Ca_{10}(PO_4)_6(OH)_2$, 인산칼슘 화합물]이 입안에서 침과 함께 반응하면 분해되어 이온(Ca^{2+} 혹은 PO_4^{3-})이 형성되며 물에 쉽게 씻기므로 치아의 에나멜질이 녹는 것이다.

치아 유리질의 도료로 에나멜질의 표면이 닳아 제거되면 약하고 무른 부분에 구멍(cavity)이 나며 그것이 충치가 된다. 음식 찌꺼기를 먹으면 소화 분해되어 입안에 사는 수많은 충치균에 의해 산을 비롯한 각종 대사물질을 만들어 내므로 우리는 식사 후에 입안을 물로 헹구어 주는 단순한 일만으로도 충치 예방에 큰 도움이 될 수 있다.

21.5 입안에서의 산 · 염기 중화반응

양치하고 물로 입안을 헹구는 과정은 단단한 에나멜질인 수산화인회석의 표면을 치약 조성물질인 탄산칼슘과 인산칼슘 그리고 염화마그네슘 등의 고체 광물(연마제)로 문지르는 일이다. 그렇게 되면 치아 표면 및 틈새에 있는 각종 음식 찌꺼기는 물론 치태(齒苔)와 치아의 표면에 붙는 단단한 부착물인 치석(齒石)이 제거된다. 식사 후 입속에 남은 음식 찌꺼기의 당(糖) 성분 혹은 다당체(polysaccharide) 등으로 형성된 얇은 막인 치태는 입안의 각종 세균의 보금자리이다. 이것은 칼슘이온(Ca^{2+})을 비롯한 다른 물질과 결합하여 더욱 단단해지면서 치석(tartar)이 된다. 치약으로 이를 닦으면 치아의 고체인 에나멜과 앞서 언급한 치약의 조성물질이며 고체인 연마제가 서로 물리적 마찰을 일으켜서 더 무른 고체인 에나멜에 상처(scratch)가 나거나 혹은 마모(abrasion)가 된다.

입안에서의 산 · 염기 반응을 간단히 살펴보려면 부엌 주방에서 흔히 사용하는 베이킹소다(중탄산나트륨, $NaHCO_3$)를 녹인 물로 입안을 헹구는 경우를 들 수 있다. 입안에 존재하는 충치균들이 뿜어내는 젖산을 포함하여 다양한 산을 중화하려면 염기 용액으로 입안을 헹구면 된다. 즉 베이킹소다(중탄산나트륨, $NaHCO_3$)를 녹인 물이 바로 염기 용액이므로 입속의 존재하는 산과 반응할 수 있는 산 · 염기 중화반응으로 물과 염(중성 분자)을 생산할 수 있다. 이처럼 매우 간단한 산 · 염기 중화반응을 일상생활에 적용할 수 있듯이 화학이라는 학문과 반응물질에 대한 이해의 폭을 조금만 넓히면 도움을 받을 수 있는 일들이 많이 있다.

21.6 충치균인 뮤탄스균에 의해 소화되지 않는 자일리톨

치약에 첨가되는 조성물질의 하나인 자일리톨은 충치균인 뮤탄스균이 소화 분해할 수 없는 5탄당이다. 그 결과 당을 소화 분해하지 못해 소화불량이 된 충치균은 젖산과 같은 산을 방출하지 못하게 되어 치아의 에나멜층이 산에 의해 침식되는 것을 어느 정도 예방할 수 있다. 달콤한 맛과 청량감을 내기 위하여 치약의 조성물질로 자일리톨을 첨가하였는데 뜻밖에 충치 예방에 좋은 효과가 생겼다. 이것은 청량감을 주며 또한 식사 후 입속에 남은 음식 찌꺼기의 당(糖) 성분 혹은 다당체(polysaccharide) 등으로 형성된 얇은 막인 세균의 근거지인 치태를 제거해 준다. 그리고 입안의 침 속에 녹아 있는 칼슘이온과 인산이온이 반응하여 새로운 유리질의 도료로 매끄러운 감촉과 광택을 나타내는 에나멜질이 새롭게 형성될 수도 있게 한다. 그렇기에 치과에서 정기적인 치아에 낀 치석(齒石)을 제거하는 스케일링(scaling)을 해서 치태와 치석을 제거하면 좋다. 그리고 평소에 이를 잘 닦고 자주 입안을 청결한 물로 씻어주며 관리하는 습관을 들인다면 상당한 경제적 이득을 얻게 되면서 건강과 행복지수까지 상승하는 기쁨을 맛볼 수 있을 것이다.

Quiz

1. 1890년에 처음으로 알려져서 제2차 세계대전 이후 수요가 급격히 늘었고 치의학 분야인 충치 예방에 적합한 천연 감미료는 무엇인가?

2. 치태와 치석 속에 사는 뮤탄스균은 음식물 찌꺼기 등을 먹고 소화분해해서 이것을 분비한다. 이것과 수산화 인화석이 입안에서 침과 함께 반응하면 분해되어 이온이 형성되며 물에 쉽게 씻기므로 치아의 에나멜질이 녹는 것이다. 이것은 무엇인가?

NUT EXPLORATION

제22장

일반 포도보다 훨씬 달고 크며 특히 씨가 없는 샤인 머스캣

22.1 진짜 달콤한 샤인 머스캣

샤인 머스캣(shine muscat)은 포도(학명: *Vitis vinifera*)의 재배 품종 가운데 하나이며 세계적으로 생식용, 포도주, 건포도 등으로 널리 재배되고 있다. 생과육은 맑은 연두색, 하얀색, 노란색, 초록색 등 여러 가지 색을 띠고 있으며 생과육의 포도와 포도주는 달콤한 꽃향기를 낸다. 샤인 머스캣(Shine muscat)은 일본 히로시마 현 농업 연구소 포도 연구 센터에서 육성된 품종으로 다른 농작물에 비해 특별히 일찍 8월 중순에 성숙하는 조생종이다.

우리나라에는 2019년도부터 시중에 판매되기 시작했으며 일반 포도보다 훨씬 달고 크며 특히 씨가 없어 더욱 유행하기 시작해 명절선물 세트에 나올 정도로 그 인기가 엄청나다. 또한 샤인머스캣 농장도 많이 생겨났으며 외국 품종인 만큼 일반 포도에 비해 비싸지만 단맛은 일반 포도에 비해 훨씬 달콤하다.

22.2 샤인머스캣 생과육의 영양성분

샤인머스캣 생과육의 영양성분 100 g당 함량을 살펴보면 에너지는 73.03 kcal, 요오드는 3.23 μg, 수분은 80.37 g, 베타카로틴(beta(β)-carotene)은 95.25 μg, 단백질은 0.44 g, 비타민 B1은 0.15 mg, 지질은 0.84 g, 회분은 0.43 g, 니아신(niacin)은 0.06 mg, 탄수화물은 17.93 g, 총 당류는 18.34 g, 비타민 B6는 0.01 mg 함유되어 있다. 생물체를 구성하는 원소 중에서 탄소 · 수소 · 산소 등의 3원소를 제외한 생물체의 무기적 구성요소인 무기질의 함양은 칼슘은 6.10 mg, 마그네슘은 8.23 mg, 인은 20.08 mg, 칼륨은 227.81 mg, 나트륨은 0.87 mg, 아연은 0.25 mg, 망간은 0.11 mg, 몰리브덴은 0.53 μg으로 존재한다.

주영양소나 무기염류는 아니지만 물질대사나 신체 기능을 조절하는 데 필수적인 영양소이며 다량이 필요하진 않고 소량으로 인체에 작용하지만 체내에서 합성이 불가능하거나 가능하더라도 필요량에 못 미치는 매우 미미한 수준이어서 반드시 섭취를 통해 보충해줘야 하는 영양소인 비타민은 비오틴(biotin)이 0.12 μg, 엽산(DFE, dehydrofolate)은 9.54 μg, 비타민 C는 3.75 mg, 비타민 E는 0.12 mg, 비타민 K1은 14.97 μg 함유되어 있으며 총 다중 불포화 탄화수소가 0.02 g, 오메가3 지방산이 0.01 g 내재되어 있다. 포도라는 과일 자체가 무기질과 비타민이 그리 풍부하지 않은 편이지만 샤인머스캣은 일반적인 포도 품종들에 비해서 풍부한 농도의 무기질과 비타민이 존재한다. 대부분의 필수 영양소가 미량으로 고르게 함유되어 있으며 그중에서 칼륨, 비타민 K, 비타민 E, 비타민 B1의 함량은 매우 뛰어난 편이다. 수분도 80% 이상으로 샤인머스캣은 전반적인 전해질의 손실을 보충하는 데 좋은 생과일이다.

22.3 샤인 머스캣의 맛과 향

최근 국내에서 신품종 포도 품종으로 샤인 머스캣이 식탁용 포도로 각광받고 있다. 샤인 머스캣은 가격이 비싸도 단맛이 뛰어나고 신맛이 별로 나지 않는 특유의 진한 맛으로 소비자들의 관심을 끌었다. 2백 가지 넘게 변종을 가지고 있으며 세계에서 가장 오래된 포도 품종인 머스캣의 맛은 소비자 선호도를 결정하는 가장 중요한 속성인데 그중에서 샤인 머스캣의 맛이 유별나게 특이하다.

두 개의 이소프렌(isoprene) 단위로 구성되어 있는 10개의 탄소를 가지는 테르펜(terpene) 계통의 물질인 모노테르펜(monoterpene) 화합물은 머스캣 포도 품종의 독특한 맛과 풍미와 매우 밀접한 관련이 있다. 특히 리날룰(linalool), 제라니올(geraniol), 네롤(nerol), 시트로넬롤(citronellol, 무색 투명한 액체로 감귤류 향료 조합 및 음료에 사용하는 착향료), α-테르피네올(α-terpineol)을 포함한 테르펜 알코올은 머스캣 포도 품종의 주요 아로마 화합물(aroma compounds)로 알려져 있으며, 이들의 화학적 구조는 다음과 같다.

HO CH$_3$ · H$_2$C · H$_3$C CH$_3$ H$_3$C OH · CH$_2$ · H$_3$C CH$_3$ OH   OH

(S)-(+)-linalool (left)
(R)-(−)-linalool (right)

geraniol

nerol

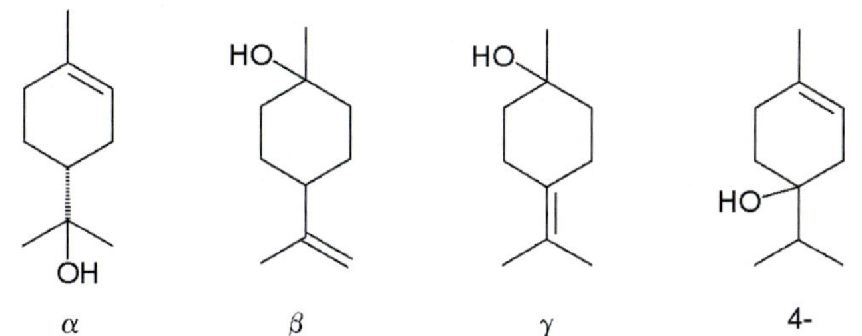

terpineols: α-terpineol, β-terpineol, γ-terpineol, 4-terpineol isomer
머스캣 포도 품종의 주요 아로마 화합물의 화학 구조

특유의 샤인 머스캣 향에 이끌려 베리 숙성 과정에서 머스캣 포도 품종의 향미 화합물의 개발 및 유도체 개발은 더욱 널리 연구되었다. 베리 숙성 과정에서 알렉산드리아의 머스캣의 휘발성 모노테르펜 화합물의 변화를 조사한 결과 유리 리날룰(linalool)의 농도가 당과 작용기가 결합한 물질인 글리코사이드(glycoside, 배당체)의 농도와 평행하게 숙성할수록 증가하는 것을 발견했다. 다양한 머스캣 포도 품종의 모노테르펜 화합물 농도를 비교한 결과를 분석하면 리날룰(linalool)과 제라니올(geraniol)이 머스캣 포도 품종에서 가장 중요한 아로마 화합물(aroma compounds)이라는 것을 알아냈다.

머스캣 기반 와인인 아스티 스푸만테(asti spumante)와 모스카토 다스티(moscato d'Asti)의 향미 화합물 변화를 평가한 결과를 분석해 보면 두 가지 머스캣 기반 와인 모두에서 리날룰(linalool), 베타 다마스케논(β-damascenone, 사과향), 에틸 헥사노에이트(ethylhexanoate), 에틸 옥타노에이트(ethyloctanoate) 수준의 농도 변화를 보였으나 우리에게 매력적인 샤인 머스캣 포도의 숙성 중 향미 화합물 평가 농도분석은 아직 정확하게 조사되지 않았다. 특히 우리나라에서는 흥미로운 향미에 관련된 어떠한 연구도 이루어지지 않고 있으며, 샤인 머스캣 포도에 대한 소비자 수요 증가와 가격 상승으로 인해 경쟁적으로 많은 포도 재배농가들이 성숙되지도 않은 열매를 수확하여 판매하게 되었고, 이에 따라 샤인 머스캣 포도의 품질이 떨어져 상품가치가 낮아지고 있다. 앞으로 샤인 머스캣 포도의 생화학 및 향미 변화를 숙성 단계별로 분석해 샤인 머스캣 포도의 풍미 특성에 영향을 미치는 요인을 파악하며 특이하며 달콤한 향미 화합물의 개발 및 유도체 개발에 큰 관심을 가진다.

22.4 샤인 머스캣의 3가지 중요한 효능

샤인 머스캣은 비타민이 풍부하며 거의 수분으로 채워져 있어 미용과 면역력에 좋으며 철분도 풍부하여 빈혈 예방도 된다. 항산화 성분으로 우리 두뇌에 필요한 폴리페놀 성분이 있어 두뇌 활동을 왕성하게 해주며 안토시아닌이 풍부하여 눈 건강에도 좋으며 노화 방지와 항암, 혈압 개선까지 도와주는 필요한 과일이라고 마치 신통방통한 과일로 알려져 있다.

샤인머스캣은 청포도이면서 껍질이 얇고 잘 벗겨지지 않아 껍질째 먹을 수밖에 없으며 껍질과 함께 먹기에 껍질에 함유되어 있는 영양분도 다 섭취할 수 있어 건강에 매우 좋다고 한다. 다른 포도들보다 당도가 꽤 높고 신맛이 적어 더욱 달게 느껴지며 씨가 없어 부담 없이 먹을 수 있다. 우리에게 껍질 색깔부터 매력적인 샤인머스캣은 변비를 예방하고 장 건강을 지켜주며 칼륨이 풍부하여 골다공증 예방에 도움이 된다고 알려져 있다. 또한 비타민과 구연산 유기산이 풍부하여 피로회복은 물론 피부미용에도 도움을 주며 노화 방지 및 개선에 도움을 주며 나트륨 배출도 도와준다. 철분이 많아 빈혈이 있으신 분과 성인병 예방에 좋다.

샤인 머스캣에는 항산화능력이 탁월한 레스베라트롤(resveratrol) 성분이 들어 있어 암세포의 증식을 억제해주며 각종 암을 예방하는 효과가 있다. 가격이 만만치 않아 평소에는 잘 먹질 못하지만 일반적인 청포도와는 다른 색다른 맛과 향을 느낄 수 있는 샤인머스캣의 3가지 효능에 대해 정확하게 알아보자.

▸22.4.1 샤인 머스캣의 칼로리와 효능 1

샤인머스캣의 열량은 100 g 기준 66 kcal로 여러 과일과 비교하여 상당히 높은 편에 속하며 비슷한 대부분의 포도 품종(~60 kcal)에 비해서도 약간 높다.

15 g 이상의 당질(carbohydrate, 탄수화물 또는 함수탄소라고도 불리며 식물계에 널리 존재)에서 대부분의 열량이 발생하며 구성성분을 보면 포도당이 7 g, 과당이 8 g 정도의 비율로 존재한다. 샤인머스캣은 단맛이 강한 만큼 많은 양의 당의 성분들을 함유하고 있어 무의식적으로 섭취하다 보면 다이어트에 악영향을 미칠 수 있어 주의해야 한다.

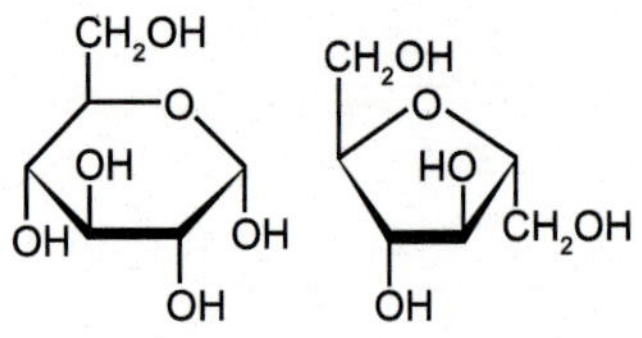

포도당 과당

▸22.4.2 샤인 머스캣의 생리활성 성분과 효능 2

껍질을 거부감 없이 생과육과 함께 섭취하는 샤인머스캣은 거의 대부분의 과일이 그러하듯 껍질에 많은 양과 농도의 생화학 물질이 함유되어 있어 인체의 물질대사에 이로운 역할을 한다. 또한 샤인머스캣은 다양하며 절대적인 생화학 성분의 농도와 함량 역시 뛰어난 편으로 항산화 능력을 나타내는 가장 높은 총 페놀 함량과 최고의 DPPH(α,α-디페닐-β-피크릴히드라질, α,α-diphenyl-β-picrylhydrazyl) 라디칼(radical, 불안정하고 이로 인해 큰 반응성을 가지며 짝짓지 않은 전자를 가지는 원자단) 제거 능력을 가지고 있다.

독립적으로 존재하는 화학종으로 쌍을 이루지 못한 전자는 화학 반응을 급격하게 일으키며 퇴행성 질환이나 암의 원인이 된다. 라디칼 제거 활성을 발휘하는 성분들로는 캠퍼롤(kaempferol, 지방과 DNA의 산화 위험을 막고 강한 항산화작용을 하며 암세포 형성을

억제하는 화학적 예방 작용제)을 비롯한 플라보노이드(flavonoid, 식품에 널리 분포하는 노란색 계통의 색소), 루틴(rutin, 플라보놀 배당체의 하나), 카테킨(catechin, 폴리페놀 일종으로 녹차의 떫은 맛성분), 에피카테킨(epicatechin, 산화 방지 활성과 항발암성과 항돌연변이원성이 있는 녹차와 홍차에 들어 있는 카테콜의 하나), 레스베라트롤(resveratrol, 항암 및 강력한 항산화 작용을 하며 혈청 콜레스테롤을 낮춰 주는 역할) 등이 있다.

앞서 언급했듯이 비록 칼로리는 높지만 피부건강 및 항산화 측면에서 샤인머스캣은 이로운 과일이다.

kaempferol rutin catechin resveratrol

▶ 22.4.3 샤인 머스캣의 식이섬유와 효능 3

샤인머스캣은 많은 양의 식이섬유(소화효소로 분해되기 어려운 난소화성 고분자 물질로 과일 · 해조류 등에 많이 들어 있는 섬유질 또는 셀룰로스)를 함유하고 있는 과일이다. 물에서의 용해성을 기준으로 식이섬유 구성을 분석해 보면 수용성 식이섬유가 1.1 g이며 불용성 식이섬유가 1.2 g으로 균형 잡혀 있는데 이는 우리나라에서 가장 많이 재배되며 전체 생산의 약 80%를 차지하는 캠벨얼리(campbell early)에 비해 약 1.5배 정도 많은 양이다.

식이섬유는 포만감과 장내 미생물의 영양소, 콜레스테롤 배출, 변비 해소 등의 기능성을 가지고 있는 난소화성 고분자 섬유 성분으로 변비 예방, 비만 방지, 혈당 상승 억제 등의 생리활성을 가지고 있다. 결론적으로 샤인 머스캣은 장을 비롯한 전반적인 소화 기능의 건강과 장내에서 식염과 결합하여 몸 밖으로 배출시켜 혈압 상승을 막아주는 우리에게 큰 도움을 주는 포도 중의 포도다.

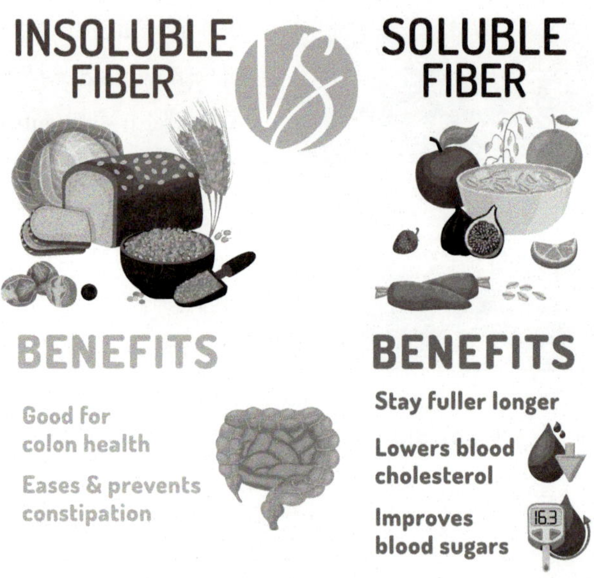

22.5 샤인 머스캣의 주변 이야기

한국의 샤인 머스캣 재배의 경우 경상북도 김천을 시작으로 영천과 상주의 농가를 중심으로 활발히 이루어지고 있다. 그 때문에 데코폰(한라봉, 오래 가고 당도도 높아 인기 있는 감귤)이나 아키히메(단맛이 강하고 신맛이 적으며 살이 지나치게 부드러워 무르기 쉽고 오랜 기간의 저장은 바람직하지 않음)처럼 로열티(royalty, 특허권 · 실용신안권 · 상표권 등의 공업소유권의 사용료)를 내지 않고 재배하고 있다.

한국어 표기는 샤인 머스캣이며 씹으면 씹을수록 망고와 비슷한 향이 느껴지기에 '망고포도'라는 별명으로도 불린다. 그냥 스쳐 지나기엔 힘들 정도의 번들거리는 밝은 연두색이 도는 얇은 껍질이 특징이며 과육에 씨가 없어 그냥 먹기 편하고 적당히 큼직한 크기와 높은 당도 그리고 싱그럽고 달콤한 향으로 인기가 너무 좋다. 대형마트와 청과 가게를 통해 비싸지만 활발히 유통되며 포도 농가에서 너도나도 재배할 만큼 인기가 많은 청포도 과일이다.

22.6 망고포도 샤인 머스캣

당도는 평균 17~22 Brix(미국에서 포도와 와인에 들어 있는 당을 재는 단위, 1 Brix란 포도주스 100 g에 들어 있는 1 g의 당을 말함) 정도로 다른 포도 품종 중에서도 꽤 높은 편이다. 일반 포도 껍질 특유의 시큼함과 억센 질감이 거의 없으며, 생과육은 물컹하지 않고 형태가 뭉개지지 않을 만큼 적당히 단단하며 식감은 매우 부드러운 편이며 달콤하다.

수확 시기는 같은 포도 종류 중에서 가장 늦으며 여름이 아닌 10월 말쯤까지 생과육의 맛을 제대로 느낄 수 있다. 시판되는 샤인 머스캣은 씨가 전혀 없어 껍질째로 즐겁게

먹을 수 있는데 원래는 일반 포도처럼 씨가 있지만 식물에 사용되는 성장 호르몬인 지베렐린(gibberellin, 고등식물의 식물생장조절제)을 처리를 해 대사과정의 부작용으로 씨가 없어진 것이다. 우리에겐 상당히 고급스런 포도로 인식되고 있는데, 풍부한 달콤한 맛과 일반 포도에 비해 비싼 가격의 영향도 있다. 실제 비싼 가격은 알 솎기와 지베렐린 작업 등 생화학 반응을 통해 씨가 없고 알이 굵도록 재배하는 데 일손이 매우 필요해 인건비가 일반 포도에 비해 더 들기 때문이다.

지베렐린(gibberellin)

샤인 머스캣은 당도가 높긴 하지만 그것에 비례하여 수분 함량도 꽤 높은 편이어서 샤인 머스캣의 즙을 짜내 발효시킬 경우 묽은 와인이 만들어지며 샤인 머스캣 특유의 맛과 망고 향을 제대로 표현해 내기 어렵다. 계속되어진 연구를 통해 샤인 머스캣과 같은 비싼 포도로 와인을 제조하려 하는 것보다 단순히 샤인 머스캣의 생과육을 후식이나 디저트로 즐길 것을 추천한다.

22.7 소비자의 케바케

포도 농장을 경작하는 농민들은 샤인 머스캣 과잉 생산 열풍으로 가격 폭락을 우려하기도 하며 샤인 머스캣 껍질은 얇다고 알려져 있으나 최근 국내 생산품 가운데는 껍질이 질긴 것도 있다. 같은 마트나 편의점에서 파는 샤인 머스캣 제품에도 껍질이 질긴 것과 얇은 것이 뒤섞여 있으며, 심지어 같은 판매일 같은 제품 안에서도 어느 것은 질기고 어느 것은 얇다.

샤인 머스캣을 먹고 싶어 구입하는 소비자가 이런 사실을 알고 무척 세심하게 구입하거나 일일히 분석하듯 알아채는 건 거의 불가능하니 그냥 케바케(case by case, '케이스 바이 케이스'를 줄여 이르는 말)라고 생각하는 게 편하다. 청포도인 샤인 머스캣을 반려동물(companion animal, 사람과 더불어 사는 동물)들에게 주는 사진이나 동영상이 가끔 인터넷에 보이는데 여기서 나오는 새, 다람쥐, 라쿤들도 아주 맛있게 먹는 듯하다. 그러나 개나 고양이에겐 청포도인 샤인 머스캣 한 알만으로도 치사율도 높은 급성신부전을 일으킬 수 있기에 매우 해로우니 절대로 주지 말자.

비싼 금액을 주고 사먹고 싶지 않을 만큼 맛이 없는 샤인 머스캣도 있는데 이런 이유는 샤인 머스캣 재배 열풍이 불면서 공급에만 신경 써 제대로 된 재배법과 수확법을 적용시키지 않아 생긴 일탈이다. 최근에는 우리의 농촌진흥청에서 개량한 붉은 색상의 신품종인 '홍주 씨드리스(Hongju Seedless)'가 레드샤인 머스캣으로 판매되고 있다.

Quiz

1. 포도 재배 품종 가운데 하나이며 생식용, 포도주, 건포도로 재배되고 있고 일반 포도보다 훨씬 당도가 높고 씨가 없는 과일은 무엇인가?

2. 이것은 비타민과 철분이 풍부하며 항산화 성분으로 두뇌에 필요한 폴리페놀 성분이 있어 두뇌 활동을 왕성하게 해주며 안토시아닌이 풍부하며 눈 건강에도 좋다. 이와 같이 노화 방지와 항암, 혈압 개선까지 도와주는 신통방통한 과일이다. 이것은 무엇일까?

NUT EXPLORATION 제 23 장

자당을 주성분으로 하는 천연 감미료인 설탕

설탕의 원료는 사탕수수이며 태평양 남서부에 위치한 뉴기니 섬이라는 곳에서 처음으로 탄생되었다. 무려 기원전 8000년경부터 설탕이 생산되기 시작해 생산이 되자마자 이곳저곳 옮겨 다니며 마침내 설탕 생산의 원조국인 인도에 도착하게 되었다. 인도를 침략했을 때 설탕의 맛을 본 알렉산더는 갈대의 줄기에서 꿀을 만들 수 있다는 사실에 매우 놀랐으며, 그는 사탕수수를 가리켜 꿀벌 없는 달콤함이라 지칭했다. 십자군은 전쟁을 하던 도중 설탕 때문에 정신을 못 차릴 정도로 전쟁에 집중할 수 없었으며 그 맛의 매력은 점점 그 정도가 심각했다. 특히 일부 유럽권의 귀족들은 사탕수수 경작지를 가지고 있는 것이 곧 부의 상징이며 세계를 지배할 수 있다라는 신념으로 성을 먼저 점령하기보다 사탕수수 재배지부터 점령했다.

23.1 이당류로 천연 감미료인 수크로스

수크로스(sucrose)는 일반명이고 설탕은 제품명이다. 설탕의 분자식은 $C_{12}H_{22}O_{11}$이며 단당류인 포도당(α-D-glucopyranose)과 과당(β-D-fructofuranose)이 1 → 2 글리코사이드 결합을 하여 생성한 이당류다. 천연 감미료인 수크로스(설탕)의 구조식은 다음과 같다.

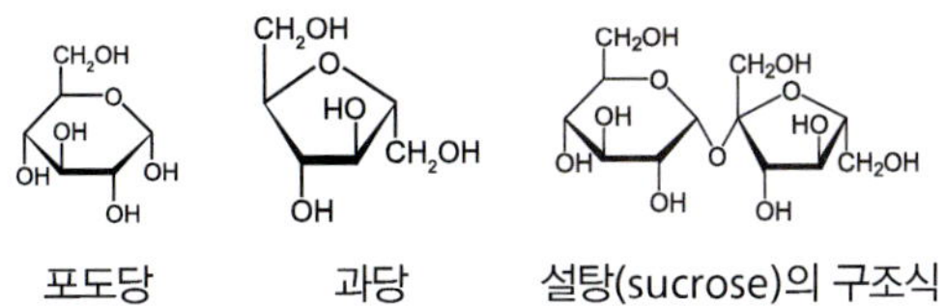

포도당 과당 설탕(sucrose)의 구조식

수크로스 분자의 화학적 구조는 원자의 배열과 각 해당 원자들 간의 화학 결합으로 결정되며 22개의 수소 원자, 12개의 탄소 원자, 11개의 산소 원자로 구성되어 총 45개의 원자로 이루어진다.

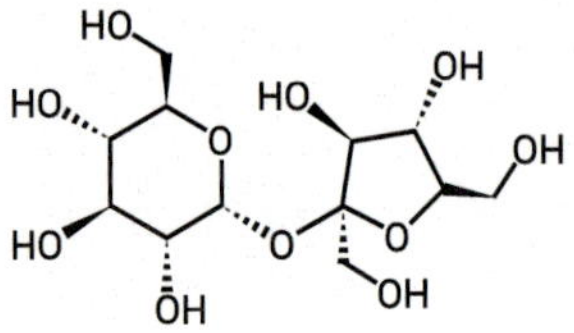

수크로스

수크로스 분자에는 총 46개의 화학 결합이 있으며, 이는 24개의 비(非) 수소 결합, 5개의 단일결합, 1개의 5원자고리, 1개의 6원자고리, 8개의 수산기, 3개의 1차 알코올, 5개의 2차 알코올, 3개의 에테르(지방족), 1개의 옥솔레인으로 구성되어 있다.

23.2 BC 2000년 무렵 인도에서 이미 재배된 역사 깊은 천연 감미료

탄소(C) · 수소(H) 및 산소(O)로 구성된 유기 화합물로 단맛을 지니며 물에 잘 용해되는 천연 탄수화물인 설탕은 자당(cane sugar)을 주성분으로 하는 천연 감미료이며 그 역사는 아주 오래됐다. BC 327년 알렉산드로스 대왕의 인도 원정 시 사령관이었던 네아르코스 장군이 인도에서 발견했다고 하는데 원주민들은 그 이전부터 사용했을 것이다. 그리고 중국 한나라 때의 양부(楊孚)가 지은 책인 《이물지(異物志)》에도 베트남을 포함한 동남아시아 다수 지역에 수수 설탕(사탕수수로 만든 설탕)이 있다고 언급하고 있다.

수크로스는 인도에서 처음으로 생산됐을 것으로 알려져 있으며 그 원료가 되는 사탕수수는 BC 2000년 무렵 인도에서 이미 재배되고 있었고 동남아시아 일부와 중국과 타이 그리고 인도네시아와 중앙아시아를 거쳐서 유럽에 전해졌다. 1492년 콜럼버스의 아메리카 대륙 발견 이후 북아메리카와 남아메리카 등 신대륙에 진출하게 되면서 쿠바와 푸에르토리코 그리고 멕시코와 브라질 등의 중남미 여러 나라에서도 사탕수수 재배가 이루어졌다. 16세기 무렵 급기야는 이들 나라가 세계 굴지의 수크로스 생산국으로까지 발전하게 되었다.

23.3 설탕의 보급 역사

Sugar의 어원은 인도의 산스크리트 사르카라(sarkara) 또는 사카라(sakkara)에서 유래했다. 우리나라에서는 삼국시대 이전부터 귀족 중 일부가 사용했고 통일 신라 시대를 거치면서 일부 서민들에게도 전달된 달콤한 설탕이 있었던 것으로 짐작한다. 하지만 문헌상의 최초 기록은 고려 후기의 문신인 이인로의 《파안집》에서 찾아볼 수 있다.

19세기 초에는 우리나라에서 사탕무가 제당(製糖) 원료로 사용되었고 제당 회사를 설립할 정도로 본격화되었지만 경제성이 낮아서 생산이 거의 중단되었다가 1950년대 중반 이후 다시 대중 식품으로 보급되기 시작하여 이후 식품산업의 발달에 크게 기여하였다.

23.4 당밀을 분리 제거한 설탕인 분밀당

보습 효과와 단맛이 뛰어난 수크로스를 그 원료에 따라 분류하면 수수 설탕과 무설탕 그리고 단풍 설탕 등으로 나뉜다. 수수 설탕(cane sugar)은 사탕수수에서 추출한 것이고 무설탕(beet sugar)은 사탕무에서 추출한 것이다. 그리고 사탕 단풍(sugar maple)의 수액으로 만든 것이 단풍 설탕(maple sugar)이다. 설탕을 만드는 방법에 따라 분류하면 함밀당과 분밀당이 있다. 함밀당은 당밀을 함유하는 설탕(含密糖, molasses-containing sugar)이고 분밀당은 설탕 결정과 모액(당밀)의 혼합물에서 원심분리법 및 가압법을 이용하여 설탕을 분리한 잔사액(모액)인 당밀을 분리 제거한 설탕(分蜜糖, molasses-free sugar)을 총칭한다.

사탕수수즙에서 원심분리기로 당밀을 분리한 뒤에 만든 설탕인 분밀당(分蜜糖)은 당밀이 분리 · 정제된 것이므로 거의 흰색이다. 분밀당에는 원료당과 정제당이 있다. 원산지에서 사탕수수를 짠 즙에서 수분과 불순물을 제거해 결정화시킨 후 당밀을 원심분리기로 제거한 것이 원료당이다. 그리고 이것을 가공 과정을 통해 정제하여 만든 것이 정제당이다. 또한 원산지인 경작지 공장에서 재배한 사탕수수 · 사탕무에서 직접 백설탕을 만들기도 하는데 이렇게 만들어진 백설탕을 경지 백당(plantation white sugar)이라고 한다.

23.5 수크로스의 비교적 간단한 효소적 합성

일반적으로 수크로스는 효소적 합성과 화학적 합성으로 만들어진다. 화학적 합성은 보호와 탈(脫)보호 등 보호기 화학적 방법의 도움이 필요한 다소 어려운 방법이기 때문에 여기서는 비교적 간단한 효소적 합성법을 소개한다.

▶ 23.5.1 수크로스의 효소적 합성

이당류인 수크로스는 세포액에서 합성된다. 식물들은 엽록체막(膜)을 통하여 hexose phosphate를 운반하는 능력은 없지만, triose phosphate들은 엽록체로부터 세포질로 운반할 수 있다. Glyceraldehyde 3-phosphate 같은 triose phosphate 중간물질들은 풍부한 인산기 자리옮김물질(phosphate translocator)의 작용을 통해서 인산기(燐酸基)를 교환하여 세포질로 들어간다.

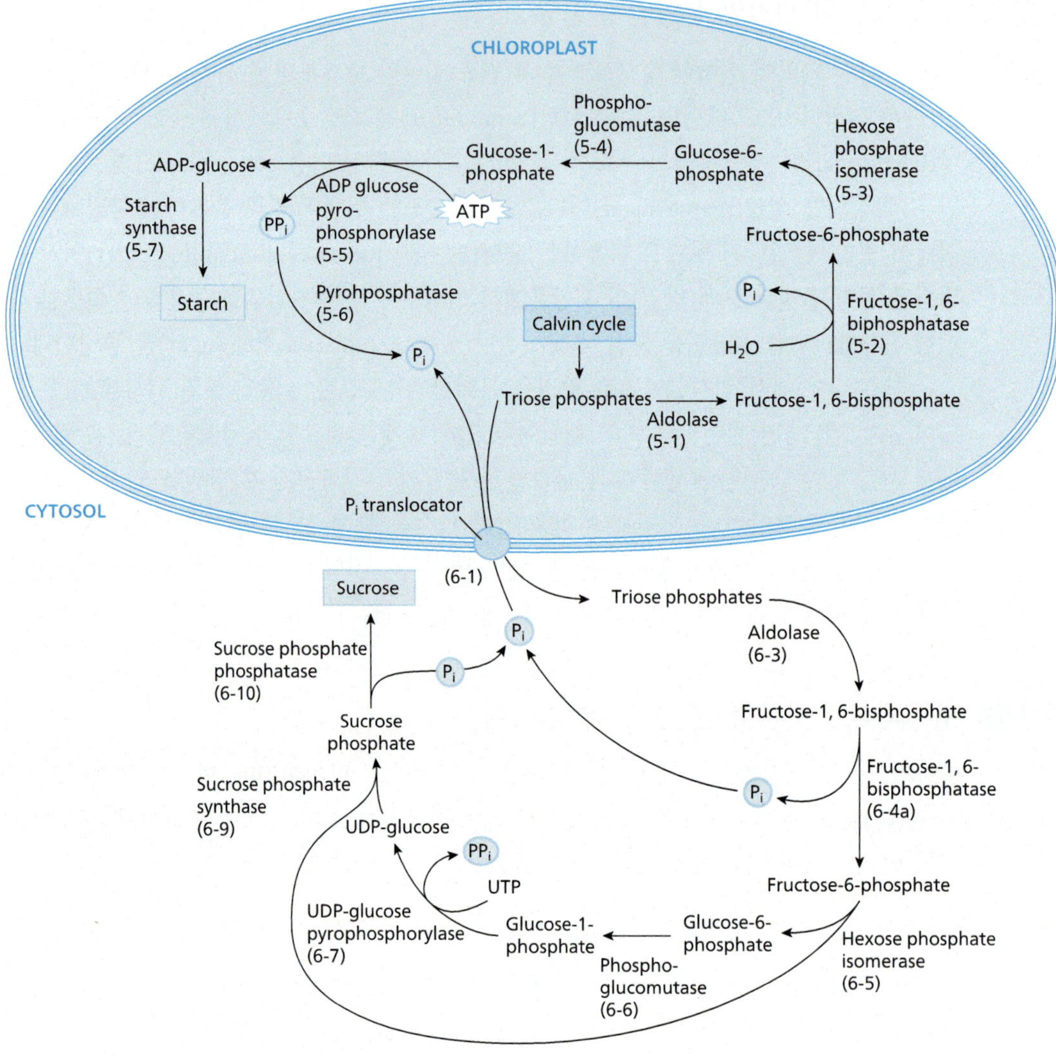

엽록체(chloroplast)와 세포질(cytosol)의 중요한 반응들(sucrose의 합성)

Triose phosphate에서 형성된 Fructose 6-phosphate가 UDP-glucose(uridine diphosphate-glucose)의 글루코스 단위에 결합하여 sucrose 6-phosphate를 형성한다. 여기서 sucrose phosphate phosphatase라는 효소에 의해 인산 에스테르가 가수분해되면 수크로스가 생성되는데 이것은 쉽게 운반될 수 있고 동원될 수 있는 이당류이기 때문에 사탕무나 사탕수수 등의 식물 세포에 많이 저장된다.

식물에서 설탕과 녹말의 합성은 서로 경쟁적으로 일어나는 반응인데 세포질(cytosol) 내(內)에 인산의 농도 (Pi)가 높으면서 triose phosephate[dihydroxyacetone phosphate(DHAP) 또는 glyceraldehyde 3-phosphate(GAP)]의 농도가 엽록체(chloroplast)보다 낮으면 설탕의 합성이 유도되고 그 반대의 경우에는 녹말의 합성이 촉진된다.

23.6 수크로스의 세 가지 유형인 백설탕, 갈색 설탕, 흑설탕

수크로스는 세 가지 유형으로 나누어 정의하고 있으며 사탕수수 또는 사탕무에서 추출한 즙에서 얻어진 당액, 원당을 정제한 결정, 결정성 분말(백설탕, 갈색 설탕, 흑설탕)로 나뉜다.

▶ 23.6.1 백설탕

당액 또는 원당(100%)을 정제 가공한 무색 혹은 백색의 결정이거나 결정성 분말이며 설탕 제조 과정에서 가장 먼저 만들어지는 작은 입자의 순도 높은 흰색의 설탕이다.

설탕은 대부분 사탕수수나 사탕무를 원료로 하여 만들며 가공하기 이전의 원당(原糖)은 노르스름한 빛깔을 띠고 있다. 정제되지 않은 실딩인 조당의 결정을 만들지 않고 당즙의 정제를 잘 행하고 공정에서 당도 99도 이상의 백당을 얻기 위해 이 원당을 합리적으로 정제한다. 그리고 건조해서 결정을 만드는 과정에서 활성탄(活性炭)의 물리적인 특성을 이용하여 불순물과 함께 색소도 제거하여 흰색인 백설탕을 만든다. 이렇게 해서 처음 생산되는 것이 수크로스(sucrose)만 남는 순수한(99% 이상) 백설탕이다.

백설탕은 소비자들의 사용처에 따라 가루 또는 액체의 형태로 공급되는데 분말 형태는 결정의 크기가 적당히 알맞아서 가정과 식당 부엌에서 만들어지는 모든 요리에 이용하기가 좋다. 잘 녹지만 쉽게 덩어리지지 않는 특성이 있으면서 광택을 내기 때문에 달콤한 사탕이나 젤리 그리고 과자 등을 만드는 데 사용된다. 백설탕은 깔끔하지만 오래 느껴지는 뒷맛 때문에 가공식품 및 과일 음료나 청량음료 제조 등에도 사용된다.

▸23.6.2 갈색 설탕

갈색 설탕(brown sugar)은 백설탕을 정제하는 과정에서 열을 더 가하면 갈색을 띠는데 당액 또는 원당(100%)을 정제 가공한 황갈색의 설탕이다.

최근에는 원산지의 경작지와 가공 공장에서 생산비용을 절감하기 위하여 당밀의 비율을 조절하고 백설탕에 당밀을 첨가하여 만들기도 한다. 갈색 설탕은 백설탕보다 맛과 특유의 풍미가 있으며 제조과정에서 가해진 열로 인해 원당의 향이 살아나기 때문에 과자나 빵 그리고 케이크를 만들 때 많이 사용된다. 그리고 강한 단맛 또는 감칠맛을 내거나 원료당의 향을 내는 용도로도 보편화 돼서 사용하고 있다. 근래에는 유기농법으로 재배한 사탕수수에서 화학적 정제 과정을 거치지 않고 얻어낸 섬유소와 미네랄 그리고 비타민이 파괴되지 않은 유기농 설탕도 등장하고 있다. 사탕수수의 즙을 추출해 단순히 수분만을 증발시켜 설탕 결정을 얻어낸 것인데 최소한의 물리적 공정만을 거치기에 설탕은 누르스름한 색이고 그래서 유기농 설탕을 갈색 설탕에 포함하기도 한다.

▸23.6.3 흑설탕

흑설탕(unrefined sugar, black sugar)은 당액 또는 원당(100%)을 정제 가공한 흑갈색의 설탕, 즉 사탕수수로부터 제조되는 함밀당(complete sugar)의 하나이다. 경작지의 가공 공장에서 사탕수수의 즙액을 졸인 후 원심분리기로 당밀을 제거하지 않았기 때문에 분밀당(centrifugal sugar)보다 다양한 영양소가 들어 있고 불순물도 있어 품질은 떨어지지만 산지에 따라 독특한 풍미를 가지고 있다.

흑설탕을 만드는 방법은 비교적 원시적인데 사탕수수의 줄기에서 짜낸 즙액에 석회 등의 청징제[(淸澄劑)를 가한 다음 바싹 졸인다. 그런 후 휘저으면서 냉각시키면 설탕이 당밀과 함께 흑갈색의 덩어리가 되어 나온다. 수득률은 원료 사탕수수의 약 15%이다. 오염된 부유 입자를 제거하는 청징제(clarifying agent)란 현탁 혹은 유탁액의 부유물 또는 콜로이드 입자 등을 응집 침강시켜서 깨끗한 액체를 얻도록 만드는 화학 약품을 말한다. 과거에는 석회나 태운 명반 그리고 규조토 등이 사용되었지만 최근에는 폴리아크릴아마이드계나 폴리아민계 등의 고분자 응집제(polymer coagulant)가 많이 사용되고 있다.

흑설탕의 수득률은 원료 사탕수수의 약 15%이며 구성성분은 설탕 약 80%, 설탕의 가수분해로 얻어지는 포도당과 과당인 전화당이 약 6%, 석회질 성분 약 2%, 수분 4%이지만 그 원산지 혹은 경작지에 따라 조금씩 다르다. 식품이나 과자류인 약식과 양갱 그리고 과자와 빵 등에 독특한 풍미를 내기 위하여 사용하는 경우도 많다.

우리나라의 한국산업규격(KS)에서는 (1) 정백당, (2) 갈색당, (3) 흑설탕의 세 가지 종류로 나누고 있다. 정백당은 가는 정백 설탕, 굵은 정백 설탕, 연질 설탕, 정백 각설탕 등 4종, 갈색 당은 담갈색 설탕, 갈색 설탕, 갈색 각설탕 등 3종 그리고 흑설탕으로 분류하며 규격은 당의 겉모양과 수분의 양(%), 당도, 석회질 성분, 색도, 입도 등으로 규정하고 있다.

23.7 생활 속의 수크로스 역할

수크로스 과다 섭취로 인하여 충치 발생률이 증가하고 체중 또한 증가하면서 고혈압 · 당뇨병 등 성인병의 원인으로 꼽고 있다. 하지만 소화흡수가 잘 되다 보니 예로부터 피로 해소에 효과가 커서 식품으로 애용하였다. 설탕의 물리적 성질을 이용하여 과일 젤리 및 잼 등의 제조 시에는 수분을 흡수하는 탈수제로 사용되며 수분을 제거하기에 과일즙을 굳게 하는 역할을 한다. 또한 식품에 첨가되어 수분을 흡수하여 미생물의 성장번식을 억제함으로써 식품의 보존 기간을 연장한다. 예로 1960~1970년도 우리나라 중 · 고등학생의 주 도시락 반찬인 멸치볶음 같은 경우 설탕을 듬뿍 넣어 조리해 점심시간에 자주 애용되었던 기억이 난다.

23.8 천연 감미료인 수크로스의 물리적 특성

천연 감미료인 수크로스의 물리적 특성을 살펴보면 백색의 단사정계 결정으로 녹는점이 189~191°C이며 그 이상의 온도에서는 서서히 갈색으로 변하여 비결정질의 형태가 없는 캐러멜 같은 고체 용액이 생긴다. 물에 대한 용해성이 높고 수분 활성은 낮다. 포도당과 과당의 환원기(基)끼리 글루코시드 결합(glycosidic bond)하고 있어서 환원성이 없으며 선광성 물질이 비 선광도를 변화시키는 현상인 변선광(mutarotation)을 나타내지 않는다. 알칼리에는 분해되지 않고 비교적 안정적이지만 산으로 가수분해가 되어 포도당과 과당으로 분해되기 쉽다.

대체로 바탕이 단단하며 일정한 모양을 지닌 형태로는 저장 안정성이 좋지만 상대습도가 약 70% 정도에서 수분을 흡수했다가 건조되길 반복하다가 엉겨서 굳어지는데 이런 현상은 결정의 크기가 작을수록 매우 심해진다. 가수분해 외 다른 화학적 변화에 강하기 때문에 습기가 전혀 없는 밀폐된 통 등에 보관하여 30년 정도 방치된 수크로스라면 그대로 먹어도 된다. 한편 설탕의 물리적 특성인 향을 유지하는 보향성과 흡착 능력이 좋아서 세제 등 지독히 강한 냄새를 내는 물질과 함께 놓아 두면 그 냄새도 완화하는 흡착 능력도 있다. 그 외에도 잼과 젤리 등의 펙틴 형성 능력, 보디 형성 능력, 조형 형성 등 뛰어난 물성을 가지고 있어 설탕(수크로스)의 특성을 기준으로 배합되고 있다.

23.9 중독성이 강한 수크로스를 과식하면 비만

수크로스는 열량을 내는 당류(탄수화물)인 관계로 많이 먹으면 비만이 된다는 단점이 있으며, 수크로스의 중독성에 관한 연구는 학계에서 계속 진행 중이다. 수크로스를 섭취하면 일시적으로 사람의 기분이 좋아지는데 과다 복용 시 비타민 B가 부족해지는 등의 부작용이 올 수도 있다. 그런 이유로 많은 대체품이 개발되고 있으며 대표적인 것으로는 다이어트 콜라 등에 사용되는 아스파탐, 사카린, 당알코올 등이 있다.

문제는 지속적인 설탕(과당) 섭취에 노출된 사람들이다. 이런 사람들은 정상인보다 인슐린이 높은 상태를 유지하며 그로 인해 과당류를 섭취하더라도 일시적 흥분 상태인 '슈거 하이'를 경험하지 못한다. 높은 인슐린 농도로 인하여 포도당이 바로 글리코겐으로 전환하기 때문에 결과적으로 설탕을 섭취했음에도 활력이 생기지 않는다.

오히려 높은 인슐린 농도로 인하여 정상인보다 높은 렙틴(식욕 억제 호르몬) 저항성을 유지하게 되며 이로 인해 식욕은 항상 과잉 상태가 되고 남들보다 많이 그리고 자주 먹을 것을 찾게 된다. 결과적으로 높은 인슐린, 높은 렙틴 저항성, 과다한 식사량이 평형 상태를 이루는 지점에서 비만의 수준이 결정된다.

▶ 23.9.1 설탕 과다 섭취의 문제점

설탕은 과다 섭취할 경우 심혈관계 질환을 일으키고 소화기관의 균형을 무너뜨리는 부작용이 있으므로 비록 충치와 비만 등의 염려가 되는 경우가 아니라고 하더라도 적당히 먹도록 조절을 해야 한다. 방송에 나오는 푸드파이터를 보면서 음식을 많이 먹어도 살이 찌지 않다니 정말 부럽다고 하는 사람들이 있겠지만 이런 경우는 일시에 많은 양의 음식을 밀어 넣다 보니 소화계 장기의 능력과 용량을 넘어서므로 몸에 흡수가 안 되고 배출되는 것뿐이다. 설탕뿐만 아니라 엄청난 양의 단백질 등의 음식을 일시에 받아내느라 간과 신장은 보이지 않게 엄청난 무리를 하는 셈이므로 절대로 따라 하지 말아야 한다.

▶ 23.9.2 쌍극자 모멘트가 매우 강해 물에 잘 녹는 수크로스

수크로스는 전기 쌍극자 모멘트가 매우 강해 물에 잘 녹는다. 각종 제과나 아이스크림 같은 식품에는 우리가 상상하는 용량 이상의 설탕이 녹아 있는 경우가 많다. 인간의 혀는 차가운 상황에서 맛을 느끼는 '미세포'가 마비되어 단맛을 비롯하여 어떤 맛이든 잘 느끼지 못한다. 하지만 차가운 아이스크림에서 그토록 단맛이 난다면 엄청난 양의 설탕이 들어갔을 것이라고 보면 된다.

그럴 리가 없다고 생각한다면 아이스크림을 상온에서 녹인 후 액체 상태에서 맛을 보면 알게 될 것이다. 지금 당장 냉장고에서 빙과류라도 꺼내어 녹여서 실험을 해보면 그 당도가 아주 높다는 것을 직접 확인할 수 있다.

그래서 당뇨병 환자들은 인슐린 주사를 맞으면서도 아이스크림과 콜라를 금기시한다. 설탕이 과다하게 들어간 간식까지 챙겨 먹는다면 아무리 한 끼 식사의 혈당량을 모두 책임지는 인슐린 주사를 맞는다고 하더라도 고혈당을 유발하게 되기 때문이다.

설탕은 소금의 짠맛과 식초의 신맛, 고추의 매운맛 등을 덜 느끼게 만들어주므로 조리를 할 때도 많이 사용한다. 그래서 토마토케첩 등에도 우리가 상상하는 이상으로 설탕이 많이 함유되어 있다.

23.10 설탕의 살균제 및 보습제 역할

고대 이집트에서 꿀과 수크로스를 이용하여 상처 소독에 효과를 본 뒤로부터 오랫동안 설탕이 살균제 역할을 했다. 설탕의 살균 원리는 삼투압인데 대부분 수분으로 이루어진 세균의 주변을 수크로스가 감싸며 이에 의해 삼투압 현상이 일어나 세균을 말려 죽이는 결과가 된다.

그리고 수크로스는 화장품에서도 사용하고 있는데 그 자체가 보습제의 역할을 하는 것은 물론이고 달콤한 이미지를 주기 때문에 화장품 마케팅에도 효과적이다. 또 설탕의 미세한 알갱이가 각질을 제거해 주는 역할을 한다. 수크로스가 물에 잘 녹기 때문에 몇 번 문지르면 그 모서리가 녹아 둥글둥글해지면서 살구 씨앗 또는 아몬드껍질의 분말처럼 거칠지도 않고 분해가 잘되는 물질로 친환경적인 재료가 된다.

Quiz

1. 이것은 인도에서 처음 생산되었으며 이것의 원료가 되는 사탕수수는 동남아시아 일부와 중국과 태국 그리고 인도네시아와 중앙아시아를 거쳐 유럽에 전해진 이것은 무엇인가?

2. 경작지의 가공공장에서 사탕수수의 즙액을 졸인 후 원심분리기로 당밀을 제거하지 않아 다양한 영양소가 들어 있고, 불순물도 있어 품질은 떨어지지만 산지에 따라 독특한 풍미가 있는 이것은 무엇인가?

견과 탐험

NUT EXPLORATION

인슐린은 우리 몸의 당도 스위치

인슐린은 췌장에서 생성되어 혈액 내 포도당을 세포로 전달하는 호르몬으로 혈당수치를 조절하는 기능이 있다. 당뇨병은 혈당 수치를 조절하는 능력을 상실한 상태를 말하며 인슐린이 없다면 근육의 성장은 일어나지 않는다. 근육을 만들기 위해 열심히 운동하는 우리는 혈당 수치를 조절하는 것 이상의 의미가 있다. 인슐린 수치가 높으면 혈중 포도당을 세포로 전달하여 지방으로 축적시키며 근육을 합성시키는 역할도 한다.

실제 인슐린 수치를 어떻게 이용해야 지방 축적을 최소화하고
운동 후 회복과 근육 성장을 활성화할 수 있을까?

음식으로 섭취된 탄수화물과 단백질은 인슐린의 도움 없이 세포막을 통과할 수 없기에 이 과정을 통해서 혈액 안의 탄수화물(포도당)과 단백질(아미노산)이 근육세포로 들어가게 된다. 바로 이 과정에 의해 인슐린이 근육을 성장시키는 데 도움을 준다고 한다. 건강과 다이어트를 위해서 낮은 인슐린 수치를 유지하는 것이 좋으며 가능하면 저혈당 지수의 탄수화물을 섭취하는 것을 권상한나.

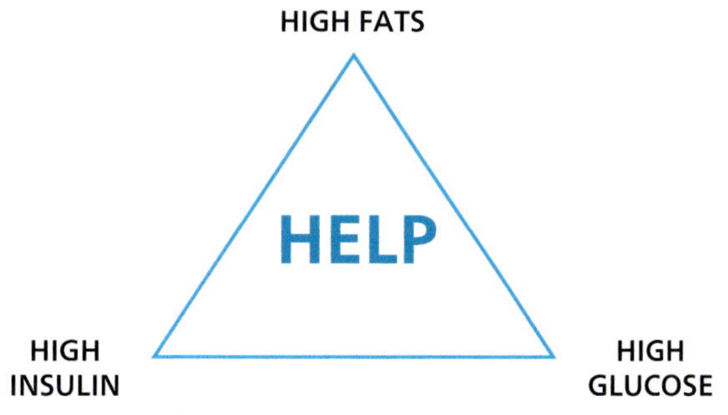

24.1 생체 내에서 혈당 강하 기능을 하는 유일한 호르몬

인슐린은 췌장(이자)의 랑게르한스섬에 있는 β 세포에서 분비되는 호르몬이며 생체 내에

서 혈당 강하 기능을 하는 유일한 호르몬이다. 1923년 최연소 노벨 생리의학상을 받은 캐나다 생화학자인 프레더릭 밴팅(Frederick Banting)이 발견하였다.

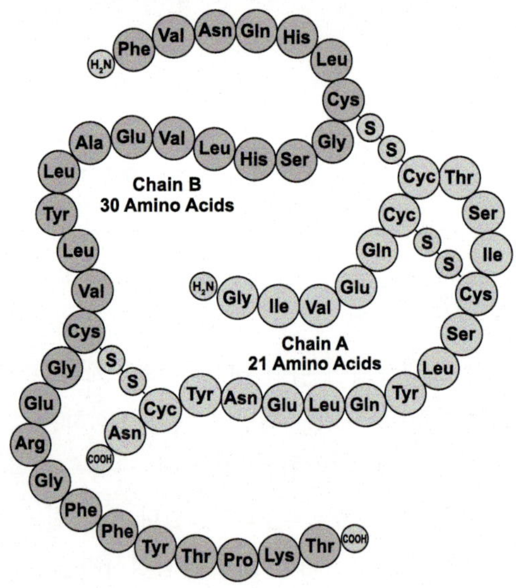

인슐린은 혈중에 분포하는 포도당을 글리코겐으로 바꾸고 세포에 저장함으로써 혈당량을 낮추는 역할로 유명한 호르몬이다. 만약 부족하거나 수용체에 문제가 생기면 혈당량 조절에 문제가 생기게 되어 당뇨병에 걸리게 된다. 이와 반대로 인슐린이 과다하게 분비되면 과체중 또는 저혈당증이 유발된다.

24.2 혈당의 항상성을 유지하는 호르몬

혈당을 올려주는 호르몬은 인체 내에서 여러 종류인 것과 달리 혈당을 낮추어 주는 호르몬은 인슐린이 유일하다. 즉 혈당의 항상성을 유지할 수 있는 수단이 단 하나밖에 없다는 것이다. 그럴 수밖에 없는 것이 고혈당으로 인한 당뇨병은 신체가 서서히 망가지도록 하지만 저혈당으로 인한 쇼크는 순식간에 생명을 위협할 수 있다는 사실에 비추어 보면 새삼 인체의 신비를 느끼게 된다.

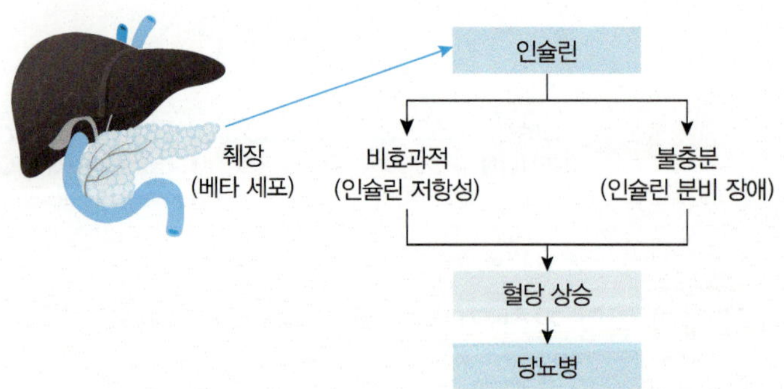

저혈당이 발생하면 인체는 비상상황에 돌입하여 모든 수단을 강구해서 혈당치를 올리려고 한다. 전력난으로 인한 블랙아웃 상황과 비슷하다고 보면 될 것이고 이러한 인체의 특성은 인류가 빙하기에 적응하는 과정과도 연관성이 깊다. 혈당 상승에 관여하는 호르몬은 췌장의 α 세포에서 분비되는 글루카곤, 부신수질과 교감신경 말단에서 분비되는 에피네프린과 노르에피네프린, 간과 근육에서 분비되는 글루코코르티코이드, 성장호르몬과 갑상선호르몬 등이 있다.

24.3 물질대사에 중요한 역할을 하는 단백질성 호르몬

이자에서 분비되어 물질대사에 중요한 역할을 하는 단백질성 호르몬인 사람의 인슐린은 21개의 아미노산으로 하나의 이황화 결합(disulfide 결합, S−S 결합)을 가진 A 폴리펩티드 사슬과 30개의 아미노산으로 두 개의 이황화 결합으로 연결된 구조를 가진 폴리펩티드 B사슬이 같이 결합한 폴리펩티드 호르몬이고 분자량은 약 5,794이다.

영국의 생화학자로 노벨상을 두 번씩이나 수상한 프레더릭 생어(Frederick Sanger)는 1955년에 소 인슐린의 아미노산 배열 순서를 규명하여 이 공로로 1958년에 노벨화학상을 받았다. 이 이후 인슐린 분자 51개 아미노산의 정확한 분자 형태를 규명함으로써 인슐린을 합성할 수 있는 기반을 최초로 마련했다. 1980년에는 유전자의 기본 구조와 기능을 연구한 공로, 즉 DNA와 RNA 분자의 뉴클레오티드 서열을 결정하는 방법을 개발함으로써 두 번째 노벨화학상을 받았다.

탄수화물(carbohydrate)을 조절하는 호르몬 단백질인 인슐린은 많은 조직과 기관에 직간접적으로 작용하고 다른 호르몬과도 밀접한 관계를 유지하면서 대사 조절에 중요한 역할을 한다. 그중에서도 특히 간장과 근육과 지방조직은 중요 표적(標的) 기관으로 당의 흡수와 소비 촉진 그리고 단백질의 합성과 지방 합성을 촉진하는 등의 여러 가지 대사 활동을 한다.

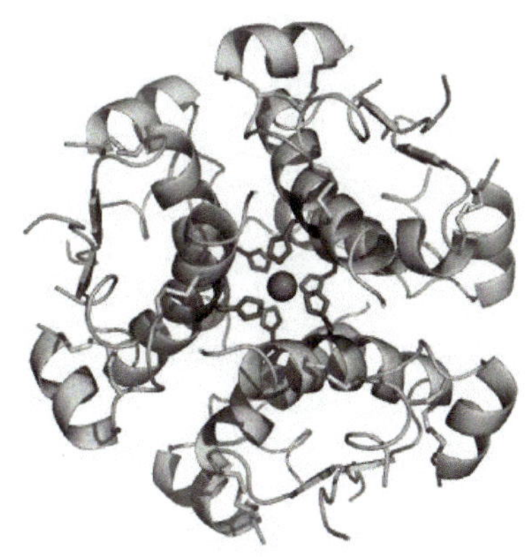

가운데에 있는 공이 아연 이온.
6개의 히스티딘 말단이 이걸 꼭 붙잡고 있다

24.4 인슐린의 결핍에 의한 당뇨병과 여러 가지 합병증

여러분에게는 다소 어려운 생화학 과정이지만 간단하게 이야기하자면 인슐린이 결핍되면 많은 조직에서 포도당의 섭취가 저하되고 간에서 포도당 방출량이 증가하여 고혈당 상태인 당뇨병을 일으킨다. 그 결과 세포 안은 포도당 결핍 상태가 되어 에너지 공급원으로서 단백질과 지방에만 의존하게 되며 이후 단백질의 포도당 신생과정(gluconeogenesis)이 촉진되어 지방질이 정상보다 높은 증세인 고지혈증을 일으킨다. 그러면서 혈관 벽의 과형성과 경화인 혈관계 병변으로 인한 여러 가지 합병증을 초래한다.

포도당 신생과정은 포도당이 아닌 물질로부터 체내에서 포도당을 합성하는 과정을 의미한다. 포도당은 우리 몸에서 제1의 열량 영양소로 사용되며 혈액 속에 언제나 일정량이 존재해야 하는 중요한 대사물질이다. 그래서 정확한 일정량을 조절하기 위하여 섭취량이 부족할 경우 우리 몸의 간 또는 신장에서 포도당 신생과정(gluconeogenesis)을 이용해 포도당을 생성하는 것이다. 단백질의 대사산물 중 일부 아미노산 및 지방의 대사산물인 무색의 맑은 끈기 있는 액으로 냄새는 없고 단맛 나는 글리세롤(glycerol, glycerin)로도 포도당을 합성하지만 지방산으로는 포도당을 합성할 수 없다.

당(糖) 신생과정의 첫 대사물질은 피루브산 또는 젖산인데 이 물질이 간 또는 신장의 세포의 소기관에서 옥살산〉포스페놀피부르브산〉2-포스포글리세르산〉3-포스포글리세르산〉1,2-포스포글리세르산〉글리세르알데하이드 3-인산〉과당 1,6-인산〉과당 6-인산을 거쳐서 포도당의 체내 활성형인 포도당 6-인산으로 된다. 이런 일련의 진행이 포도당 신생과정이다.

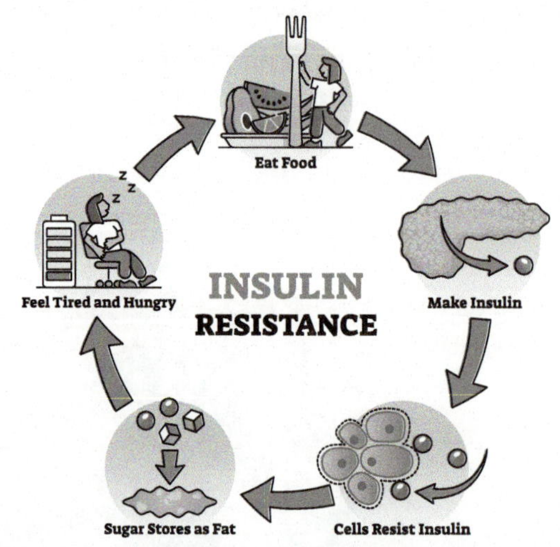

당뇨병 치료제로 쓰이는 인슐린 제제는 효과의 지속시간에 따라 초속효형, 속효형, 중간형, 지속형, 혼합형 인슐린 등으로 나눌 수 있다. 주사 부위에 따른 인슐린의 흡수 상태를 비교해 보면 복부에 주사할 때 흡수율이 가장 높고 상완부와 대퇴부 그리고 둔부의 순으로 흡수율이 낮아진다.

24.5 인슐린의 혈중 당도를 낮추는 두 가지 방법

우리가 매일 섭취하는 음식은 효소에 의해 '포도당'으로 바뀌고, 이 포도당이 우리 몸의 에너지로 사용된다. 포도당이 인체가 필요로 하는 에너지 양보다 많이 생산됐을 경우에는 지방의 형태로 바뀌어 우리 몸에 저장되기 때문에 밥을 많이 먹으면 살이 찌게 되는 것이다.

그렇다고 한 번 밥을 많이 먹는다고 해서 살이 찌는 것은 아니다. 식사 후 혈중 당의 수치가 일시적으로 증가하게 될 때 인슐린이 작동하여 당도를 낮추는 역할을 한다.

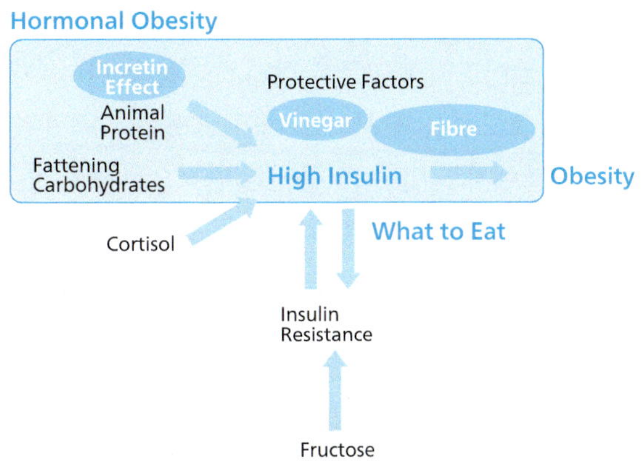

인슐린은 두 가지 방법으로 혈중 당도를 낮추는 데 포도당을 소비하거나 저장하는 방식이다. 우리 몸에서 유일하게 당도를 낮추는 역할을 할 수 있는 인슐린은 적은 양으로도 몸 전체에 영향을 끼치는 만큼 관리를 잘해야 한다.

24.6 폭식이 야기하는 인슐린 증가

인슐린의 관리는 매우 중요하므로 인슐린을 낭비하지 않고 아껴서 사용하도록 해야 한다. 인슐린을 낭비하는 경우는 바로 '폭식'이다. 췌장 세포의 1~3% 정도에서 인슐린의 생산을 담당하고 있는데 만약 폭식을 하는 경우 폭발적으로 20~30배의 인슐린 증가가 발생하게 된다. 다른 역할을 맡고 있던 췌장의 세포들이 인슐린 생산에 주력하게 되면서 전체적으로 췌장의 기능이 저하되게 된다.

인슐린이 과다하게 분비되면 혈당 수치가 떨어지므로 달콤한 음식을 갈망하고 섭취하게 되는 단계로 이어지는 악순환이 계속된다. 적정량의 인슐린을 유지하기 위해선 폭식을 금하고 적은 양을 천천히 먹어야 한다.

24.7 어떻게 혈중 당(糖) 수치를 안정적으로 유지할까?

혈액 중에 당 수치를 안정적으로 유지하기 위해서는 과식이나 폭식을 지양하는 한편 '당' 지수가 높지 않은 음식을 먹는 것이 좋다.

음식의 당도는 혈당지수(혈당지수)와 혈당 부하지수(glycemic load, GL; GI 지수에 1회 먹을 때 함유된 당질(탄수화물)의 양을 고려)로 표현한다. 혈당지수(glycemic index, GI)란 포도당 또는 흰 빵을 기준(100)으로 어떤 식품이 혈당을 얼마나 빨리 그리고 많이 올리는가를 나타내는 수치다. 예를 들어 혈당지수가 85인 감자는 혈당지수가 40인 사과보다 혈당을 더 빨리 더 많이 올린다. 혈당지수가 높은 식품은 혈당을 빠르게 상승시켜 인슐린을 과잉 분비하게 되고 인슐린이 과잉 분비되면 체지방 축적이 일어나서 비만이 촉진될 수 있다.

혈당지수가 높은 식품군은 혈액으로 포도당을 빠르게 보내어 혈당지수를 빠른 속도로 올렸다가 빠르게 떨어뜨려 배고픔을 빨리 느끼도록 한다. 이와 반대로 혈당지수가 낮은 음식물은 혈액으로 포도당을 천천히 보내어 오랫동안 포만감을 주게 된다. 아래 그림의 혈당지수(GI)의 비교에서도 알 수 있듯이 일반적으로 혈당지수 55 이하의 값을 갖는 식품은 저혈당 지수 식품, 혈당지수 70 이상의 값을 갖는 식품은 고혈당 지수 식품으로 분류한다.

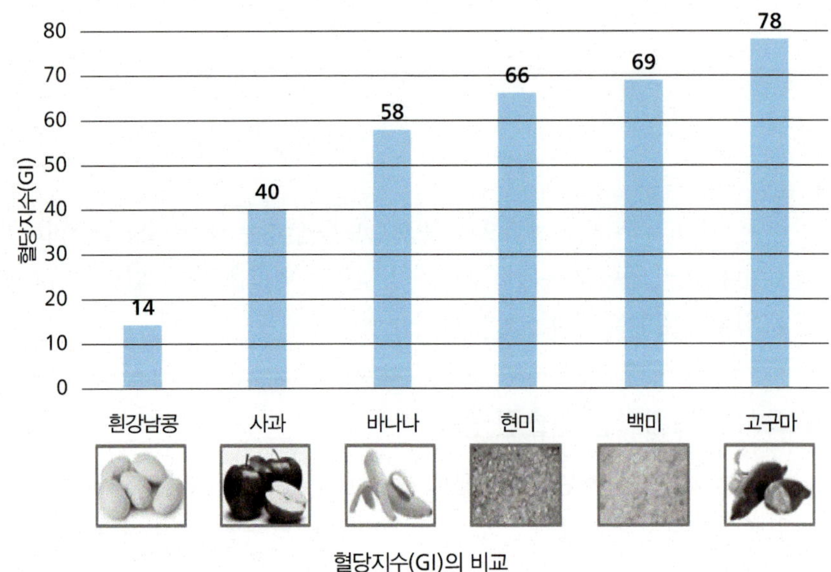

혈당지수(GI)의 비교

혈당 부하지수란 혈당지수의 결점을 보완하여 평소에 해당 식품을 얼마나 많이 먹느냐를 반영한 값이다.

혈당 부하(GL) = 식품의 1회 분량에 함유된 당질 함량(g) × 혈당지수(GI) / 100

혈당지수(GI)가 동량의 당질을 섭취한 후 혈당 반응을 비교한 값이지만 당 부하지수(GL)는 1회 분량 식품을 기준으로 혈당 반응을 비교한 값이다. 식품마다 1회 분량에 함유된 당질의 함량이 다르므로 실생활에 적용할 때는 당지수가 아닌 당 부하지수를 비교해야 한다. GI 지수는 음식이 혈당을 올리는 속도를 수치화한 것이지만 GL 지수는 음식의 양까지 고려하여 실제 섭취하는 일정량의 음식이 혈당에 어느 정도 영향을 미치는지를 나타난 수치이다. GL 지수가 낮을수록 몸의 혈당 변화가 적고 인슐린 분비도 적당하게 유지된다. 보통 혈당 부하지수가 20 이하이면 당뇨병 환자들에게 권장할 만한 음식으로 본다.

건강한 삶을 영위하기 위해서는 폭식을 줄이고 GL 지수가 낮은 음식을 주로 섭취해야 한다. 혈당지수 혹은 혈당 부하를 당뇨 또는 비만 조절에 이용하려는 시도들이 많으나 혈당지수가 갖는 여러 가지 제한점으로 인하여 실생활에 바로 적용하기에는 어려움이 있다.

24.8 건강에 좋은 식품은 혈당지수와 혈당 부하의 수치가 낮다

우리가 먹는 음식의 탄수화물을 섭취 소화 분해해서 얼마나 빨리 포도당으로 전환시켜 혈당을 높이는지 알아보는 지수인 혈당지수는 탄수화물의 소화 분해 흡수 정도 및 인슐린 반응과 아주 밀접한 연관성을 가지므로 여러 요소의 영향을 받는다. 장운동과 소화흡수, 전분의 종류와 조리방법, 분자 크기 또는 식품이나 식사에 포함된 지방과 단백질과 섬유소 성분 등이 모두 혈당지수의 결정요인이 된다.

당분을 함유한 식품 피라미드

같은 음식을 먹는다고 하더라도 개인별로 혈당지수의 차이가 크며 조리 방법과 형태, 숙성도와 전분의 노화 정도 등에 따라 혈당지수가 다르다. 또한 혈당지수가 측정되어 있는 식품이 그리 많지 않고 혈당지수의 범위가 넓지 않으며 대부분 중간값의 혈당지수를 갖는 편이다. 함께 섭취하는 식품의 종류와 형태 산정도 등에 따라 혈당지수가 달라지므로 혼합식을 할 때에도 적용이 어려운 점이 있다. 하지만 혈당지수나 혈당 부하의 수치가 낮을수록 건강에 좋은 식품이라는 점을 항상 염두에 두고 생활해야 한다.

Quiz

1. 혈중에 분포하는 포도당을 글리코겐으로 바꾸고 세포에 저장함으로써 혈당량을 낮추는 역할을 하는 호르몬은 무엇인가?

2. 1958년에 소 인슐린의 아미노산 배열순서 규명으로, 1980년에는 유전자의 기본 구조와 기능을 연구한 공로로 두 번의 노벨화학상을 받은 영국의 생화학자는 누구인가?

NUT EXPLORATION

버터 향이 나고 얇은 껍질의 인기 견과인 피칸

25.1 미국 유일의 토착 견과인 피칸

피칸(carya illinoinensis, 쌍떡잎식물 가래나무목 가래나무과의 낙엽교목)은 미시시피 강 지역의 미국 남부와 멕시코 북부가 원산지인 히코리(hickory, 쌍떡잎식물 가래나무목 가래나무과 카리아속에 속한 낙엽교목의 총칭)종이며 알곤퀸(Algonquin, 미국 및 캐나다 인디언 지역) 단어인 paccan에서 그 이름이 유래되었다.

높이가 20~40 m(66~131 ft)로 자라는 큰 낙엽나무인 피칸 나무의 씨앗은 미국산 호두 열매로 아메리카 원주민의 주요 식량이었으며 포화지방산이 다량 함유되어 있고, 뇌신경을 안정시키는 칼슘과 신경시스템이나 DNA 합성에 관여하는 신경비타민인 비타민 B군의 함량도 대단히 높아 영양적으로 우수한 견과이다. 피칸은 히코리 속의 씨를 싸고 있는 껍질인 내과피가 단단히 경화되어 핵을 형성하는 과실(drupe, 핵과)이다. 외벽 껍질은 3~4 mm(1/8~5/32인치) 두께이며, 녹색으로 시작하여 성숙기에 갈색으로 변하며, 이때 4개의 섹션으로 분할되어 얇은 껍질을 벗긴 씨앗을 방출한다.

원주민과 식민지 미국인들 사이에 야생 피칸은 잘 알려져 있었지만, 실제 미국에서 피칸의 상업적 성장은 1880년 이후부터 시작되었으며 현재 여름이 길고 덥고 습한 곳인 미국 조지아, 뉴멕시코, 텍사스에서 활발하게 재배 경작하고 있다. 피칸너트(pecan nut)의 수확은 일반적으로 10월 중순 경에 이루어지며 미국 이외 지역은 멕시코가 전 세계 생산량의 거의 절반을 생산하고 있다.

25.2 피칸의 영양성분

USDA(United States Department of Agriculture, 미국 농무부)에서 제공하는 피칸 반쪽으로 약 19개 반에 해당하는 1온스(28 g)의 대한 영양 정보를 살펴보면 칼로리는 196 kcal, 지방은 20 g인데 대부분은 심장에 좋은 단일불포화지방산인 올레산(전체 지방의 57%)과 다중불포화지방산인 리놀레산(전체 지방의 30%)이며 포화 지방은 1.7 g이다.

섬유질에서 나온 탄수화물은 4 g, 섬유는 2.7 g, 설탕은 1.1 g, 단백질은 2.6 g이 존재한다. 피칸에는 비타민 A, 비타민 B군(티아민, 리보플라빈, 니아신, 판토테닉산 비타민 B6, 엽산) 및 비타민 E, 비타민 K와 같은 비타민이 있으며 무기질로 망간, 철, 칼륨, 인, 마그네슘, 칼슘 및 아연이 있다.

HO O

올레산(oleic acid)

HO O

리놀레산(linoleic acid)

25.3 탐스러운 피칸의 모양과 특성

▸25.3.1 나코노 피칸

나코노 피칸(nacono pecan)은 보통 정도의 내병성을 가지며 내한성이 다소 약한 견과의 크기가 큰 품종의 우수한 열매이며 열매는 버터 향이 나고 얇은 껍질의 인기 품종이다.

▸25.3.2 포시 피칸

포시 피칸(posey pecan)는 북부 품종 중 가장 쉽게 균열을 일으키며 크기는 좋다. 어두운 색의 껍질과 평평해진 모양을 가지고 있으며 나무껍질도 독특하다. 포지 피칸은 여러 면에서 독특한 품종이나 더 나은 북부 품종으로 대체되어 퇴색 품종이다.

▸25.3.3 길스 피칸

길스 피칸(giles pecan)은 켄사스 지방에서 개발되어 풍부한 수확량과 내한성의 장점 등으로 한때 가장 많이 재배된 피칸 품종 중에 하나이며 열매의 형태가 좌우 비대칭의 독특한 모양으로 다른 품종과 쉽게 구별된다.

▶ 25.3.4 메이저 피칸

메이저 피칸(major pecan)은 향이 뛰어나며 내한성이 강하고 생산성이 우수하여 상업적 생산을 위한 북부종 피칸의 표준 품종이다. 메이저의 열매는 둥근 모양으로 내병성이 강한 품종이다.

▶ 25.3.5 켄자 피칸

켄자 피칸(kanza pecan)은 미국농무성이 발표한 가장 최신 품종 중 하나로 내병성이 특히 우수하고 9월 10월 전후에 수확되는 조생종이며 개화 시기가 늦어 내한성 또한 우수하다. 이런 특성으로 북부 지역에 재배하기 좋으며 황금색의 알맹이 비율이 높고 껍질이 얇으며 럭비공 모양의 열매의 품질 또한 우수하다.

▶ 25.3.6 모호크 피칸

모호크 피칸(mohawk pecan)은 켄사스 지역에서 모호크 피칸이 처음 발견되었을 때 크기가 매우 커 사람들을 놀라게 했으며 껍질이 매우 얇아 기계 수확 보다는 인력에 의해 수확하기를 권장하며 생산량이 우수하나 내한성이 다소 약해 남부 지방에서 재배하기를 권장하는 품종이다.

▶ 25.3.7 푸아니 피칸

푸아니 피칸(pawnee pecan)은 크기가 크며 다수확성의 북부종 피칸이다. 풍부한 수확량과 우수한 품질의 열매와 얇은 껍질 등으로 상업적인 생산을 위한 많은 농가에서 사랑받는 최고의 인기 품종 중 하나다. 우리나라에서는 충청 이남에서 재배하기를 권장한다.

▶ 25.3.8 페루큐 피칸

페루큐 피칸(peruque pecan)은 북부 피칸의 표준종으로 내한성이 강하고 생산성이 매우 우수하다. 껍질은 매우 얇으며 알맹이의 색은 밝은 갈색으로 물 빠짐이 나쁜 땅에서는 열매가 작아지는 경향을 보이나 사질 양토에서는 매우 우수한 열매 품질을 보여 준다. 견과류는 작지만 고품질 커널(kernel)이 있는 매우 얇은 껍질을 가지고 있으며 밝은 색상과 만족스러운 맛을 가진다.

▶ 25.3.9 루카스 피칸

루카스 피칸(lucas pecan)은 극 내한성 조생종으로 다수확 품종의 피칸이다. 알맹이의 품질이 매우 뛰어나고 껍질이 얇고 쉽게 벗겨지며 향이 우수한 품종으로 색상과 맛이 매우 좋아 생식 및 볶음 피칸용으로 많이 활용된다.

▶ 25.3.10 스튜어트 피칸

스튜어트 피칸(stuart pecan)은 조지아 지역의 많은 재배량과 크기가 큰 열매이며 수확량이 많아 큰 사랑을 받는 상업적 피칸의 대표적인 품종이다. 껍질이 얇고 수확량이 부해 포시 피칸(posey pecan) 이나 푸아니 피칸(pawnee pecan)과 함께 상업적인 농장의 중심 품종으로 재배되는 품종이다.

▶ 25.3.11 칸톤 피칸

칸톤 피칸(canton pecan)은 미시시피 유역의 칸톤 지방에서 개발된 내한성이며 견과의 크기가 큰 조생종 피칸이다. 크기가 크고 껍질이 얇으며 수확량이 많은 품종으로 해거리[과수(果樹)가 한 해에 열매가 많이 열리면 나무가 약해져서 그 다음 해에는 거의 열매가 열리지 않는 일]가 적고 내병성이 강한 품종의 피칸이다.

▶ 25.3.12 허치 피칸

허치 피칸(hirschi pecan)은 북부 피칸 품종으로 해마다 만족할 만한 수확량을 보여주며 열매의 품질이 좋은 내한성이 매우 우수한 품종이다.

▶ 25.3.13 콜비피칸

콜비피칸(colby pecan)은 메이저 피칸(major pecan), 칸톤 피칸(canton pecan)과 함께 내한성 북부 피칸의 대표 품종으로 내한성이 매우 뛰어나다. 열매는 크기가 좋고 모든 내한성 피칸 접목의 대목으로 사용될 만큼 내한성이 좋으며 높은 생산성을 가지는 북부 피칸 산업의 주요 품종이다.

▶ 25.3.14 스타킹하디자이언트 피칸

스타킹하디자이언트 피칸(starking hardy giants pecan)은 강한 내한성과 꾸준한 수확량을 나타내며 견과의 크기가 큰 피칸으로 더위에도 강한 특징을 가진다. 수확 시기는 다소 늦은 편이며 강한 내한성 때문에 다른 내한송 품종의 개량을 위한 수분수(꽃가루받이 나무)로도 적극 애용된다.

▶ 25.3.15 카도 피칸

카도 피칸(caddo pecan)은 많은 양을 수확할 수 있으며 추위에 잘 견디며 생존할 수 있는 내한성 품종으로 황금색 열매는 그 품질이 매우 뛰어나며 생산성이 높고 껍질을 벗기기 쉬운 우수한 품종이다.

▶ 25.3.16 라코타 피칸

라코타 피칸(lakota pecan)은 2007년 발표한 최신품종으로 견과의 크기가 큰 품종이며 높은 수율 잠재력인 대수확 품종이다. 해걸이(alternate year bearing, 과실이 한 해 많이 결실되고, 그 다음 해에는 결실량이 아주 적은 현상이 반복되는 것) 예방책으로 적과(fruit thinning, 과실의 착생수가 과다할 때 여분의 것을 어릴 때에 적재하는 것. 해걸이를 방지하고 크고 올바른 모양의 과실을 수확하기 위하여 알맞은 양의 과실만 남기고 따버리는 것) 관리하여 높은 수확량을 유지할 수 있다.

라코타 피칸(lakota pecan)은 큰 수율 잠재력을 가지고 있지만, 수확량이 해마다 지속

가능하도록 나무를 관리하는 것은 재배자에게 달려 있다.

25.4 피칸 질환

피칸 질병은 곰팡이에 의해 발생하는 피칸 작물을 파괴하는 질병이며 평균 이상 강우 시 매우 심각하다. 피칸 딱지 곰팡이는 봄에 새 어린 잎을 공격할 때 첫 번째 손상을 일으키며 여름이 되면 곰팡이가 견과류 속으로 들어간다. 피칸 곰팡이가 계속 남아 존재하면 너트 나무의 모든 잎을 죽일 수 있다.

곰팡이의 세력이 커져 진행됨에 따라 피칸 딱지병은 피칸 견과의 크기와 채우기를 줄이고 완전한 견과 손실을 초래할 수 있다. 특히 비가 자주 내리는 해에는 재배자가 피칸 딱지병으로 전체 작물을 잃을 수 있다. 가정에서 재배할 경우에도 피칸 나무에서 열매인 견과를 곰팡이에게 잃는 것도 매우 쉽다.

25.5 피칸 딱지 예방

큰 상업용 재배자는 피칸 나무에 살균제를 반복적으로 뿌려 피칸 딱지 증상을 줄이지만 가정에서 재배할 경우 가장 좋은 방법은 저항 품종을 선택하고 나무 주위를 공기가 움직여 건조하게 유지해야 한다. 실제로 나무를 가지치기하여 나무 사이의 간격을 넓혀 주면 공기와 햇빛이 가지 틈새로 들어와 남아 있는 나뭇가지를 건조시키는 데 도움이 된다. 또한 피칸 나무 주변의 식물이나 잡초를 제거하면 더 빨리 건조할 수 있으며 피칸 아래 자라난 잔디를 깎는 것도 마찬가지다.

피칸 딱지를 치료하는 방법 중 가장 효과적인 방법은 살균제를 뿌리는 것이지만 일반적으로 피칸 나무는 키가 커 재배자나 관리자가 쉽게 살균제를 뿌릴 수 없으며 피칸 딱지 질병에 대항하기 위해 여러 번 뿌려야 한다. 그러나 이런 방법은 피칸나무가 많지 않은 가정 재배자나 관리자에게는 실용적이지 않으며 반복되는 살균제 스프레이 비용 또한 엄청나다. 결론적으로 가지치기와 나뭇가지 건조 등의 피칸 딱지 질병 예방을 시도하는 것이 훨씬 더 나은 선택이다.

25.6 구수한 단맛의 역사

피칸이 16세기에 유럽 정착하기 전, 피칸과 접촉한 최초의 유럽인들은 스페인 탐험가들이며 아메리카 원주민에 의해 거래되던 피칸의 구수하며 달콤한 맛뿐만 아니라 얇은 껍질과 견과의 도토리 모양에 색다른 관심을 보이며 널리 소비하였다. 이 견과를 주름 너트나 호두의 열매라고 스페인어로 불리었으며 특히 얇은 껍질과 견과의 도토리 모양에 주목하여 실제로 피칸을 언급하고 있음을 나타냈다.

피칸 나무는 미국이 원산지이며 국가 창시자인 토머스 제퍼슨(제3, 4대 대통령)은 버지니아주 견과류 과수원에 피칸 나무(C. illinoinensis, 일리노이 너트)를 심었으며 조지 워싱턴(미국 제1, 2대 대통령)은 일지에 토마스 제퍼슨이 그에게 일리노이 너트인 피칸

을 준 것을 일지에 적어 놓았다. 피칸 나무가 성숙하고 열매를 맺는 속도가 느리기에 그만큼 피칸의 상업적 생산은 느렸다. 피칸 너트 생산을 가속화하기 위해 최상의 피칸 나무 특성을 유지하며 새로운 우수한 피칸 생산 나무에 접목하는 것은 크기와 맛을 최고로 창출해내는 명백한 전략이다. 그러나 이것은 매우 어려운 접목 생산기술이다. 피칸은 미국의 텍사스, 오클라호마, 알라바마, 아칸소, 캘리포니아 주에선 공식 견과로 채택했으며 파이, 푸딩, 피자 등 다양한 소재의 식재료로 소비자들을 즐겁게 해준다.

피칸은 1,000여 종 이상의 품종이 있으며 대부분은 북아메리카 원주민의 이름을 따 이름을 지었으며 그중 20여 품종만이 재배되고 있다. 프랑스는 피칸을 서인도로 수출했으며 피칸 나무(히코리과에 속하는 나무 중 크기가 가장 큼)의 탄탄한 성장과, 피칸 견과의 부드러우면서도 고소한 맛과 독특한 향과 풍미에 힘입어 피칸은 미국 내에서 뿐만 아니라 국경을 넘어 더 넓은 지역으로 꾸준히 펴져 나갔다.

우수한 야생종에 피칸 작목을 접붙이는 피칸 아접기술이 개발되어 이 기술을 이용해 우수한 야생종을 선별해 피칸 묘목을 접목하거나 결합할 수 있게 되었다. 어렵사리 반복된 연구를 통해 접목기술이 성공하게 되면서 우수한 품종의 피칸을 생산하게 되었으며 그 결과, 고급진 양질의 피칸을 지속적으로 생산할 수 있게 되었다. 앞서 언급했듯이 피칸의 접목기술의 개발은 최고의 맛과 향을 가진 씹는 느낌이 좋은 피칸 생산 역사에 있어 매우 중요한 이정표가 되었으며 피칸 품종을 소비자의 입맛에 맞게 개량하고 개량된 품종을 생산하는데 있어 지금도 미래에도 매우 중요한 방법이 된다.

25.7 울퉁불퉁한 피칸의 효능 10가지

피칸은 얼핏 보면 호두와 비슷하게 생겼으나 둘을 함께 두면 명확하게 구분이 된다. 피칸이 호두보다 더 짙은 색을 나타내며 거의 럭비공 모양인 길쭉한 모양을 하고 있으며, 호두는 둥근 모양이 많고 더 울퉁불퉁한 모양을 하고 있다. 또한 피칸과 호두의 차이는 맛에서도 느낄 수 있는데, 피칸이 호두보다 달고 향이 좋으며 덜 단단한 식감을 가지며 호두의 쓴맛이 피칸에는 없다. 피칸은 영양성분으로 식이섬유와 비타민 A, B, C 등 각종 비타민 그리고 비타민 E가 매우 풍부하여 시리얼과 영양적으로 궁합이 좋다고 한다.

피칸의 효능은 대표적으로 항산화 작용과 다이어트 등이 있으며 피칸의 강력한 항산화 성분인 베타시토스테롤(β-sitosterol, 콜레스테롤과 유사한

화학 구조를 가진 여러 식물성 스테롤 중 하나)과 비타민 E[지용성 비타민의 일종, 토코페롤(tocopherol) 4종(알파-토코페롤, 베타-토코페롤, 감마-토코페롤, 델타토코페롤)과 토코트리에놀 4종(알파토코트리에놀, 베타토코트리에놀, 감마토코트리에놀, 델타토코트리에놀)의 성분으로 구성]가 나쁜 활성 산소로부터 우리 몸을 지켜주며 마그네슘과 비타민이 신진대사를 도와 다이어트에 도움을 주는데, 특히 복부 비만을 낮추는 효능이 있다. 그럼 피칸 효능에 대해 정확하게 분석 정리해 보자.

▶ 25.7.1 다이어트

피칸 견과는 고지방, 고칼로리 식품이지만 체중 관리에 도움을 주는데 그 이유는 피칸에는 건강한 다불포화지방산(지방산 사슬 내에 한 개 이상의 이중 결합을 가지고 있는 지방산)이 풍부하며, 비타민 E, 아연, 마그네슘 등 체중 감량에 효능이 있는 성분이 많기 때문이다. 특히 비타민 E는 세포 노화를 막고 세포막 유지 항산화 물질로 근육을 만들고 녹황색 채소나 곡류, 과일 등에 많이 존재하는 지용성 비타민인 비타민 K와 함께 신진대사를 높여주며 복부 비만을 줄여주는 효과가 있다.

▶ 25.7.2 혈액순환

피칸은 혈액순환을 개선하고 동맥경화 등 각종 심혈관계 질환을 예방하는 효능이 뛰어나다. 피칸에 풍부한 베타시토스테롤(β-sitosterol)은 혈중 콜레스테롤을 낮추는 효능이 있으며 베타시토스테롤은 나쁜 LDL(low density lipoprotein) 콜레스테롤의 침착과 흡수를 억제해 주어 심혈관 기능을 높이는 효능이 뛰어나다.

▶ 25.7.3 노화 방지

피칸의 견과에는 항산화 성분이 많이 포함되어 있으며 그중에 아주 강력한 항산화 성분인 베타시토스테롤(β-sitosterol)이 우리 몸의 항산화 작용을 도와 노화를 방지해 준다. 또한 피칸의 견과에는 몸속에서 활성 산소를 제거하고 세포막의 구성성분인 불포화 지방산의 산화를 억제함으로써 세포막의 손상과 조직의 손상을 막는 역할을 하는 비타민 E의 일종인 알파-토코페롤과 감마-토코페롤 역시 강력한 항산화 작용을 하며 피부와 혈관 등 각종 세포의 산화를 억제하여 건강 유지에 중요한 역할을 한다

▶ 25.7.4 항암 효과

피칸의 견과는 항암 작용을 하는 효능도 있으며 풍부한 베타시토스테롤(β-sitosterol)과 조직이나 세포의 라디칼 생산을 억제하는 라디칼 포착제(scavenger) 역할을 하는 비타민 E는 강력한 항산화제로 항암 작용이 뛰어나다. 암세포의 자살을 유도하여 암세포의 증식을 억제하며 항암 작용뿐만 아니라 항염증, 항균, 항궤양 효과도 뛰어나다.

알파-토코페롤
α-tocopherol

LOO• 리피드 라디칼

LOOH

토코페롤-라디칼
tocopherol radical

LOO• 리피드 라디칼

토코페롤-리피드 중간체

H_2O

LOOH 리피드 과산화물

토코페롤 퀴논
tocopherol quinone

비타민 E의 라디칼 반응 mechanism

앞서 언급했듯이 비타민 E는 조직이나 세포의 라디칼 생산을 억제하는 라디칼(radical) 포착제(scavenger) 역할의 작용하는 반응 mechanism을 살펴보면 다음과 같은데, 항산화 효과의 근본적인 이유는 크로마놀(chromanol) 구조의 알코올(−OH) 작용기에 있는 수소가 지질 라디칼(radical)이나 질병과 노화의 원인인 활성 산소와 반응하는 것에 기인한다고 알려져 있다.

크로마놀 구조

반응 메커니즘을 단계별로 살펴보면, 먼저 토코페롤의 하이드록시기(−OH)에서 발생한 수소 라디칼(radical)이 지질 라디칼(radical)과 반응하여 안정한 지질 과산화물[유기화합물 중 단일 공유결합으로 연결된 두 개의 산소 원자(−O−O−)를 갖는 화합물]이 생성된다. 두 번째 단계에서 생성된 토코페롤 라디칼(radical)은 또 지질 라디칼(radical)과 반응하여 토코페롤-지질 중간체를 형성하고, 세 번째 단계에서 이 중간체가 물과 반응하면 지질 과산화물과 토코페롤 퀴논이 형성되어 결국 모든 라디칼(radical)이 소멸된다. 알파-토코페롤(α-tocopherol)과 감마-토코페롤(γ-tocopherol)이 비타민 E의 주요한 성분으로 산소 원자를 포함한 화학적으로 반응성 있는 분자인 활성 산소(reactive oxygen species, ROS)의 작용을 억제하는 항산화 작용을 하며 혈관과 피부 등 각종 세포의 산화를 억제하여 건강 유지에 중요한 역할을 한다.

▸ 25.7.5 전립선 비대증

피칸은 항산화제 역할을 하는 베타씨토스테롤(β-sitosterol) 등을 함유하고 있어 전립선 비대증에도 좋은 효능이 있으며 그 안정성과 효용성이 미국 및 유럽에서도 인정받아 전립선 비대증 치료약으로 사용되고 있다. 피칸은 또한 피부 미용과 노화 방지에도 효과가 있으며 동맥경화나 고혈압 등의 성인병을 예방한다.

▸ 25.7.6 당뇨병

피칸은 당뇨병에도 좋은 효능이 있으며 특히 제2형 당뇨병 환자의 혈액 내 혈당을 조절해 주는 효능이 있다. 5주간 비만의 중년 남녀가 피칸을 섭취한 결과 당뇨병과 심혈관 질환의 위험이 낮아졌다는 연구 결과도 있다. 포화지방이 낮고 리보플라빈, 니아신, 섬유질 및 칼륨 함량이 높아 나쁜 LDL(low density lipoprotein) 콜레스테롤을 낮춰주고 혈당수치를 정상화하는 데 도움을 준다. 피칸은 아연과 엽산, 칼륨 같은 요소들이 함유되어 몸에 긍정적인 효과가 있으며 혈관건강과 혈액순환에 도움이 된다.

▸ 25.7.7 치매

피칸은 견과류의 대표적인 효능인 뇌기능을 강화하는 효능이 있다. 특히 피칸에는 치매와 뇌 건강에 도움을 주는 엽산, 비타민, 칼륨, 아연 등이 호두의 2배나 들어 있으며 특히 뇌 신경계에 도움을 주는 엽산이 알츠하이머 예방에 좋은 영양소이다. 실제 혈액 속에 들어 있는 콜레스테롤이 정상 수치를 넘은 상태인 고콜레스테롤혈증(hypercholesterolemia, 동맥경화증과 관계되어 관상동맥 질환, 뇌졸중의 발생 위험을 증가시킴)이 있으면 치매 위험이 높아지나 피칸에 풍부한 불포화지방산(단일불포화지방산인 올레산과 다중불포화지방산인 리놀레산)이 콜레스테롤 수치를 낮춰 주어 치매 예방에 효과가 있다.

▸ 25.7.8 탈모

피칸에 들어 있는 풍부한 단백질과 비타민, 각종 미네랄 성분은 머리카락을 뿌리부터 건강하게 해주며 충분한 영양소를 공급해 주기에 적당하다. 피칸은 탈모에 좋은 음식 중 하나이다. 탈모의 원인은 아주 다양하며 특히 모발에 영양분이 부족하면 탈모가 진행될 수 있다. 피칸에는 모근과 모발을 튼튼하게 해주는 단백질과 지방, 당분, 회분, 철, 망간, 칼슘, 마그네슘, 인산 등의 무기물과 비타민 A, B, C, E 등의 다양한 영양소를 함유한 영양성분이 풍부하여 탈모 예방에도 좋은 효능이 있다. 그중 비타민 B1(싸이아민, thiamine, 에너지 대사와 핵산 합성에 관여 신경과 근육 활동에 필요한 필수 비타민 중의 하나)과 비타민 E(근기능 유지, 항산화 기능에 관여하는 비타민으로 세포 노화를 막고 세포막 유지 항산화 물질로 활성 산소 무력화시킴)가 많이 들어 있어 혈액순환을 돕고 피부와 모발에 골고루 영양을 준다.

▸ 25.7.9 염증성 질환

피칸에는 뇌신경계에 필요한 엽산이 높은 농도로 함유되어 치매, 우울증, 뇌경색 예방에 도움을 주는 좋은 HDL 콜레스테롤(high density lipoprotein cholesterol)을 증가시키는 감마 토코페롤 수준이 높아지고 동맥 염증을 유발하고 심장 혈관 위험을 증가시키는 건강에 나쁜 혈중 LDL 콜레스테롤(low-density lipoprotein cholesterol) 산화가 감소한다. 피칸에 함유된 생물학적 항산화제인 비타민 E의 감마 토코페롤은 강력한 강산화제로서 남성의 전립선암에 유용하다. 또한 강력한 항산화 성분인 알파-토코페롤(α-tocopherol)과 감마-토코페롤(γ-tocopherol)로 구성된 근기능 유지, 항산화 기능에 관여하는 비타민인 비타민 E와 마그네슘은 세포 손상을 유발하는 각종 염증성 질환을 예방한다. 노화 예방과 체중 감량에도 도움이 되며 성인병 예방에도 좋다.

▸ 25.7.10 우울증

뇌기능에 좋은 피칸의 효능은 우울증을 예방해주는 효과도 있으며 이것은 피칸에 풍부한 엽산[비타민 B9 혹은 비타민 M, 폴산(folic acid: 체내에서 DNA와 아미노산의 합성과 적혈구 형성에 필요)] 덕분이다. 피칸에 많이 함유된 엽산은 몸의 불안감이나 신경을 안정시켜 주는 효과가 있다. 엽산은 우울증 치료 성분으로도 잘 알려져 있으며 혈중 엽산 수치가 낮을수록 우울증 발병 위험성이 높아진다. 특히 엽산은 태아의 발달에도 중요한 영양소라서 임산부에게도 좋다. 또 피칸에 풍부한 비타민 E 역시 뇌세포를 건강하게 하는 효능이 있다.

25.8 피칸의 부작용

지금까지 피칸 효능에 대해 정확하게 알아보았으며 피칸 부작용에는 어떤 것이 있는지 간단히 정리해 보자. 피칸에는 물에 녹지 않고 유기용매에 잘 녹는 기름 모양 물질인 지질이 많아 과다 섭취 시 복통이나 설사 등의 부작용이 있을 수 있다.

피칸 부작용으로 체중 증가와 위장 장애를 일으킬 수 있으며 하루 섭취 권장량 20개 이상을 먹지 않도록 한다. 칼로리가 높은 피칸은 과다 섭취 시 체중 증가와 복통, 설사 등을 유발할 수 있어 주의해야 한다. 피칸은 견과이기에 견과류 알레르기가 있는 분들은 주의해야 한다. 피칸은 100 g당 678 kcal로 고칼로리 식품이며 적당량은 다이어트에 도움이 되지만 과다 섭취는 주의해야 한다. 반드시 밀봉된 비닐봉지에 넣어 냉동고나 냉장고에 보관하는 것이 좋으며 냉장저장 시 6개월, 냉동저장 시 2년 정도 품질을 보존 유지할 수 있다.

25.9 피칸, 천연 영양제로 각광

호두와 닮은 꼴 견과류인 피칸은 주름진 모양이 뇌를 닮아 호두와 비슷하지만 우리 몸에 꼭 필요한 필수 무기질인 나트륨이 전혀 없고 각종 비타민과 칼륨, 아연 등이 많이 들어 있다. 미국은 세계 피칸의 약 80%를 생산하고 있다. 생과육을 먹을 수 있도록 가공해서 그냥도 먹지만 소금에 절여 식용하는 경우도 있으며 제과나 아이스크림에 혼합해서 식용되며 특히 피칸파이라는 제과 제품으로 널리 소비되고 있다.

한국 추석의 송편 수준의 대우를 받듯 미국에서는 주로 추수감사절에 피칸파이가 불티나게 팔린다. 다만 호불호가 존재하는데 이 부분도 우리의 오곡밥과 비슷하여 잡곡 중 하나의 잡곡을 못 먹는 이들은 오곡밥을 먹을 때 싫어하는 잡곡을 빼고 먹으며 좋아하는 사람은 정말 좋아하기에 두 공기 세 공기의 잡곡밥을 먹는다. 피칸파이의 호불호는 피칸의 효능과 영양에 관계없이 지나칠 정도의 느끼함, 고소한 단맛에서 나온다. 고소한 단맛과 느끼한 맛의 조화로 인해 피칸을 다시 생각할 정도로 한 조각을 먹은 후 도저히 더 이상은 못 먹는 사람이 있는 반면 여기에 개의치 않고 좋아하기에 피칸파이 5~6조각을 순식간에 먹어치우는 이들도 있다.

25.10 메이플 피칸파이 만들어 볼까요?

파이, 쿠키, 아이스크림의 재료로 유명한 피칸은 나른 견과류보다 껍질을 쉽게 벗길 수 있고, 풍부한 고소한 단맛과 부드러운 식감으로 인해 아메리카 원주민들뿐만 아니라 온 세계인이 좋아하는 견과다. 껍질을 벗긴 피칸은 호두와 모양과 성분이 비슷하지만 필수 무기질인 나트륨이 전혀 없고 비타민 A, B, C, E, 식이섬유, 엽산, 칼륨, 아연 등이 훨씬 많은 함유된 품질이 좋은 천연 단백질 견과다.

2년 전 발생한 Covid-19로 인해 사람의 이동이 원활하지 않아 우리 먹거리의 양과 질에 문제가 심각하지만 그래도 판매가 증가한 식품 중에 견과인 피칸이 있다.

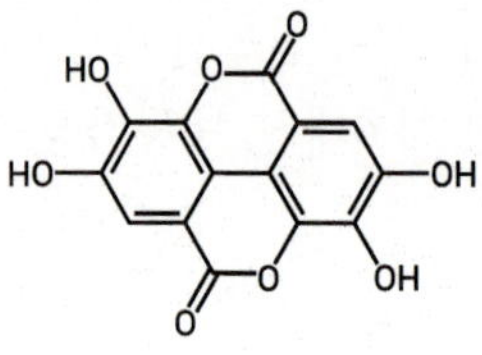

엘라그산(ellagic acid)

미국 유일의 토착 견과인 피칸은 특유의 아삭한 식감, 부드러운 풍미와 고소한 단맛 때문에 각종 요리 및 디저트의 부재료로 활용된다. 피칸이 들어간 음식이 우리의 맵고 짠 음식과도 잘 어울리는데 그 이유는 피칸이 함유한 각종 불포화지방산(단일불포화지방산인 올레산과 다중불포화지방산인 리놀레산)이 맛을 부드럽게 중화시켜주기 때문이다. 피칸에는 올레산이 올리브 오일(olive oil)보다 25% 많고 필수지방산인 비타민 E, 리놀렌산과 엘라그산(ellagic acid, 폴리페놀 4개의 링으로 구성되어 있는 식물성 페놀)도 풍부하게 함유되어 있다.

Quiz

1. 미국산 호두열매로 아메리카 원주민의 주요 식량이었으며 포화 지방산이 다량 함유되어 있고, 뇌신경을 안정시키는 칼슘과 신경시스템이나 DNA 합성에 관여하는 신경비타민인 비타민 B군의 함량도 대단히 높은 영양적으로 우수한 견과는 무엇인가?

2. 해걸이(alternate year bearing) 예방책으로 적과(fruit thinning) 관리하여 높은 수확량을 유지할 수 있는 견과는 무엇인가?

NUT EXPLORATION 제 26 장

달콤하고 뒷맛이 없는 인체친화적인 알리탐

우리들이 매일 먹는 음식에 존재하는 감미료는 일반적으로 사용되는 식품 첨가물 중 하나이다. 수많은 아미노산 및 그 유도체는 높은 생리활성과 인체친화적인 특징을 가지고 있어 의약품, 화장품, 식품화학 등 다양하게 사용된다. 아이스크림 속 인공감미료인 알리탐은 아스파르트 산(aspartic acid)과 알라닌(alanine)으로 합성된 디펩티드(dipeptide) 감미료로 단맛은 설탕(자당)의 2000배 이상이며 저칼로리의 장점이 있다. 안정적인 특성과 광범위한 응용 분야를 가진 설탕 대체 물질 중 하나이며 많은 국가에서 사용하고 있다.

26.1 미국의 화이자사가 개발한 저칼로리 감미료인 알리탐

알리탐은 달콤하고 뒷맛이 없으며 뜨겁거나 산성인 조건에서도 안정한 미국의 화이자(Pfizer)사가 개발한 저칼로리 감미료이다. 무극성 지방족 아미노산인 D-알라닌과 산성 아미노산인 L-아스파르트산으로 구성된 다이펩타이드 감미료로서 설탕의 2,000~2,400배의 감미가 있다. 알리탐의 분자식은 $C_{14}H_{25}N_3O_4S$이며 분자량은 331.4 g/mol이다. 알리탐의 분자 구조식은 다음과 같다.

알리탐의 분자 구조식

알리탐의 IUPAC 명은 (3S)-3-amino-4-[[(1R)-1-methyl-2-oxo-2-[(2,2,4,4-tetramethyl-3-thietanyl)amino]ethyl]amino]-4-oxobutanoic acid이다.

알리탐은 위장(gastrointestinal tract)에서 흡수되며 그 이후 대사되어 배설된다. 알리탐의 IUPAC name에서 볼 수 있듯이 두 중요한 성분인 aspartic acid와 alanine amide가 존재하며 aspartic acid 성분은 정상적으로 대사되나 alanine amide 성분은 미세한 대사적 변화로 신체에서 빠져나간다. 인체에서 D-alanine tetramethylthietane amide의 glucoronic 유도체는 중요한 물질대사의 결과로 생긴 노폐물인 소변의 대사물질이다.

26.2 다단계 합성을 거쳐 합성되는 알리탐

D-알라닌과 L-아스파르트산으로 구성된 다이펩타이드 감미료인 알리탐의 합성은 여러 가지 합성 방법이 존재하나 많은 합성단계를 거치고 보호(protection)와 탈 보호(deprotection) 등 어려운 고급 화학과 관계되기에 그리 간단치 않다.

그렇지만 하나의 합성 과정을 언급하면 다음과 같다. 두 반응 중간체인 (S)-[2-5-dioxo-(4-thiazolidine)] acetic acid과 (R)-2-amino-N-(2,2,4-4-tetramethyl-3-thietanyl) propanamide의 반응을 포함한 많은 단계의 반응을 거쳐 합성할 수 있다. 마지막 생성물은 alitame/4-methylbenzenesulfonic acid 부가생성물의 재결정으로 분리 정제되고, 그 이후로도 여러 정제 단계가 이어지며 마지막으로 물에 의해 재결정해서 얻는다.

26.3 아스파탐보다 단맛이 크게 증가된 제2세대 인공 감미료인 알리탐

감미료 산업은 대단히 크며 큰 이익을 창출하고 있다. 1970년대의 아스파탐 이후 과학자들은 새로운 감미료의 등장을 기대했다.

그래서 등장한 알리탐이 제2세대 인공 감미료의 하나이다. 이 알리탐의 감미도는 설탕의 2000배이며 아스파탐의 10배 이상이다. L-아스파르트산과 L-페닐알라닌(아스파탐 합성의 출발물질) 대신에 L-아스파르트산과 L-알라닌(알리탐 합성의 출발물질)을 반응시켜 얻은 알리탐은 L-아스파르트산과 결합한 물질이 페닐알라닌에서 벤젠 고리를 제거한 알라닌이다. 그런데 오히려 아스파탐보다 단맛이 크게 증가되었다.

26.4 단맛 수용체와의 Sweetness Triangle

이 단맛의 증가 이유를 제시하면 먼저 단일 아미노산의 단맛 순서는 다음과 같다. 글리신, 알라닌〉루신〉발린〉페닐알라닌 순서인데 이 순서에서 살펴보면 소수성이 증가할수록 단맛이 줄어드는 것을 알 수 있다. 그 결과 알라닌이 반응물질로 사용되어 합성된 알리탐이 더 좋은 단맛을 나타낼 것으로 예상할 수 있다. 그러나 알리탐 단맛의 강도는 단맛 수용체와의 Sweetness triangle이 아스파탐보다 더 강하게 결합해서 이루어진 결과가 더 확실한 증거일 것이다. 산이나 따뜻한 물에서의 안정성을 보면 아스파탐보다 안정하나 saccharin이나 acesulfame potassium보다는 덜 안정하다.

26.5 인공 감미료인 알리탐의 상상 이상의 활용

설탕보다 감미로운 인공 감미료인 알리탐은 우리 먹거리에 많이 사용되고 있다. 알리탐뿐만 아니라 다양한 인공 감미료들이 우리 일상생활에서 사용하는 제품들에 상상 이상으로 들어가 있다.

비타민, 감기약, 치약, 껌, 음료, 술, 아이스크림, 빵, 가공육 등 예상치 못한 곳까지 널리 사용되고 있다.

26.6 자연에서 추출된 천연 감미료 다섯 가지와 인공으로 합성된 감미료 다섯 가지

여기서 나름대로 인체에 나쁜 영향을 주는 인공 감미료 다섯 가지와 인체에 도움을 주는 천연 감미료 다섯 가지를 그 이유와 함께 구분하였다. 이 주제를 바탕으로 우리 자신의 건강한 생활을 잘 지켜나가야 한다.

26.6.1 인체에 나쁜 다섯 가지 인공 감미료

- **아스파탐**

아스파탐은 열에 약해서 주로 열이 가해지지 않는 음료나 음식들에 사용되며 설탕보다 180배나 달아 단맛에 중독되게 한다. 최근 한 연구에 의하면 쥐에게 사람이 먹는 양과 같은 양의 아스파탐을 먹인 결과 림프종과 백혈병을 일으킬 수 있어 인체에도 암 유발 가능성이 있다. 그리고 기억력이 손상될 위험이 있으며 특히 임산부라면 아기가 향후 대사증후군 장애, 고지혈증에 거릴 확률이 높아진다. 또한 비만인 사람에게는 뇌 손상이나 신경 손상을 유발할 수 있기에 이 성분을 피해야 한다고 언급한다. 널리 알려진 부작용으로는 두통, 편두통, 기분 급변과 기억력 감퇴, 언어장애, 뇌의 세로토닌 수치를 변화시켜 기분을 우울하게 만드는 부작용 등이 있다.

또한 분자구조에서 phenylalanine과 aspartic acid의 두 아미노산으로 형성된 아스파탐은 물론 미량일 경우는 관계없지만 계속 축적된다면 인체의 아미노산 대사의 균형을 교란할 수 있다. 분해 시 생성되는 인체에 해로운 methanol과 같은 성분이 간, 신장, 뇌에 꽤 오랜 시간 잔류해 나쁜 영향을 미칠 수 있어서 주의할 필요가 있다.

- **수크랄로스**

단맛을 가진 무열량 감미료로 살충제와 구충제를 개발하는 과정에서 발견된 물질인 수크랄로스는 염소(Cl_2, 염소는 살균제나 독가스 합성에 쓰이는 독성이 매우 강한 화학 물질) 처리한 수크로스(설탕)에서 합성 개발되었다. 설탕보다 600배 더 달아 단맛의 정도가 매우 커 수크랄로스가 들어간 과자나 요리 그리고 음료를 먹으면 단맛에 크게 중독될 위험이 있다.

중요한 것은 수크랄로스는 대사 기능을 교란해 지방 축적을 촉진, 식욕 증진, 체중 증가에 의한 비만을 촉진한다. 체내에 들어갔을 경우 몸에 흡수되지 않고 배출되며 몸에서 독소를 만들어 부작용을 일으켜 장내 유익균의 수를 줄여 설사 등 장 감염의 위험을 높인다. 그래서 약물 저항성을 높여주거나 항암 치료를 받는 환자들에게는 위험할 수도 있다. 특히 심장병과 암 치유제와 같은 특정 약이 인체에 흡수되는 것을 막으며 여드름, 구강 출혈, 우울감 등 여러 알레르기 반응을 일으킨다.

- **아세설팜 칼륨**

인체에 해로운 용매인 메틸렌 클로라이드(CH_2Cl_2, 울렁거림, 기분조절 장애, 암, 간과 신장 기능에 문제, 시력 저하를 일으킬 수 있으며 심지어 자폐증과도 연관이 있음)를 함유한 칼륨염으로 구성되어 있다. 주로 무설탕 껌과 술, 사탕과 무설탕 그리고 요구르트 등에 들어간다. 아스파탐과 같은 다른 합성 인공 감미료들과 같이 들어 있을 때가 많지만 다양한 사용처에 비해 정작 인체에 해로운 메틸렌 클로라이드가 들어가 있는 아세설팜 칼륨에 대해서는 제대로 된 연구 결과가 없는 상태여서 앞으로 세밀한 분석연구가 필요하다. 단맛으로도 유명하지만 감칠맛을 더해주는 조미료로도 인기가 많다.

열에 강한 편이라 가공 단계가 많은 식품, 빵 등에 들어가며 체내에서는 이를 제대로 분해하기가 어려워 본래의 신진대사를 방해하는 것으로 알려져 있다. 인체에 미치는 영향과 안전성의 측면에서는 연구분석 결과가 미미하여 공인된 바는 없으나 매우 유해할 가능성이 크다. 아세설팜 칼륨이 FDA(Food and Drug Administration)에 승인을 받지 못하게 되자, 제조업자들은 승인을 위해 FDA 자체 표준검사 기준을 낮춰서 통과시켰으나 실제 아세설팜 칼륨 첨가물을 동물에게 섭취시킨 후 연구 분석한 결과 동물에게서 암 발생 원인으로 나타났다. 이는 곧 인간에게도 암 발생 위험을 증가시킬지도 모른다는 의미이다. 1987년 영양 및 건강, 식품 안전, 알코올 정책 및 건강한 과학을 연구하고 지지하는 센터인 (미국)공익과학센터는 FDA가 아세설팜 칼륨을 승인하지 않도록 재촉하였지만 무시된 채 승인되었다. 또한 쥐와 토끼 그리고 개의 체내의 물질대사를 촉진하는 갑상선에 영향을 주는 것으로 확인되었다. 특히 실험 대상인 쥐는 갑상선 종양을 일으켰으며 피부 염증인 종기들의 출현으로 악성 종기로 발전해 발암성 잠재력을 더욱 키워 심각한 문제가 될 수 있다는 것을 알아야 한다.

• 사카린

사카린은 설탕보다 더 달지만 쓴 뒷맛을 가지고 있는 합성 인공 감미료다. 음료수나 사탕, 비스킷과 약 그리고 치약을 달게 하려고 등 여러 방면에 사용되고 있다. 최근까지 사카린의 부작용은 발암 위험 즉 방광암을 유발할 위험이 있는 것으로 밝혀져 일시적으로 사용이 금지되었다. 하지만 최근 FDA는 새로운 실험분석을 통해 안전하다는 평가로 사용을 승인했으며 우리나라도 많은 양을 사용하고 있다. 그러나 일부 연구 단체들은 아직도 사카린은 암을 유발할 위험이 있고 건강을 해칠 수 있다고 주장한다. 또한 사카린은 칼로리가 없고 장에 흡수되지 않으나 췌장, 즉 이자에서 인슐린을 생산하는 것 같은 내분비적 생화학 반응을 자극할 수 있다.

인슐린의 주된 효능은 혈액 속의 당을 다양한 신체조직에 운반함으로써 에너지를 공급하는 것이다. 사카린 같은 인공 감미료를 섭취한 후 혈액에 당이 투입되지 않으면 인슐린은 자신이 할 일을 잃어버리는 것이며, 이로 인해 인체의 인슐린 감응성이 떨어짐으로써 당뇨병의 발병 위험이 높아질 수 있다. 인체에 해로운 유기용매인 톨루엔으로부터 합성되는 설폰아마이드인 사카린은 이 출발물질(반응물)로 인하여 매우 심각해질 수 있는 알레르기 반응을 유발할 수 있다. 그러나 지금도 사카린은 어린이용 약이나 영양제 그리고 감기약 시럽 등에 자주 사용되며 최근 계속 사용량이 증가하고 있다.

• 자일리톨

해발 500~2000 m 추위를 견디며 자라는 자작나무가 자일리톨의 주원료이며 분자구조로

보면 당 알코올 천연 감미료다. OH기를 가진 당 알코올은 체내에서 바로 소화 흡수되지 않으며 많이 먹으면 가스가 차는 느낌이 들고 일부는 설사 등의 증상이 나타날 수 있다. 당 알코올에 예민한 사람들의 경우에는 외래성 물질과 접한 인체가 그 물질에 대하여 정상과는 다른 과민성 반응을 나타내는 알레르기 현상이 나타날 수 있다. 당 알코올의 부작용으로는 복부 팽창과 가스, 붓기와 설사 등과 같은 장 기능과 관련된 것들이다. 변비를 완화하는 효과가 있어서 실제로 처방전이 필요 없는 일반 의약품으로 변비 완화제에 사용된다.

자일리톨을 많이 섭취하면 설사나 심한 경우 위경련까지 일으킬 수 있다. 비록 자일리톨을 사용한 지는 몇 십 년 됐지만 임산부나 모유 수유를 하는 여성들은 이러한 인공 감미료보다는 천연 감미료를 사용하는 것이 좋다. 아직까지 임신, 수유에 미치는 영향이 제대로 연구된 적은 없지만 조심하는 게 좋다고 생각한다. 또한 이런 당 알코올은 반려동물들에게 독성 물질로 작용하므로 반려동물 입에는 들어가지 않도록 조심해야 한다.

인체에 해로운 합성 인공 감미료를 대신할 수 있는 건강한 대체 감미료로 메이플 시럽과 코코넛 슈거, 스테비아와 천연 꿀 그리고 만니톨 등이 있다. 사실 천연 감미료를 최대한 적게 넣고 반찬이나 식품을 가공할 시 그 재료 자체에 있는 단맛을 느끼는 게 가장 좋다. 또한 단것을 덜 먹으려면 다른 향을 같이 사용하는 것이 좋다. 예를 들면 바닐라와 카카오, 시나몬이나 겨자 그리고 고추냉이 같은 독특한 향이 나는 음식 재료를 요리에 사용하면 감미료의 사용을 조금이라도 줄일 수 있다.

▸ 26.6.2 인체에 좋은 천연 감미료

• 생 꿀

들과 산에 사는 벌이 만드는 달고 끈적끈적하며 짙은 황금색의 액체 식품인 생 꿀은 인체에 좋은 각종 영양소를 많이 함유한 웰빙 식품으로 일반적으로 18~20%의 수분을 함유한다. 약한 산성으로 살균과 멸균 효과가 있어 염증을 치료하는 데에도 쓰인다. 자연에서 얻는 천연 감미료로 소화흡수가 빠른 식품으로 먼 옛날부터 단맛을 느끼게 해 주었으며 설탕을 대신하는 감미료로 사용되었다. 꿀통에서 꺼낸 채 가공하지 않은 꿀인 생 꿀은 인체에 좋은 역할을 하는 각종 효소뿐만 아니라 항산화 물질과 미네랄인 철분과 아연, 칼륨과 칼슘 등이 들어 있으며 또한 아스코르브산(vitamin C) 등의 다양한 비타민이 풍부하게 들어 있다.

이러한 항산화 능력을 갖춘 성분들은 체내에서 생성되어 존재하는 활성 산소들을 없애 주는 역할을 하여 프로바이오틱스(probiotics)라고 불리는 장내 유익균들이 잘 자랄 수 있도록 한다. 벌이 꿀을 채집한 꽃의 색깔에 따라 영향을

주지만 영양가가 좋은 꿀일수록 색이 진하며 구매할 때는 되도록 산지에서 생산자로부터 직접 구하는 게 좋다. 가공한 살균된 제품은 대부분 제시된 좋은 효소나 항산화 물질 등의 영양소들이 파괴되기 때문에 조금은 탁한 색깔의 생 꿀을 먹는 것이 좋다. 생 꿀은 우리가 먹는 음식 위에 뿌려 먹거나 차로 먹을 때 미지근한 물에 녹여 먹는 것이 꿀이 가지고 있는 각종 영양소의 파괴를 막을 수 있다. 설탕이 제대로 보급되지 않은 시절의 옛날 사람들에게는 유일한 당원(糖原)이며 생활 속의 상비약으로도 중요한 역할을 했다. 우리 주변의 흔히 볼 수 있는 발효 음료인 벌꿀 술과 살구청, 매실청과 온갖 발효액을 만드는 데 쓰이며 특히 포도주나 다른 알코올 음료와도 혼합해서 사용하기도 한다. 아주 먼 옛날 이집트에서는 방부제로, 인도와 동남아시아의 여러 나라에서는 과일과 유용한 음식 재료 청을 만들거나 저장할 때 썼다. 그리고 떡과 당 등을 만들 때도 사용했으며 성경책과 코란경에도 많이 등장한다.

• **스테비아**

하천이나 습지대 주변에서 자라는 국화과의 여러해살이풀인 스테비아는 세계적인 시장에서 매우 주목받고 있는 천연 감미료다. 스테비아는 국화과의 일종으로 잎과 줄기에 단맛을 내는 '스테비오사이드'라는 성분이 있는데 이것이 설탕보다 당도가 200~300배 높아 천연 감미료로서의 활용도가 나날이 높아지고 있다.

최근 소비자들의 취향이 인공 합성 감미료보다 자연에서 추출한 천연 감미료를 선호하는 경향이 있어 청량음료와 유제품부터 스낵류, 빵류, 과자류 등에 이르기까지 다양한 제품에 폭넓게 사용되고 있다. 생 꿀과 달리 스테비아는 분자 구조상 열에 다소 강하기에 고온에서도 사용 가능하며, 주의해야 할 점은 설탕보다 약 200배나 더 달다는 것이다. 인체 관련된 물리적 현상으로 표현하면 평소 설탕이 많이 들어가는 제빵에 사용할 때는 설탕 자체의 부피가 꽤 많은 부피를 차지하게 된다. 하지만 설탕보다 200배 이상 더 단 스테비아를 쓰면 설탕 자체의 부피인 그만큼의 재료가 비워진다. 따라서 빵이나 과자를 만들 때는 설탕의 빈자리를 과일 퓌레와 요구르트, 달걀흰자나 코코넛 밀가루 등을 사용해서 이 문제도 해결하고 건강식도 먹을 수 있어 좋다.

• **코코넛 슈거**

동남아 가정집 혹은 식당 요리에 우유 대신 사용하는 코코넛은 칼륨(K)이 높고 나트륨(Na)이 낮으며 코코넛 과육은 섬유질이 많고 탄수화물이 적어 하나도 버릴 것이 없는 과일이다. 코코넛 꽃 즙액을 추출한 뒤 열을 가해 즙액에 존재한 수분을 증발시켜서 만든 것으로 화학적 정제 과정을 전혀 거치지 않은 코코넛 슈거의 시럽으로 일반 설탕과 비슷한 칼로리를 갖고 있어 설탕의 대체 식품 감미료로 널리 사용되고 있다. 코코넛 슈거의 혈당

지수 GI(Glycemic Index)는 사과와 비슷한 35 값을 나타내며 매우 인체에 유익한 저혈당 식품이다.

코코넛 과일로 만든 코코넛 워터와 코코넛 가루 그리고 코코넛 우유 등은 인체에 좋다고 이미 알려져 있다. 동남아시아 지역을 방문하는 여행자들이 코코넛 열매에 스틱을 꽂아 마시며 잠시나마 더위를 잊으려고 하는 모습을 볼 수 있다. 이처럼 최근에 건강한 자연 설탕으로 주목받고 있다. 일반 사탕수수나 사탕무에서 추출된 설탕보다 혈당을 높이는 정도가 덜하며 생 꿀처럼 여러 가지 항산화 물질과 미네랄 등을 함유하고 있다. 폴리페놀과 무기물인 철분, 칼륨, 아연, 칼슘 그리고 ascorbic acid(vitamin C) 등의 항산화 성분들이 풍부하여 백설탕보다 가공이 덜된 갈색 설탕처럼 가정집이나 식당에서 자주 사용하고 있다. 당도의 차이 때문에 생기는 부피의 변화는 없는데 그 이유는 당도가 설탕이랑 거의 똑같아서 설탕과 같은 양으로 요리에 사용하면 되기 때문이다. 하지만 사용 시 질감이 약간 거칠어 부드럽게 쓰고 싶다면 분쇄기나 믹서에 갈아서 입자를 작게 만들어 사용하면 된다. 거친 느낌을 제거하는 또 다른 방법은 들어가는 음식 재료 중 액상 재료에 녹여서 사용하면 되지만 생크림을 만들거나 쿠키나 크림 등의 반죽에는 잘 녹지 않아 분쇄기나 믹서로 가루를 만든 후 골고루 섞는 것이 좋다.

• 메이플 시럽

북아메리카지역에 사는 미국인이나 캐나다인들이 아침 식사로 따뜻하게 구운 와플 또는 팬케이크 위에 부어 먹는 단풍나무의 수액으로부터 만든 천연 감미료다. 어른의 엄지손가락 한마디 크기로 만든 다양한 모양의 왕사탕인 메이플 슈거캔디나 빵, 후식을 만드는 데 단맛을 주기 위한 감미료로 많이 쓴다. 간혹 맥주를 만들 때 약간의 달콤한 느낌을 주는 당의 구성성분으로 이용되기도 한다. 멸치볶음같이 오래 보관하거나 갈치조림 같은 음식의 독특한 향과 맛을 내기 위하여 설탕 대용으로 많이 사용하기도 한다. 단풍 당밀의 성분은 설탕(수크로스, sucrose)이 약 62%로 제일 많이 존재하며, 가수분해된 물질인 과당과 포도당이 각각 약 1%정도를 차지한다.

북아메리카지역에서 주로 만들며(A, B 등급) 단풍나무의 수액에 높은 온도를 가해 수분을 증발시켜야 해서 시간이 오래 걸릴 뿐이지 메이플 시럽을 만드는 과정은 아주 간단하다. 단풍나무에 구멍을 내고 용기를 걸어 수액을 뽑아 가열해 수분을 날리고 체 등에 걸러 내리면 된다. 메이플 시럽은 미네랄인 망간과 칼슘, 아연과 칼륨 그리고 각종 항산화 물질이 풍부하며 생 꿀처럼 색이 어두운 B 등급을 선택하는 것이 좋다. 메이플 시럽은 생 꿀과는 다르게 물리적인 안정도가 있는데 열을 가해도 영양소가 파괴되지 않으며 각종 양념에 첨가하거나 윤기 내는 용도로 사용해도 된다. 강정이나 그래놀라 바(granola bar) 등을 만들 때 첨가하면 더욱 맛있다. 커피나 차에 설탕 대신 감미료로 넣어도 좋으며 케이크나 쿠키 위에 윤기 나는 용도로 뿌릴 때는 앞서 언급한 코코넛 슈거를 분쇄기나 믹서를 이용하여 고운 가루로 만든 후 살짝 끓인 메이플 시럽에 섞어 녹인 다음 식혀서 뿌리면 훨씬 맛이 있다.

• 만니톨

석류의 뿌리나 버섯 등의 식물에 널리 존재하는 만니톨은 이뇨제 등의 의약품에도 이용되며 OH기를 6개나 한 분자에 존재하는 백색 결정의 당 알코올로 분자식은 $C_6H_{14}O_6$이며 분자량은 182.2 g/ml이다. 분자의 화학적 구조는 원자의 배열과 각 해당 원자들 간의 화학 결합으로 결정되는데 아래 제시된 분자 구조식에서 살펴보면 만니톨 분자는 14개의 수소 원자, 6개의 탄소 원자 그리고 6개의 산소 원자로 구성되어 총 26개의 원자로 구성되어 있다. 만니톨 한 분자에는 25개의 화학 결합과 11개의 비수소 결합 그리고 5개의 단일 결합과 6개의 수산기(–OH), 2개의 1차 알코올과 4개의 2차 알코올로 구성되어 있다.

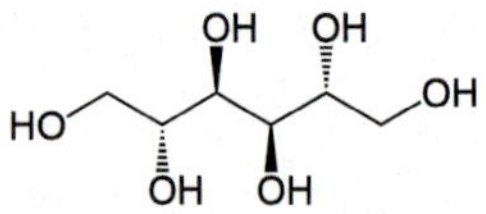

OH OH
HO OH
OH OH

만니톨의 분자구조

OH기를 6개나 한 분자에 가지고 있는 만니톨은 물에 잘 녹지만 냉각된 알코올에는 잘 녹지 않으며 약간의 달콤함을 가지는데 설탕의 약 60% 정도의 단맛을 갖는다. 과일과 채소, 식물의 잎, 줄기 그리고 뿌리, 해조와 지의류 및 균류 등에 함유되어 있다. 일반적으로 생활 속에서 볼 수 있는 현상으로 곶감이나 건조된 다시마의 표면에 흰 가루 형태를 볼 수 있는데 만니톨이 수분이 제거되며 결정화된 현상이다. 만니톨의 합성 방법은 다양하지만 간단하게 D-만노스와 D-프룩토스〔α〕를 환원(만니톨 탈수 소화 효소의 작용)시킴으로써 얻을 수 있다. 인류가 최초로 이용한 미생물인 효모와 진균류에 속하는 미생물인 곰팡이에서도 포도당과 자당으로부터 합성 생산된다.

심지어 과당이나 전화당 환원 방법의 하나인 접촉 환원(catalytic reduction)에 의해서도 소르비톨(sorbitol)과 함께 합성 생성된다. 또한 다시마로부터 열을 동반한 에탄올 추출에 의해서도 얻어진다. 만니톨의 활용은 비만이나 당뇨병 환자의 설탕 대용 감미료로 이용되며 껌이나 엿 등에 쉽게 달라붙는 것을 방지하는 점착 방지제로도 사용된다. 인체 내에서 장시간의 분해 소화 과정이 동반되는 물질대사를 일으키며 혈액 뇌관문을 통과하지 못 하는 단당류로 신장에서 재흡수되지 않아 혈중에 오랫동안 존재하기 때문에 삼투압 작용을 일으키기도 한다. 이런 생화학적 작용 때문에 삼투압 이뇨제 또는 혈장 대용액으로 사용되며, 급성신부전과 뇌부종의 치료에도 적용된다. 심장의 수축 운동이 비정상적인 심부전에서는 오히려 혈장량을 증가시켜서 심부하를 증대시키고 증상을 악화시킬 가능성이 있어서 이뇨제로는 사용하지 않는다.

Quiz

1. 달콤하고 뒷맛이 없으며 아미노산인 D-알라닌과 L-아스파르트 산으로 구성된 다이펩타이드 감미료는 무엇인가?

2. 감미도가 설탕의 2000배이며 아스파탐의 10배 이상으로 달콤한 새로운 감미료인 제2세대 합성 인공 감미료는 무엇인가?

견과 탐험

NUT EXPLORATION

제 27 장

설탕처럼 깨끗한 단맛과 설탕보다 무척 달콤한 네오탐

네오탐은 산성 아미노산인 아스파르트 산(aspartic acid)와 방향족 아미노산인 페닐알라닌(phenylalanine)으로 구성된 디펩티드 유도체의 하나이다. 네오탐은 설탕처럼 깨끗한 단맛을 갖고 있으며 단맛이 매우 강해 식품 및 음료의 감미료로 사용할 때는 소량만 있어도 된다. 네오탐은 향미료인 페퍼민트와 스피어민트 등의 지중해 연안의 다년초인 민트의 감미 및 향미 특성을 강화 또는 연장시킨다. 네오탐은 Nutrasweet(an American nutrient company)사에서 만들어진 인공감미료로 과당보다 7,000~13,000배 더 단맛이 강하며 열에 매우 안정적이고 phenylalnine으로 대사되지 않아 phenylketonuria(PKU, 페닐케톤뇨증은 선천성 대사 장애)로 인한 고통을 덜어 준다. 특이적인 독성 영향은 없으며 두통이 나타난 적은 있으나 정확한 자료는 없다.

27.1 무척 단 합성 인공 감미료인 네오탐

네오탐(Neotame)은 설탕보다 감미도가 7,000~13,000배 정도의 무척 단 합성 인공 감미료로 분자 화학식은 $C_{20}H_{30}N_2O_5$이며 분자량은 378.46 g/mol이다. 네오탐은 합성 인공 감미료 중 하나인 아스파탐의 유도체이며 분자의 화학적 구조는 원자의 배열과 각 해당 인자들 간의 화학 결합으로 결정된다. 30개의 수소 원자, 20개의 탄소 원자, 2개의 질소 원자 그리고 5개의 산소 원자로 구성되어 총 57개의 원자로 이뤄져 있다.

모두 57개의 화학 결합이 가진 네오탐의 IUPAC name은(3S)-3-[(3,3-dimethylbutyl)amino]-3-{[(2S)-1-methoxy-1-oxo-3-phenylpropan-2-yl]carbamoyl}propanoic acid이며 분자 구조식은 다음과 같다.

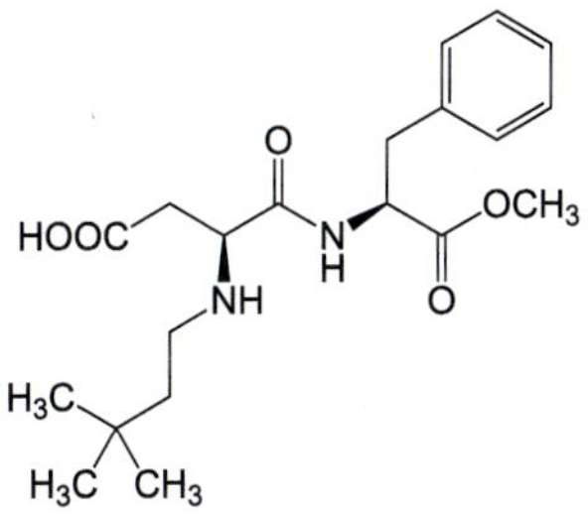

네오탐의 분자 구조식

27.2 시장에서 독보적이고 높은 가치를 지닌 네오탐

개발된 지 20년 우리 식생활에 깊숙이 자리한 네오탐은 아이스크림과 연한 생과자인 푸딩(pudding)에 사용되고 있으며 시장에서 독보적이고 높은 가치에 따른 지위를 누리고 있다. 소비자들의 변화하는 미각을 만족시켜줄 저칼로리 감미료를 찾기 위해 식음료업체들이 눈에 불을 켜고 경쟁을 펼치는 시장에서 아주 크게 흥미를 불러일으키고 있다.

입에 맴도는 달콤한 맛에 대한 사람들의 선호를 식품산업에서 놓칠 리가 없었기에 설탕의 약 200배, 300배, 600배, 1만 배 이상, 22만 배 이상 단맛의 정도가 높은 아스파탐, 사카린, 수크랄로스, 네오탐, 럭두네임이 연이어 개발되었다. 이들 단맛을 지닌 물질들의 분자구조는 다양해 '단맛을 느끼는 인간의 혀에 특이한 결합방식은 무엇일까'라는 연구 주제로 연구자들의 높은 관심을 받게 되었으며 앞선 장에서 세밀하게 언급했던 맛 수용체와의 삼각형 구조 결합, 즉 sweetness triangle의 상관관계로 설명하고 있다. 그리고 단 물질과 맛 수용체 간의 새로운 상호작용도 연구 발표되고 있다. FDA에서 2002년 7월에 공인된 네오탐은 껌과 사탕 그리고 음료, 디저트와 푸딩 그리고 요구르트와 빵 등 단맛을 요구하는 다양한 식음료 사용처에서 사용되고 있다.

27.3 미국 심장협회와 당뇨병 협회의 일일 권장량

최근 우리들의 안정된 건강생활을 위해 비만, 당뇨병과 관련되는 설탕과 같은 단맛을 내는 물질의 하루 섭취량은 우리 자신을 긴장시키는 주제이기도 하다. 이런 문제에서 미국 심장협회와 당뇨병 협회는 채소나 과일 그리고 곡물 등에 있는 천연 당분 외에 추가로 섭취하는 설탕의 양은 여성의 경우 하루에 100칼로리 이하로, 남성은 150칼로리 이하를 권장하고 있다. 이 권장량은 찻숟가락으로 대략 6개와 9개에 해당하는 양으로 꽤 많은 양이다. 또한 이 기관이 제시한 6개의 대체 감미료는 스테비아(stevia), 아세설팜 K(acesulfame K), 아스파탐(aspartame), 네오탐(neotame), 사카린(saccharin), 수크랄로스(sucralose)이며 이 중 스테비아만 자연에 존재하는 식물에서 추출되는 천연 감미료이며 나머지는 모두 합성 인공 감미료다.

27.4 아스파탐의 환원적 alkylation에 의한 네오탐의 합성

미국 심장협회와 당뇨병 협회에서 사용해도 좋은 인공 감미료로 인정받은 네오탐은 다양한 합성 방법이 존재하지만 인공 감미료인 아스파탐으로부터 네오탐이 합성된 방법을 제시한다. 이 반응을 살펴보면 먼저 3,3-dimethylbutanal과 아스파탐의 환원적 alkylation에 의해 네오탐이 합성된다.

아스파탐으로부터 네오팜의 합성

여기서 알 수 있듯이 네오탐은 아스파탐의 N 원자에 alkyl 기가 도입된 유도체이다. 위에 제시된 반응식에서 보면 다양한 합성 방법으로 합성된 3,3-dimethylbutanol (4)를 구리 촉매를 이용한 기체 상태 탈수소반응에 의해 3,3-dimethylbutanal (3)으로 전환시킨다. 이렇게 생성된 3,3-dimethylbutanal (3)을 아스파탐 (1)과 Pd/C 촉매와 수소를 첨가하여 반응시키면 인공 감미료인 네오탐(2)를 얻을 수 있다[Top Catal (2012) 55:625-630].

27.5 네오탐의 가장 중요한 인체의 대사경로

사람마다 단맛의 강도에 따라 좋아하는 정도에 차이가 있긴 하지만 대부분은 단맛을 좋아한다. 하지만 당도가 너무 높은 음식은 많은 사람이 오히려 싫증내거나 거부하는데, 이것은 개인마다 선호하는 당도의 범위가 다르기 때문이다. 간혹 인공으로 만들어진 합성 감미료들은 너무 달아 도저히 혀를 갖다 대지 못할 정도의 아찔한 현기증을 유발한다. 네오탐의 가장 중요한 대사경로는 에스터결합(−COO bond)을 가수분해[물에 의해 알코올(−OH)과 유기산(−COOH)으로 분해]하는 효소인 에스테라제(esterase)에 의한 methylester의 가수분해이다. 이 가수분해로 인해 분해되어 생성되는 물질은 탈에스터화된 네오탐과 methanol(매우 유독해서 마시면 실명하거나 사망함)이다. 여기서 생성된 methanol이 건강에 문제를 유발할 수는 있으나 워낙 작은 양(설탕:네오탐 = 1:7,000~13,000의 감미도 차이를 나타내므로 설탕보다 너무 양적으로 미미하게 사용)이 존재하므로 인체에는 그리 큰 악영향을 주지 못한다.

지금까지 달콤한 미각을 느끼도록 유혹하는 수백 가지의 인공 감미료가 합성되어 알려졌다. 그러나 합성된 인공 감미료는 무엇보다 인체에 부작용이 없어야 하며, 악영향을 나타내지 않아야 하기에 많은 단맛을 지닌 합성 인공 감미료들이 탈락해 사라졌다. 생활에 사용되는 합성 인공 감미료에서 탈락한 합성물질을 만드는 데 자신의 노력을 아끼지 않은 많은 화학자는 무척 아쉬움이 남는 화학적 투쟁이었을 것이다.

27.6 순수 천연 감미료와 합성된 인공 감미료의 단맛 비교

지금까지 수백 종 이상의 합성 인공 감미료가 개발되었지만 많은 합성물질이 인체에 부작용이나 악영향을 끼쳐서 감미료의 자격을 박탈당했다. 최근 2018년까지 개발된 감미료 중 세계적으로 사용되는 16종의 천연 감미료와 합성 인공 감미료를 달콤한 단맛의 정도와 함께 나타내면 다음과 같다. 여기서 여러분 스스로 무엇이 합성 인공 감미료이며 어떤 물질이 천연 감미료인지 구분해 보고 그들의 단맛을 비교해 보면 좋을 것이다.

유당(젖당) 0.16	말토스 0.33~0.45
소르비톨 0.6	포도당 0.74~0.8
설탕 1.0	과당 1.17~1.75
사이클라메이트 30~50	스테비오사이드 40~300
아세설페임 포타슘 200	아스파르탐 180~250
사카린 300~675	수크랄로스 320~1,000
알리탐 ~2,000	타우마틴 2,000
네오탐 7,000~13,000	럭두네임 ~300,000

천연 감미료와 합성 인공 감미료의 단맛 비교

Quiz

1. 설탕보다 감미도가 7,000~13,000배 정도로 무척 단 합성 인공 감미료로 합성 인공 감미료 중 하나인 아스파탐의 유도체인 감미료는 무엇인가?

2. 개발된 지 20년도 안됐지만 우리 식생활에 깊숙이 자리를 차지하고 있고, 아이스크림과 연한 생과자인 푸딩(pudding)에 사용되는 이것은 무엇인가?

NUT EXPLORATION 제 28 장

달콤하며 고소한 풍부한 맛을 지닌 마카다미아

28.1 뽀얀 상아색의 마카다미아

호주가 원산지인 마카다미아(macadamia) 나무의 높이는 10~18 m이며, 잎은 어긋나고 긴 타원형 또는 바소꼴(lanceolate, 가늘고 길며 끝이 뾰족하고 중간쯤부터 아래쪽이 약간 볼록한 모양)로 짙은 녹색이며 윤기가 나고 가장자리에 톱니가 있다. 꽃은 밝은 분홍색이며 총상꽃차례(raceme, 總狀花序, 무한 화서의 하나. 긴 꽃대에 꽃자루가 있는 여러 개의 꽃이 어긋나게 붙어서 밑에서부터 피기 시작하여 끝까지 핌)를 이룬다.

열매는 둥글고 지름 2.5 cm 정도이며 초록색의 열매 가장 바깥쪽에 있는 껍질인 외과피로 덮여 있는데, 이것을 제거하면 마카다미아의 씨앗이 나온다. 그러나 외피가 아주 단단하여 그 상태로는 먹을 수 없으며 씨앗의 속껍질인 내피를 열은 뒤에야 뽀얀 상아색의 마카다미아 너트를 볼 수 있다. 마카다미아 너트는 열매 하나당 1~2개를 얻거나 캘 수 있으며 지방의 함량이 높아 풍미가 좋고 담백한 맛이 있다.

28.2 고소하고 달콤한 견과 마카다미아 너트

마카다미아의 씨앗 부분에 해당하는 마카다미아 너트는 수천 년간 오스트레일리아 원주민들의 식량자원 중 하나이며 마카다미아 너트의 달콤하며 고소한 풍부한 맛이 주목받기 시작하자 하와이에서는 1946년부터 대규모 재배를 시작하여 세계 최대의 마카다미아 너트 생산지가 되었다.

현재 마카다미아는 호주와 하와이 이외에도 뉴질랜드, 브라질, 미국의 캘리포니아, 코스타리카, 케냐, 볼리비아, 콜롬비아 등에서 널리 재배되고 있다. 모든 마카다미아 나무에서 생산되는 너트가 식용 가능한 것은 아니며 야생에서 그 열매를 먹을 수 있는 종은 마카다미아 인테그리폴리아(Macadamia integrifolia)와 마카다미아 테트라필라(Macadamia

tetraphylla)에서 생산되는 마카다미아 너트가 식용 가능하며 농업적인 목적을 위해 다양한 이종 교배가 시도되었다.

마카다미아 너트는 날것으로 먹거나 소금을 첨가하여 먹는다. 또한 아이스크림, 초콜릿, 버터, 조림, 과자나 케이크, 타르트, 파이에 다양하게 쓰인다. 마카다미아 너트에는 팔미트산(palmitic acid, 무취의 흰색 밀랍 모양 고체 포화 지방산의 하나)이 함유되어 있어 뇌 활성화에 도움을 주며, 피부 미용에도 효과적이다. 또한 불포화 지방산인 올레산(oleic acid, 올리브오일에 포함되어 있는 지방산의 주성분으로 오메가-9 불포화 지방산)이 들어 있어 체내의 콜레스테롤(cholesterol, 고등동물의 세포 성분으로 널리 존재하는 스테로이드 화합물) 함량을 낮춰주어 동맥경화와 같은 심혈관계 질환 환자에게 이로운 견과이다.

H_3C ... O ... OH

팔미트산

O ... OH

올레산

28.3 열대의 견과 자원인 마카다미아 너트

마카다미아 너트는 고온다습한 남미, 열대아시아, 아프리카 저지대에서 주로 재배하며 연간 세계 생산량은 약 11만 톤이다. 기원지인 호주 퀸즐랜드 동부 해안 및 인접한 뉴사우스웨일스주 북동부 해안에서 세계 생산량의 50%를 생산하고, 하와이에도 대규모 농장이 있으며 열대아시아, 아프리카, 아메리카에서도 상당량이 생산된다. 호주 동북부에 살던 원주민들은 서양인 등 외부인이 호주에 도착하기 오래전부터 마카다미아 너트를 수거하여 영양가 높은 견과를 먹었다. 1881년 미국 하와이로 도입되어 하와이는 오랫동안 세계 최대의 마카다미아 생산지가 되었으나 원산지인 호주 동북부 및 뉴질랜드에 대규모 마카다미아 생산 농장이 개발되면서 현재는 호주가 최대 생산지이다.

마카다미아 너트는 야생에서 껍질을 깨고 내용물을 먹을 수 있는 동물이 없을 정도로 매우 단단한 껍질로 싸여 있다. 이는 자기 보호를 위하여 스스로 진화한 결과이며 종자가 단단한 껍질을 깨고 발아하기 위해서는 자연 산불이나 외부의 큰 충격이 필요하다. 이 단단한 껍질을 깨기 위해 인간은 망치와 같은 도구를 이용하며 영양가 높은 알맹이 즉 견과를 꺼내 먹을 수 있다.

28.4 벌에 의한 타가수분

마카다미아 나무는 주로 꺾꽂이로 묘목을 생산하여 번식한다. 자가수분(동일한 개체의 꽃가루에 의해서 수정) 및 타가수분(같은 종의 식물에서 한 식물 개체의 꽃가루가 다른 식물 개체의 암술머리에 붙는 현상)이 모두 가능하나 벌에 의한 다른 개체의 꽃가루를 받아서 수정이 이루어지는 꽃가루받이의 작용인 타가수분이 마카다미아 너트 생산량을 가장 증가시킨다.

마카다미아 열매는 원형으로 지름이 2.5~4 cm이며 열매가 성숙하면 가장 바깥쪽에 있는 껍질인 외과피가 벌어지면서 매우 단단한 껍질을 가진 마카다미아 너트가 방출된다. 열매를 다량 수확하기 위해서는 7년 이상의 꽤 긴 생장 기간이 필요하며 건강한 마카다미아 나무는 100여 년 이상 지속적으로 열매를 생산한다. 재배에는 연간 최저기온 10°C 이상, 연평균 기온 25°C 정도, 연강수량 1,000~2,000 mm인 지역으로 배수가 매우 잘 되는 토양이 가장 최적지이다. 생산시기는 지역에 따라 다르나 저장이 용이하여 생산시기에 관계없이 1년 내내 유통되며 품종에 따라 생산량은 다르나 10년생의 건실한 나무 한 그루당 10~25 kg의 너트를 생산할 수 있다.

28.5 마카다미아 너트의 영양성분

마카다미아 너트 100 g당 영양성분(%영양소 기준치)을 살펴보면 먼저 열량은 740.00 kcal며 주영양소에는 탄수화물 7.90 g, 지방 74.00 g(포화지방산 10.00 g, 불포화지방산 64.00 g), 단백질 9.20 g이 함유되어 있다.

무기염류를 보면 칼슘, 철, 인, 칼륨, 마그네슘, 망간, 칼륨, 아연이 함유되어 있다. 비타민류로는 비타민 티아민(B1), 리보플라빈(B2), 나이아신(B_3), 판토테산(B5), 비타민 B6, 엽산(B9), 비타민 C, 비타민 E가 함유되어 있다.

28.6 마카다미아의 유연관계

마카다미아속(Macadamia)은 호주 동북부에 7종, 뉴칼레도니아에 1종, 인도네시아 술라웨시에 1종 등 9종이 있으나, 경제성이 있는 종은 호주의 마카다미아와 M. tetraphylla L.A.S. Johnson뿐이다. 나머지 종들은 시안계의 맹독성 물질을 가지고 있다.

경제적으로 중요한 품종 중에서 세계적으로 재배되는 것은 마카다미아이고, M. tetraphylla의 경우는 자연계에서 멸종위기종이다. 마카다미아는 잎 3개가 돌려나는 반면, M. tetraphylla는 주로 4개의 잎이 돌려나며 잎이 길고 거치도 많은 편이다. 두 종 사이에 잡종을 통하여 여러 품종이 개량되어 농업적으로 활용되고 있다.

28.7 마카다미아 기름의 기능성

마카다미아 기름은 오메가(omega)-7 팔미톨레산(palmitoleic acid)[오메가-7 위치 즉, 지방산의 메틸 말단으로부터 7번째 탄소에서 공통적인 탄소(C)−탄소(C) 이중 결합을 가지고 있는 불포화 지방산]이 27% 함유되어 있어 보습 특성으로 인해 피부를 가꾸는 화장품에 널리 사용된다.

고밀도 지질단백질(HDL) 콜레스테롤 수치를 높이고 저밀도 지질단백질(LDL) 콜레스테롤 수치를 낮추는 등 건강에 매우 유익한 효과가 있는 오메가-7 지방산이 풍부한 식단은 팔미톨레산 형태의 마카다미아 기름과 산자나무 기름(sea buckthorn oil, hippophae rhamnoides oil, 비타민 나무 오일)이 있으며, 유제품은 박센산(vaccenic acid, 자연적으로 생성되며 사람의 모유, 반추동물의 지방 및 우유, 버터, 요구르트와 같은 유제품에서 발견되는 주요한 트랜스 지방산)과 루멘산(rumenic acid, 반추동물의 지방 및 유제품에서 발견되는 공액 리놀레산)의 주요 공급원이다. 팔미톨레산의 또 다른 공급원으로는 아보카도(avocado, avocado pear, alligator pear; 25,000ppm, ppm=parts per million)가 있다.

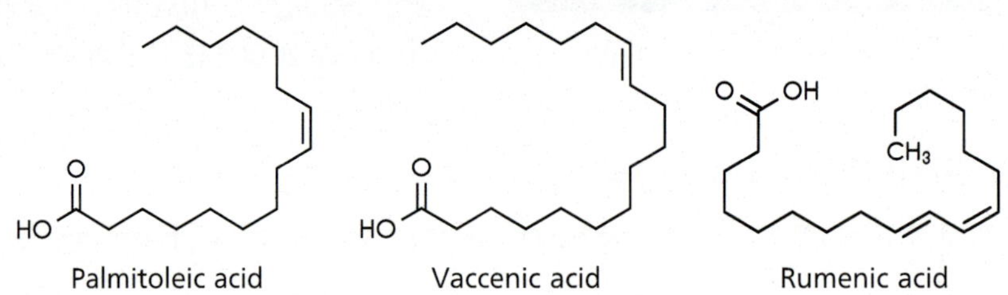

또한 겹질을 깨면서 발생하는 오일을 함유하는 찌꺼기는 수거하여 바이오디젤 제조에 이용할 수 있으며 호주에서는 이 부산물을 이용하여 전력을 생산하는 발전소가 가동 중이다.

28.8 마카다미아 효능 알아보기

아삭한 식감과 부드러운 버터 맛의 마카다미아는 견과류의 왕이라고 불릴 만큼 인체에 좋은 성분이 많은데 특히나 불포화지방산이 많아 혈관 건강을 위해 많이 찾고 있다. 마카다미아의 다른 유익한 효능이 있지만 과량 섭취하거나 제대로 섭취하지 못했을 경우의 부작용도 무시할 수 없다. 다음 몇 가지의 효능을 참고해서 인체에 좋은 마카다미아를 더욱 건강하게 섭취하길 바란다.

첫 번째, 불포화지방산(한 개 이상의 탄소−탄소 이중 결합을 가진 지방산)을 다량 함유하고 있어 동맥경화, 뇌졸중, 심장병 예방에 큰 효과가 있다. 불포화지방산은 뇌신경세포를 생성하는 물질을 포함하고 있으며 DHA(docosa hexaenoic acid, 세포막의 유동성을 증가시켜 주는 물질)의 원료가 되는 물질이다. 불포화지방산은 우리 몸에 꼭 필요한 성분으로 뇌 관련 질환, 기억력, 스트레스에 영향을 미칠 수 있으며 콜레스테롤(인체 내에서 여러 가지 중요한 역할을 하는 물질이며 주요 기능은 모든 세포막을 만들고 유지하는 데 사용되며 신진대사에 꼭 필요한 물질)을 조절해주는 역할을 한다.

둘째, 마카다미아의 경우 다른 견과류에 비해 불포화지방산이 많이 함유하고 있어 신체 세포 노화를 방지하고 혈액 순환을 원활하게 도와줘 뇌 건강을 지키는 데 좋아 두뇌 발달에 효과가 크며 특히 뇌세포를 활성화해 치매 예방에도 탁월한 효과가 있다. 마카다미아 섭취와 함께 끈기 있고 한결같은 운동, 정기적인 검진은 치매를 예방할 수 있다. 마카다미아는 트랜스지방이 포함되어 있지 않기 때문에 안심하고 섭취해도 좋다. 특히, 집중력이나 기억력이 필요한 초등학생부터 중 · 고등학생, 대학생 혹은 수험생 영양간식으로 적합하다.

셋째, 마카다미아에는 인체의 가장 중요한 무기질 중 하나인 칼슘이 풍부하게 들어 있어 골다공증 예방에 매우 효과적이다. 특히, 마카다미아를 꾸준히 섭취하면 성장기 어린이나 청소년이 골격 형성과 발달에 도움이 되고 뼈를 튼튼하게 해주는 효능이 있다. 인체는 나이가 들수록 뼈에 칼슘 성분이 줄어들어 골다공증이나 골절의 위험이 높아지는데 칼슘은 뼈를 튼튼하게 하고 골다공증을 예방하는 인체에 필수적인 무기질이다. 골다공증은 폐경기 이후의 여성에게서 흔히 볼 수 있는데 척추, 관절, 손목 등 많이 발생하므로 평소 칼슘이 풍부한 식품을 섭취하는 것이 도움이 된다.

넷째, 피부미용에 매우 효능이 있는데 마카다마이는 항산화작용을 하는 물질을 함유하고 있어 피부의 노화를 방지하고 탄력 있고 매끈한 피부로 가꾸어준다. 불포화지방산이 들어 있기 때문에 혈액순환을 촉진시켜 피부의 세포를 재생시키는 역할을 하며 피부가 건조해지는 것을 막아준다. 마카다미아 오일은 건성피부인 사람에게 적합하며 쉽게 산화되지 않아 식품이나 화장품에 널리 사용되고 있다.

다섯째, 마카다미아에는 우리 몸에 좋은 오메가 3가 풍부한데 오메가 3에 함유된 DHA(docosa hexaenoic acid, 뇌에서 정보를 전달할 때 세포간 신경 전달 물질이 옆 세포의 세포 막에 묻어 있는 수용체에 잘 결합을 해야 전달 능력이 커지는데 이렇게 세포막의 유동성을 증가시켜 주는 물질) 성분은 망막에 영양분을 제공해 시력보호에도 도움이 주며 우리 눈의 피로감을 해소해준다.

여섯째, 마카다미아 효능은 플라보노이드(flavonoid, 식품에 널리 분포하는 노란색 계통의 색소) 성분이 다량으로 함유되어 항산화 반응을 통해 노화나 질병을 일으키는 산화물질의 작용을 억제하는 무력화하는 데 도움이 되며 불안정화된 산소라디칼 형태 그리고 지질 성분의 산화 형태인 과산화지질 산화물 등을 제거하는 역할을 하는 효능이 있어 항암 효과가 매우 크다. 불포화지방산이 함유된 마카다미아는 체내 유해산소의 활성화를 방해하고 암세포 형성을 막아주는 항암효과가 있으며 간의 기능을 활발하게 해주는 역할도 한다.

28.9 강아지에게 섭취 금지

마카다미아를 섭취 시 알러지 반응이 있는 사람은 호흡곤관, 복통이나 속이 답답하고 쓰릴 수 있고 혀와 식도가 붓는 느낌이 들기에 주의해야 한다. 마카다미아를 한꺼번에 많은 양을 먹지 않는 이상 큰 부작용은 없다. 그러나 마카다미아는 강아지에게 절대 주면 안 되는 견과류 중 하나이며, 강아지가 마카다미아를 먹을 경우 중독의 정확한 원인은 밝혀지지 않았지만 빠르면 1~12시간 이내에 구토, 경련, 복통, 기력저하 등의 중독 증상이 나타날 수 있다.

특히 마카다미아는 중독 증상을 일으킬 위험이 있어 비만으로 이어지거나 질식이나 장폐색의 원인이 될 수 있다. 덩치가 작은 소형견은 마카다미아 2~3알만 먹어도 위험하니 각별히 주의해야 한다. 마카다미아는 인체에는 이로운 점이 많지만 애완동물에게 먹이면 중독을 일으키고, 부작용을 일으킬 수 있어 주의해야 한다.

28.10 마카다미아의 화학

음식물을 통해 섭취해야 하는 사람의 필수 지방산들 중 하나이며 물에 거의 녹지 않는 무색 또는 흰색 기름인 리놀레산(linoleic acid)은 주로 식물성 기름에서 발견되는 간략하게 18:2 (n − 6)로 표기하는 폴리불포화 지방산(polyunsaturated fatty acid, PUFA)이다. 탄소 18개, 2개의 이중 결합을 갖는 필수 불포화 지방산으로, 프로스타글란딘(prostaglandin, 생체 내에서 합성된 생리활성물질) 및 세포막의 생합성에 사용된다.

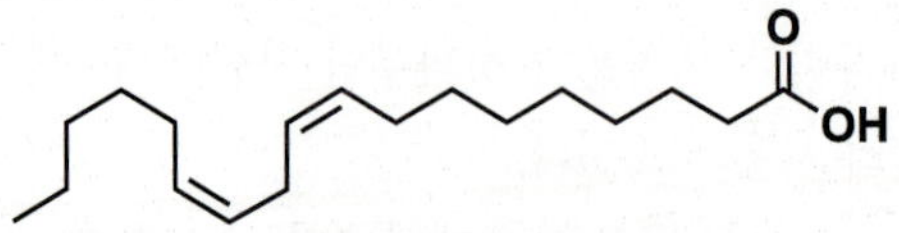

O OH

리놀레산(linoleic acid)

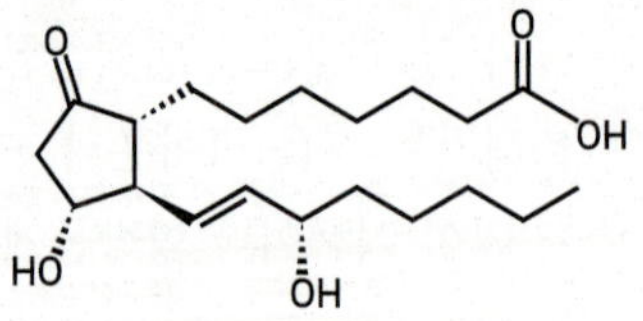

O O OH HO OH

프로스타글란딘(prostaglandin)

28.11 마카다미아의 화학적 기능 및 작용

세포막의 유동성, 유연성, 투과성을 정상적으로 유지하는 생체막의 구조적 완전성을 위한 불포화 지방산의 구조적 역할 외에도 많은 생리적 과정을 조절하는 아이코사노이드[eicosanoids, 류코트라이엔(leukotriene), 프로스타글란딘, 트롬복세인(thromboxane) 따위가 있으며 생성된 지점 주위의 인근 세포에 작용하여 호르몬 역할을 하거나 염증, 상처 치유, 혈액 응고 따위의 여러 생리 과정에서 매개 역할을 함]라고 불리는 일련의 생체 활성 대사 물질의 주요 전구체인 아라키돈산(arachidonic acid, 필수지방산으로 불포화지방산의 하나이지만 동물의 체내에서는 리놀산으로부터 생합성됨)을 생성한다. 여기에는 프로스타글란딘, 혈소판 응집제인 트롬복산 A_2[탄소 20개의 지방산으로부터 유도된 아이코사노이드(eicosanoid)라고 하는 지질패밀리 중의 하나], 혈관 확장제 및 혈소판 억제제인 프로스타시클린 I_2[prostacyclin I_2, 지혈과 관련된 혈소판 응괴(platelet plug, 혈전형성의 일부)를 예방하는 역할], 기관지 수축제 및 bronchoconstrictor B_4 (염증 조절제) 및 아난다미드(N-arachidonoylethanolamine, 지방산 신경 전달 물질)가 있다.

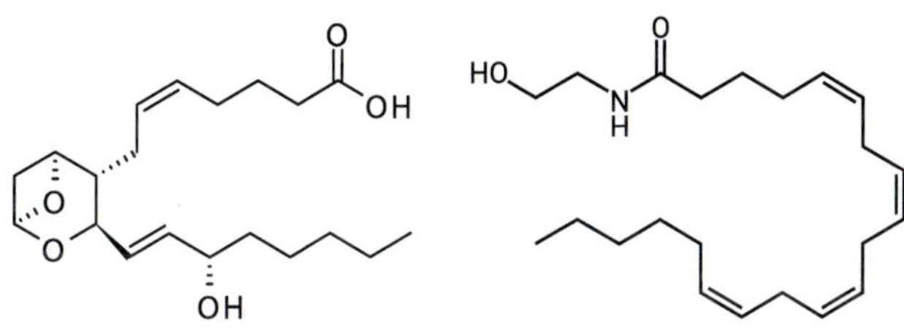

리놀레산 결핍은 지방분을 뺀 우유를 먹은 유아, 만성 지방 흡수 장애가 있는 환자에게서 나타나며 유아의 발육 부진, 면역 반응 장애 및 비늘 모양 피부염을 초래한다. 리놀레산의 결핍은 성장 지연과 피부염을 유발할 수 있으며 과잉 섭취할 경우 심혈관계 질환을 겪을 수 있다. 리놀레산 결핍 시 에너지 섭취량의 최소한 1~2% 정도의 양을 섭취하면 치료할 수 있지만 정상 성장과 피부 수분 손실 예방에는 10% 정도가 되어야 한다. 성인의 피부염의 경우 리놀레산의 한정된 부위에 대한 적용인 국소적용으로 개선될 수 있다.

리놀레산의 섭취는 모발이나 피부에 윤기를 주며 일반적으로 4% 이상의 에너지에 해당되며 요즘 식물성 오일의 사용 증가로 인해 많은 국가에서 5~8%의 에너지로 보완하였으며 부족하면 탈모, 습진, 여드름 등의 피부 장애가 나타난다. 리놀레산의 섭취는 뇌 구성에도 중요하여 태아 때부터 18세까지 리놀레산을 꾸준히 섭취하면 뇌 기능 활성화를 보충해 도와준다. 필수 불포화 지방산인 리놀레산(linoleic acid, 오메가 6), 리놀렌산(linolenic acid, 오메가 3)은 우리 몸에

꼭 필요한, 체내에서 합성되지 않는 지방 성분으로 반드시 음식물을 통해 매일 보충해야 한다.

28.12 오메가 3와 오메가 6에 관한 진실

요즘 TV의 여러 건강 관련 프로그램에서 면역증강과 심혈관 질환에 좋다는 이유로 오메가 3를 홍보하며, 찾는 이가 많아졌다. 또 언제부터인가 건강에 좋다고 하여 오메가 3에 관심을 가지고 있지만, 이름이 비슷한 오메가 6는 나쁜 지방산으로 잘못 알려져 있는 경우가 꽤 있다. 실제 오메가 3와 오메가 6가 무엇이고 이들을 건강하게 섭취하는 방법은 무엇인지 자세히 알아보자.

오메가3는 좋은 지방산이고 오메가 6는 나쁜 지방산일까?

지방산은 긴 사슬 모양으로 결합 모양에 따라 여러 가지 지방산이 존재하며 인체는 필요한 다양한 지방산을 합성할 수 있지만 오메가 3와 오메가 6 두 종류의 지방산은 전혀 합성치 못해 오메가 3와 오메가 6 지방산은 식품으로 반드시 섭취해야 하는 필수지방산이다.

오메가 3계 지방산으로는 α-리놀렌산(α-linolenic acid, 심장 질환 예방에 효과적인 불포화지방산), EPA[eicosapentaenoic acid, DHA, DPA(dopamine partial agonist, 도파민부분효능제)와 함께 음식물을 통해 섭취해야만 하는 불포화 지방산], DHA(docosa hexaenoic acid, 주로 등푸른 생선에 많이 함유된 세포막의 유동성을 증가시켜 주는 물질) 등이 있고 식품에는 주로 α-리놀렌산이 들어 있다.

오메가 3와 오메가 6의 두 지방산의 구조적인 공통점은 오메가 탄소 원자에서부터 3번째 탄소에 첫 번째 이중결합이 존재한다는 것과 존재하는 이중 결합이 모두 시스(cis) 구조를 하고 있다는 것이다. 자연에서 얻는 불포화 지방산 거의 대부분이 시스 구조를 하고 있는 이중 결합을 포함하고 있다는 것은 흥미로운 일이다.

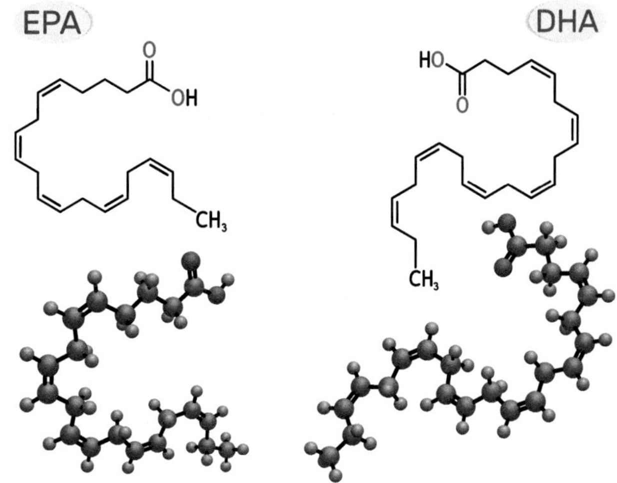

자연에서는 시스 형태의 불포화 지방산이 대부분이기 때문에 인체 내에 존재하는 지방 대사와 관련된 효소들은 시스 형태의 불포화 지방산만 효과적으로 대사하고 트랜스 형태의 불포화 지방산은 제대로 대사하지 못한다. 그렇기에 이론적으로 체내에 들어온 트랜스 지방은 몸에서 분해 또는 배출이 잘 되지 않고 계속 축적만 일어나게 되어 계속 몸에 쌓인다. 시스 형태의 불포화 지방산은 화학 결합 구조의 특성상 지방산의 일부 지점이 구부러져 상대적으로 불규칙하게 되기 때문에 녹는점(지방이 굳는 온도)이 낮아진다. 그래서 시스 형태의 불포화 지방산은 상온에서 액체 상태로 존재하지만 트랜스 형태의 불포화 지방산은 상대적으로 덜 불규칙한 구조에 의해 안정해 상온에서 주로 고체 상태로 존재한다. 식물성 기름은 대개 시스 형태의 불포화 지방산으로 이루어져 있고 상온에서 주로 액체 상태로 존재한다.

오메가 6계 지방산으로는 리놀레산(식물성 기름에 많이 함유되어 있는 불포화지방산), γ-리놀렌산(γ-linolenic acid, 생리활성 물질 함유 콜레스테롤 개선, 혈행을 원활히 하는 데 도움을 주는 필수지방산) 등이 있고 식품에는 주로 리놀레산이 있다. 이러한 오메가 3와 오메가 6 지방산은 인체 내 필요에 따라 다양한 형태로 전환되어 면역작용(병원균이나 독소가 들어와도 몸 안에 그것을 이겨낼 수 있는 물질이 있어서 발병하지 아니할 정도의 저항력을 가지는 작용)이나 다양한 화학적 메신저[chemical messenger, 신경전달물질(neurotransmitter)이며 신경전달을 가능하게 하는 내재성 화합물(endogeneous chemical)]로 작용한다.

이러한 다양한 물질들은 염증 반응, 면역 및 알레르기 반응, 혈압 조절, 혈액 응고, 호르몬 합성, 위액 분비, 수면주기 조절 등 다양한 인체 내 조절 반응에 관여한다. 따라서 오메가 3와 오메가 6 지방산이 결핍되면 염증이 발생하며 위장 장애 및 피부 탈락이 생기고 면역기능이 손상되며 특히 어린이의 발육 성장기에는 성장지연(growth delay)이 나타난다.

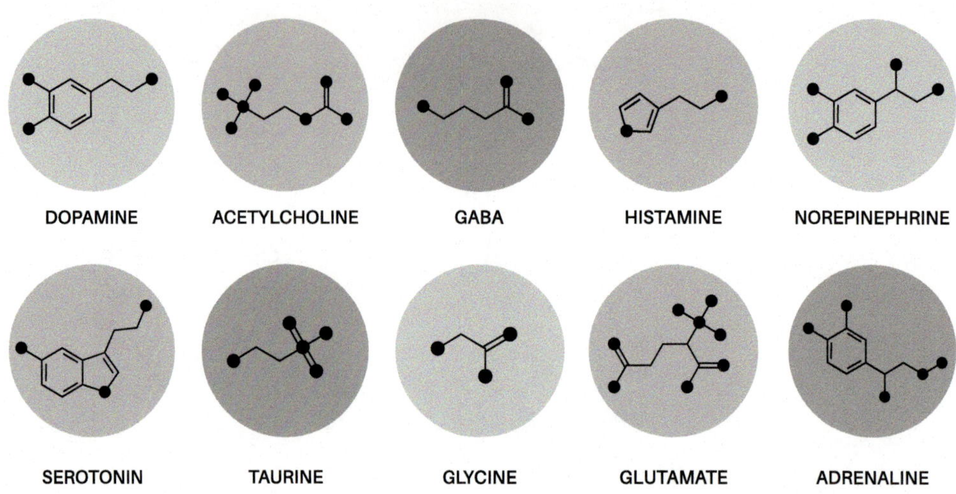

오메가 3와 오메가 6를 균형 있게 먹는 것이 중요!

오메가 3와 오메가 6가 다양한 형태로 전환되는 데에는 같은 효소들이 이용되기에 반응이 경쟁적일 수밖에 없다. 따라서 어느 한 종류의 지방산의 농도가 지나치게 많기보다는 두 지방산이 균형적으로 존재해야 한다. 그리고 오메가 6는 혈전 생성, 염증 반응 쪽으로 유도하지만 오메가 3는 이와는 반대로 혈전 생성, 항염증 작용 방해 쪽으로 유도할 수 있기에 두 반응의 균형을 위해서도 오메가 3와 오메가 6 섭취 균형이 중요하다.

하지만 현대인의 식사 형태가 서구화되면서 돼지고기, 소고기, 닭과 오리 등 가금류의 비중이 커져 오메가 3 지방산의 섭취가 제한되고 있으며 일반적인 서구화된 식사에서 보통 오메가 6와 오메가 3의 섭취량 비율은 15~16:1 정도지만 건강한 오메가 6와 오메가 3의 섭취량 비율은 1~4:1이다. 따라서 평상시 오메가 3를 보충해야 이러한 오메가 6와 오메가 3의 권장 섭취량 비율을 맞출 수 있다.

오메가 3를 보충하는 균형 잡힌 식단을!

오메가 3의 주요 공급원은 심해어(정어리, 고등어, 연어, 꽁치 등), 카놀라유(canola oil, 겨자과에 속하는 1~2년생 초본인 유채의 꽃씨로부터 압착 · 추출한 반건성유), 들기름에 많이 함유되어 있다. 특히 우리나라 사람이 쉽게 이용할 수 있는 식품으로는 들기름이 있는데 들기름은 54~64%의 오메가 3 지방산이 함유되어 있어서 이를 이용하여 조리하면 오메가 3의 섭취량을 늘릴 수 있다.

또한 일주일에 2~3번 등푸른 생선을 섭취한다면 오메가3 지방산을 보충하여 인체의 오메가 3와 오메가 6의 비율을 권장량으로 섭취할 수 있는 방법이다. 또한 케일, 쑥, 미나리, 냉이, 아욱과 같이 잎이 많은 채소들은 식물성 오메가 3 지방산이 들어 있으므로 섭취가 권장된다.

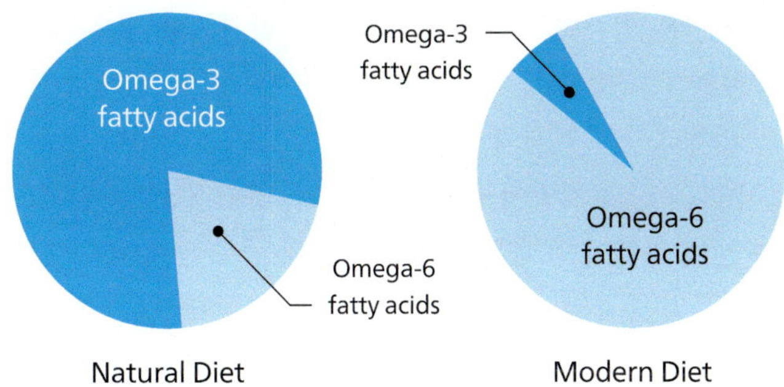

하지만 아무리 몸에 필요한 필수 지방산이라도 총 열량의 10% 이상 섭취하면 동맥에 축적되는 콜레스테롤[cholesterol, 지질(lipid)의 한 종류로 세포 성분으로 널리 존재하는 소수성 성질을 가진 스테로이드(steroid)의 계열의 유기물질]이 증가하여 심혈관계 질환의 발병률이 높아지며 면역계 기능을 손상시킬 수 있다.

또한 보충제(영양 상태 또는 건강을 향상시키기 위해 식이에서 특정한 영양소의 추가 공급원으로 먹는 물질)를 통해 오메가 3 지방산을 지나치게 섭취하면 면역계 기능을 손상시키고 출혈을 억제하지 못해 뇌출혈로 인한 뇌손상을 야기할 수 있어 관련 질환이 있는 환자들은 보충제 복용을 의료진과 반드시 상의해야 한다.

28.13 마카다미아의 생화학

앞서 언급했듯이 리놀레산(linoleic acid, 오메가6)은 프로스타글란딘, 트롬복산, 류코트라이엔과 같은 에이코사노이드들의 전구물질인 아라키돈산(arachidonic acid)의 생합성에 사용되는 다불포화 지방산이다.

OH
O
arachidonic acid

아라키돈산(arachidonic acid)은 인체를 구성하는 세포의 세포막에 있는 인지질(분자 안에 인산에스테르를 가지고 있는 복합지질 특히, 포스파티딜에탄올아민, 포스파티딜이노시톨, 포스파티딜콜린)에 존재하는 다불포화 지방산이며, 뇌, 간 및 근육에 풍부하다. 골격근은 인지질의 지방산 함량 중 아라키돈산(arachidonic acid)이 대략 10~20%를 차지하는 조직이다.

리놀레산은 인체의 세포막의 지질에서 발견되며 많은 견과류, 지방질 종자(저장물질로서 많은 양의 지방이 들어 있는 종자, 양귀비 씨앗, 참깨 씨앗, 아마 씨앗, 대마 씨앗 등)와 이들 리놀레산은 인체의 세포막의 지질에서 발견되며 많은 견과류, 지방질 종자(저장물질로서 많은 양의 지방이 들어 있는 종자, 양귀비 씨앗, 참깨 씨앗, 아마 씨앗, 대마 씨앗 등)와 이들 종자에서 유래한 식물성 기름에 풍부하며, 옥수수씨기름, 콩기름, 양귀비씨기름, 홍화기름의 중량의 절반 이상을 차지한다.

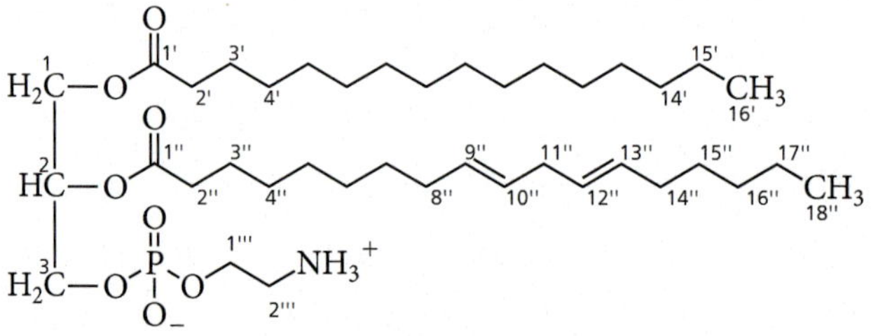

포스파티딜에탄올아민

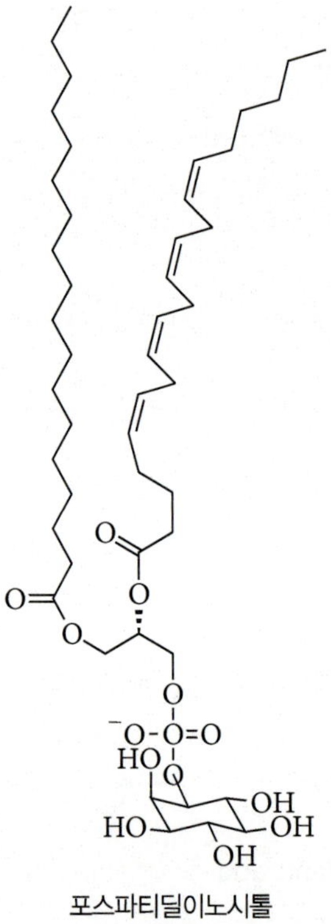

포스파티딜이노시톨

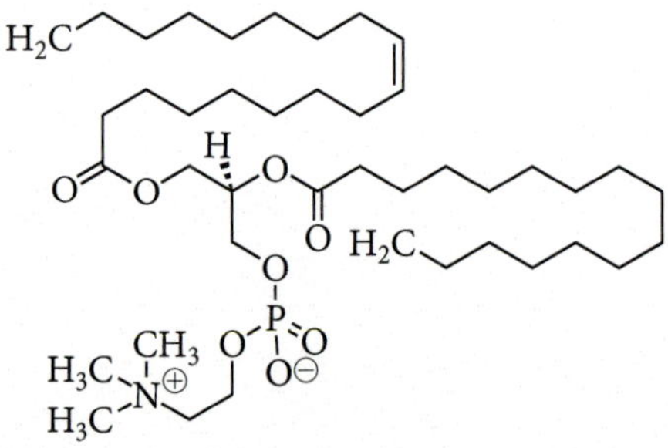

포스파티딜콜린

리놀레산은 필수 지방산이기 때문에 음식물을 통해 꼭 섭취해야 하며 쥐에서 리놀레산이 부족하면 가벼운 상처 치유가 거의 잘 되지 않으며, 탈모 및 피부 벗겨짐을 유발한다. 그러나 만성적으로 많은 양의 리놀레산을 섭취하면 궤양성 대장염(대장의 점막 또는 점막하층에 국한된 염증을 특징으로 하는 원인 불명의 만성 염증성 장 질환)이 발생할 수 있다.

바퀴벌레는 죽을 때 페로몬이라는 화학물질인 올레산과 리놀레산을 방출해서 다른 바퀴벌레들이 해당 지역에 들어가는 것을 막는다. 이것은 죽을 때 올레산을 방출하는 개미와 벌에서 발견되는 메커니즘 즉 다른 개체들을 보호하는 행동으로 죽음 이후까지 동료들과 의사소통하는 수단인 냄새로 화학물질을 이용한 의사소통이다.

28.14 리놀레산의 대사 과정

리놀레산 대사의 첫 번째 단계는 이중결합을 만드는 Δ6-불포화효소에 의해 리놀레산이 γ-리놀렌산으로 전환된다.

아기는 이중결합을 만드는 Δ6-불포화효소가 부족해서 모유를 통해 γ-리놀렌산을 섭취해야 하는데 연구에 따르면 모유를 먹인 아기들은 분유를 먹인 아기들보다 더 높은 농도의 γ-리놀렌산을 가지고 있는 반면, 분유를 먹인 아기들은 이중 결합을 만드는 Δ6-불포화효소가 부족해서 리놀레산이 γ-리놀렌산으로 전환되지 못해 높은 농도의 리놀레산을 가지고 있었다. 계속해서 γ-리놀렌산은 다이호모-γ-리놀렌산(dihomo-γ-linolenic acid, 20개의 탄소로 구성된 오메가-6 지방산)으로 전환되고, 이어서 아라키돈산[arachidonic acid, 20개의 탄소로 된 사슬과 4개의 시스 이중 결합(cis-double bond)을 갖는 불포화 지방산(unsaturated fatty acid)의 한 종류]으로 전환된다. 아라키돈산의 가능한 대사적 운명 중 하나는 염증 반응 및 신체 활동 동안에 에이코사노이드[eicosanoid, 아라키돈산 등 다가 불포화 지방산의 산화로 형성되는 호르몬 효과를 가진 지질 신호전달(Lipid signaling) 물질]라고 불리는 대사체 그룹으로 전환되는 것이다.

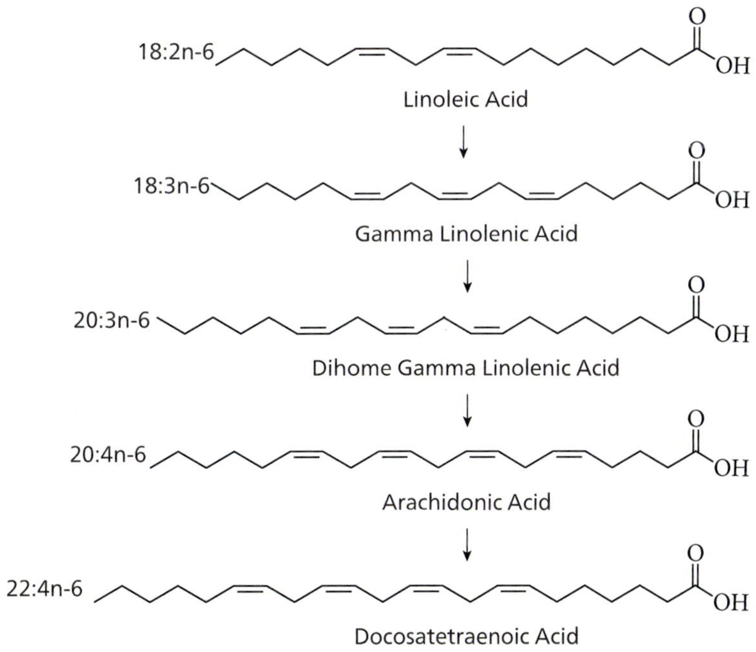

18:2n-6 (O, OH)
Linoleic Acid
↓
18:3n-6 (O, OH)
Gamma Linolenic Acid
↓
20:3n-6 (O, OH)
Dihome Gamma Linolenic Acid
↓
20:4n-6 (O, OH)
Arachidonic Acid
↓
22:4n-6 (O, OH)
Docosatetraenoic Acid

리놀레산의 대사 과정

에이코사노이드[eicosanoid, 탄소 수가 20개인 필수 지방산(아라키돈산 등)이 산화되어 생체에서 합성되는 화합물. 류코트라이엔(leukotriene), 프로스타글란딘(prostaglandin), 트롬복세인(thromboxane) 등이 있다. 생성된 지점 주위의 인근 세포에 작용하여 호르몬 역할을 하거나 염증, 상처 치유, 혈액 응고 따위의 여러 생리 과정에서 중요한 매개 역할을 한다.

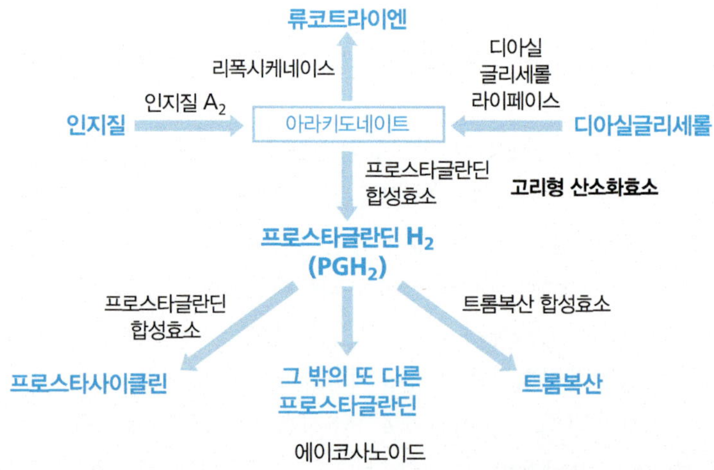

에이코사노이드

일반적으로 오메가-6 지방산으로부터 유도된 에이코사노이드는 염증 유발 효과를, 오메가-3 지방산으로부터 유도된 에이코사노이드는 항염증 활성을 보이는데, 파라크린(paracrine, 측분비, 분비된 물질이 주변 근접 세포에 작용하는 경우이며 주변분비, 근거리 분비라고도 함) 호르몬의 일종이다.

에이코사노이드(eicosanoid)의 세 가지 유형으로는 앞서 언급했듯 류코트라이엔, 트롬복산, 프로스타글란딘이 있다. 아라키돈산으로부터 생성된 에이코사노이드(eicosanoid)는 건강한 사람의 신체 활동 동안 및 신체 활동 후에 염증을 촉진하고 성장을 촉진하는데 예를 들어, 아라키돈산에서 유래한 트롬복산 및 류코트라이엔 B4는 염증이 일어나는 동안 혈관수축성 에이코사노이드(eicosanoid)이다.

캡사이신(capsaicin)

9-하이드록시옥타데칸산(9-hydroxyoctadecanoic acid) 및 13-하이드록시옥타데칸

산(13-hydroxyoctadecanoic acid)과 같은 리놀레산의 산화된 대사산물은 캡사이신(capsaicin, 고추에서 추출되는 무색의 휘발성 화합물) 수용체인 TRPV1(transient receptor potential cation channel subfamily V member 1)을 활성화시키는 것으로 나타났으며, 이를 통해 통각과민(hyperalgesie, 아픔을 과대하게 느끼는 상태) 및 이질통(allodynia, 통증을 일으키지 않을 만한 자극에도 통증을 느끼는 증상)에서 중요한 역할을 한다.

오메가-6 지방산인 리놀레산의 이러한 염증을 촉진시키는 기능과 관련하여 건강에 부정적인 영향들이 일부 존재한다. 또한, 리놀레산은 인체에서 이외에도 다양한 대사물질로 전환되어 다양한 생리작용에 관여하며 모두 생체활성을 가지며, 인체병리학과 및 인체생리학과 관련이 있다.

28.15 마카다미아의 산업화

리놀레산은 유성 페인트 및 바니시(varnish, 니스)에 유용한 건성유(drying oil, 식물유지 중에서 건조성이 강하며 아이오딘 값이 130 이상의 것)를 만드는 데 사용된다. 이러한 활용은 공기 중의 산소와 리놀레산의 쉬운 산화 반응을 이용하여, 리녹신(linoxyn, 건성유 또는 반건성유가 건조해서 생긴 탄력이 있으며 튼튼하고 영속성 있는 유막(油膜)을 말하며 불포화 기름이 공기 중의 산소를 흡수하고, 산화 중축합을 일으켜 그 결과로 생긴 복잡한 그물눈 구조의 응고물)이라 불리는 안정한 필름의 가교 및 형성을 야기한다.

리놀레산이 환원되면 리놀레일 알코올(linoleyl alcohol)을 생성한다. 리놀레산은 1.5×10^{-4} M @ pH 7.5의 임계 미셀 농도를 갖는 계면활성제이며 피부에 부드럽고 항염증, 여드름 감소, 피부 미백 및 보습 특성으로 인해 화장품 등의 미용제품 산업에서 점점 인기를 얻고 있다.

Quiz

1. 지방 함량이 높으며 뽀얀 상아색의 달콤하며 고소한 풍부한 맛을 지닌 견과는 무엇인가?

2. 자가수분 및 타가수분이 모두 가능하나 벌에 의한 다른 개체의 꽃가루를 받아서 수정이 이루어지는 꽃가루받이의 작용인 이것이 마카다미아 너트 생산량을 가장 증가시킨다. 여기서 언급한 이것은 무엇인가?

견과 탐험

NUT EXPLORATION

제 29 장

설탕의 220,000~300,000배 정도 달콤한 럭두네임과 탄수화물

최근까지 알려진 가장 달콤한 화합물은 럭두네임(lugduname)이며 감미도는 설탕의 약 225,000배이다. 1996년 프랑스에서 개발된 구아니딘 중심 구조에 아세트산 작용기를 지닌 감미료이다. 단맛 이론(the theory of sweetness)은 19세기에 유기화학이 발전하면서 새로운 합성 감미료와 감미료 수용체와의 상호 결합 관계를 분자 구조로 정확하게 설명한 것이다. 감미료와 감미료 수용체 사이의 여러 부위의 상호작용이 강하게 일어나면 강력한 단맛을 나타낸다. 가장 정교한 다점 부착 이론은 현재까지 알려진 가장 강력한 감미료 계열인 구아니딘 계열의 최강의 달콤한 감미료를 찾는 데 있어 성공적 역할을 했다. 이민(imine) 중심결합을 가지는 구아니딘 유도체로 가장 단맛이 강력한 인공감미료인 럭두네임은 설탕(sucrose)보다 225,000배 더 달콤하다.

29.1 현존하는 가장 달콤한 물질인 럭두네임

현존하는 가장 달콤한 물질이며 설탕의 220,000~300,000배 정도 달고 사카린의 600배 정도 단 럭두네임은 분자식은 $C_{18}H_{16}N_4O_4$이며 분자량은 352.35 g/mol이다. 극도로 단맛을 내는 인공 감미료 중에서도 아세트산 작용기가 구아니딘에 결합한 것으로, 1997년 미국 라이온(Lyon)대학에 의해 개발되었으며 아직 식품에 사용 승인이 떨어지지 않은 화합물이다.

식물들이 탄소 · 수소 · 산소의 세 원소로 만드는 화합물인 탄수화물이 아니면서 단맛이 나는 감미료 중에서 가장 단맛이 나는 럭두네임은 식용 감미료로 아직 허가되지 않아 사용하지 않고 있다. 하지만 설탕보다 약 20~30만 배 더 달다고 하니 이렇게 상상을 초월한 강력한 단맛 감미료 분자라면 우리들의 코를 살짝 스쳐 지나가지만 해도 단맛을 느낄지도 모르겠다. 강력한 단맛을 가진 럭두네임의 IUPAC명은 N-(4-Cyanophenyl)-N-(2,3-methylenedioxybenzyl)guanidinoacetic acid이다.

럭두네임(lugduname)의 분자 구조식

앞으로 럭두네임에 관련된 물리적 화학적 특성뿐만 아니라 다양한 화학(chemistry)이 과학자들에 의해 연구 분석되어 문헌화된다면 본 강의에 제시하고 새로운 내용을 수정 보완할 예정이다.

29.2 우리의 건강과 관련 있는 유전자 이상이 아닌 후천성 당뇨병

식용 감미료로 아직 허가되지는 않았지만 감미료 세계에서 가장 단맛이 나는 럭두네임이 우리의 단맛에 관한 관심을 한층 더 상승시키고 있다. 하지만 단맛과의 관심을 더욱 심각하게 고조시키고 있는 것은 우리의 건강과 관련 있는 유전자 이상이 아닌 후천성 당뇨병이다.

이것은 탄수화물인 포도당과 과당 그리고 설탕 등 장기간 섭취 농축된 과다한 당분이 주원인이며 우리에게 여유로움을 느낄 수 있는 달콤한 단맛은 안겨 주지만 비만과 당뇨병 환자에겐 가장 기피 대상이 된다. 여기서 당류에 대한 분류와 그 부류에 속한 우리와 가장 밀접하게 관계되는 몇 가지 당류를 소개한다.

29.3 탄수화물 중 가장 기본구조인 단당류와 단당류 2개가 결합된 이당류

▸ 29.3.1 탄수화물 중 가장 기본구조인 단당류

단당류인 포도당, 과당, 갈락토스, 그리고 만노스의 분자 구조식은 다음과 같다.

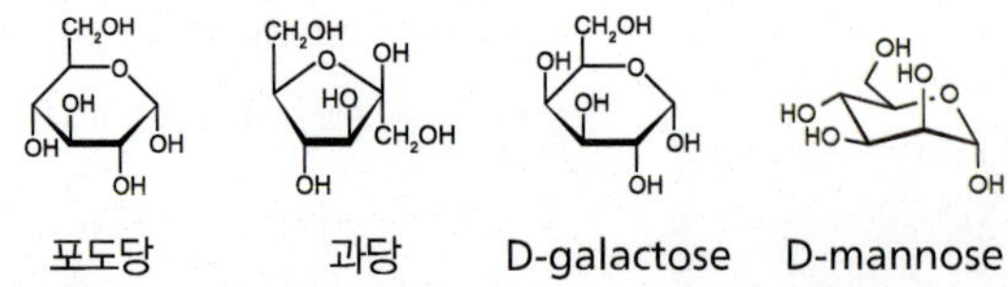

포도당 과당 D-galactose D-mannose

건강검진을 통해 채취한 혈액에서 당뇨 여부를 판단하는 물질이며 실제로 혈액에서 농도가 증가하면 각종 혈관질환을 일으키거나 합병증을 일으키는 포도당(glucose)을 비롯하여 과당(fructose), 갈락토스(galactose), 마노스(mannose) 등은 거의 엇비슷한 단맛이 나는 단당류(monosaccharide) 분자이다. 단당류(monosaccharide)는 한 개라는 의미의 모노(mono)와 설탕을 의미하는 그리스어인 사카라이드(saccharide)가 합쳐져 구성된 단어이며 합성 인공 감미료의 대명사 격인 사카린(saccharin)도 그 어원이 설탕에서 파생된 것이다.

▸ 29.3.2 단당류 2개가 결합된 이당류

사탕수수와 사탕무에서 추출된 설탕(sugar, sucrose)은 이당류(disaccharide)이며 이당류는 둘을 의미하는 다이(di)로 시작되는 단어이다. 단당 분자 2개로 구성된 분자라는 것을 쉽게 알 수 있으며 젖당(lactose, milk sugar)과 맥아당(maltose)도 이당류 분자들이다.

맥아당　　　설탕　　　젖당

▸ 29.3.3 단당류로부터 이당류와 올리고당의 형성

IUPAC name이 β-D-Fructofuranosyl α-D-glucopyranoside인 설탕[sugar, 포도당(왼쪽)과 과당(오른쪽)이 결합한 이당류 분자]은 단당류인 포도당 1분자와 과당 1분자가 화학 결합(glycosidic bond)이 되어 구성된 분자이다. 단당류의 분자식은 $C_6H_{12}O_6$이며, 이당류의 분자식은 단당류 분자 2개가 결합을 하면서 물(H_2O)이 빠져나가므로 $C_{12}H_{22}O_{11}$이다. 포도당 분자에 있는 OH기(hydroxyl기)와 과당에 있는 OH기가 화학 결합을 하여, 물이 생성되면서 두 분자 간에 결합이 형성된다.

글리코사이드 결합(glycosidic bond)은 일반적으로 하나의 당 분자의 OH기와 또 다른 당 분자의 OH기 혹은 유기 화합물의 OH기가 반응하면 부산물로 물이 합성되는데 이 물 분자가 제거되면서 형성되는 공유결합이다. 분자구조로 살펴보면 단당류들은 글리코사이드 결합을 할 수 있는 OH기가 적어도 4~5개를 포함하고 있다. 따라서 이렇게 글리코사이드 결합을 할 수 있는 OH기를 가진 많은 종류의 단당류가 있으며, 또한 그 단당류들이 가지고 있는 OH기의 위치와 수를 상상해 보면 생성될 수 있는 이당류 분자들의 종류가 많을 것임을 미리 짐작할 수 있다.

29.4 이당류로 단맛이 나는 분자인 젖당과 맥아당

대표적인 이당류로 설탕이 있으며 젖당(혹은 유당, lactose)은 포도당 1분자와 갈락토스 1분자가 결합한 분자로 이름이 의미하는 것처럼 우유와 모유에 많이 포함되어 있다. 위의 제시된 분자구조를 가진 맥아당(maltose)도 이당류로 달콤한 단맛이 나는 분자이다.

젖당을 본래의 구성 성분인 포도당과 갈락토스로 분해하는 효소를 락타아제(lactase)라 하며 락타아제(β-D-갈락토사이드의 글리코사이드결합을 가수분해하는 효소)가 부족한 사람들은 맛있는 우유를 마시면 늘

속이 더부룩하며 거북해진다. 심할 경우 설사 혹은 복통을 유발하는 경우도 있다. 한편 맥아당(maltose)은 포도당 분자 2개가 글리코사이드 결합으로 형성된 분자이다.

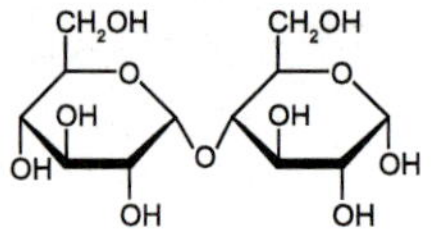

맥아당의 분자 구조식

곡식을 엿기름으로 삭힌 후 높은 온도에서 수분을 증발시키기 위해 조려서 꿀처럼 만든 감미료인 물엿은 맥아당이 주성분인 점도가 매우 높은 액체이다.

우리가 주식으로 하는 음식인 쌀 · 보리 · 밀 등의 곡류와 감자 · 고구마 · 옥수수 등에 든 탄수화물로 일명 전분이라고 하는 녹말의 분해효소이다. 이 베타-아밀라아제(소화 효소)를 첨가하면 녹말에 포함된 포도당으로 구성된 고분자들을 신기하게도 포도당 2개 묶음 단위(이당류)로 잘라내어 수많은 맥아당 분자를 만들어 낸다. 설탕도 설탕 분해효소인 수크라아제(sucrase)를 만나면 가수분해되어 포도당과 과당으로 분해된다. 그러므로 진한 설탕 시럽을 수크라아제로 분해하면 같은 양의 포도당과 과당이 포함된 시럽이 되며 이것을 전화당(invert sugar, 전화효소에 의해 분해된 설탕에서 생성된 포도당과 과당의 혼합물)이라 한다. 순수한 설탕 시럽인 단일 물질보다 세 가지 물질이 섞여 복합적으로 맛을 느끼는 시차 효과 및 감각효과 때문에 입안에서 더 단맛이 난다. 벌꿀이 설탕보다 훨씬 단맛이 나는 이유도 꿀의 주성분이 과당과 포도당이 거의 70% 정도되는 매우 유사한 전화당 시럽이기 때문이다.

29.5 적은 수의 단당류(2~10개)를 포함한 당 고분자인 올리고당

단맛이 나기 때문에 반찬을 만들거나 음식 재료로 사용할 때 설탕을 대신하여 쓰는 경우가 많은 올리고당(oligosaccharide)은 분자량이 다당류보다는 적고 단당류보다는 크며, 흔히 3개 이상 10개 미만의 단당류가 결합한 분자를 말한다.

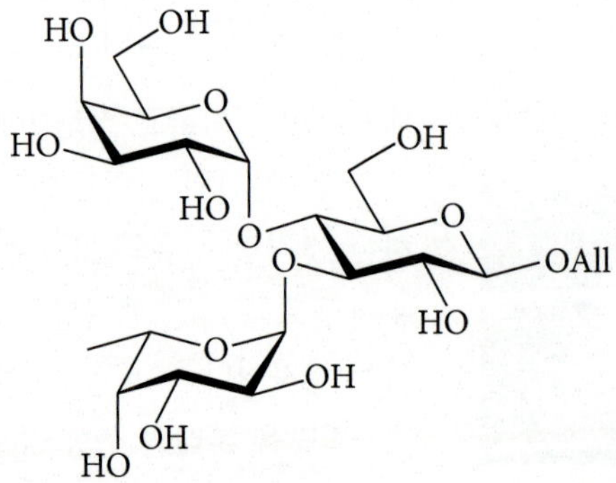

Allyl α-L-fucopyranosyl-(1->3)-[α-D-galactopyranosyl-(1->4)]-α-D-glucopyranoside

올리고당(oligosaccharide)

올리고(oligo-)는 소량을 의미하는 것으로 일정 수의 당 분자들이 결합하여 이루어진 당이며 어떤 종류의 단당류가 어느 자리에 그리고 얼마나 많이 결합하느냐에 따라 종류가 다른 올리고당이 만들어질 수 있다. 그것들의 당도도 차이가 많이 나고 올리고당은 음식의 단맛을 살리는 데 많이 이용된다.

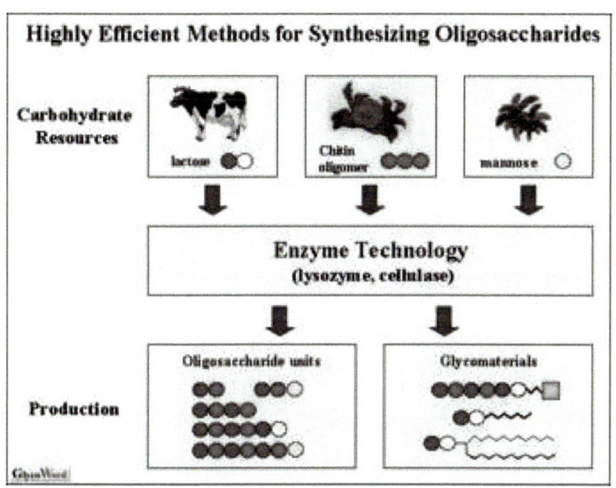

인체 내에 있는 소화 효소에 의해 전혀 분해되지 않는 올리고당은 가수분해하여 포도당과 과당이 되는 설탕보다 매우 적은 열량을 낼 수 있으므로 저열량 가공식품에 효과적으로 사용된다. 많은 수의 단당류가 결합되어 이루어진 거대당류로 분자량이 거대한 녹말(starch)과 글리코겐(glycogen) 등이 가수분해하여 말토스(maltose)나 글루코스(glucose) 등의 이당류 혹은 단당류로 분해되는데, 이 분해할 때 쓰이는 효소가 아밀라아제이다. 그러나 앞서 언급한 아밀라아제를 비롯한 인체가 가지고 있는 많은 소화 효소들은 올리고당을 포도당으로 분해하는 능력은 없다. 어른은 물론 아기도 올리고당을 소화 분해해 흡수하지 못한다. 그런데 아기가 먹는 모유 구성성분의 약 22%가 올리고당이다.

29.6 모유에 올리고당이 왜 존재할까?

아기의 유일한 영양공급원인 모유에 왜 아기가 흡수하지도 못하는 물질인 올리고당이 들어 있는 걸까? 그 이유는 다음과 같다. 다양한 종류의 비피두스균 가운데 오직 비피도박테리움 인판티스(bifidobacterium infantis)만이 모유 올리고당을 먹이로 하여 급성장한다. 엄마는 모유에 올리고당을 풍부하게 넣음으로써 특정 세균이 아기의 장 속에 살도록 유도한다. 이것은 모유를 먹는 아기의 장에 사는 세균 중 99%가 비피도박테리움 인판티스라는 사실과 정확히 일치한다. 장내 세균 비피도박테리움 인판티스의 유전자 염기서열을 분석하여 그 기능을 정밀하게 확인해 보니 비피도박테리움 인판티스에는 올리고당을 이용하는 특별한 능력이 있었다. 이 세균은 올리고당을 분해하여 포도당을 내놓아 아기는 특별한 소화 효소 없이 포도당을 직접 흡수하게 되는 것이다. 아기를 키우기 위해 모체와 세균이 협업한다는 사실은 매우 놀라우며 인간과 세균과의 관계는 이 정도까지 긴밀하다. 모유의 올리고당은 인간이 세균과 어떤 방식으로 서로 간의 이익을 공유하며 공생하는지 보여주는 긴 이야기의 시작일 뿐이다.

29.7 밀을 빻아 낸 가루인 밀가루의 분해

밀의 낟알을 분쇄하여 체에 쳐서 밀기울을 제거한 가루인 밀가루도 결국은 소화 효소에 의해 가수분해가 되면 이당류인 맥아당도 되고 단당류인 포도당도 된다. 왜냐하면 밀가루 구성성분의 주성분인 녹말은 포도당으로 이루어진 고분자이기 때문이다. 또한 설탕을 비롯한 이당류들은 소화 효소에 의해 가수분해되면 당연히 포도당이 생성된다. 단당류와 이당류, 올리고당과 녹말은 당류의 양적인 차이만이 존재할 뿐 모두 탄수화물의 한 종류이다. 그래서 그들의 분자식을 일반식인 $(CH_2O)n$으로 나타낼 수 있다.

일반식인 $(CH_2O)n$을 정확하게 표현하면 탄소 한 개(C)와 물 분자 한 개(H_2O)가 1:1의 비율로 분자가 구성되어 있어 물을 함유한 탄소라 하여 그런 이름이 붙었다. 식품의 구성성분을 표시하는 상표에는 식품에 포함된 당의 함량을 각각 표시하는 대신에 탄수화물의 함량으로 한꺼번에 표기한 경우도 많이 볼 수 있다. 분자식이 $(C_6H_{12}O_6)n$인 녹말은 n의 값이 매우 큰 탄수화물이다. 다수의 α-글루코스 분자가 글리코사이드 결합(glycosidic bond)에 의해 중합한 천연고분자인 아밀로스도 분자 구조를 살펴보면 많은 포도당이 결합한 형태이며 소화 효소에 의해 가수분해되면 결국 포도당으로 나눠진다.

Quiz

1. 아직 식품에 사용 승인이 떨어지지 않았으며 현존하는 가장 단 물질이며 설탕의 220,000~300,000배 정도 달고 사카린의 600배 정도 단 감미료는 무엇인가?

2. 이것을 본래의 구성 성분인 포도당과 갈락토스로 분해하는 효소를 락타아제(lactase)라 하며, 락타아제가 부족한 사람들은 맛있는 우유를 마시면 늘 속이 더부룩하며 거북해진다. 이것은 무엇인가?

NUT EXPLORATION

달콤함의 역사와 전해오는 맛있는 이야기

우리는 사랑을 표현할 때 단맛의 수식어를 붙이며 특히 허니, 스위티, 슈거 등 연인을 부르는 말은 대개 단맛과 연관되어 있다. 우리의 혀에 쾌감을 주는 매운맛, 짠맛, 쓴맛, 신맛, 고소한 맛 등은 농도가 어느 선을 넘으면 쾌감이 불쾌감으로 돌변하나 단맛만은 농도에 관계없이 쾌감을 준다.

왜 우리들은 단맛을 좋아하는 것일까?

하나의 이유는 단맛에 대한 호감은 무엇보다도 먼저 생존의 문제로 쓴맛이 독을 품었을 가능성을 내재한 것이라면 단맛은 먹을 수 있는 음식이라는 신호로 작용해 오랜 세월에 걸쳐 미각 기관을 길들여 온 것이다. 또 하나의 이유는 아기들은 젖을 먹으며 성장하는데 그 젖의 맛이 달다는 것이며 그래서인지 갓난아기는 태어나자마자 즉시 단것에 대한 강한 양성 반응을 보인다. 결론적으로 단맛에 대한 호감은 인간에게 본능적이다.

30.1 단맛 선호도를 반전시킨 종교개혁

북아메리카에 사탕수수가 옮겨 심어진 후인 16세기까지도 유럽에서 설탕은 귀중품과 사치품으로 남아 전문화된 의약품이나 향신료로 여겨 왕들은 자신의 식탁 위에 달콤한 설탕

이 든 유리그릇을 올려놓는 것으로 스스로의 부와 명예를 과시하기도 했다. 그 당시 귀중품으로 설탕의 가치가 얼마나 대단했던지 영국에서는 4파운드(4 lb = 1.8 kg)의 설탕으로 태어난 지 얼마 지나지 않은 송아지 한 마리를 살 수 있을 정도였으며, 이러한 상황에서도 생 꿀은 여전히 다수의 천연 감미료 중의 대표 자격을 유지하고 있었다.

생 꿀은 특히 많은 인원이 공동 생활하는 수도원에서 주로 생산되었으나 16세기에 로마 가톨릭 교회에 반대해서 일어난 개혁 운동인 종교개혁으로 말미암아 아주 큰 변화가 생겼다. 공동 생활하는 수도원에서 밤을 밝힐 초의 재료인 밀랍을 생산하다 보니 자연히 꿀의 생산까지 담당했었다. 그러나 종교개혁으로 많은 수도원이 오래된 제도나 관습 따위를 새롭게 탈바꿈해야 하는 개혁 대상이 되면서 자체 내의 생 꿀 생산이 어려워져 공급이 급격히 줄어들었다.

생 꿀과는 달리 사탕수수로부터 추출된 설탕은 저렴하지는 않지만 충분히 사용할 수 있을 만큼 공급되었고 여유 있는 생활 수준의 변화로 수요량도 나날이 증가했다. 설탕의 다양한 사용처와 대량생산과 더불어 연구 분석을 통해 물리적 성질을 하나둘씩 발견하기 시작했다. 설탕이 습기를 흡수함으로써 음식을 오래 보존하는 역할을 한다는 것과 이런 성질을 이용해 다양한 과일잼을 만들 수 있다는 사실이 유럽인들에게 널리 알려지면서 더욱 수요가 크게 늘었다. 특히 16세기 종교개혁의 결과로 차나 커피처럼 새로운 음료를 선호하며 여가를 즐기는 개신교나 신교를 믿는 교인들이 늘면서 맛이 달달하고 물에 잘 녹는 설탕의 수요는 계속 증가하게 되었다.

30.2 나폴레옹과 설탕

사탕수수와 사탕무로부터 추출된 설탕의 등장은 구태의연한 왕정과 노예 반대 운동을 하는 혁신가 등 모두를 삶에 즐겁게 격려하며 기세를 올리게 해주었다. 물질적인 차원에서나 관념, 믿음의 체계적인 차원에서도 사탕수수와 사탕무로부터 설탕을 추출 생산할 수 있도록 적극적으로 후원했다. 사탕수수와 사탕무 설탕의 급속한 발달에는 프랑스의 황제(1769~1821)였던 나폴레옹의 역할도 상당히 컸다. 전쟁 중의 유럽 봉쇄로 사탕수수와 사탕무로부터 추출되는 설탕 산업의 발전을 자극하는 계기가 되었다. 영국의 유럽 항만과 해안의 교통을 차단하는 일에 맞서서 나폴레옹도 영국과 통하는 대륙의 모든 항구를 폐쇄했기 때문에 유럽은 많은 양의 설탕이 필요했으나 설탕의 공급 통로가 완벽하게 막혀 전혀

설탕을 공급받을 수가 없었다. 따라서 유럽 내의 필요한 설탕 수요가 급증하고 수요자들의 불평불만은 고조되는 관계로 나폴레옹은 정치 생명을 걸고 사탕수수와 사탕무로부터 추출되는 설탕을 생산할 수 있도록 적극적으로 지원할 수밖에 없었다. 이와 맞물려 사탕수수와 사탕무로부터 추출되는 설탕을 생산하는 기술도 급격히 발달했다.

유럽과의 무역이 항만과 해안의 교통 차단으로 완전히 폐쇄되어 영국이 자체적으로 생산한 많은 양의 설탕을 스스로 템즈강(Thames River)에 던져 넣는 수고를 감당해야만 한다고 언급했던 나폴레옹의 말이나 위협하는 행동이 실제로 이루어지진 않았다. 하지만 이 사건 전에는 사탕수수나 사탕무를 집에서 기르는 가축의 먹이쯤으로 여기던 지역까지 사탕수수와 사탕무에 의해 추출된 설탕이 전해졌다. 그리고 유럽 모든 지역에 두루 널리 미쳐 일반적이며 보편적인 제당 산업으로 발전시켰다는 점이 유럽 대륙의 정복자인 나폴레옹이 어려운 일을 극복하고 자기 뜻을 이룬 영웅적인 면모로 볼 수 있다.

30.3 뇌의 절대적인 포도당 사랑

우리 몸에 탄수화물을 섭취하면 몸속에서 단당류인 포도당으로 소화 분해하며 이 포도당은 혈액을 타고 온몸의 에너지원으로 사용된다. 이중 뇌와 적혈구의 에너지원은 포도당이 유일하다. 우리 뇌와 적혈구는 오직 포도당만을 에너지로 사용하며 우리의 삶과 생존에 있어서도 산소만큼이나 필수적이다. 한순간이라도 우리 뇌에 포도당 공급이 이루어지지 않는다면 우리는 생각하고 행동하며 살 수 없기에 일정한 수준의 양을 지속적으로 공급해야 한다.

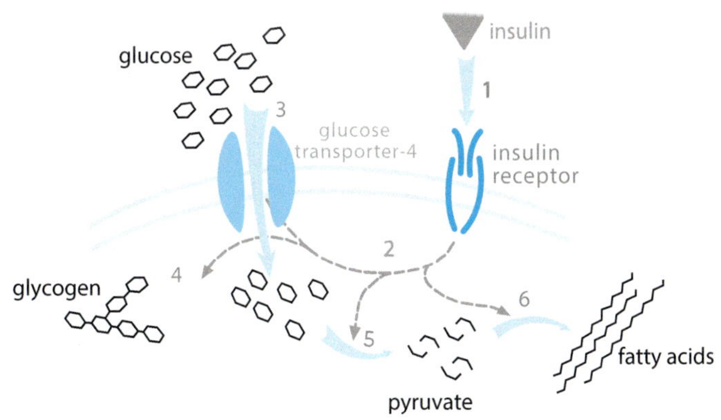

그래서 우리의 몸은 혈당을 일정한 수준으로 유지하려는 아주 정교하며 복잡한 탄수화물 대사 체계가 발달되어 있으며 인슐린과의 상호작용도 그 가운데 하나다. 인체에 있어 포도당을 가장 빠르게 공급할 방법은 포도당 주사를 직접 혈관에 놓는 것이며 그다음으로

설탕과 꿀 그리고 초콜릿과 같은 포도당과 과당이 많이 존재하는 당류를 섭취하는 것이다. 우리가 여가선용이나 건강을 위해 여행이나 등산할 때 준비하는 비상용 식품으로 사탕이나 초콜릿을 준비해 가는 것도 이러한 이유이다. 이렇게 우리에게 없어서는 안 될 포도당은 인체 내에서 소화 분해되어 직접 생산되기도 하고 음식을 통해 섭취되기도 한다. 특히 여성의 임신 기간 중 포도당은 태아의 건강한 세포 형성을 돕고 성장을 위한 젖을 만드는 일도 돕는다.

30.4 과일은 냉장칸 아니면 냉동칸?

일반적으로 과일을 사면 냉장고에 보관한 뒤 몇 시간이나 혹은 하루 이틀 뒤 꺼내 먹는다. 냉장고에서 막 꺼내 먹는 과일은 살짝 찹찹한 느낌과 함께 살 때 보다 숙성되어 실온에 있었던 과일보다 훨씬 더 달게 느낀다. 단지 냉장고에서 막 꺼내 차가운 일시적인 느낌 문제일까 아니면 숙성 후 온도 변화 때문에 낮은 온도에서 느끼는 당도가 달라져 일어난 현상일까?

실제로 우리가 찬 과일이 더 달게 느껴지는 것은 냉장고 안에서 숙성되며 과일 속 과당(fructose) 분자의 구조적 변화인 변광 회전 현상(mutarotation) 즉 과당(fructose) 분자의 이성질화가 일어나기 때문이다. 그런데 그 결과로 과당은 알파형과 베타형이 섞여 수분에 녹아 있으며 베타형이 알파형에 비해 세 배나 더 달콤하다. 냉장고 안의 시원한 온도에서 과당의 베타형이 어느 정도 높은 농도를 가지므로 바로 사서 먹는 과일보다 맛있고 더 달달한 느낌을 느끼는 것이다. 식품 화학 분석에 의하면 우리의 혀에 과일이 닿을 때 우리는 이들 성분의 평균 단맛을 느끼게 된다고 한다.

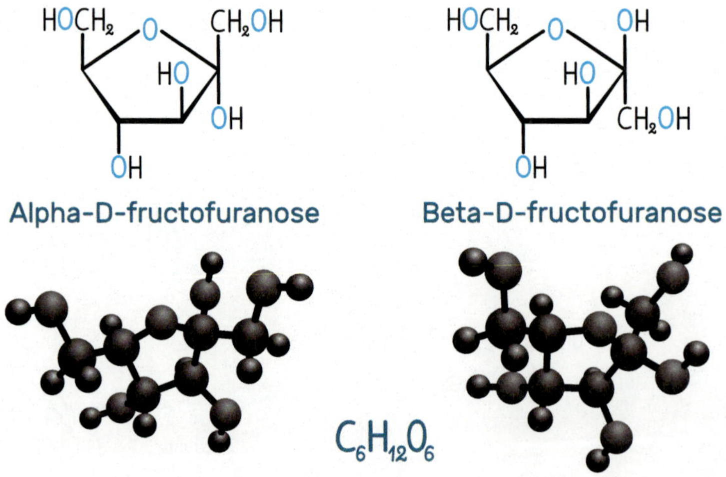

과당의 구조식

우리가 먹는 과일 속의 과당 함량은 언제나 일정하지만 과당의 이성질화 현상으로 베타형과 알파형 비율이 온도에 따라 변한다. 즉 온도가 내려가면 과당의 알파형이 낮은 온도에서 더 안정한 베타형으로 바뀌기 때문에 베타형이 많아지고 그 반대의 경우 온도가 올라가면 높은 온도에서 더 안정한 알파형이 많아진다. 이러한 이유로 같은 과일이라도 온도에 따라 단맛의 차이가 생기는 것이다. 하지만 너무 차갑게 하면 혀의 감각이 마비되어 단맛 감각이 둔해질 뿐만 아니라 과일의 식감도 좋지 않아 오히려 달콤한 맛을 느끼지 못하게 된다. 그래서 과일은 영하의 온도인 냉동고가 아닌 냉장고에 신문지에 싸서 보관하는 것이 좋다.

30.5 꿀은 벌이 소화 분해한 달콤한 액체

꿀은 벌이 꽃이나 잎 따위의 단물을 내는 꿀샘에서 빨아들인 설탕과 같은 달콤한 액체를 위의 앞부분인 전위에 잠시 저장했다가 꿀 채집통에 다시 토해낸 것이다. 생 꿀의 맛과 향은 다양하며 이것은 벌의 종류와 벌이 꿀을 빨아 오는 원천이 되는 꽃의 종류에 따라 다르다. 하지만 일반적으로 대개 꿀은 40% 정도의 포도당과 40% 정도의 과당으로 이루어져 있으며 나머지는 거의 수분이고 미처 소화 분해되지 않은 자당도 2% 가량 포함되어 있다. 꿀의 주성분인 포도당과 과당은 원래 꽃에 있던 자당이 벌의 소화 효소 작용으로 가수분해된 것이며 흡수가 빠르게 잘 된다. 빠른 흡수는 이당류인 설탕의 특징이나 생 꿀은 아예 소화 분해 과정을 필요하지 않다.

자연의 생 꿀에는 당분 외에도 인체에 활력을 주는 다양한 단백질과 미네랄 그리고 밀랍, 꽃가루와 색소 그리고 방향성 물질, 비타민과 아미노산 등 소량이지만 여러 생리활성 성분들이 들어 있다. 꿀의 원천이 되는 식물, 즉 밀원식물은 나라마다 다르다. 미국은 클로버와 오렌지, 호주에서는 유칼리가 대표적인 밀원식물이다. 우리나라는 제주도의 유채, 강원도의 메밀과 싸리 등이 유명하며 그밖에 아카시아, 밤나무, 배나무, 매화나무, 복숭아나무, 사과나무, 클로버, 오이, 수박, 엉겅퀴 등도 꿀벌이 자주 왕래하며 달달한 꿀을 채집하는 식물들이다. 이런 이유로 나라마다 생산되는 생 꿀의 색깔과 맛이 다양하다.

30.6 설탕은 진짜 나쁜 X인가?

당을 과다 섭취한 사람의 뇌는 마약, 알코올 중독자들의 뇌와 흡사하고 또한 끊으려 하면 금단현상이 발생한다. 당뇨, 고혈압, 비만, 고지혈증 등 각종 성인병, 대사 질환의 주범이다. 특별한 경우이지만 돌연변이 세포 발생 시 면역세포가 활성화가 되어 돌연변이 세포를 없애야 하는데 과도한 당을 섭취하게 되면 면역세포의 활성화에도 악영향을 주어 면역력 저하가 일어나게 되며 몸속 당을 암세포가 좋아해 암 발생을 높이기도 한다. 가공식품을 통한 WHO[세계 보건 기구(World Health Organization)]의 하루당 섭취 권고량은 50 g 이하이다. 각설탕 1개가 2.7 g이니 약 3 g이라고 하면 하루 16개가 권고량이 된다. 그러나 최근(2015년)에 2.5 g 이하로 권고량을 변경하였다. 그럼 한국인 하루 평균당 섭취량은 약 77 g이며 각설탕 25개의 양이다.

이해가 잘 가지 않는 한 가지 의문점이 있는데 많은 사람이 단당류, 이당류, 다당류 등 여러 가지 당류 중에서도 왜 유독 이당류인 설탕에만 곱지 않은 시선을 보이는 걸까? 이당류인 설탕 이외 단당류에 속하는 생 꿀과 다당류를 주성분으로 하는 밥과 감자에 대해서는 조금의 의심도 없이 대부분 전혀 거부감을 나타내지 않는 걸까? 그래서 현시점에서 건강을 논할 때, 설탕은 좋은 대접은 커녕 성인병을 비롯한 여러 현대병을 복합적으로 일으키는 주범으로 집중적으로 공격당하기도 한다. 과연 설탕이 입에 거품을 머금을 정도로 인체에 지독히 나쁜 것일까? 확실한 결론은 가진 체질이 특이체질이 아닌 한 설탕을 적당히 먹으면 거의 인체에 해를 끼치지 않으며 다시 말하면 신진대사를 통해 설탕은 건강과 질병 사이에서 중립의 자리를 지킨다는 것이다. 적당히 여유롭게 자각하고 설탕을 통제하며 섭취한다면 너도나도 건강한 생활을 향유할 수 있다.

30.7 당은 아로나민 골드처럼 피로 해소제인가?

당은 인체를 위해 활력을 주는 에너지의 원천이며 축구나 농구와 같은 격렬한 육체 활동을 할 때 필수적인 에너지원으로 쓰인다. 단당류, 이당류, 다당류 등 여러 종류의 당들은 우리의 몸속에서 거의 같은 방식으로 사용된다. 이당류와 다당류들은 일단 소화 가수분해가 되면 단당류인 포도당과 과당으로 분해 전환되는데 이렇게 분해되어 생성된 단당류는 혈관을 통해 체세포로 이동한다.

각 세포에 도착한 당류는 생화학 반응 과정을 거쳐 에너지를 제공하며 인체의 세포를 구성하고 근육의 발육과 생명을 유지하는 인체 조직에 필수적인 역할을 하는 아미노산의 고분자(polymer)인 단백질 형성을 돕는다. 생활에 필요한 정상적인 신진대사에 사용되고 남은 당류들은 500여 가지 이상의 기능을 가진 간에 글리코겐으로 저장되며 이 글리코겐이 당원의 원천으로 소화 분해되어 에너지 대사에 참여하게 된다. 우리 몸이 한동안 당분을 섭취하지 않아도 지속적으로 혈관에 당을 공급할 수 있도록 한다.

포도당과 같은 탄수화물들은 우리의 필수적인 대사에 사용하고도 남을 정도의 과한 농도일 경우 몸에 100% 축적을 하게 되며 이들이 혈액 속 지방과 내장지방에 축적되어 각종 염증 물질을 생성한다. 우리들의 에너지원은 주로 포도당이 사용되기 때문에 축적이 거의 일어나지 않는다. 하지만 과당은 강한 단맛과 강한 중독성이 있으며 과한 농도로 존재할 경우 대부분 그대로 축적이 되어 만성 질환의 주요 원인인 지방으로 변화된다. 우리는 격렬한 운동이나 정신적인 긴장감에 의해 에너지의 많은 소비로 간의 글리코겐이 거의 바닥이 나서 혈액에 당류(糖類)의 성분인 당분이 제대로 공급되지 않는 상태를 심신 기능의 저하 상태인 피로(fatigue)라고 한다. 정상인의 일시적인 피로(fatigue)는 따뜻한 생 꿀이나 설탕물 한잔을 통해 포도당과 같은 단당류를 섭취하면 이른 시간 안에 정상 혈당으로 돌아와 말끔히 해결된다.

30.8 말랑말랑한 인절미는 왜 충치에 해로울까?

떡메로 찰기가 생긴 쫄깃한 떡인 인절미와 달콤함으로 자주 손이 가는 사탕 중에서 어느 것이 우리의 치아에 더 나쁜 영향을 미칠까? 우리는 언론매체를 통해 신토불이라는 말을 자주 듣고 우리 땅에서 나는 유기농 곡류와 채소를 중심으로 식사할 것을 권하는 현실에 살고 있다. 자신이 태어난 땅에서 자라 생산된 곡류와 채소를 사용하여 만든 전통 음식이 우리 몸에 좋다는 편견에 확실히 사로잡혀 있기도 하다.

만약 해외에서 생산된 음식이 설탕 덩어리 그 자체이며 알록달록하게 눈으로도 먹고 싶은 사탕이라면 지금 하는 이야기는 할 필요도 없다. 그렇다면 과연 어떤 음식이 더 이에 해로울까? 충치는 치아의 에나멜질이나 상아질이 침범된 다시는 건강치로 되돌아갈 수 없는 불가역적 질환으로 주된 발생 요인으로는 설탕 섭취와 매우 관련이 깊다. 설탕을 많이 포함하는 과자나 음료 그리고 음식물을 섭취하면 치구의 세균이 설탕을 소화 분해하면서 산을 발생시킨다. 이것이 치아의 단단한 조직인 에나멜질이나 상아질을 공격하여 손상되면 침식되어 충치가 된다. 현대인의 질환 중 발생 빈도가 빈번한 질환이라 할 수 있으며 우리나라에서도 현대문화의 발달과 식생활의 서구화로 충치 발생률이 급증하고 있다.

실제로 여러분이 잘 알고 있는 화학으로 인절미는 다당류로, 사탕은 이당류가 구성성분으로 조성된 당분 음식이다. 그러나 우리 입안의 세균은 당의 종류를 선택해서 공격하는 것이 아니기에 문제는 입안에서 소화 분해된 당류들이 치아에 머무르는 시간에 있다. 하나의 코믹 장면처럼 사탕 하나 먹고 양치질, 인절미 하나 먹고 또 양치질, 이렇게 깔끔한 생활을 한다는 것은 무척 힘든 일이다. 당분을 많이 포함한 음식, 특히 그중에서도 쫄깃한 인절미나 끈끈한 엿은 달콤한 사탕보다 치아에 착 달라붙고 끼니와 끼니 사이에 요기하는 간식거리이므로 입안의 세균과의 동거 기간이 상대적으로 길어 충치로 옮겨갈 수 있는 확률이 높다.

이것은 어른뿐만 아니라 아기도 심각한 수준인데 특히 아기의 젖병은 충치의 매우 심각한 원인을 일으킨다. 당분이 포함된 음료인 우유나 주스 그리고 이유식 등이 담긴 젖병을 입에 물고 아기가 잠이 드는 것은 입안의 세균과의 동거 기간

이 무척 길어져 치아에 상당한 해로움을 줄 수 있다. 이렇기에 아기를 키우는 부모의 정확하고 과학적인 지식이 꼭 필요한 이유이기도 하다.

30.9 설탕과 흑사병

사탕수수와 사탕무로부터 추출된 설탕의 활용은 유럽에 처음 설탕이 전해진 무렵부터 혁신적 사상운동인 계몽주의가 활발히 전개되기 이전인 18세기까지 환자의 질환을 치료하는 의료 행위에서 절대적으로 반드시 있어야 할 물건이며 절대 빠뜨릴 수 없는 것이 바로 설탕이었다. 그 당시의 설탕은 거의 모든 생활 구석구석 모든 활용 범위에서 말 그대로 만병통치 약 그 자체였다. 유럽 모든 병원에서는 이 시기에 기침과 감기, 인후통과 몸살 등의 열과 관련 있는 모든 증상에 다른 제약과 함께 무조건 설탕을 같이 처방했다. 그때 그러한 의료행위는 현대 의약 처방 방법으로는 매우 표현하기 어려운 행위들이지만 그 당시에는 감기에 가끔씩 설탕 태우는 연기를, 기침과 열에는 따뜻한 물에 설탕을 녹인 설탕물을 마시게 했다. 그 밖에도 원기를 잃은 노인들에게는 계피와 함께 설탕을 뜨거운 물에 녹인 후 그 계피설탕물을 마시게 하거나 장미꽃에서 추출한 장미 향수 가득한 장미액과 함께 따뜻한 설탕 시럽을 한 숟가락 먹도록 추천했다. 그 당시에는 아무런 생각 없이 설사를 멈추게 하거나 위장병을 치료하기 위해 그리고 심지어 정력을 강화하기 위한 정력제로 만병통치 약처럼 설탕을 먹었다.

하물며 인류 역사에 기록된 최악의 대유행 전염병(pandemic, 범유행)이었던 흑사병(Black Death)에도 마치 특효약인 것처럼 달콤한 설탕을 처방했다. 설탕 처방전이 2020년 2월부터 대유행하기 시작한 Covid 19에도 적용할 수 있을까? 그 당시 이런 대응이 얼마나 일반적이었는지 우리는 14세기 중반 창궐한 흑사병에 관련된 많은 서적에서 의사에 의해 처방되어 발권된 처방전에서 확실하게 알 수 있다. 하나같이 처방전에는 달콤한 설탕이 예외 없이 대세 물질로 다른 제약들과 함께 처방되어짐을 알 수 있다.

또한 천연 감미료인 설탕은 사람들의 몸과 정신을 강하게 한다고 생각하여 부분적으로 이명증이나 가벼운 경련 그리고 우울증 등 신경정신과 계통의 질환의 증세에도 처방을 통해 사용되었다. 이것은 가수 분해에 의하여 설탕 한 분자에서 단당류인 포도당과 과당으로 분해되는 탄수화물인 설탕이 몸에 빠르게 소화 분해 흡수되어 두뇌 활동을 위한 에너지원으로 쓰이는 생화학적 특성과 관련이 깊다. 21세기인 현재도 불안증과 우울증 그리고 신체화 장애 등의 정신적인 부조화로부터 발생된 질환에도 달콤한 설탕과 같은 단 것을 섭취하는 것으로 아주 간단하게 해결하려는 사람들을 간혹 볼 수 있다. 수많은 처방전들에 하나같이 달콤한 설탕이 다른 제약들보다 주 제약으로 처방되었지만 최악의 대유행 전염병인 흑사병은 8년간 유럽 전역을 휩쓸었다.

30.10 탈수 능력과 보존 능력

달콤한 설탕의 능력은 볶음 반찬이나 과일 잼 등을 만들 때 탈수의 역할이 있어 탈수제로 사용되며 식품에 첨가되면 굳게 하는 능력이 있다. 그리고 미생물의 성장번식을 억제함으로써 식품의 보존 기간을 연장하는 능력도 있다. 이와 같이 설탕은 뛰어난 수분 흡수력과 탈수력으로 인해 장기간 보존하며 사용할 각종 식품의 식품 보존제로서의 역할을 수행한다.

설탕은 반투막을 통해 낮은 농도의 용매가 높은 농도의 용액 속으로 이동하는 삼투작용으로 식품 재료에서 수분을 빼내고 물과 결합하여 굳어지며 박테리아나 균류 따위의 미생물이 번식할 수 있는 환경을 확실히 제거한다. 잼과 젤리 그리고 설탕 조림 과일 등은 설탕의 이러한 성질을 완벽하게 이용한 것이다. 언급된 것 말고도 설탕의 다양한 역할이 존재하는데 세포 속에 침투해서 과일이나 채소의 구조를 보호하여 공기 중의 산소에 노출되었을 때 산화되어 변질하는 것도 방지한다. 또한 식품 원래의 색이 변색되지 않게 하면서 보다 밝게 하고 습기를 스스로 흡수, 유지하며 광택이 나게 한다. 그러나 생과일로 잼이나 젤리 등을 만들 때는 진한 설탕 농도에 의해 오래 보관해야 하기에 공식적인 규칙은 아니지만 설탕과 과일의 비율이 과일 1에 설탕 1.2의 비율을 지키는 것이 좋다. 설탕의 보존력은 오직 설탕만의 고유한 물리적 성질을 100% 발휘하도록 정제를 많이 하면 할수록 더 강해진다. 역설적인 화학이지만 음식의 건조도 방지할 수 있는데 흡습성이 높은 설탕이 수분을 꼭 붙잡아 두기 때문이다. 화학적인 표현으로 설탕의 분자구조를 보면 설탕 한 분자에 8개의 −OH(히드록시기) 기가 있어 물과 수소 결합을 잘하므로 수분을 잘 흡수하게 된다.

설탕의 분자구조

그래서 빵이나 떡을 만드는 곳에서 빵이나 떡의 표면에 설탕을 골고루 뿌리는 것을 볼 수 있는데 이는 굳지 말라고 하는 행위이다. 일반 상식의 하나로 달걀이 들어가는 요리를 할 때 설탕을 조금 넣으면 쉽게 응고되지 않고 열을 가해도 부드러운 상태를 유지하는 경향이 있다. 또한 달걀찜을 할 때 일반적으로 달걀 4개를 기준으로 설탕 1/2티스푼만 넣으면 보들보들하고 탱글탱글한 맛있는 달걀찜을 만들 수 있다. 그러나 앞선 장에서 무수히 언급했듯이 설탕은 비만과 당뇨 환자는 통제해야 할 달콤한 물질이다.

30.11 낙동초등학교의 똥과자(달고나 뽑기)

사하구 제석로에 자리한 낙동 초등학교 교문 옆의 똥 과자(뽑기)가 진짜 달콤하다. 사람이 많이 모이는 축제에서는 지금도 간혹 볼 수 있기도 하다. 6.25 전쟁 이후 우리나라 1955~1975년대의 경제가 어려웠던 시절을 보낸 사람이라면 남녀노소 가리지 않고 누구에게나 뇌리에 맴도는 먹거리이기도 하다. 그것은 바로 흰 설탕이나 정제하지 않은 노란 설탕을 국자에 넣고 녹인 후 나무젓가락을 이용해 소다(베이킹소다, $NaHCO_3$) 가루를 국자에 넣고 나무젓가락으로 몇 번 휘돌린 다음 부풀려 먹는 과자, 일명 뽑기인 똥 과자다. 우그러진 국자에 녹인 뜨거운 설탕 액체에 탄산수소나트륨($NaHCO_3$)을 넣으면 그때는 연탄불에, 요즘은 버너 열로 화학반응을 일으켜서 이산화탄소가 발생된다.

이것이 설탕 액체 속에 커다란 구멍을 뚫고 나가면서 노란 색깔의 고체화 현상을 통해 덩치가 몇 배로 부풀어 오른 맛있는 똥 과자가 된다. 그 부풀어 오른 덩어리를 달라붙지 말라고 콩기름을 발라둔 넓은 양철판 위에 국자를 홱 뒤집어 떨어뜨린다. 그 후에 각가지 형태의 그림을 만들기 위해 재빨리 별 모양이나 다양한 형태의 철로 만든 기구를 올려놓고 다시 납작한 도구를 누르면 환호할 만한 멋진 똥 과자(달고나)가 만들어진다. 그 당시 화학의 화자도 제대로 배우지 못한 아이들에게 베이킹소다를 찍은 나무젓가락이 열에 의해 녹아 설탕 액체가 든 국자에 닿으면 순식간에 부풀어 오르는 것이 동네 아이들 눈에는 마치 신기한 마술의 한 장면이었다. 무엇보다도 당시에는 요즘보다 훨씬 더 천연 감미료인 설탕이 귀했기에 달콤함과 함께 호기심 천국 같은 분위기로 동네 아이들의 형용할 수 없는 흥분을 자아낼 수 있었다.

요즘에는 그 아무것도 없던 시절 무척 사랑을 받았던 똥 과자(뽑기)는 거의 사라지고 비슷한 것으로 포도당과 설탕을 녹인 후에 베이킹소다를 넣어 만든 즉석 과자인 달고나라고 부르는 하얀 각설탕 같은 것이 있다. 그때의 동네 아이들은 이미 노인네가 되어 추억을 먹으며 생활하고 있는 동안 수많은 먹거리가 생겼다 사라졌다. 그런데 최근에 그 시절의 똥 과자(뽑기)가 50~60년의 세월을 건너 우리 곁으로 다시 돌아왔다. 다양한 먹을거리가 흔한 요즘 승학로나 하단 심지어 남포동과 명동 같은 번화가에도 똥 과자(뽑기) 좌판이 등장한 것이다. 달콤함에 대한 유혹과 흥미를 유발하는 화학적인 팽창 그리고 젊은 연인 사이의 풋풋한 사랑이 한데 어우러져 여전히 매혹적이며 잊을 수 없는 추억을 동반하기를 바란다.

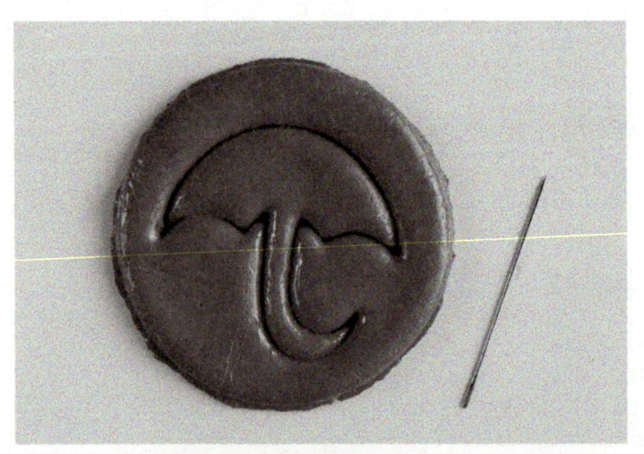

30.12 달달한 사랑과 달콤한 단맛

동서고금을 막론하고 달콤한 단맛과 달달한 사랑이 가장 밀접하게 연관되어 있고 인간의 기쁨과 노여움, 슬픔과 즐거움인 희로애락과도 그 뿌리가 깊다. 비너스의 아들로 사랑의 신인 큐피드처럼 인도 신화에도 신기하며 묘함을 가진 활을 가지고 다니는 까마데바(Kamadeva, 사랑의 신)라는 신이 있다. 그는 인도의 수많은 신 가운데서 가장 잘 생겼으며 열대의 대형 새인 앵무새를 타고 다니며 꽃이 달린 화살을 쏜다. 그가 생활하는 공간에는 언제나 그의 아내 라띠(Rati: 쾌락의 여신)와 친구 바샨따(Vasanta: 봄)가 주위 시선을 압도하는 휘황찬란한 옷으로 치장한 후 동행하며 화살을 골라 준다.

주로 활동하기 좋은 봄에 활동했는데 그는 무분별하게 자신의 쾌락 화살을 쏘아대기를 즐겼다. 쾌락의 화살 목표로는 주로 어린 소녀, 유부녀, 금욕주의자를 선호했으며, 아무런 규칙도 없이 무분별하게 마구 쾌락의 화살을 쏘아대다 결국 신들 중의 왕인 시바(Shiva)의 명상을 방해한 것에 대한 벌로 까마데바는 불에 타서 재가 되었다. 그러다 쾌락의 여신인 그의 아내 라띠의 간절한 요청으로 다시 살아난다. 우리가 보기에 이성적으로 절제력이 부족한 까마데바가 가지고 다니던 활은 다음과 같이 묘사한다. 달콤한 맛을 지닌 사탕수수 줄기로 만든 것이며 활대에 걸어서 켕기는 줄인 활시위는 달콤한 맛의 유혹이며 한 줄로 늘어선 윙윙거리는 꿀벌 떼가 그 역할을 했다고 전해진다. 사랑의 신인 까마데바가 애욕 · 연애를 주관한다는 점에서 그리스 신화의 에로스(사랑의 신, 아프로디테의 아들), 로마 신화의 큐피드(비너스의 아들)와 유사한 성격을 띤다.

Quiz

1. 우리 몸에 탄수화물을 섭취하면 인체에서 단당류인 이것으로 소화 분해하며 이것은 혈액을 타고 온몸의 에너지원으로 사용된다. 여기서 이것은 무엇인가?

2. 이것은 벌이 소화 분해한 달콤한 액체이며 40% 정도의 포도당과 40% 정도의 과당으로 이루어져 있으며 나머지는 거의 수분이고 미처 소화 분해되지 않은 자당도 2% 가량 포함되어 있다. 이것은 무엇인가?

견과 탐험

NUT EXPLORATION

제 31 장

시바의 여왕이 좋아했던 견과 피스타치오

31.1 역사가 깊은 피스타치오

쌍떡잎식물 무환자나무목 옻나무과의 낙엽교목에 속하는 피스타치오(pistachio, Pistachia vera)는 원산지가 터키, 아프가니스탄, 이탈리아, 시리아 등 지중해 연안과 이란 등에 분포하는 중앙아시아, 서아시아이다. 씨가 단단한 핵으로 싸여 있는 열매로 달걀 모양 비슷한 타원형이고 약간 짙은 갈색 빛이 나는 노란색을 띠고 길이 1.5 cm 정도이다.

씨를 싸고 있는 껍질이라고 불리는 내과피를 벗기면 그 안쪽에 녹색에서 노란색의 과육을 볼 수 있는데 우리는 이 부분을 식용한다. 중동지방에서 처음 재배되기 시작했으며 구약성서 창세기 편에도 등장할 만큼 오랜 역사를 가지고 있는 피스타치오는 독특한 맛 때문에 시바의 여왕이 좋아했던 견과로도 유명하다. 피스타치오 나무 밑은 오랫동안 연인들의 밀월 장소가 되어왔는데 피스타치오는 익을 때 껍질이 저절로 벌어지면서 쪼개지는 소리가 들리며 이 소리를 들으면 행운이 찾아온다는 전설이 있다.

피스타치오는 날것으로 먹거나 과자, 아이스크림의 재료로 주로 사용되며 담배에 들어 있는 독소로부터 몸을 보호하는 역할을 하기에 흡연자들에게는 널리 알려진 건강식품이며, 지방과 콜레스테롤이 낮아 금연 시 끼니 외에 먹는 군것질거리로도 좋다.

31.2 기원전 7000년에도 대중들의 일반적인 먹거리였던 피스타치오

기원전 7000년에도 대중들의 일반적인 먹거리였던 피스타치오 씨앗이 생산되는 피스타치오 나무는 아프가니스탄과 이란을 포함한 중앙아시아 지역이 원산지이며 로마에 의해 1세기 AD(Anno Domini, 라틴어로 '그리스도의 해', 그리스도 기원 후의 의미)에 아시아에서 유럽에 도입되었으며 수명은 300년 정도이며 과수원에 심어 많은 양의 피스타치오를 생산하는 데 꽤 긴 7~10년이 소요되며 현재 이란과 미국에서 온 세계의 피스타치오의 75%

를 생산한다.

피스타치오는 사막 식물이며 식염수 토양에 매우 잘 자라며 수용성 염 3,000~4,000 ppm (part per million)을 갖는 물로 관개할 때 잘 성장한다. 피스타치오 나무는 일반적으로 탁 트인 위치와 배수가 잘 되는 토양이 필요하며 겨울에는 −10°C (14°F)와 여름에 48°C (118°F) 사이의 온도에서 잘 자라며 적절한 조건을 만들어주면 상당히 잘 성장한다.

31.3 피스타치오의 질병과 감염 그리고 활용

피스타치오 나무는 곰팡이(Botryosphaeria, 보트리오스패리아, 불완전균류의 한 병원균으로 수목, 과수의 줄기에 마름병을 일으키거나 과실을 썩힘)에 의한 감염에 의해 비정상적인 증상인 패닉을 일으키며 특히 곤충에 의한 수많은 질병과 감염에 취약하다. 비정상적인 증상은 꽃과 젊은 싹의 말라 죽음과 소멸을 포함해서 전체 피스타치오 과수원을 손상시킬 수도 있다.

피스타치오 견과는 신선하게 구워서 먹거나 소금에 절여 먹으며 피스타치오 아이스크림, 피스타치오 버터, 피스타치오 페이스트, 피스타치오 초콜릿, 신선한 피스타치오 또는 피스타치오 푸딩, 휘핑 크림, 통조림 과일을 포함한 피스타치오 샐러드 등 다양하게 만들어 먹는다. 피스타치오의 껍질은 자연적으로 베이지 색이지만 상업용으로 피스타치오를 염료에 의해 빨간색 또는 녹색으로 염색해서 판매하는데 실제 견과를 손으로 수확할 때 발생하는 껍질에 얼룩을 숨기기 위해 적용된 것이다. 그러나 최근 대부분의 피스타치오 견과는 기계에 의해 수확되기에 껍질에는 얼룩이 전혀 남아 있지 않다.

31.4 피스타치오 너트의 성분 분석

피스타치오 너트의 생 견과 100 g당 영양성분을 분석하면 탄수화물 27.51, 설탕 7.66 g, 식이 섬유 10.30 g, 포화 지방산(palmitic acid과 stearic acid) 45.39 g, 단일 불포화 지방산(oleic acid) 23.82 g, 고도 불포화 지방산(linoleic acid) 13.74 g, 단백질 20.27 g이 함유되어 있다.

비타민 A[루테인(lutein)은 잔토필(xanthophylls 원래는 phylloxanthins)이며 카로티

노이드계열의 황색 안료의 하나로 현재까지 알려진 600개의 자연 발생 카로티노이드 가운데 하나, 제아잔틴(zeaxanthin, 지아잔틴 또는 제아크산틴)은 자연에서 볼 수 있는 가장 흔한 카로티노이드 알코올 가운데 하나], 티아민(B_1), 리보플라빈(B_2), 니아신(B_3), 판토테닉산(B_5), 비타민 B_6, 엽산(B_9), 비타민 C, 비타민 E, 비타민 K 등이 함유되어 있다. 미네랄은 칼슘, 철, 마그네슘, 망간, 인, 칼륨, 아연 등이 포함되어 있다.

31.5 피스타치오의 독성 및 안전 문제

다른 나무 씨앗과 마찬가지로, 아플라톡신(aflatoxin, 진균들에서 생산되는 독성 물질, 독성이 매우 강하고 발암성, 돌연변이성이 있으며, 사람이나 동물에게 급성 또는 만성 장애를 일으킴)은 제대로 수확되거나 가공된 피스타치오에서 발견된다. 아플라톡신은 아스페르길루스 플라부스(aspergillus flavus), 아스페르길루스 파라시티쿠스(aspergillus parasiticus), 아스페르길루스 노미우스(aspergillus nomius)와 같은 진균과 같은 곰팡이에 의해 생성된 강력한 발암성 화학물질이다. 아플라톡신은 오염된 토양과 비정성적인 저장 및 더러운 해충에 의해 확산되며 탄수화물이 풍부한 농산물이나 곡류 특히 한국의 메주에서 주로 확산되어 발생한다.

곰팡이에 감염되고 아플라톡신에 오염된 피스타치오를 먹는 것은 매우 위험하며 아플라톡신 오염은 특히 따뜻하고 습한 환경에서 매우 위험하다. 아플라톡신으로 오염된 식품은 세계의 일부에서 급성 질환의 빈번한 발병의 원인으로 발견되며 유럽과 미국, 케냐와 같은 경우에 몇몇 죽음까지 초래했다.

31.6 너무 맛있는 가지안텝의 바클라바

피스타치오는 서아시아 특히 터키 남동부가 원산지이며 고대 로마에서도 상당히 비싼 견과 취급을 받았으며 원산지와 로마의 영향으로 성경에 등장하는 몇 안 되는 견과류 중 하나이다. 주로 딱딱한 껍질을 까서 열매를 먹으며 아이스크림의 원료로 많이 쓰이며 과자의 토핑으로도 많이 쓴다. 피스타치오 아이스크림은 연녹색에 향긋한 향으로 유명하며 압착하여 피스타치오 오일을 얻기도 한다.

또한 터키 가지안텝(Gaziantep, 터키에서 6번째 도시이며 남동 아나톨리아 지역에서 가장 큰 도시)의 바클라바(종잇장처럼 얇게 민 밀가루 반죽에 버터를 발라 겹겹이 쌓은 뒤, 반죽 사이에 피스타치오 따위의 견과류 가루를 채워 오븐에 구워 낸 다음 시럽을 뿌려 먹는 터키식 디저트)의 주재료이었으며, 현대의 바클라바라 하면 피스타치오

가 들어간 것이 보편적이며 맛을 빼면 이 곳을 표현하기에 부족할 정도로 터키 가지안텝은 피스타치오로 매우 유명한 도시다.

31.7 껍데기가 딱딱해 다소 다루기 힘든 피스타치오

피스타치오는 그냥 까먹을 때 익숙해지지 않으면 껍데기가 딱딱하고 깐 면이 날카로워서 조심하지 않으면 다치기 십상이다. 우리나라에 들어오는 피스타치오는 거의 미국산이지만, 미국산 피스타치오는 다른 지역에서 생산되는 피스타치오 견과에 비해 맛이 매우 싱거워 피스타치오 아이스크림 같은 상큼한 향을 기대한다면 약간 실망하게 될 것이다.

피스타치오 산지에서는 생 피스타치오도 볼 수 있는데 터키의 경우 8월이 수확철이라 이 한 달 동안은 생 피스타치오를 판매한다. 겉은 불그스름한 껍질로 덮여 있고, 이 껍질을 까면 딱딱한 속껍질이 나오는데, 그것이 우리가 흔히 아는 피스타치오의 모습이다. 피스타치오의 향은 너무 익어버리면 사라져버린다. 피스타치오의 껍질을 깠을 때 나오는 알이 완전히 노랗게 변해 있다면 이건 너무 익어버린 것이며 그만큼 향도 잘 나지 않는다.

피스타치오의 생화학적인 효능은 매우 다양한데, 항산화 성분과 미네랄이 풍부하며 인지력 장애의 예방, 심혈관 질환과 몇몇 암에 도움이 되는 비타민 B6, 그리고 단백질과 건강에 좋은 지방산도 풍부하기에 적은 양으로도 포만감을 느낄 수 있고 적당량을 섭취하면 다이어트에 아주 도움이 된다. 혹시 구입할 수 있다면 미국산, 스페인산과 터키산 피스타치오를 놓고 한 번 비교해 보자. 스페인산과 터키산 피스타치오는 열매 색깔도 약간 누르스름한 초록색이고 크기는 작지만 맛은 미국산 피스타치오 몇 알이 스페인산과 터키산 한 알에 응축된 듯한 맛을 뽐낸다. 일반적으로 이란산과 터키산 피스타치오를 최고로 친다.

31.8 군말이 재미있는 생 피스타치오

앞서 언급했듯이 오늘날에도 원산지인 터키 동남부 지방, 특히 가지안텝(Gaziantep)은 피스타치오 생산지로 이름이 높은데, 전세계 생산량의 40%가 이 지역에서 생산된다. 우리나라의 피스타치오 터키산의 공급이 적은 건 운송비용과 관세도 문제지만, 가장 큰 이유는 생산되는 피스타치오가 거의 다 자국 내에서 소비되거나 유럽으로 수출되기에 터키산 피스타치오는 수입하고 싶어도 할 수 없는 셈이다.

군말을 달자면 생 피스타치오를 배에 대량으로 실어 운송하면 생 피스타치오 자체가 왕성하게 숨을 쉬는 탓에 생 피스타치오를 실은 칸은 이산

화탄소 때문에 독가스실이 되어버린다던가, 쌓아놓으면 워낙에 타기 쉬운지라 자연 발화하는 경우도 있는 괴이한 면도 있다고 한다. 시중에서 유통되는 피스타치오는 재미있게도 겉보기로는 은행과 비슷한 면이 많은데 껍데기의 단단함이나 외형이 상당히 닮았으며 색상도 껍데기와 속껍질, 알맹이 전부 비슷한 색깔을 나타낸다. 씨앗으로부터 자란 생 피스타치오 나무는 국내에서도 판매를 하고 있지만 유명하다 싶은 품종들은 모두 해외에서 판매되고 있다.

피스타치오를 생산하는 지역을 자세하게 언급하면 이탈리아, 터키, 미국, 이란, 스페인, 그리스 등지에서 기르며 온난한 기후에서 사는 식물이다. 건조한 기후에서 살던 식물이라 여름이 매우 길고 더워야만 열매를 얻을 수 있으며 특히 3,000~4,000 ppm의 염분을 가진 물을 줄 때 매우 잘 자란다. 영하 10도의 겨울에서 48도의 여름까지 버틸 수는 있지만 습도가 너무 높으면 잘 자라지 못하며, 배수가 좋은 흙에 심어야 하며 그렇지 못하면 겨울에 뿌리부패병에 걸려 죽을 수도 있다.

31.9 피스타치오의 생화학적 효능

일반적으로 니코틴 성분으로 인해 담배 금단현상이 일어나게 되며 심리적으로 작용하는 현상인 만큼 금연 방법에 성공하려면 굳은 의지와 함께 금연치료제 등의 도움을 받는 게 좋다. 이와 함께 담배의 중독성을 유발하는 니코틴을 몸 밖으로 배출하는 것이 매우 중요하며 니코틴이 몸 안에 계속 쌓이면 중독성 때문에 금연하는 데 가장 큰 걸림돌이 된다. 또한 담배로 인해 일산화탄소가 혈관을 수축을 시켜 손상되는데 피스타치오와 같은 견과류를 통해 오메가-3(대사작용에 필수적인 영양소이지만, 체내에서 생성되지 않아 반드시 음식으로 섭취해야 하며 청어 · 고등어 · 꽁치 등과 같은 등푸른 생선에 많이 함유되어 있음)를 섭취하면 동맥경화 개선에 도움이 많이 된다.

앞서 언급한 것처럼 피스타치오는 담배에 들어 있는 독소로부터 몸을 보호하는 역할을 하기에 흡연자들에게는 널리 알려진 건강식품이며, 지방과 콜레스테롤이 낮아 금연 시 군것질거리로도 아주 좋은 견과다. 피스타치오에는 칼륨, 철분, 불포화지방산이 들어 있어 혈중 콜레스테롤 수치를 낮춰 심혈관 기능을 건강하게 유지해주며 피스타치오에 함유된 불포화지방산은 암을 예방하는 효능이 있다. 피스타치오의 씨를 짜서 만든 기름은 식용 또는 화장품 제조에도 사용된다.

앞서 언급했던 피스타치오의 생화학적 효능 9가지를 좀 더 정확하게 표현하면, 피스타치오의 첫 번째 효능으로 성인병 예방을 살펴보면, 피스타치오에 풍부한 불포화지방산과 아미노산 성분이 질소산화물로 변할 때 혈관의 확장을 활성화하여 혈관 내 콜레스테롤 수치를 낮추고 혈액 순환을 원활하게 하는 혈류의 개선에 도움을 주어 동맥경화, 고혈압 예방 등 성인병 예방에 도움을 준다. 두 번째 효능으로 당뇨 예방을 언급할 수 있는데 피스타치오에 함유된 항산화제, 카로티노이드, 페놀화합물이 체내에 흡수되는 당 성분을 혈당으로 전환되는 수치를 낮추고 단백질이 당으로 흡수되는 것을 감소시켜주어 혈당의 급격한 상승을 억제하여 당뇨를 예방하고 개선하는 데 도움을 준다. 세 번째 효능으로 면역력 강화를 살펴보면 피스타치오의 필수 아미노산은 퀴노아와 병아리콩과 더불어 풍부하여 근육의 생성을 돕고 근육에 쌓인 피로를 풀어주며 비타민 E, 아연, 셀레늄 등 미네랄 성분들도 풍부하게 함유되어 있어 신진대사와 에너지생성을 향상시켜 면역력 강화에 도움을 준다.

네 번째 효능은 두뇌 건강을 언급할 수 있는데 피스타치오에 함유되어 있는 불포화지방산인 오메가-3 지방산이 뇌세포의 손상을 방지하고 뇌기능의 발달에 도움을 주어 성장기 아이들의 인지력, 학습능력 등 두뇌발달을 향상시키고 성인들의 치매 예방에 도움을 준다. 다섯 번째 효능은 피부 건강으로 피스타치오에 함유된 각종 비타민과 폴리페놀, 미네랄 성분들이 피부 세포의 손상을 막아주어 세포의 노화를 방지하고 피부에 영양분의 공급을 활성화하여 피부의 노화예방과 개선에 도움을 준다. 여섯 번째 효능은 뼈 건강인데 피스타치오는 멸치나 우유보다 더 풍부한 칼슘을 함유하고 있어 이 성분이 골밀도를 강화시켜 뼈를 튼튼하게 만들어 골다공증, 관절염 등 뼈 건강에 도움을 준다. 일곱 번째 효능은 다이어트인데 피스타치오는 100 g당 30 kcal로 다른 견과류에 비해 낮은 열량을 가지고 있으며 단백질과 섬유질이 풍부해 적은 양으로도 포만감을 높여주고 운동 후 근육의 회복을 돕고 신체에 필요한 호르몬의 생성을 도와 건강한 다이어트(하루 권장량 35~40개의 견과)에 도움을 준다.

여덟 번째 효능은 장 건강인데 피스타치오에 풍부한 식이섬유(dietary fiber)인 섬유질은 장의 유익균에 의해 분해되어 프리바이오틱스(prebiotics, 장내 유익한 미생물의 생장을 촉진하거나 활성화시키는 식품 속의 성분) 역할을 하여 장의 운동을 촉진시켜 유익균의 증가를 도와 소화장애, 암 등의 발병률을 낮추는 데 도움을 준다. 끝으로 아홉 번째 효능은 눈 건강인데 피스타치오에 함유된 제아잔틴[zeaxanthin, 자연에서 가장 흔한 카로티노이드 알코올 중의 하나로 망막 안에 포함된 두 개의 카로티노이드(carotenoids) 중 하나]과 루테인(lutein, 난소의 황체 세포 안에 있는 황색 색소의 호르몬으로 노화로 인해 감소될 수 있는 황반색소 밀도를 유지하여 눈 건강에 도움을 주며, 과다 섭취 시 일시적으로 피부가 황색으로 변할 수 있음) 성분은 견과류 중 가장 많이 함유되어 있어 이 성분이 청색광(눈부심을 유발하여 눈에 피로감을 줌)에 의한 손상을 방지하고 노화로 인한 백내장, 황반변성 예방 등 각종 안구질환 예방에 효과적이다.

피스타치오는 이와 같이 다양한 생화학적 효능을 지니고 있지만 단점도 있다. 피스타치오의 부작용 및 주의사항을 살펴보면 영양소가 풍부한 피스타치오이지만 구운 소금과 같이 과잉 섭취하게 되면 심장병, 고혈압 등의 질병 발병률을 높일 수 있으며 과당과민증(소화되지 않은 과당은 체내에 축적되어 간과 신장을 손상시킬 수 있으며 유전성 과민증이 있는 사람들이 과당 식품을 계속 섭취하면 이 습관이 혼수상태, 발작, 심지어 장기 손상으로 이어질 수 있음)이 있는 분들에게는 복통, 메스꺼움 등을 유발할 수 있으니 섭취에 주의해야 하며, 특히 견과류 알레르기(allergy, 어떤 외래성 물질과 접한 생체가 그 물질에 대하여 정상과는 다른 반응을 나타내는 현상)가 있다면 섭취를 피하는 것이 좋다.

31.10 피스타치오에 관한 재미있는 이바구

인간은 가장 오래된 선사시대 간식으로 최소한 9,000년에 걸쳐 피스타치오 열매를 먹어 왔다. 높은 영양학적 가치와 긴 보존 기간 덕분에 피스타치오는 중국과 서역을 잇는 실크로드의 초기 개척자와 무역상들, 여행자들에게 없어서는 안 될 중요한 여행 필수 품목이었다.

예부터 민간에 전하여 내려오는 피스타치오 이야기로 약 기원전 700년에 바빌론 왕국의 네부가드네사르 2세 왕(칼데아 왕조의 2대 왕으로 시리아와 이스라엘 지역을 함락시켜 유다 왕국을 정복함)이 왕비인 그의 아내 아미티스(동맹국인 메디아 왕국에서 시집왔으며 고향을 무척 그리워 함)의 마음을 달래주기 위해 공중정원['바빌론의 공중정원(空中庭園)'으로 높이 25 m에 5단으로 이어진 계단식 테라스에 수목을 심어 조성한 정원의 모습이 마치 공중에 매달려 있는 것처럼 보였기 때문에 붙여진 이름으로 세계 7대 불가사의의 하나]을 건설했으며, 그 공중정원에 피스타치오를 심었다.

메디아 왕국은 산림지역으로 산과 나무가 많아 자연환경이 좋았지만, 바빌론은 평탄한 데다 비도 잘 오지 않아 자연의 혜택과는 거리가 멀었기 때문이다. 실제로 시바 여왕은 나라 전체에서 수확되는 피스타치오를 그녀 옆에 두도록 했을 정도로 미식가의 선택인지 알 수는 없으나 진정한 왕실의 열매로, 시바 여왕은 피스타치오를 무척 좋아했다.

31.11 피스타치오의 재미있는 한의학 이야기

폐암을 예방하기 위해 매일 피스타치오 견과 10개를 먹어볼까? 여러분들도 잘 알다시피 비타민 E(vitamin E, 근기능 유지와 항산화 기능에 관여하는 비타민)는 항산화제(antioxidant)이며 폐암 예방에 도움을 준다. 주로 견과와 잡곡 속에 비타민 E가 풍부하게 함유

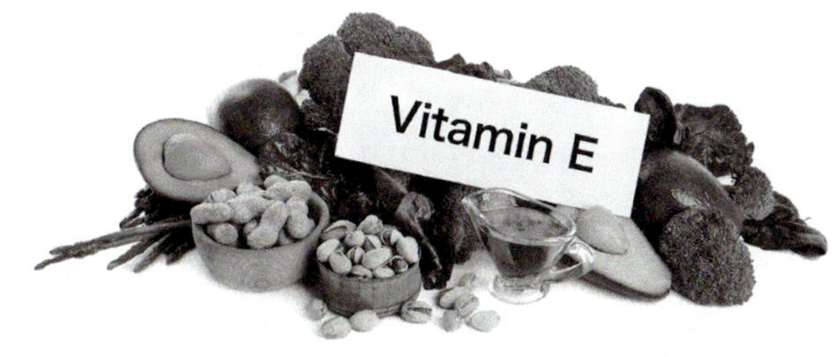

되어 있으며 비타민 E는 흡연자들의 폐암 발병률을 약 20% 하강시켜 준다고 연구 분석되었다.

지용성 항산화제인 비타민 E는 세포막을 인체 내의 해로운 활성을 가진 자유기(free radical)의 공격으로부터 방어해 준다. 흡연자들은 특별히 비타민 E가 결핍되는데 비타민 E 가 풍부하게 함유되어 있는 음식물은 암에 걸릴 확률을 현저히 낮춰준다.

토코페롤(tocopherol, 생물학적 항산화제로 지용성 비타민인 비타민 E 활성을 가지는 유기화합물)은 종류(조직 또는 장기의 일부에 생긴, 경계가 분명한 종기, 외상, 염증 따위를 이르는 말)의 생장을 억제시켜 줌과 동시에 암세포의 증생(생체 조직 내의 구성 세포가 세포 분열을 하여 그 수가 증가되는 현상)을 억제시켜주고 피스타치오 속에 함유되어 있는 유효활성 성분은 폐암을 치료해 준다고 과학자들에 의하여 연구 증명되었다. 매일 적당량의 피스타치오를 복용할 경우 인체 내의 비타민 E의 농도가 상승되고 항산화력이 증강되므로 암을 예방해 준다. 피스타치오 속의 지방의 함량은 52~55%에 달하며, 비타민 A와 식이섬유, 비타민 E와 칼륨 등이 풍부하게 함유되어 있다.

피스타치오의 자줏빛을 띤 붉은색을 띤 과피(열매의 씨를 둘러싸고 있는 부분) 속에는 안토시아니딘(anthocyanidin, 색소 배당체인 안토시아닌을 가수분해하여 얻을 수 있는 당이 제거된 색소의 본체)이 함유되어 있고 취록색(비취색으로 고급 녹차의 색깔) 견과 속에는 엽황소(lutein, 엽록체 안에 있는 누런색의 색소)가 함유되어 있고 모두 항산화력이 매우 강한 식물성 화학물질들인데 눈의 시망막을 보호해 준다. 피스타치오 견과 10알을 섭취할 경우 5 g의 지방을 섭취하는 셈이며 45 cal의 열량을 낸다.

신선한 피스타치오 견과를 고를 때 다음과 같은 3가지 원칙이 있다. (1) 견과의 딱딱한 껍질의 색깔은 노르스름해야 한다. (2) 피스타치오 견과의 껍질은 자줏빛이어야 한다. (3) 피스타치오 속 견과(알)의 색깔은 녹색이어야 한다. 피스타치오 견과 속에는 대량의 불포화지방산이 함유되어 있으므로 공기와 접촉할 경우 쉽게 산화되므로 변질되기 쉽다. 피스타치오 견과는 알칼리성이나 열을 가하여 볶거나 불에 구울 때 산성으로 변한다.

Quiz

1. 중동지방에서 처음 재배되었으며 구약성서 창세기 편에 등장할 만큼 오랜 역사를 가진 이것은 독특한 맛 때문에 시바의 여왕이 매우 좋아했던 견과로도 유명하다. 이 견과는 무엇인가?

2. 진균과 같은 곰팡이에 의해 생성된 강력한 발암성 화학 물질이며 오염된 토양과 비정상적인 저장 및 더러운 해충에 의해 확산되며 탄수화물이 풍부한 농산물이나 곡류 특히 한국의 메주에서 주로 확산되어 발생한다. 이 화학물질은 무엇인가?

NUT EXPLORATION 제 32 장

세계 3대 견과류 중 하나인 헤이즐넛

32.1 서양개암은 헤이즐넛

개암(hazelnut)은 개암나무속 나무의 견과로 헤이즐넛이라 부르며, 종에 따라 콥넛(cob-nut), 필버트 넛(filbert nut) 등으로 불린다. 전체적인 외관은 타원형의 둥근 모양으로 길이는 15~25 mm, 직경은 10~15 mm 정도다. 열매(도토리 비슷하며 맛은 밤과 비슷함)는 짙은 갈색을 띠는 단단한 씨방 벽에 둘러싸여 있으며 수분(가루받이) 작용이 일어난 이후 7~8개월 뒤에 나무로부터 떨어져 나온다.

익은 열매는 날로 먹거나 익혀 먹거나 갈아서 섭취하는 등 식용되며, 때론 밤과 도토리 등과 함께 가축의 먹이로 제공된다. 터키, 영국의 켄트 주, 미국의 오리건 주와 워싱턴 주, 아제르바이잔, 그리스, 키프로스, 이탈리아, 조지아 및 스페인의 카탈루냐 등지에서 개암을 생산하고 있으며, 특히 터키에서는 연간 세계 개암 생산량의 75%를 담당해 세계 최대의 개암 생산지로 자리잡았다. 개암나무의 열매인 개암에는 불포화 지방과 단백질, 비타민 E, 철분 및 필수 영양소 등이 들어 있으며 한방에서는 개암 열매를 가을에 따서 햇볕에 말린 것을 진자(榛子)라고 하며 기력을 돕거나 위장을 튼튼하게 하는 데 쓰인다. 서양개암은 헤이즐넛이라고 한다.

32.2 개암 열매로부터 활성화된 다양한 용도

견과로 개암나무속 나무의 열매는 세계에서 널리 식용되며 생긴 모양은 밤과 도토리를 닮았으며 갈색을 띤다. 껍질을 까면 크림색 혹은 상아색의 견과가 나오며 우리가 먹는 것은 바로 이 부분이며 맛은 밤과 비슷하나 조금 더 고소한 느낌이 강하다. 개암 열매는 주로 프랄린(praline, 설탕에 견과류를 넣고 졸여 만든 것), 파베 초콜릿(pavé chocolate, 생크림과 섞은 초콜릿을 사각 틀에 부어 굳힌 후 코코아가루를 입힌 것) 등의 과자류 또는 누텔라(nutella, 진한 초콜릿의 단맛과 헤이즐넛의 고소한 맛이 주를 이루며 단맛의 주요 성분은 설탕), 프란젤리코(frangelico, 20도의 도수에 맑은 갈색을 띄고 있는 헤이즐넛 리큐르) 리큐어(liqueur, 발효나 증류시킨 주정에 초근목피의 향료성분을 배합한 혼성주) 등을 제조하는 데 이용되며, 개암 열매로부터 짜낸 기름은 음식의 풍미를 더하는 역할을 해 조리용 기름으로 사용된다. 또한 개암 열매로부터 나오는 향의 주성분은 필버톤(filbertone, 헤이즐넛에서 나는 향을 구성하는 천연 화합물 중 하나) 등으로 구성된다. 헤이즐넛은 향을 지닌 견과로 잘 알려져 있으며 부드럽고 고소한 특유의 향기 때문에 아이스크림, 초콜릿, 쿠키, 커피 등 서양식 음료수나 과자를 만들 때 많이 사용된다.

다량의 열량을 가져 다이어트 하는 사람들이 반드시 피해야 할 칼로리 폭탄으로 꼽히는 악마의 잼으로 불리우는 누텔라(팜 오일, 탈지분유, 저지방 코코아, 헤어즐넛, 설탕으로 구성)에도 헤이즐넛이 들어간다. 또한 이탈리아의 리큐르(liqueur)의 일종인 프란젤리코(Frangelico)는 주정에 헤이즐넛을 넣고 숙성시킨 것이다.

32.3 헤이즐넛 열매가 없는 헤이즐넛 커피의 불편한 진실

일반적으로 편의점이나 대형마트에서 많이 파는 헤이즐넛 커피에는 헤이즐넛이 안 들어가는데 그 이유는 헤이즐넛이 커피보다 단가가 높은 탓에 이윤이 나지 않아 사용할 수 없기 때문이다. 헤이즐넛 커피는 커피 원두에 헤이즐넛 인공 향만을 입혀 파는 것이라 헤이즐넛이랑은 전혀 상관없다.

실제 규정을 철저히 지키는 곳은 헤이즐넛 향이라고 하며 파는데 헤이즐넛 커피가 하도 많이 유통되다 보니 헤이즐넛을 커피 품종으로 아는 사람도 간혹 있다. 헤이즐넛 향의 선호도가 워낙 좋기 때문인지 헤이즐넛 향은 갈색 혹은 커피색의 방향제에도 많이 사용되는 편이다.

32.4 헤이즐넛의 영양, 생산과 소비

헤이즐넛은 몸에 좋은 다양한 영양분을 머금고 있는데 식품의약품안전처 식품영양성분 데이터베이스를 보면 헤이즐넛(15 g)의 열량은 91 kcal, 지방 9 g, 단백질 3 g, 탄수화물 2 g 등이 들어 있다. 헤이즐넛은 다른 견과들처럼 기름기가 많아 칼로리도 높지만 헤이즐넛의 지방은 불포화지방산이다. 더하여 비타민, 마그네슘, 구리, 망간 같은 미네랄도 두루 들어 있으며, 헤이즐넛에 든 불포화지방산과 식이섬유질, 칼륨, 마그네슘은 혈압을 정상 수

준으로 유지하는 데도 도움을 준다. 대부분의 전문가들은 하루에 헤이즐넛 29~69 g을 섭취하길 권한다.

헤이즐넛을 가장 많이 생산하는 국가는 터키며 터키산 헤이즐넛은 세계 생산량의 약 75%를 차지한다. 터키 한 나라에서 2004년에 거둔 헤이즐넛의 양이 약 62만 5천 톤으로 거의 다 여름철에도 온난 습윤한 흑해지방에서 생산된다. 그래서 터키의 작황에 따라 국제 헤이즐넛 값도 널뛰기를 한다. 전세계 수확량의 25%를 페레로 로쉐(ferrero rocher, 견과류 등을 넣어 바위처럼 울퉁불퉁한 모양이 되게 만든 초콜릿)가 소비한다. 누텔라(nutella)의 주성분 중 하나가 헤이즐넛이며 초콜릿 안에 헤이즐넛 한 개가 통으로 들어간다.

실제 서양 요리에 사용되는 헤이즐넛은 정확히는 서양 개암나무(corylus avellana, 헤이즐넛이라는 이름은 코릴루스 속의 모든 종의 견과류에 적용되지만, 상업적 환경에서 헤이즐넛은 일반적으로 C. 아벨라나의 헤이즐넛임)의 열매이며 우리나라에 자생하는 개암나무(corylus heterophylla, 중국 북부와 중부, 한국, 일본, 시베리아 남동부의 동아시아에서 자생하는 개암나무 종)와는 같은 개암나무속이긴 해도 품종이 다르다.

32.5 헤이즐넛 식생활

헤이즐넛은 아몬드, 캐슈너트와 함께 세계 3대 견과중 하나로 꼽히며 견과 중에서도 영양가가 높아 생활습관병 예방, 노화방지 등 건강을 위해 먹고 있는 사람들이 많다. 맛과 향이 달콤하며 고소한 헤이즐넛은 고대 로마, 서양에서는 다산과 번영의 상징이었으며, 결혼식을 할때 신부에게 헤이즐넛이 담긴 바구니를 건네거나, 신혼부부에게 헤이즐넛을 던지는 풍습이 있었다고 한다.

헤이즐넛의 원산지는 터키이며, 2300여 년 전부터 먹어왔을 정도로 역사가 깊다. 터키의 흑해 연안은 헤이즐넛을 재배하기에 최적의 장소이며, 오늘날 헤이즐넛 세계 생산량의 75% 이상이 터키에서 생산되고 있다.

32.6 헤이즐넛 일곱 가지 효능

▸ 32.6.1 심혈관질환 예방

헤이즐넛(개암)에는 불포화지방산인 올레산(oleic acid) 성분이 굉장히 풍부하여 인체에 나쁜 콜레스테롤 수치를 낮추며 혈액순환을 증진시켜 준다. 뇌졸중과 심근경색 등 심혈관질환 및 생활습관병을 예방하는 데 도움을 준다.

올레산(oleic acid)

▶ 32.6.2 변비 완화

헤이즐넛에는 식이섬유가 풍부하게 함유되어 있다. 식이섬유는 불용성과 수용성 2가지 종류로 나뉘는데, 헤이즐넛은 불용성 식이섬유가 특히 많아 대장에서 수분을 흡수한 후 부풀어 오르며 장을 자극해 장운동을 촉진하여 변비완화에 도움을 준다. 또한 헤이즐넛은 인체에 해로운 유해물질을 흡착하며, 장내 환경을 건강하게 만들어 준다.

식이섬유, 수용성 vs 불용성…뭐가 다른데?

수용성 식이섬유소, 불용성 식이섬유소 두 종류가 있다. 식이섬유, 수용성 vs 불용성…뭐가 다를까?

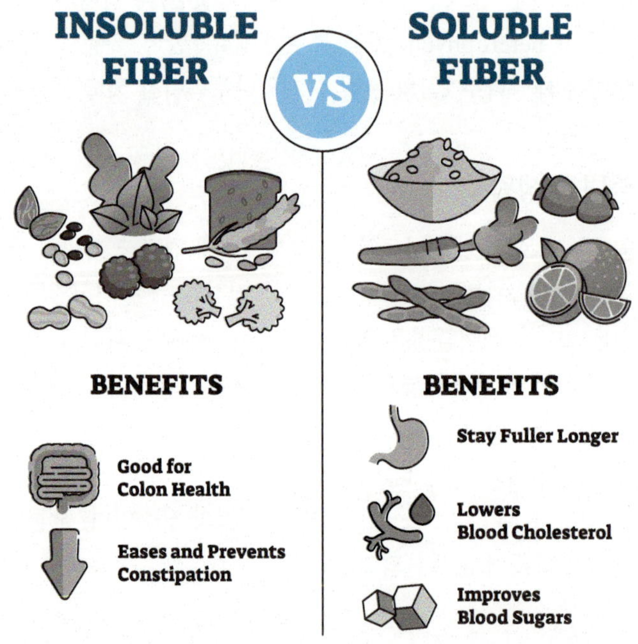

물에 녹지 않는 식이섬유인 불용성 식이섬유소는 통곡물이나 채소류의 거친 부분을 생각하면 되는데 리그닌, 셀룰로스, 헤미 셀룰로스, 키틴 등이 있다. 식품으로는 곡류에는 현미, 보리, 팥, 밀기울 빵, 전밀 빵, 옥수수, 토란처럼 거친 것들, 채소류에 질경이, 양파, 치커리, 우엉, 브로콜리, 상추, 양배추, 나물, 청, 고사리, 표고버섯 등에 많이 있다. 또한 우리가 먹지 않고 버리는 과일 껍질에도 불용성 식이섬유가 많은 편이다.

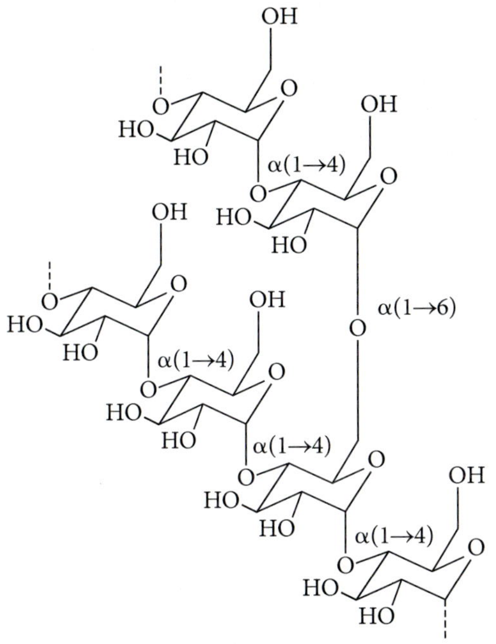

난소화성말토덱스트린(fibersol-2)

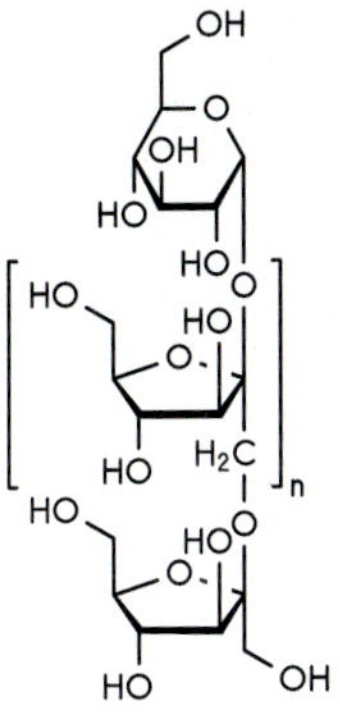

이눌린(inulin)

물에 녹는 식이섬유인 수용성 식이섬유소는 난소화성말토덱스트린(fibersol-2, 우리나라에서 혈당 상승 억제의 기능성을 최초로 식약처로부터 인정받았고, 세계 최초로 대량생산에 성공한 물에 녹는 식이섬유의 한 종류이며, 프리바이오틱스의 일종), 폴리덱스트로스(1,6-글루코시드 결합의 중합체로 배변활동 원활의 기능성이 인정되었다. 구연산 등의 유기산을 사용하여 포도당과 솔비톨로부터 합성됨), 이눌린[inulin, 많은 식물에서 생산되는 과당중합체(fructan) 계통의 천연 다당류] 등이 있다. 수용성 식이섬유는 불용성 식이섬유가 있는 채소나 과일 등에 함께 존재한다.

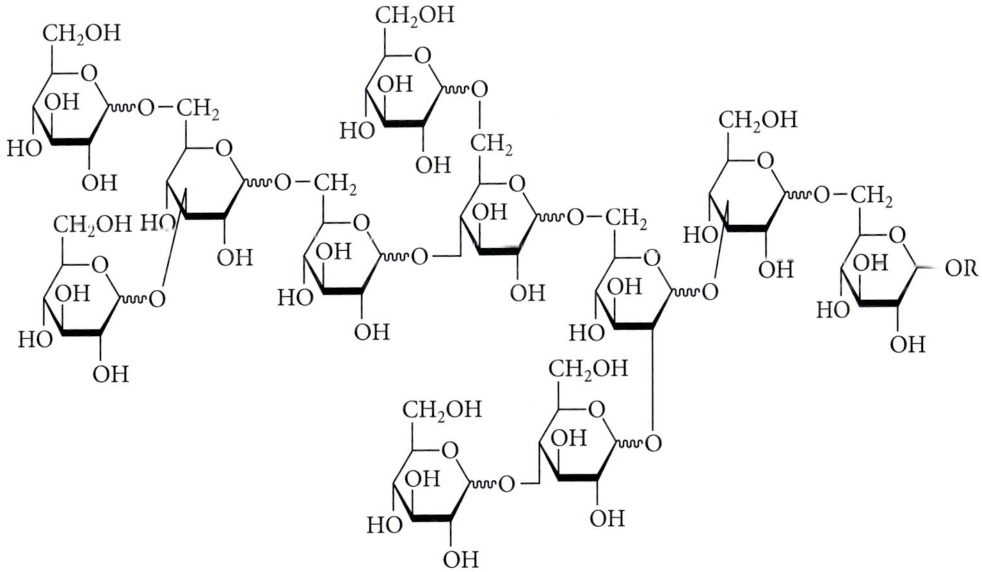

폴리덱스트로스(polydextrose)

불용성 식이섬유는 침에 의해 녹지 않으므로(소화효소가 분해하지 못함) 먹을 때 입안에서 꺼칠꺼칠한 느낌을 주지만 수용성 식이섬유는 음료에 많이 사용되는 관계로 식품산업에서 가장 많이 사용된다. 우리나라에서는 fibersol-2(소화내성 말토덱스트린은 식이섬유를 90% 함유한 저열량 벌킹제[고체 성분을 희석(예, 색소의 희석)하기 위하여 사용되는 비활성 고형물질로서 화장품 자체의 양을 늘리는 데에도 사용됨] 역할을 하는 수용성 옥수수 섬유), polydextrose(포도당이 10% 소비톨과 1% 시트르산 또는 인산의 잔기가 모노 또는 이중 에스터 결합에 의해 무작위로 축합된 1,6-글루코시드 결합의 중합체) 등이 유명하다.

▶ 32.6.3 노화방지

활성 산소(화학적으로 반응성이 뛰어난 산소 원자를 포함하는 분자)는 지나치게 많으면 세포를 산화시켜 노화와 질병을 일으키게 된다. 세포 내 활성 산소 물질이 생성과 분해 과정의 불균형으로 인해 일시적으로 또는 지속적으로 과다하게 많아지는 상태를 산화적 스트레스(oxidative stress)라고 부르며 세포 내 활성 산소가 증가하면 DNA나 지질과 반응하여 손상을 입힌다.

그런데 근기능 유지 및 항산화 기능에 관여하는 비타민 E[지용성 비타민의 일종이며 토코페롤과 토코트라이에놀(tocotrienol) 계열 화합물]는 활성 산소의 산화작용을 강력하게 억제하여 노화를 방지하고 면역력을 높이는 역할을 한다. 헤이즐넛에는 항산화 물질인 비타민 E가 다량 함유되어 있어 아주 적은 양의 헤이즐넛만 먹어도 일일 비타민 E 필요량의 100%를 채울 수 있다.

▶ 32.6.4 빈혈 예방

체내에 철분이 부족하면 철 결핍성 빈혈(혈액이 인체 조직의 대사에 필요한 산소를 충분히 공급하지 못해 조직의 저산소증을 초래하는 경우)이 나타나기 쉽다. 특히 여성들은 매달 월경(성숙한 여성의 자궁에서 주기적으로 출혈하는 생리 현상)을 하기 때문에 철분이 몸 밖으로 배출되어 철분이 부족해지기 쉽다.

또한 철분은 뼈, 근육, 콜라겐 생성에도 관여하기에 성장기인 10대 때도 아주 중요한 영양소이지만 철분은 흡수율이 최대 20% 가량으로 낮기 때문에 더욱 잘 공급해줘야 한다. 헤이즐넛에는 철분 성분이 풍부하게 함유되어 있기에 앞서 언급한 철 결핍성 빈혈을 예방하는데 많은 도움을 준다. 만약 어지럼증, 피로감, 쇠약감, 몸에 멍이 잘 들며 충분히 자도 피곤하여 두통, 신경과민, 기미, 짜증이 잘나는 등 빈혈 증상이 있다면 헤이즐넛을 즐겨 먹어보는 것이 어떨까?

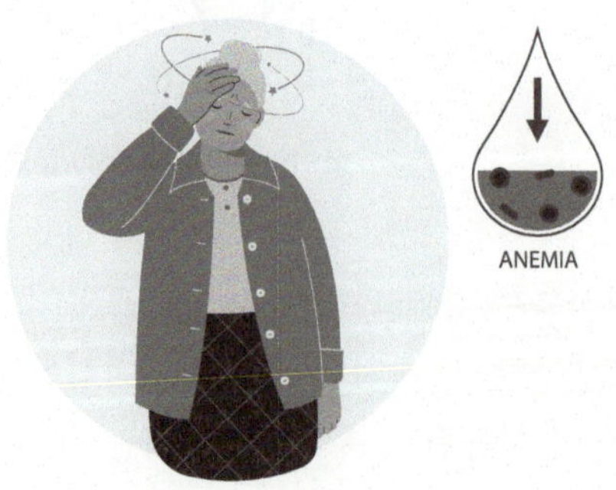

▸ 32.6.5 피부미용

헤이즐넛에 풍부한 망간, 철, 마그네슘, 칼슘, 아연, 인 구리 등의 미네랄 성분들은 콜라겐 생성에 도움을 준다. 불포화지방산인 올레산 성분은 노화 방지와 장수에 중요한 역할을 하며 피부 보습, 피부 보호에 효과가 있어 피부 미용에 도움을 준다.

또한 헤이즐넛에 풍부한 비타민 E는 강력한 항산화 능력으로 피부의 산화를 방지하며 자외선으로부터 피부 손상을 줄이는 데 도움을 준다.

▸ 32.6.6 골다공증 예방

골다공증은 뼈의 양이 줄어들어 뼈가 얇아지고 약해져 잘 부러지는 질환, 즉 그 뼈에 구멍이 많이 있다는 의미이며 골밀도가 감소하여 뼈의 강도가 약해지고 골절에 취약해지는 상태를 말한다. 보통 20~30대까지는 골밀도가 높으나 그후 점점 감소하기 시작하며 골다공증은 증상이 거의 없고 골절이 된 후에야 알게 되는 경우가 많다.

특히 여성들은 폐경기 이후 빠른 속도로 골밀도가 감소하게 된다. 일반적으로 남성보다 여성들이 16배나 더 발병률이 높다. 보통 골다공증을 예방하려면 마그네슘, 철분, 아연 등도 중요하지만, 칼슘이 가장 중요하다. 헤이즐넛에는 앞서 언급했듯이 철분, 칼슘이 풍부하게 함유되어 있기 때문에 뼈의 형성과 골다공증을 예방하는데 많은 도움을 준다. 더불어 헤이즐넛을 칼슘이 풍부한 우유와 함께 먹는다면 더더욱 좋을 것이다.

32.7 헤이즐넛 부작용

헤이즐넛은 칼로리가 높아서 과다 섭취할 경우 비만이 될 가능성이 높아지므로 적당량 먹는 것이 좋다. 또한 극소수이기는 하지만, 일부 사람의 경우 헤이즐넛 알레르기가 나타날 수도 있으며 헤이즐럿을 먹고 피부 발진 및 가려움증 등의 증상이 나타날 경우 섭취를 중단하는 것이 좋다.

또한 대부분 지방으로 구성된 견과이기에 다른 견과류와 마찬가지로 너무 과량을 섭취할 경우 설사, 복통 등의 증상이 있을 수 있어 하루 권장량인 10알 내외로 섭취하는 것이 좋다. 아무리 몸에 좋은 음식이라도 적당량을 섭취하는 것이 무엇보다 중요하다.

32.8 헤이즐넛 먹는 법

헤이즐넛은 껍질을 벗겨 볶아 먹거나, 술안주, 과자, 초콜릿, 케이크나 아이스크림의 토핑, 리큐어(혼성주) 등 다양한 식품 영역에서 활용된다. 헤이즐넛에 풍부한 올레산의 효과를 높이기 위해서는 식전 30분 또는 식후 1시간 30분 정도에 먹는 것이 좋으며, 우유와 같이 먹으면 서로 부족한 영양소를 보완해 줘 양질의 단백질과 지방, 철, 인, 칼슘, 마그네슘, 아연 등을 더욱 효율적으로 섭취할 수 있다.

또한 견과류는 가열하면 영양소가 손실될 수 있기에, 헤이즐넛도 생으로 먹는 것이 가장 효과적이다. 생으로 먹는 것이 싫다면 가볍게 구운 헤이즐넛도 맛있게 먹을 수 있다.

32.9 헤이즐넛 하루 섭취량

헤이즐넛의 하루 권장 섭취량을 10알 내외이며 헤이즐넛의 1개 칼로리(1.5 g)은 10 kcal 가량으로 10알을 섭취하면 대략 100 kcal 가량 된다. 칼로리가 높은 편이기에 과식을 하지 않도록 주의하는 것이 좋다. 그리고 이것은 자연산 헤이즐넛만 섭취했을 경우만 계산한 것이다. 만약 헤이즐넛에 초콜릿을 입혀 가공하거나 소금 간을 하면 열량이 더욱 높아지기 때문에 다이어트 중에는 과다섭취하지 않도록 주의해야 한다.

32.10 회자되고 있는 개암나무 전설

개암나무의 열매는 땅콩이나 호두의 맛처럼 고소하여 옛 시절에는 과일로도 식용되었다. 개암나무는 깨금(전남과 충북지역 개암의 방언)나무라고도 불리며 개암나무 전설도 재미있게 회자되고 있다.

▸32.10.1 옛날 도깨비 방망이

옛날 호랑이 담배 피우던 시절, 한 소년이 산에서 잘 익은 개암을 발견하고 정신없이 따다가 날이 저물어 버렸고 어두움에 놀란 소년은 서둘러 산을 내려갔다. 정신없이 발걸음을 옮겨 집으로 돌아가는 도중 우연찮게 소년은 도깨비의 소굴에 들어가게 되었고 도깨비들이 방망이를 휘두르면 소원이 이루어지는 요술을 부리는 모습을 보게 되었다.

도깨비들이 기묘한 요술로 만든 맛있는 음식을 본 소년은 그만 배가 고파져 낮에 자신이 힘들게 딴 개암나무 열매를 입에 넣고 깨물자 특유한 큰소리가 나게 된다. 그 소리에 소년 자신도 놀랐지만 처음으로 들은 괴팍한 소리에 더욱 놀란 도깨비들은 모두 도망가 버렸다. 당연히 그들 생활에 절대 없으면 안 되는 요술 방망이까지 내팽개치고 걸음아 나 살려라 하며 달아났다. 무척 무서운 도깨비들이 그들이 생활하는 도깨비 소굴에서 모든 것을 버리고 달아날 정도로 개암열매를 깨무는 소리가 매우 큰데 그만큼 개암나무 열매가 단단해서 이런 재미있는 전설이 만들어져 회자되고 있지 않을까?

▸32.10.2 공주의 놀라운 미모

개암나무 전설 중 재미있게 회자되고 있는 두 번째 이야기는 아주 먼 옛날 늘 얼굴을 비단으로 가리고 다녀 어떻게 생겼는지 아무도 모르는 비밀이 가득한 공주가 있었다.

공주 주위에 있으면서도 궁금증을 이기지 못한 몇몇 공주의 시녀들은 공주가 화장을 할 때 몰래 문틈으로 공주를 엿보기로 하는데, 시녀들 중 한 사람이 공주의 놀라운 미모를 보고 그만 '아!'하는 감탄사를 터뜨리고 말았다. 화가 난 공주는 자신의 얼굴을 훔쳐본 시녀들을 모두 죽이는데, 이때 튄 피가 얼굴에 묻어 전혀 지워지지 않는 얼룩으로 남았다. 그 후 공주는 지워지지 않는 얼룩 때문에 엄청 고민하다 병들어 죽게 되었으며 이후 공주의 무덤에는 이름 모를 식물이 자랐으며 그 열매가 바로 개암나무 열매이다. 이 개암나무의 잎사귀에는 얼굴의 붉은 얼룩 같은 무늬가 있으며 열매는 마치 얼굴에 지워지지 않는 얼룩이 그대로 표현된 모양이 되었다고 한다. 개암나무 견과는 구형으로 10월에 갈색으로 익으며 총포(잎이 변한 것으로 꽃대의 끝에서 꽃의 밑동을 싸고 있는 비늘 모양의 조각)에 싸인 열매를 개암이라 하여 날로 먹을 수 있는데 〈화해〉가 꽃말이다. 밤나무보다 못하다는 의미로 개밤나무로 불리워지다 개암나무가 되었다는데 진짜 밤나무보다 못한 걸까?

Quiz

1. 아몬드, 캐슈너트와 함께 세계 3대 견과류 중 하나인 견과는 무엇인가?

2. 깨금(전남과 충북지역 개암의 방언)나무라고도 불리며, '옛날 도깨비 방망이'로 재미있게 회자되고 있는 견과는 무엇인가?

제 33 장

강력한 항산화 물질인 셀레늄을 가장 많이 함유하고 있는 브라질너트

33.1 아마조니아 밀림에서 가장 크고 오래 생존하고 있는 남미 나무

브라질너트(Bertholletia excelsa, family Lecythidaceae) 나무는 아마존 열대 우림인 아마조니아 밀림에서 가장 크고 오래 생존하고 있는 남미 나무 중 하나다. 브라질너트 나무는 키가 50 m (160 ft)에 달하며, 직경이 1~2 m (3 ft 3 in~6 ft 7 in)인 나무줄기가 있는 큰 나무로 아마존 열대 우림에서 가장 큰 나무 중 하나다. 브라질너트 나무는 500년 이상 살 수 있으며 심지어 1000년에 도달할 수도 있다.

브라질너트 나무의 줄기는 곧고 일반적으로 나무 높이의 절반 이하에는 가지가 없으며, 숲의 나뭇가지들이 지붕 모양으로 우거진 것(캐노피, canopy) 위에 긴 가지의 크고 풍성한 모양으로 존재한다. 심은 지 수십 년이 지나야 열매를 맺기 시작하기에 재배가 무척 힘들며, 무엇보다 멸종위기 식물(취약종)이라 벌목을 하면 법적인 처벌을 받는다. 이 때문에 밀림을 밀어버린 브라질의 숲에선 브라질너트 나무만 드문드문 남은 광경을 볼 수 있으며 멸종위기 종을 살리면서 부차적으로 서식지에서는 지역주민의 중요한 소득원 중 하나이기에 보호받고 있다. 그러나 자연 서식지 파괴로 브라질너트 나무의 생존의 어려움이 있지만 현재 시중에 나돌고 있는 브라질너트는 대부분 야생의 것을 수확한다.

실제 브라질너트 나무의 수의 증가는 자연적으로 종자를 뿌리는 아구티(agouti, 아구티과 설치류를 통틀어 이르는 말)의 감소 때문에 비관적으로 보고 있으나, 앞서 언급했듯이 브라질너트 나무는 멸종위기 종을 살리면서 부차적으로 서식지에서는 지역주민의 중요한 소득원 중 하나이기에 계속해서 보호받아야만 한다.

33.2 브라질너트 나무의 열매인 견과

브라질너트 나무의 열매인 견과는 공처럼 생긴 열매 껍데기를 자르면 두꺼운 외피에 싸인

씨앗이 차곡차곡 들어차 있는 것을 볼 수 있다. 열매가 완전히 자라기까지는 14개월이 걸린다. 앞서 언급했듯 야생적으로는 아구티에 의해서 퍼지며 두꺼운 외피를 뚫을 수 있는 동물이 아구티 밖에 없기 때문이다. 줄기에는 세로 줄무늬 모양의 껍질이 있으며 잎사귀가 난 자리에는 다른 잎사귀가 자라지 않는다.

대신 가지에서 잎이 솟아나는데 이 자리에 꽃이 피며 지름 3 cm 정도의 크기에 하얀 색깔이며 점차 안쪽으로 말려져 자란다. 꽃은 휘어진 모양으로 자라는데 곤충들이 이 구멍으로 들어가 수분(꽃식물에서 수술의 꽃가루가 암술머리에 옮겨 붙어 열매를 맺게 되는 현상, 가루받이)을 할 수 있도록 돕는 역할을 한다.

씨앗과 열매는 10 cm 이상의 두껍고 거친 나무질의 껍질로 감싸져 있으며 이 씨앗과 열매를 브라질너트라 한다. 브라질너트의 열매는 일단 커다란 크기가 특징이며, 셀레늄이 풍부하다고 알려져 있다. 식감의 경우 아몬드보다는 식감이 부드럽고 약간 더 기름지고 농후한 맛을 지니고 있기에 견과로서는 꽤 고급스러운 맛이 난다. 한편 셀레늄 특유의 흙냄새가 진하게 나 이 흙냄새 때문에 싫어하는 사람도 꽤 있다.

33.3 원주민의 중요한 식량 자원 중 하나

브라질너트 나무의 열매를 반으로 가르면 8~24개의 씨앗이 껍질에 싸인 마늘 조각과 같은 모양으로 불규칙하게 겹쳐 있는 있는 모습을 보인다. 이때 브라질너트를 싸고 있는 딱딱한 겉껍질을 벗겨내면 갈색의 얇은 속껍질을 발견할 수 있는데, 이 속껍질마저 벗겨내면 노란빛을 띠는 흰색의 씨앗을 볼 수 있다.

씨앗 하나는 일반 땅콩 크기의 두 배이며, 오렌지의 과육 조각과 같은 형태를 지니고 있다. 씨앗은 예로부터 원주민의 중요한 식량 자원 중 하나였다.

33.4 브라질너트의 섭취와 영양

브라질너트 나무 견과는 겉부분의 껍질을 벗겨 날것으로 먹으면 과육 지방에서 나온 부드러운 기름기와 약간의 단맛을 느낄 수 있다. 굽거나 볶아 먹기도 하며 제과 · 제빵의 재료로 활용하거나 샐러드, 아이스크림, 초콜릿에 넣어 먹기도 한다.

브라질너트는 식이섬유가 풍부하여 변비 예방에 좋고, 비타민 B와 C가 들어 있어 시력 회복, 피부 개선, 면역력 강화, 염증 완화에도 도움이 된다. 또한 셀레늄(selenium)이 다량 함유되어 있어 전립선 암 예방, 생식기능 개선, 노화 방지 등에 효과가 있으나 너무 많이 섭취할 경우 셀레늄 중독 증상인 구역질, 탈모, 정서 불안 등의 부작용을 겪을 수 있어 하루에 3~4개 이상은 섭취하지 않는 것이 좋다.

맛이나 식감이 땅콩보다는 아몬드와 매우 비슷하다. 브라질너트는 나무에서 자라지만 땅콩은 꼬투리를 형성하여 땅속에서 자라는데 일반적으로 우리나라에서도 브라질너트라고 하지 브라질 땅콩이라고는 하지 않는다. 땅콩은 장미목 콩과 식물이고 브라질너트는 진달래목 오예과(Lecythidaceae)로 생물학적으로도 관계가 거의 없다. 애초에 'nut'은 단단한 과피와 깍정이에 싸여 있는 나무열매로 땅콩이 아니라 견과류 전반을 일컫는 용어이다.

33.5 브라질너트 나무의 원산지

브라질너트는 기아나(Guiana, 남아메리카 북동부에 있는 대서양 연안지방), 베네수엘라, 브라질, 콜롬비아 동부, 페루 동부 및 볼리비아 동부가 원산지다. 브라질너트 나무는 아마존 강 유역, 리오 네그로(RíoNegro, 아르헨티나 남부의 주), 타파요스 및 오리노코(남아메리카 북부)의 큰 숲에 흩어져 있는 나무다.

브라질너트 나무는 생산 지역 외부, 주택 뒤뜰, 브라질 북부 및 북동부의 도로와 거리 근처에서 발견되며 열매는 무겁고 단단하다. 열매가 떨어지면 나무 아래를 지나가는 차량과 사람들에게 심각한 위협이 되기도 한다. 식용 브라질너트 견과를 함유한 열매와 열매 껍질은 상대적으로 크며 총 무게가 2 kg (4 lb 7 oz) 정도 되며, 식용 음식으로 브라질너트 견과는 미량 영양소의 다양한 함량과 특히 많은 양의 셀레늄을 함유하고 있다. 브라질너트 나무는 품질이 좋아 바닥재 및 다양한 목적으로 활용되어 건축에서 높이 평가된다.

33.6 깜패 발가락이란 별명을 가진 브라질너트 씨앗

1896년 초 북아메리카에서 브라질너트 견과는 때때로 속어 '깜패 발가락'으로 알려졌는데 인종적 비방이 사회적으로 용납될 수 없어 점차 사용되지 않는 별명이 되었다. 참고로 브라질에서는 castanha-do-pará(파라 밤)라고 부르며 맛은 아몬드 비슷하다는 사람들도 있지만 아몬드와 완전히 같은 맛은 아니다.

브라질에서는 일반적으로 목재와 브라질너트 견과를 수확할 목적으로 브라질너트 나무를 자르는 것은 브라질 환경 및 재생 가능 천연 자원 연구소의 이전 승인으로 수행되지 않는 한 불법이다. 2020년 브라질 견과(껍질)의 세계 생산량은 69,658톤이었으며, 그 중

대부분은 열대 우림 특히 브라질과 볼리비아의 아마존 지역에서 세계 총계의 92%를 야생 수확에서 생산되었다.

33.7 브라질너트 견과 속에 들어 있는 화학물질

브라질너트 견과는 셀레늄의 특히 풍부한 공급원으로, 높은 셀레늄 함량은 셀레늄 섭취 및 결핍 연구에서 바이오마커로 사용된다. 8주 동안 하루에 브라질너트를 하나만 섭취하면 셀레늄 혈중 농도를 회복시키고 비만 여성의 HDL(high-density lipoprotein, 고밀도 리포 단백질) 콜레스테롤을 증가시키기에 충분하다. 브라질너트 견과의 껍질에는 곰팡이에 의해 생성되는 높은 수준의 아플라톡신이 포함되어 있으며 섭취하면 암을 포함하여 간 손상을 일으킬 수 있다.

아플라톡신 수준은 EU(European Union, 1994년 1월부터 사용된 유럽공동체(EC, European Community)의 새 명칭)가 정한 한계보다 훨씬 높은 농도 수준으로 브라질너트 견과에서 발견되었다. 브라질너트에는 방사성 원소인 소량의 라듐(radium)이 포함되어 있으며 견과류는 40~260베크렐*(1~7나노 큐리(Ci)) 사이의 활성을 나타낸다.

브라질너트 견과에는 또한 라듐과 매우 유사한 화학적 거동을 가진 금속인 바륨이 포함되어 있어 의도적이거나 우발적으로 섭취 후 구토나 설사와 같은 독성 영향을 미칠 수 있다.

33.8 자연 상태에서 방사능을 가장 많이 방사하는 견과

앞서 언급했듯이 자연 상태에서 방사능을 가장 많이 방사하는 견과가 브라질너트 견과이다. 라듐 1~7 nCi/kg 또는 40~260 Bq/kg를 함유하고 있으며 다른 일반 식품보다 약

*베크렐(Becquerel Bq, 방사성 물질에서 방사선이 얼마나 나오고 있는가를 말해주는 단위 즉 방사능의 강도를 나타냄; 1초에 방사성 붕괴가 한번 일어날 때 1 베크렐).

시버트(Sievert Sv, 방사선이 인체에 미치는 영향의 정도를 나타내는 단위) 이것은 다른 여러 일반적인 음식보다 약 1000배 높다. 토양에서 라듐의 상승된 농도 수준은 라듐의 농도를 직접적으로 농축 유발하지는 않지만 나무의 매우 광범위한 뿌리 시스템은 토양에 존재할 때 자연적으로 발생하는 방사성 물질을 농축시킬 수 있다.

1000배 더 높다. 농도가 높은 이유는 넓고 깊게 뿌리가 내려 토양의 라듐을 많이 축적하기 때문이며 셀레늄 함유량이 높은 것도 같은 이유이다. 그렇다고 인체에 지대한 영향을 끼친다는 의미는 아니며 우리가 식용하는 것으로 내부 피폭 같은 걸 걱정할 필요가 없다는 의미이다. 그런 걸 걱정해야 하는 견과였다면 애초에 수출이 허용될 리가 없으며 식용 견과로 승인되어 우리의 식탁에 오를 수 없었을 것이다. 실제 문제는 셀레늄의 농도가 농축되어 인체에 해를 끼칠 정도의 브라질너트의 과다 섭취 때문이 아닐까?

33.9 브라질너트 오일의 용도

브라질너트 오일은 올레산(oleic acid, 다양한 동물성 및 식물성 지방과 기름에서 자연적으로 생성되는 지방산)과 리놀레산(linoleic acid, 다불포화 오메가-6 지방산이며 음식물을 통해 섭취해야 하는 사람의 필수 지방산), 피토스테롤(phytosterol, 콜레스테롤과 유사한 피토스테로이드로 식물에서 생성), 베타-시토스테롤(β-sitosterol, 식물에 널리 분포하는 식물 스테롤), 시토스테롤(sitosterol, 식물에 널리 분포하는 식물 스테롤로 알파-, 베타-, 감마-시토스테롤의 혼합물로 존재하며 피부의 화상과 상처 치료에 사용하는 약물) 및 지용성 비타민 E로 주로 구성된 48% 불포화 지방산을 함유하고 있다.

브라질너트 오일의 지방산 구성을 제시하면 팔미트산(palmitic acid, 동물과 식물 그리고 미생물에서 발견되는 가장 일반적인 포화 지방산) 10%, 팔미톨레산(palmitoleic acid, 사람의 지방 조직의 글리세라이드의 일반적인 구성 성분이며 오메가-7 단일불포화 지방산) 0.2%, 스테아르산(stearic acid, 팔미트산 다음으로 자연계에서 발견되는 가장 일반적인 포화 지방산) 6%, 올레산(oleic acid, 다양한 동물성 및 식물성 지방과 기름에서 자연적으로 생성되는 지방산) 24%, 리놀레산(linoleic acid, 다불포화 오메가-6 지방산이며 음식물을 통해 섭취해야 하는 사람의 필수 지방산) 24%, 알파-리놀렌산(α-linolenic acid, 오메가-3 지방산이며 필수 지방산) 0.04%, 포화 지방 16%, 불포화 지방 48% 등이 함유되어 있다. 브라질너트 오일은 시계와 화장품 산업 및 페인트 제조의 윤활제로 사용되며 브라질너트 견과 껍질은 보석을 다듬기 위해 루즈(rouge, 입술에 색조와 질감을 주기 위해서 바르는 화장품의 일종으로 안료, 기름, 왁스, 연화제 원료로 사용)가 사용되는 것 같이 경도 때문에 종종 분쇄되어 세라믹과 금속같은 재료를 연마하는 연마제로 사용된다.

33.10 슈퍼푸드인 브라질너트의 영양성분

브라질너트는 아마존 북부 지역에서 자라는 브라질너트 나무의 열매로 브라질, 베네수엘라, 페루, 콜롬비아 등의 하천 유역에서 많이 볼 수 있다. 브라질너트 나무를 심고 몇 십 년

이 지나야 열매를 수확할 수 있으며 그 열매가 달려서 수확할 수 있을 때까지 14개월이라는 오랜 시간이 걸리기에 굉장히 귀한 견과라고 할 수 있다.

브라질너트는 현존하는 가장 강력한 항산화 물질인 셀레늄(Se)이 함유된 식품 중 1위인데 2위인 연어에 비해 3배 이상의 셀레늄이 들어 있다. 이 외에도 탄수화물, 단백질, 필수 지방산, 미네랄 및 식이섬유 등의 영양소로 꽉꽉 채워져 있어 말 그대로 슈퍼푸드(영양소를 많이 함유하고 있는 웰빙식품)라고 할 수 있다. 여기서 슈퍼푸드인 브라질너트 100g당 영양성분을 정확히 살펴보면 수분(g) 3.42, 열량(kcal) 659, 단백질(g) 14.32, 지방(g) 67.10, 탄수화물(g) 11.74, 식이섬유(g) 7.50, 당분(g) 2.33, 칼슘(mg) 160, 철분(g) 2.43, 마그네슘(mg) 376, 인(mg) 725, 칼륨(mg) 659, 나트륨(mg) 3, 아연(mg) 4.06, 비타민 C(mg) 0.70, 티아민(mg) 0.62, 리보플라빈(mg) 0.04, 나이아신 0.30, 비타민 B6 0.10, 엽산(μg) 22, 토코페롤(mg) 5.65, 포화지방산(g) 16.13, 단일불포화지방산(g) 23.88, 다중불포화지방산(g) 24.40으로 구성되어 있다. 이와 같이 제시된 브라질너트 영양성분을 면밀히 분석하면 확실히 슈퍼푸드임을 알 수 있다.

33.11 셀레늄의 역사적 배경과 생화학적 성질

브라질너트는 현존하는 가장 강력한 항산화 물질인 셀레늄(Se)이 함유된 식품 중 1위인데, 여기서 셀레늄의 역사적 배경과 어떤 생화학적 성질을 가졌는지 정확한 실체를 알아보자.

34 $3d^{10}4s^{2}4p^{4}$ Se Selenium 78.96

셀레늄(Selenium, 화학 원소기호 Se)은 원자번호는 34, 원자가 6, 원자량 78.971, 밀도 4.819 g/cm2, 녹는점 221°C, 전기음성도 2.55이다. 친화성(의약성)과 독성이 있는 비금속 원소로 자연에는 셀레늄 동위 원소가 모두 6가지가 존재하나, 이 중 안정한 것은 5가지(74Se, 76Se, 77Se, 78Se, 80Se)이다.

여러 가지 형태로 존재하나 회색의 금속성 상태가 가장 안정적이다. 자연 상태에서는 순수하게 발견되는 일이 드물며 주로 구리 광석을 제련하는 과정에서 부산물로 생성되며 황철석 등의 황화물 광석에서도 산출된다. 반도체의 성질을 지녀 어두울 때보다 밝을 때의 전기 저항이 작아 광 저항(빛의 조사량에 따라 저항값이 변화하는 저항)을 만드는 데 사용되며, 유리 제조와 염색 그리고 광전지 등에도 사용된다. 생물체 내에서 양이 많으면 독성(셀레늄을 너무 많이 섭취하면 중독 증상을 일으켜 정신을 잃거나 죽음에 이르게 됨)을 나타내기도 하지만, 미량[적정량(0.03~0.1 mg)의 셀레늄을 섭취해야 건강을 유지할 수 있고 부족하면 빈혈이나 고혈압 또는 암의 원인이 되기도 함]이면 모든 동물 세포와 많은 수의 식물 세포에 필수적인 역할을 한다.

▶33.11.1 셀레늄의 방사성 동위 원소

자연에는 셀레늄 동위 원소가 모두 6가지가 존재하나, 이 중 안정한 것은 5가지(74Se, 76Se, 77Se, 78Se, 80Se)이다. 77Se, 78Se, 80Se는 반감기가 32만 7000년인 79Se와 함께 핵분열의 부산물로 생성되기도 한다. 자연에 존재하는 다른 방사성 동위 원소인 82Se는 반감기 1020년을 거쳐 82 kr(krypton; 원자량 83.798 g/mol, 원자번호 36; 단원자 분자 기체로 반응성이 거의 없어 비활성 기체라고도 하며, 색깔과 냄새가 없고 공기 중에 적은 양이 존재)로 붕괴하는데, 반감기가 워낙 길다 보니 어떤 경우 안정한 동위 원소로 분류되기도 한다. 이외에 불안정한 셀레늄의 방사성 동위 원소 23가지가 알려져 있다. 셀레늄은 열을 가하면 텔루륨과 비슷한 마늘이나 썩은 무 냄새를 풍긴다.

▶ 33.11.2 셀레늄 발견

셀레늄(σελήνη, 그리스어로 '달'이라는 뜻임)은 1817년 베르셀리우스(Baron Jons Jacob Berzelius; 스웨덴의 화학자)와 요한 고틀리브 간(Johan Gottlieb Gahn; 스웨덴의 화학자)이 발견하였다. 두 화학자는 스웨덴 팔룬에 있는 구리 광산에서 얻은 황철석에 비소 화합물로 추정되는 붉은색 침전물이 생긴 것을 발견하였으며 이 침전물이 연소하면 고추냉이와 같은 냄새가 나는 것을 발견하였다.

텔루륨(tellurium)

이는 비소 화합물이 아닌 텔루륨 화합물의 냄새로 알려져 있었다. 이 때문에 베르셀리우스는 처음에 이 붉은 침전물이 텔루륨(원소기호 Te, 원자번호 52)인 것으로 알았다. 그러나 베르셀리우스는 실제 팔룬 광산에서는 텔루륨이 존재하지 않으므로 다시 분석을 시작하여 1818년에 이 물질이 황이나 텔루륨과 성질이 비슷하지만 전혀 다른 원소임을 밝혔다. 텔루륨은 지구를 뜻하는 단어 텔루스에서 비롯됐으며 그와 비슷한 성질을 지닌 셀레늄은 달이란 뜻을 가진 단어 셀레네에서 어원을 따 이름지어졌다.

▶ 33.11.3 셀레늄의 반도체의 성질

1873년 윌로비 스미스(Willoughby Smith)는 회색 셀레늄의 전기 저항이 빛의 세기에 따라 달라진다는 것을 발견하였다. 이러한 성질은 빛을 감지하는데 널리 사용되었다. 셀레늄은 표면에 쏟아지는 빛의 양에 비례하여 전류를 발생시킨다. 이러한 현상을 응용하여 노출계(light meter, 노출을 측정하는 계기)나 그와 비슷한 종류의 장치들에 사용된다. 셀레늄이 갖는 반도체의 성질은 다양한 전기 제품에 응용된다.

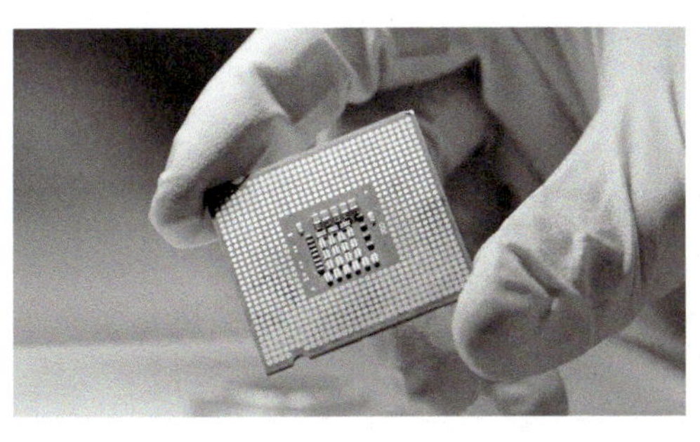

셀레늄 정류기(셀레늄의 전도율이 전류의 방향에 따라 다른 것을 이용한 정류기)는 1930년대 초반에 개발되어 당시 정류기에 들어가던 에너지 효율이 낮은 산화 구리를 대체하였으며 이후 1970년대에 더 효율이 좋은 게르마늄이나 규소 정류기가 등장할 때까지 셀레늄으로 만든 정류기가 널리 쓰였다. 산업 현장에서는 셀레늄 중독으로 사람에게 빈혈, 탈모, 간경변, 장관골의 부식이나 수축 등

의 독성을 나타내기도 하였으며 셀레늄이 고농도로 축적된 식물을 먹은 동물에서 이상 증세가 나타나 가축 질병의 주요 독소로 취급되기도 하였다. 그러나 1954년에 처음으로 셀레늄이 미생물에서 특정한 생물학적 기능을 한다는 것이 발견되었으며 1957년에는 포유류에 필수적 무기질 영양소라는 사실이 알려졌다.

▶ 33.11.4 셀레늄의 유기적 성질

과거에는 독성 물질로 간주되었으나 세균, 포유류, 조류의 미세영양소이며, 현재까지 20여 종의 셀레늄 단백질이 발견되어 우리 몸의 중요한 무기질 영양소로서 그 위치를 굳혔다. 셀레늄은 생물학적으로 주로 셀레노시스테인(아미노산인 시스테인의 황 원자가 셀레늄으로 치환된 물질로 글루타티온 과산화효소 따위의 효소들에 존재)의 형태로 나타나며 이는 21번째 아미노산으로 간주된다. 셀레늄 단백질은 셀레노시스테인의 잔유물을 함유하고 있는 것으로 모든 생명체에 존재하며 특히 진핵 생물에서 관찰할 수 있다.

신체 내부의 셀레늄은 대부분 단백질에서 발견되며 셀레늄 부족에 의한 건강 문제는 한 개 이상의 특이 셀레늄 단백질 결핍에 의한 것으로 셀레늄 결핍에 의해 세포의 셀레늄 단백질 합성 능력이 상실된 결과이다. 셀레늄이 본래 효능이 발표되기 이전에는 노화방지에 가장 탁월한 효과가 있는 원소는 비타민 E(근기능 유지와 항산화 기능에 관여하는 비타민)였으나 셀레늄은 비타민 E와 비교하여 무려 2900배의 노화방지 효과가 있음이 밝혀졌다. 생리적으로 뇌세포를 보호하고 갑상선 기능 활성화, 염증 억제반응, 남성 불임의 예방 기능 효과가 있다. 게다가 의학적으로 각종 세균성 질병 예방 및 치료, 불임 치료, 성기능 강화, 아토피, 여드름 치료, 에이즈 예방과 치료에 지대한 효과가 있다는 연구 실험결과가 연이어 발표되었다. 최근 선진국에서 셀레늄 열풍이 불어 셀레늄의 새로운 효능을 밝히는 연구가 계속해서 추진되고 여러 매장에서 FDA승인을 받은 셀레늄 보조제가 팔리며 약 의학전문가들은 이 현상이 오랫동안 유지될 것이라 전망한다. 셀레늄은 단백질 변형을 최소화해 종양의 성장을 억제하지만 종양을 예방하는 데는 효과가 없다.

33.12 셀레늄의 생체 이용과 셀레늄을 응용한 건강식품

예전엔 독성물질로 알려졌으나, 지금은 적정한 미량은 생물의 활동에 꼭 필요한 미량원소로 재정의됐다. 적정량(0.03~0.1 mg)의 셀레늄을 섭취해야 건강을 유지할 수 있고 부족하면 빈혈이나 고혈압, 암의 원인이 되기도 한다. 분명히 강조하지만 적정량을 섭취했을 때 건강에 좋다는 것이며, 과거엔 독성이 있다고 알려졌던 물질인 만큼 과다 섭취하면 중독 증상을 일으키니 주의해야 한다. 풀을 뜯어 먹는 초식동물도 셀레늄 과잉 중독에 걸리기도 한다.

적절히 섭취하면 생활습관병(성인병)을 예방할 수 있으며, 인체에 유해한 금속 물질을 차단하는 효과도 있다. 아미노산 중에서도 셀레늄을 함유한 아미노산이 두 개(셀레노메싸이오닌; 메티오닌의 유황 S를 동족원소인 75Se로 치환한 75Se-셀레노메티오닌은 메티오닌과 유사한 생화학적 활성을 보이며 췌장의 활발한 효소합성에 관여, 셀레노시스테인; 시스테인의 황 원자가 셀레늄 원자로 바뀐 천연 아미노산으로 방사선 방어 작용이나 항암 작용이 있음)나 있다.

가장 잘 알려진 셀레늄의 효능으론 비듬을 치료하는 효과가 탁월해 황화셀레늄은 비듬 방지 샴푸의 주성분으로 쓰이며, 비타민 E보다 수천 배 이상의 강력한 항산화 작용이 있어 노화방지 등의 건강식품의 성분으로 각광받는다. 몸속의 위험한 자유 라디칼(free radical, 짝짓지 않은 전자를 가지는 원자단)이나 활성 산소를 제거해 항산화 작용을 하는 산화방지 효소와 단백질의 주요 성분으로 비타민 C 등의 항산화물질들의 생화학 작용을 돕는다. 스트레스로 인한 부작용을 방지하는 효과도 있는데 스트레스는 암 등 만병의 근원이라 셀레늄이 암을 막는 데도 간접도움을 주는 셈이다. 그 외의 연구에선 근육 활동, 염증 억제반응과 뇌졸중, 심근경색 등 심혈관 질환 예방, 남성 성기능 유지, 갑상선 기능 강화, 면역력 강화, 여드름 치료, 연골 질병 예방, 전립선 암 예방, 관절염 예방 등 새로운 생의학적 효능이 속속 밝혀지고 있어서 건강식품으로 크게 인기가 오르고 있다.

이 때문에 셀레늄을 응용한 건강식품들이 많이 나온다. 셀레늄이 많은 음식엔 주로 달걀, 닭고기, 해산물, 곡물과 육류 등이 있다. 그래서 셀레늄 우유리든기, 셀레늄 닭, 셀레늄 생식과 같은 식품이 나오기도 했다. 셀레늄은 토양에도 비교적 풍부한 편이므로 땅에서 나는 채소와 곡물도 재배지에 따라 셀레늄이 풍부하다. 한 마디로 음식을 골고루 먹으면 셀레늄 부족을 걱정할 필요는 없다. 자연 상태의 음식 중에는 몸에 좋다고 알려진 브라질너트에 셀레늄이 많이 포함됐다고 한다. 다만 셀레늄 함량이 매우 높아서 하루 4개 이상 먹으면 건강에 악영향을 미칠 수 있다. 아로니아 또한 셀레늄을 많이 함유한다.

셀레늄을 너무 많이 섭취하면 중독 증상을 일으켜 정신을 잃거나 죽음에 이르게 되는데 환경에도 해로워서 법률로 배출이 제한되어 있다. Locoweed(로코초(草), crazyweed; 미국산의 유독 콩과 식물) 등 일부 콩과식물의 풀에도 많이 함유되어 있는데 소나 양들이 이런 풀을 뜯어먹고 셀레늄 중독에 걸리기도 한다.

발견자인 베르셀리우스도 셀레늄화수소(H2Se는 표준 조건 하에서 무색의 인화성 가스이며 8시간 동안 0.05 ppm의 노출 한도를 갖는 가장 독성이 강한 셀레늄 화합물)를 실험 중에 마시고 의식불명이 됐었다고 전해지며 실제 죽을 때까지 셀레늄에 독성이 있는 줄 몰랐으며 그 때문에 사망했다.

성인의 하루 권장량은 55 μg이며, 일반적인 하루 식사로 충분히 섭취 가능한 용량이다. 성인이 안전하게 섭취할 수 있는 최대 용량은 400 μg 정도로 본다. 셀레늄을 필수 원소로 구성된아미노산인 셀레노시스테인이 번역[translation; mRNA의 염기 서열 정보가 아미노산 서열 정보로 번역(translation)되는 과정] 과정에서 종결(유전자 발현을 위한 전사는 시작, 신장, 종결의 세 가지 과정으로 이루어지며, 전사종결은 전사과정의 마지막 단계) 신호에 들어간다. 하지만 셀레늄이 과다 섭취하면 셀레늄중독의 독성을 나타내기에 절대로 셀레늄을 많이 섭취하진 말아야 한다.

33.13 브라질너트의 10가지 놀라운 효능

강력한 항산화 미네랄인 유기 셀레늄의 훌륭한 공급원이며 이는 암을 물리칠 수 있는 잠재력도 갖고 있다. 피칸과 마카다미아에 비해 브라질너트는 단백질과 지방이 약간 낮지만 건강에 좋은 이점을 제공한다. 앞서 조금씩 언급했지만 실제 브라질너트에는 어떤 놀라운 효능이 있으며 어떤 중요한 건강상의 이점이 존재하는지 살펴보자.

▸ 33.13.1 강력한 항산화 물질 셀레늄 함유

브라질너트는 현존하는 가장 강력한 항산화 물질인 셀레늄을 가장 많이 포함하고 있는 식품이다. 브라질너트를 15 g(약 3알) 섭취할 경우 셀레늄 하루 섭취 권장량의 350% 이상이 충족될 정도다. 셀레늄은 인체 내에서 노화를 촉진하는 활성 산소를 중화시키는 기능을 하는데, 또 다른 항산화 물질로 알려진 천연비타민 E(토코페롤)보다 1,970배 강력한 효과를 낸다.

▸ 33.13.2 항암효과

브라질너트에 함유된 셀레늄은 강력한 항암작용을 한다. 이는 전립선암, 대장암, 폐암, 간암, 위암, 유방암 등 다양한 암의 예방 효과가 있는 것으로 알려져 있으며, 특정조직에 직접적으로 항암효과를 발휘하기보다는 각종 발암물질의 활성화를 차단하고 암세포가 자라나는 것을 억제하면서 스스로 죽게 만들어 다른 곳으로 전이되는 것을 막는 작용을 한다.

▶ 33.13.3 심장기능 향상

브라질너트에는 몸에 좋은 불포화지방산이 듬뿍 들어 있다. 건강한 콜레스테롤(cholesterol, 등 척추동물의 뇌, 신경 조직, 부신, 혈액 따위에 많이 들어 있는 대표적인 스테로이드)로 알려진 HDL(high density lipoprotein, 고밀도 리포 단백질; 말초 체조직의 콜레스테롤을 간에 전송하는 작용을 한다)과 오메가-3(이상지질혈증 치료 또는 지방질 공급에 사용되는 지방산), 올레인산(oleic acid, 올리브유에 포함되어 있는 지방산의 주성분)과 팔미톨레인산(palmitoleic acid, 인간 지방 조직의 글리세리드의 일반적인 구성 성분) 등의 불포화지방산들이 마그네슘, 토코페롤, 셀레늄 등과 함께 신체의 콜레스테롤 균형을 잡아주고 혈액의 순환을 개선하여 심장기능의 향상을 도와준다. 특히 셀레늄은 활성 산소로부터 공격 받는 심장 세포를 보호하고 혈전 생성을 억제하여 심혈관계 질환을 예방하는 작용을 한다.

▶ 33.13.4 남성 성 기능 강화

브라질너트에 함유된 셀레늄이 남성호르몬인 데스토스테론[남성 혹은 수컷의 주요 성호르몬이자 아나볼릭 스테로이드(anabolic steroid, 단백동화스테로이드, 신체 근육을 일시적으로 강화시키기 위해 단백질의 동화, 흡수를 촉진시키는 합성 스테로이드)]의 수치를 증가 시켜주는 역할을 하기 때문에 남성의 성기능에 도움을 준다. 또한 정자의 질을 높이고 운동력과 운동량을 늘려 주는 역할도 한다. 브라질너트에 함유된 L-arginine(L-아르기닌, 모든 생물체에 존재하는 조건부 필수 아미노산)이라는 성분은 발기부전 치료에 효과적인 기능을 한다.

▶ 33.13.5 노화 방지 및 피부 건강 개선

브라질너트에 함유된 각종 비타민과 영양소들은 피부건강을 개선하는 데 탁월한 도움을 준다. 셀레늄은 노폐물들을 제거하는 기능을 하는 단백질인 글루타티온 페록시다아제(glutathione peroxidase, 퍼옥시다제 활성을 가진 효소 패밀리의 일반적인 이름으로 주요 생물학적 역할은 산화 손상으로부터 유기체를 보호하는 것이며 생화학적 기능은 세포 내 지질 과산화물을 상응하는 물과 알코올로 환원시키는 효소)의 중요 구성 성분이다.

글루타티온 페록시다아제는 신진대사에서 발생하는 인지질 과산화물, 지질 과산화물, 과산화수소수 등의 노폐물들을 제거하여 피부 질환을 개선하고 노화를 방지하여 젊은 피부를 유지할 수 있게 도와준다. 또한 브라질너트에 함유된 아연(Zn)은 여드름 치료에 탁월한 효능을 나타내며 브라질너트를 섭취하는 것도 좋지만 오일을 짜서 환부에 발라도 좋은 효과를 거둘 수 있다.

▶ 33.13.6 다이어트 효과

브라질너트를 섭취하는 것은 다이어트에 큰 도움이 될 수 있다. 단백질과 섬유질이 많이 들어 있어 적은 양을 먹어도 포만감이 생기며 이 포만감이 오랫동안 유지된다. 제한된 식단을 적용하거나 채식주의자인 경우 아주 효율적인 단백질 공급원으로 사용할 수 있다.

▶ 33.13.7 갑상선 기능 개선

브라질너트는 갑상선에 좋은 음식으로 알려져 있다. 셀레늄이 갑상선 호르몬을 활성화하여 효과적으로 작용하도록 도와주며 갑상선호르몬 합성 시 발생되는 과산화수소수를 물로 환원하여 우리 몸에 나쁜 영향을 끼치는 활성 산소의 발생을 차단하게 된다.

셀레늄이 많이 함유되었다고 알려진 다른 식품들의 수십, 수백, 수천(?) 배의 수준으로 셀레늄 함량이 매우 풍부하다. 그래서 남자한테 참 좋은 식품이라고 할 수 있겠지만, 너무 많이 먹으면 셀레늄 과다로 구토, 불안, 탈모가 나타나며 손톱이 갈라지는 증상도 생긴다. 브라질너트 한 알에 약 77 μg 정도의 셀레늄이 들어 있는데, 성인의 일일 섭취 권장량은 50~200 μg 정도이고, 안전한 섭취량은 400 μg 정도이다. 하루에 2~3알 정도면 셀레늄 일일 권장량이 충족되며, 식사로 먹는 다른 음식에도 셀레늄이 들어 있기에 하루에 4알 이상 먹으면 위험하다.

▶ 33.13.8 면역력 증강

브라질너트에 함유된 셀레늄은 면역력을 증강시킨다. 면역세포인 백혈구(혈구의 한 종류로 감염원으로부터 신체를 보호하는 면역계의 세포)와 거식세포(이물질, 세균, 바이러스, 체내 노폐세포 등을 포식하고 소화하는 대형 아메바상 식세포), NK세포[다른 세포 도움으로 항체활동을 하는 T세포(항원 특이적인 적응 면역을 주관하는 림프구의 하나) · B세포(백혈구에 속하는 림프구의 일종으로 항체를 생산하는 면역세포)와 달리 우리 몸에 들어온 항원(균)을 독자적으로 공격하는 자연살상 세포로 T세포 · B세포와 함께 림프구를 구성] 등의 작용을 강화하여 암세포와 각종 바이러스, 병균 등을 제거함으로써 우리 몸의 면역 시스템을 강화하는 중요한 역할을 한다.

셀레늄과 글루타치온(글루탐산, 시스테인, 글리신의 세 가지 아미노산으로 이루어진 결정성 펩타이드로 생물체 안의 산화 · 환원 반응 및 해독 작용을 하며 생체 조직의 호흡에 관계함) 함량이 높아 항산화 효과에 뛰어나며 면역력 향상에도 도움이 된다. 오메가3(이상지질혈증 치료 또는 지방질 공급에 사용되는 지방산)가 풍부해서 심혈관 질환에 좋으며, 비타민, 단백질, 칼슘, 마그네슘 등 영양소도 풍부해서 노화방지 및 피부미용에도 좋다. 요거트와 함께 섭취 시 흡수율이 높아지며 샐러드와 함께 섭취하면 항암효과가 더 높아진다.

▶ 33.13.9 모발 성장 촉진 및 탈모 예방

브라질너트에 함유된 아미노산의 한 종류인 L-arginin은 모발의 성장을 촉진하여 반짝이며 두꺼운 모발이 자라나게 도와주며 탈모증과 대머리를 치료하는 데 도움을 준다. 또한 풍부한 오메가-3와 비타민 E, 셀레늄은 손상되기 쉬운 모발을 보호하여 건강한 광택을 선사한다.

▶ 33.13.10 근육 강화 및 골밀도 향상

브라질너트에 풍부하게 함유된 마그네슘은 근육에 젖산 축적을 방지하여 통증을 예방하며 필수 아미노산과 단백질은 근육을 생성하고 강화시키는 데 도움을 준다. 또 다른 무기질 성분인 구리는 철분 흡수를 도와주며 뼈의 밀도를 높여 단단하게 하고 뼈 조직을 형성하는 데 도움을 준다.

▶ 33.13.11 브라질너트의 인체 부작용

브라질너트에는 좋은 성분이 많이 들어 있어 꾸준히 섭취하면 건강해질 수 있지만 견과류의 특성상 지방질이 많아 많은 양을 섭취하면 살이 찔 수 있어 조심해야 하며 특성 상 많은 양을 먹으면 셀레늄 중독으로 부작용이 발생할 수 있다. 셀레늄을 과량 섭취할 시 독성으로 인해 머리카락이 빠지거나 뼈가 약해질 수 있으며 메스꺼움과 구토, 설사 등의 부작용이 발생할 수 있다.

하루에 2~3알 정도가 정상적 섭취량이며 6알 이상을 지속적으로 섭취할 경우 위험할 수 있으니 주의해야 한다. 보통 견과를 많이 먹지 말라고 하는 이유는 과도한 열량과 지방 때문에 영양 불균형이 생겨 그런 거지만, 브라질너트는 셀레늄 중독 증상을 방지하기 위해 섭취를 제한하는 것이다. 따라서 약물을 취급할 때에 매우 엄격한 섭취 제한이 필요하다. 셀레늄 중독 증상은 하루에 10~13알 정도를 먹으면 나타나며 이를 모르는 상태로 과량 섭취하면 위험해질 수 있다.

Quiz

1. 자연 상태에서 방사능을 가장 많이 방사하는 견과는 무엇인가?

2. 사회적으로 용납될 수 없어 점차 사용되지 않는 별명인 '깜패 발가락'으로 알려진 견과는 무엇인가?

견과 탐험

지은이 소개

정대일*
- 동아대학교 화학과 교수
- University of Illinois 교환교수
- Iowa state University 교환교수

송주현
- 동아대학교 화학과 교수
- 부산대학교 시간강사 역임
- 부경대학교 시간강사 역임

정일수
- (주)한국화이바 연구소
- (주)세중씨엔지 대표이사

조종현
- 서울대학교 화학과 박사
- Emory University 항바이러스 연구센터 연구원
- 동아대학교 의약생명공학과 교수

(*지은이 대표)

견과 탐험

| 발 행 일 2024년 7월 30일 초판 1쇄
| 지 은 이 정대일, 송주현 정일수, 조종현
| 발 행 인 박 종 성
| 발 행 처 사이플러스 Science plus
| 주　　소 (우) 07202 서울특별시 영등포구 양평로 30길 14 세종앤까뮤스퀘어 1106호
| 전　　화 02-332-6171
| 팩　　스 02-332-6185
| 등　　록 2005.10.20. 제2022-000100호

| I S B N 979-11-88731-60-2 03480 값 25,000원

견과 탐험